印记与重塑 镇江博物馆考古报告集之四

镇江台形遗址

ZHENJIANG TAIXING YIZHI

镇江博物馆 编著

江苏大学出版社
JIANGSU UNIVERSITY PRESS

镇 江

图书在版编目(CIP)数据

镇江台形遗址/镇江博物馆编著. —镇江：江苏
大学出版社,2015.12
　ISBN 978-7-5684-0093-0

　Ⅰ.①镇… Ⅱ.①镇… Ⅲ.①居住遗址－介绍－镇江
市 Ⅳ.①K878.3

中国版本图书馆 CIP 数据核字(2015)第 299967 号

镇江台形遗址
Zhenjiang Taixing Yizhi

编　　著/镇江博物馆
责任编辑/吴小娟
出版发行/江苏大学出版社
地　　址/江苏省镇江市梦溪园巷 30 号(邮编：212003)
电　　话/0511-84446464(传真)
网　　址/http://press.ujs.edu.cn
排　　版/镇江文苑制版印刷有限责任公司
印　　刷/江苏凤凰盐城印刷有限责任公司
经　　销/江苏省新华书店
开　　本/889 mm×1 194 mm　1/16
印　　张/17.75　彩插 2.5
字　　数/496 千字
版　　次/2015 年 12 月第 1 版　2015 年 12 月第 1 次印刷
书　　号/ISBN 978-7-5684-0093-0
定　　价/138.00 元

如有印装质量问题请与本社营销部联系(电话:0511-84440882)

目　录

镇江龙脉团山遗址勘探、试掘报告

一、遗址概况

龙脉团山遗址是 20 世纪 50 年代南京博物院对宁镇山脉及秦淮河地区考古普查时发现的①,位于镇江市西南郊七里甸南面 1000 米,西距龙脉桥约 150 米,中心地理坐标为北纬 32°10′45″、东经 119°24′18″,海拔 17 米左右,处于五洲山与九华山之间的谷地中,是一处商周时期较为典型的台形遗址。遗址平面形状大致呈椭圆形,高出现地表约 7 米,底部南北长约 90 米,东西宽约 80 米,总面积约 7000 平方米,顶部呈圆形,直径约 50 米(图一)。1982 年该遗址被列为镇江市文物保护单位。2011 年年底,江苏省政府将其列为江苏省文物保护单位,保护范围为遗址本体及四周范围内,面积约 6000 平方米。

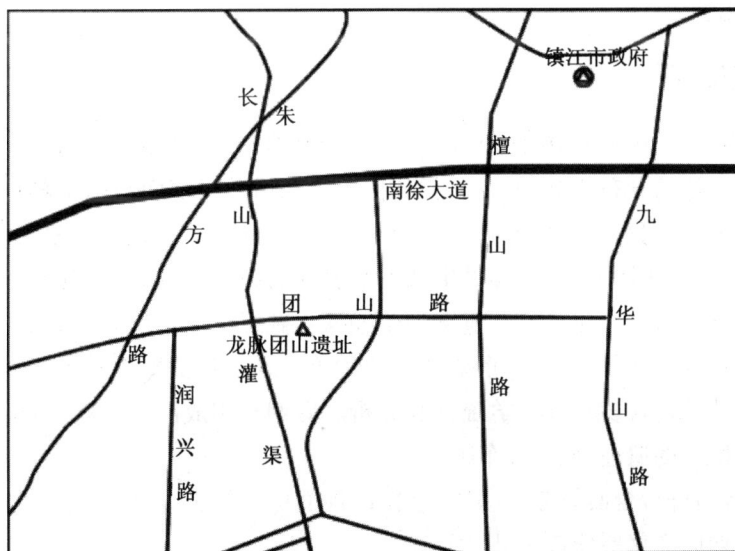

图一　龙脉团山遗址位置图

---

① 尹焕章,张正祥:《宁镇山脉及秦淮河地区新石器时代遗址普查报告》,《考古学报》,1959 年第 1 期。

二、考古调查、勘探

（一）遗址调查

龙脉团山遗址西边有两个鱼塘，东边曾有一水塘，说明遗址东西两边都曾为低洼地，可能为堆台地时就近取土形成。从鱼塘被挖深部分断面看，原来鱼塘部分有文化层堆积，厚约2米，即遗址南部偏西、西部偏南部分都有文化层。南部偏西文化层从台地南边缘往南延伸10米左右，西部偏南部分因部分被挖掉，残长有15米左右。龙脉团山遗址往南约850米处有一同时期湖熟遗址——松子头遗址，面积略大于龙脉团山遗址，属于与龙脉团山级别相当的聚落；从20世纪七八十年代的地图上看，东南部有两块小型遗址，是级别低于龙脉团山的聚落，现已不存；西南约2000米处有枕子山遗址，属于与龙脉团山遗址大小、级别相当的聚落。

为了更好地了解遗址西南部斜向文化堆积，我们在遗址西南部断面进行了调查和标本采集，发现陶片以夹砂红陶为主，其次为夹细砂红陶，最后仅见少量泥质灰陶。可辨器形主要有腰沿釜、大喇叭豆柄，其次为罐、鼎。陶片基本为素面，仅见一片有附加堆纹。另外发现动物骨、角标本比较多，角多为梅花鹿的角。根据调查情况，我们倾向于认为该区域文化堆积是马家浜文化层。

（二）考古勘探

勘探工作自2013年8月16日开始，至2013年9月16日结束，初步探明了遗址内文化堆积情况、重要遗迹的分布特点、大概面积和位置。利用勘探剖面来采集各种土样，运用多学科手段尽可能了解遗址的地貌环境，并对当时的植被、水系进行研究和复原。

人工钻探用直径4厘米的探铲，尽量减少对遗址的破坏。以2米间距或加中孔方式进行，拉网式布孔，全面普探，并对主要遗迹加密勘探。做好钻探工作总记录、钻孔日记、钻孔位置图和遗迹分布图、钻孔登记表、重要孔芯照片等记录。对钻探土样进行水洗过筛，对钻孔中的陶片、瓷片等包含物进行科学统计和分析。后期利用成图软件将全部记录进行电子化处理，生成多图层的遗迹、地层分布图。

对遗址和周边进行全面的考古勘探，勘探以顶面中心为中点，做十字形探孔剖面，以了解遗址南北、东西向文化层分布状况（图二）。

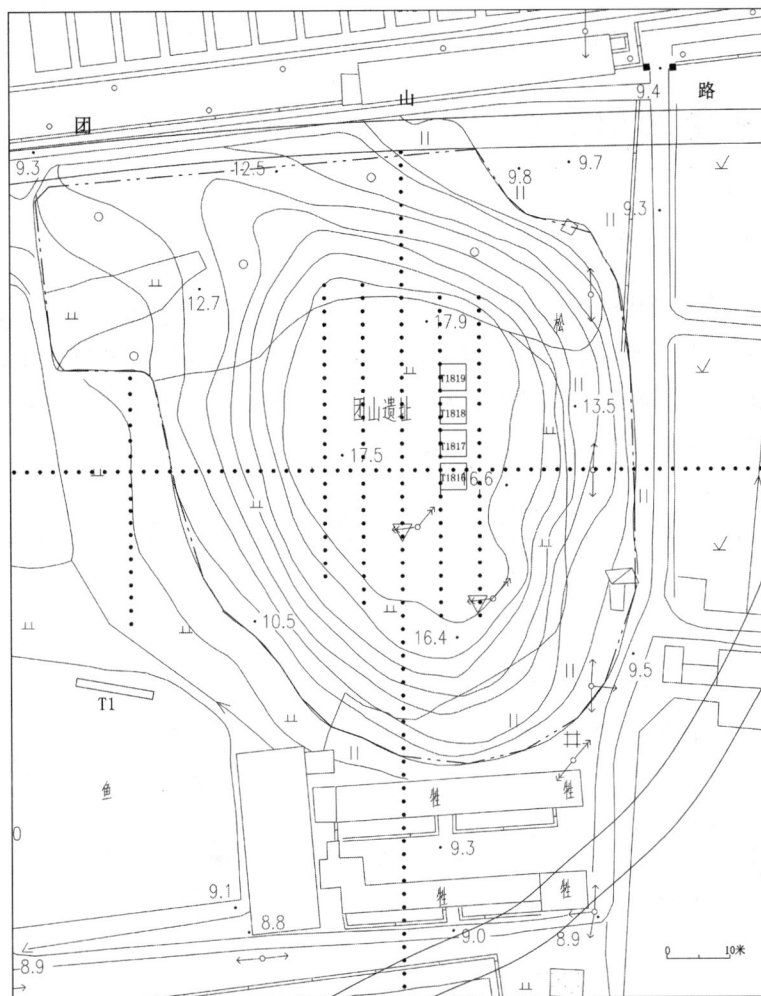

图二 遗址现状、探孔探方分布图

1. 布孔情况

（1）位于遗址中部南北向，南（孔号 K4119）至北（K4163），该段长约 90 米，共打有效孔 45 个。

（2）位于遗址中部东西向，西（孔号 K1541）至东（K8341），该段长约 138 米，共打有效孔 58 个。

（3）遗址以中间一列南北向探孔为间隔，西边第一列，称为西一列，南（孔号 K3831）至北（K3857），该段长约 54 米，共打有效孔 29 个。

（4）西边第二列，称为西二列，南（孔号 K3531）至北（K3554），该段长约 48 米，共打有效孔 24 个。

（5）西边第三列，称为西三列，南（孔号 K2122）至北（K2140），该段长约 38 米，共打有效孔 19 个。

（6）东边第一列，称为东一列，南（孔号 K4429）至北（K4451），该段长约 46 米，共打有效孔 23 个。

（7）东边第二列，称为东二列，南（孔号 K4731）至北（K4753），该段长约 46 米，共打有效孔 23 个。

2. 遗址文化层堆积概况

勘探时，先对每一个探孔的土样进行土质、土色、包含物鉴别及分析和记录，然后对南北向或东西向整列剖面土样放在一起对比，区分不同的文化土层堆积，并判定土层堆积特征，编制土层堆积记录和剖面图。现将龙脉团山遗址中部南北向、东西向的文化层堆积概况、南北向探孔海拔数据记录如下（表一、表二、表三）。

表一　南北向文化层堆积概况

序号	土色	土质	包含物	分布	成因功能	年代	地层序列
（1）	浅灰褐色	疏松	含植物根茎、陶片、少量红烧土粒	遗址表面	近现代农业耕作	近现代	①层
（2）	浅黄色略发白	稍软，颗粒细，略沙，稍疏松	较纯，含白土粒	中部	商周时期人类活动	商周	②层
（3）	灰黑色	较软，颗粒粗，疏松	含大量红烧土粒、炭粒等	遗址南部，约1米多宽，深1.3米	可能为灰坑	商周	①层下
（4）	深黄褐色	稍硬，颗粒较粗，稍致密	含少量陶片、红烧土粒等	中部	商周时期人类活动	商周	③层
（5）	黄褐色	较硬，颗粒稍粗，较致密	含稍多碎红烧土块、陶片、少量炭粒等	全分布	商周时期人类活动	商周	④层
（6）	深灰色	稍软，颗粒较粗，稍疏松	含大量炭粒、少量红烧土粒、陶片等	遗址南北端段	商周时期人类活动	商周	⑤层
（7）	青黄灰	稍软，颗粒较细，稍致密	含大量青黄土粒、少量炭粒、陶片、红烧土粒	遗址北端	商周时期人类活动	商周	⑥层
（8）	深黄褐色泛红	较硬，颗粒较粗	含大量红烧土块、红烧土粒、少量陶片	遗址南北两端	商周时期人类活动	商周	⑦层

表二　东西向文化层堆积概况

序号	土色	土质	包含物	分布	成因功能	年代	地层序列
（1）	浅灰褐色	疏松	含植物根茎、陶片、少量红烧土粒	遗址表面	近现代农业耕作	近现代	①层
（2）	浅黄色略发白	稍软，颗粒细，略沙，稍疏松	较纯，含白土粒	中部	商周时期人类活动	商周	②层
（3）	灰褐色泛白	稍硬，颗粒略细，稍致密	含稍多红烧土粒、炭粒等	遗址东部、中部、西缘	商周时期人类活动	商周	③层
（4）	深灰褐色	稍硬，颗粒稍细，稍致密	含稍多陶片、红烧土粒等	中部	商周时期人类活动	商周	④层
（5）	青灰黑	稍软，颗粒稍细，略致密，较湿粘	含大量炭粒、少量红烧土粒、陶片等	东部，约3米宽	商周人类生活可能为灰坑	商周	④层下
（6）	黄褐色	较硬，颗粒稍粗，较致密	含少量碎红烧土块、陶片、少量炭粒等	中西部	商周时期人类活动	商周	⑤层
（7）	青黄色	稍硬，颗粒稍细，略致密	含大量黄土粒、少量陶片、炭粒等	遗址西边二级台地	可能为次生堆积，可能为灰坑	商周	⑤层下
（8）	深灰色	稍软，颗粒较粗，稍疏松	含大量炭粒、少量红烧土粒、陶片等	遗址中东部	商周时期人类活动	商周	⑥层
（9）	青黄灰	稍软，颗粒较细，稍致密	含大量青黄土粒、少量炭粒、陶片、红烧土粒	遗址东、西部	商周时期人类活动	商周	⑦层
（10）	青灰黑	较软	含大量炭粒、少量红烧土粒、陶片等	遗址中部	商周时期人类活动	商周	⑧层
（11）	深黄褐色，泛红	较硬、颗粒较粗	含大量红烧土块、红烧土粒、少量陶片	遗址西部	商周时期人类活动	商周	⑨层

表三　南北向探孔海拔数据

探孔编号	海拔(米)	探孔编号	海拔(米)
K4141	17.63	K4142	17.67
K4140	17.59	K4143	17.71
K4139	17.55	K4144	17.70
K4138	17.59	K4145	17.69
K4137	17.43	K4146	17.70
K4136	17.40	K4147	17.67
K4135	17.35	K4148	17.66
K4134	17.28	K4149	17.64
K4133	17.18	K4150	17.56
K4132	17.05	K4151	17.69
K4131	16.94	K4152	17.58
K4130	16.77	K4153	17.56
K4129	16.53	K4154	17.53
K4128	16.25	K4155	17.43
K4127	15.78	K4156	16.73
K4126	15.28	K4157	15.74
K4125	14.49	K4158	14.81
K4124	13.82	K4159	13.89
K4123	13.15	K4160	13.16
K4122	11.74	K4161	12.53
K4121	11.58	K4162	12.14
K4120	10.81	K4163	12.00
K4119	10.45		

3. 小结

整个遗址主体文化层主要分布于台地顶部,厚约2.5米,从勘探情况看,遗址北、西、南多包含有大块的红烧土块,有的厚达30厘米左右,可能为墙或者烧造堆积,这些区域的包含大量大块红烧土块的文化堆积可能和建筑、烧造相关。遗址中心部位为灰褐色土、青黄灰土、灰黑土堆积,可能有灰坑、沟等。

在主体文化层外围的南部、西部有二层台地,厚约1米。西南部原来的鱼塘位置,被挖深3米多,形成一个大坑。从坑壁看,西南部堆积呈向西南渐低的倾斜状堆积,厚约2米。

在遗址西部缓坡部分做一条南北向探孔剖面,从堆积状况看,厚约1米,含少量红烧土块,地层略单一,可能为次生堆积;遗址外围部分根据现实地况在遗址东部、南部各做一条探孔剖面,从南部探孔剖面看,遗址原来地面海拔约为3米,遗址中心海拔最高为17米,由此可见当时遗址相当突出,遗址外围60米以内原始地面相对遗址中心海拔有所下降,但未见突然下降并又抬升的情况,故未发现有壕沟。

根据前面的调查、勘探情况,已经基本摸清龙脉团山遗址的文化堆积厚度、分布状况(图三)、遗迹分布情况、周边环境情况等,为下一步的发掘提供了详尽的资料根据。故本次试掘首先选在遗址东北部,南北向布 4 个 5 米 × 5 米的探方,以期覆盖部分灰土堆积,同时覆盖部分红烧土堆积,相当于对椭圆形遗址进行了半径解剖,然后根据首次发掘情况确定第二轮布方位置。

三、考古发掘

根据前期调查、勘探结果,对遗址选取三个区域分两轮进行发掘,共布 8 个 5 米 × 5 米的探方和 1 个 12 米 × 1.2 米的探沟(图四),其中,2013ZLT1 在遗址西南角坡断面。2013ZLT1 于 2013 年 9 月 8 日布方,2013 年 9 月 12 日发掘,历时 4 天。在遗址东北部,南北向布 4 个 5 米 × 5 米的探方,编号分别为 2013ZLT1816、2013ZLT1817、2013ZLT1818、2013ZLT1819,本轮探方于 2013 年 9 月 15 日布方,2013 年 11 月 20 日发掘结束,历时 58 天。根据首次发掘情况确定第二轮布方位置,为遗址西北角,南北向布 4 个 5 米 × 5 米的探方,编号分别为 2013ZLT1519、2013ZLT1520、2013ZLT1620、2013ZLT1621。第二轮探方于 2013 年 11 月 3 日布方,2014 年 1 月 11 日发掘完毕,历时 53 天。(关于探方的编号,2013ZLT 中 2013 表示发掘年份,Z 代表镇江,L 代表龙脉团山遗址,T 代表探方。)

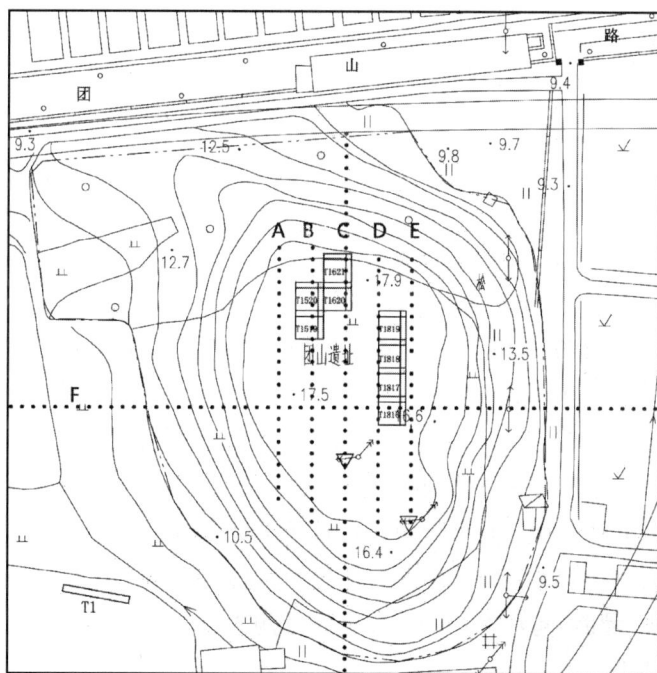

图四　探方分布图

该项目由南京博物院担任团体领队,对全部工作进行监督和指导,并派驻盛之翰担任工地负责人。镇江博物馆负责具体的考古调查、勘探和发掘工作。工地领队王书敏,参加发掘和初期资料整理的人员有镇江博物馆考古部司红伟、王克飞、刘敏。参加发掘的还有吉林大学研究生刘聪及技术工人魏保京。龙脉团山遗址的发掘资料在发掘过程中已经进行了初步整理,报告的正式整理开始于 2015 年 7 月,参加人员为司红伟。另外,需要说明的是,本报告遗迹单位的深度测量为开口至底部的数据,器物的口径、底径皆为外缘径。

(一)地层堆积情况

1. 探沟

新石器时代遗存主要分布在遗址北部的底部和遗址西南部。从目前的发掘情况看,在新石器时期文化层中未发现遗迹,可能是后期人类为平整原始地面从其他地方搬运形成。

新石器时代堆积以 T1 比较集中典型,故以 T1 为例进行介绍。T1 上面三层堆积分布于探沟西部,为近现代鱼塘底部淤积层,第④、⑤、⑥、⑦层为早期文化层(图五)。

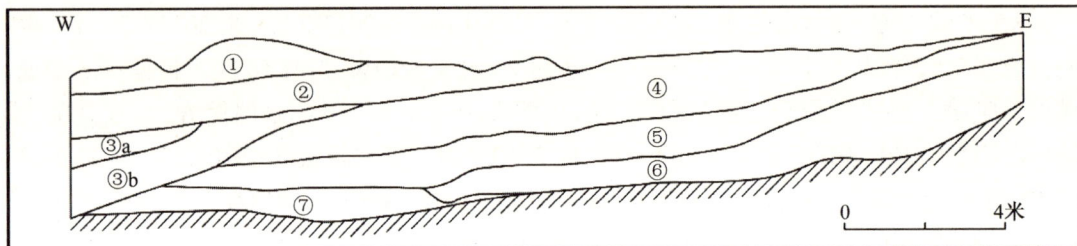

图五 T1 北壁剖面图

第①层:厚 0~50 厘米。土质为沙质,较细,纯净,土色浅黄色。分布于探沟西北角处,无包含物。

第②层:距地表 0~25、厚 0~50 厘米。土质较硬,颗粒细,土色褐色,分布于探方西部,含少量红烧土。

第③层:距地表 50~75、厚 0~100 厘米。土质为沙性,较细,土色青黄色。分布于探方西部,较第②层范围还小,含少量红烧土块。

第④层:距地表 0~150、厚 0~75 厘米。土质硬,土色青黄灰褐土,多红烧土块且土块在 5 厘米以内。分布在探沟大部,只有西半部分未覆盖。

第⑤层:距地表 0~150、厚 30~40 厘米。几乎全为红烧土块,且土块多在 10 厘米以上,从东向西,向下倾斜。土色为深青黄灰色,较上层颜色深,含石块、骨头、陶片等。陶片多以泥质红陶为主,次为夹砂红陶。分布于探方大部,西部部分未覆盖。

第⑥层:距地表 30~150、厚 0~80 厘米。土色为深青黄灰色,多红烧土块,且土块多在 5 厘米以内,含石块、骨骼、陶片等。陶片以夹砂红陶为主,泥质红陶次之。在 T1 西部未出现,较第⑤层范围稍小。

第⑦层:距地表约 150、厚约 35 厘米。土质湿黏,颗粒略细,开口于第③层下,分布于 T1 西部,向下直接为生土。出土遗物多为夹砂红陶、泥质红陶等,动物骨骼、牙齿及动物角均有出土。

2. 探方

(1) T1816、T1817、T1818、T1819 西壁

共分十六层(图六)。

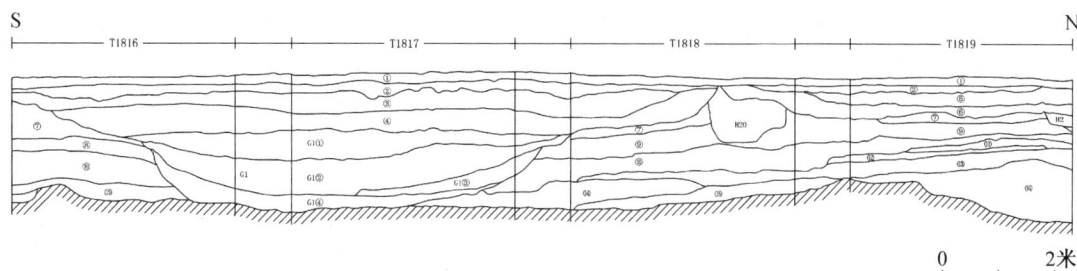

图六 T1816、T1817、T1818、T1819 西壁

第①层:厚 15 ~ 20 厘米。土质略软,土色浅灰褐色含白。普遍分布,包含物有现代瓷片。

第②层:深 15 ~ 25、厚 0 ~ 30 厘米。土质硬,土色黄褐色微泛红。疏松,普遍分布。包含物有陶片、少量石块及烧土等。陶片以夹砂红陶为主,夹砂灰陶次之,少量泥质红陶、泥质灰陶、印纹硬陶及原始瓷。陶片以素面为主,纹饰有方格纹、席纹、绳纹、雷纹、回纹等。可辨器形有鬲、罐、釜等。

第③层:深 10 ~ 40、厚 0 ~ 40 厘米。土质略硬,致密,土色深灰夹灰白色。广泛分布。包含物有陶片、少量红烧土颗粒及石块等。陶片以夹砂灰陶、夹砂红陶为主,其次是泥质红陶、少量泥质灰陶、印纹硬陶。陶片以素面为主,纹饰有方格纹、席纹、雷纹、绳纹等。可辨器形有鬲、罐、釜等。

第④层:深 50 ~ 60、厚 0 ~ 50 厘米。土质略硬,土色灰褐,略泛白。分布在 T1816、T1817、T1818。包含物有陶片、红烧土颗粒等。陶片以夹砂红陶为主,泥质红陶次之。陶片纹饰有素面、方格纹、绳纹、席纹、戳印纹。可辨器形有鬲、罐、釜、钵、豆等。本层下见 G1。

第⑤层:深 15 ~ 30、厚 0 ~ 25 厘米。土质硬,土色黄褐灰色。分布于 T1819 西南部。包含物有陶片及少量红烧土等。陶片以夹砂红陶为主,夹砂灰陶次之,少量泥质红陶及印纹硬陶。陶片以素面为主,纹饰有绳纹、雷纹等。可辨器形有鬲、钵等。

第⑥层:深 20 ~ 50、厚 10 ~ 45 厘米。土质硬,土色深灰褐色。分布在 T1819、T1818 局部。包含物有陶片、红烧土颗粒等。陶片以夹砂红陶为主,夹砂灰陶次之,其余为泥质红陶、泥质灰陶,另有火候较高的印纹硬陶。纹饰以素面为主,有方格纹、绳纹、回纹等。可辨器形有鬲、罐、豆、盆等。

第⑦层:深 40 ~ 155、厚 10 ~ 70 厘米。土质硬,致密,土色黄褐色。分布在 T1818、T1819、T1816 局部。包含物较少,陶片纹饰有方格纹、绳纹等,可辨器形有豆、鬲、罐等。

第⑧层:深 90 ~ 170、厚 20 ~ 60 厘米。土质略松软,土色深灰色,分布在 T1816 局部。包含物有陶片、红烧土颗粒及木炭颗粒。陶片以夹砂红陶为主,其次为泥质红陶,另有少量泥质硬陶。陶片多为素面,纹饰有方格纹及绳纹。可辨器形有豆、罐等。

第⑨层:深 75 ~ 110、厚 0 ~ 65 厘米。土质硬,土色灰黄褐色。分布在 T1818、1819 局部。包含物有陶片、红烧土颗粒及石块。陶片以夹砂红陶为主,夹砂灰陶次之,泥质陶较少。纹饰以素面为主,有绳纹、回纹、席纹、方格纹等。可辨器形有鬲、罐、豆、钵等。

第⑩层:深 90 ~ 150、厚 5 ~ 60 厘米。土质略硬,土色灰褐色含黄土颗粒及绿水锈。普遍分布。包含物有陶片等。陶片以夹砂红陶为主,泥质黑皮次之,另有少量泥质灰陶、硬陶等。陶片以素面为主,纹饰有绳纹、方格纹、磨光等。可辨器形有罐、釜、盆、鬲足等。

第⑪层:深95~105、厚0~32厘米。土质硬,较纯,土色为黄褐色。分布在T1819局部。无出土遗物。

第⑫层:深110~135、厚5~15厘米。土质略硬,土色深灰色。分布于T1819西部。包含物有少量烧土及陶片等。陶片以夹砂红陶为主,其次为夹砂灰陶,另有少量硬陶等。陶片以素面为主,纹饰有绳纹、间断绳纹、雷纹等。可辨器形有鬲、罐、釜等。

第⑬层:深120~185、厚0~40厘米。土质硬,致密,黄灰褐土。分布在T1818、T1819。包含物有陶片等。以夹砂灰陶为主,其次为夹砂红陶,另有少量泥质陶及1片火候较高的印纹硬陶。陶片以素面为主,纹饰有方格纹、绳纹、回纹、磨光等。可辨器形有鬲、罐、釜等。

第⑭层:深175~210、厚0~98厘米。土质略软,黄褐花土。分布在T1816、T1817、T1818局部。包含物有陶片、烧土颗粒及黄土块。陶片以夹砂红陶为主,泥质红陶次之,另有个别灰陶及印纹硬陶。陶片以素面为主,纹饰有方格纹、回纹等。可辨器形有罐、钵、釜等。

第⑮层:深170~235、厚0~25厘米。土质略硬,土色黄褐略泛白。分布于T1818局部。包含物有少量陶片,以夹砂红陶为主,泥质红陶次之。纹饰以素面为主,有绳纹等。可辨器形有罐、鼎足等。

第⑯层:深140~170、厚0~104厘米。土质硬,土色黄褐泛红。分布于T1819局部。包含物有陶片及大量烧土等。陶片以夹砂红陶为主,夹砂灰陶次之,少量泥质红陶。陶片以素面为主,纹饰有凹弦纹等。可辨器形有釜、罐、盆、甗等。

第⑯层以下为生土。

(2) T1519、T1520西壁

共分十三层(图七)。

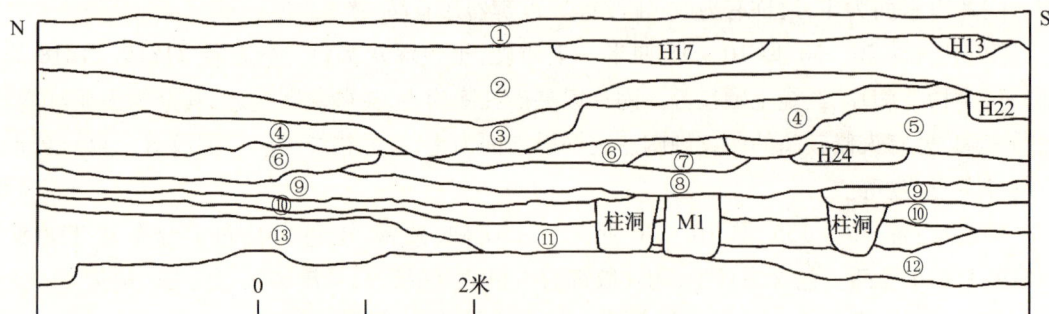

图七 T1519、T1520西壁剖面图

第①层:厚15~25厘米。土质略软,土色浅灰褐色含白。全方分布,包含物有现代瓷片,陶片未收集。H12、H13、H17开口于本层下。

第②层:深15~25、厚5~70厘米。土质硬,土色黄褐色微泛红,致密,全方分布,北部、东北角、东南角被灰坑打破。包含有烧土颗粒及陶片。陶片以夹砂陶为主,少量泥质陶,以及1块火候较高的印纹硬陶。陶片以素面为主,纹饰有雷纹、回纹等。可辨器形有鬲、釜等。

第③层:深42~90、厚0~38厘米。土质略硬,土色灰褐色。广泛分布。包含物有较多的烧土颗粒及陶片等。陶片以夹砂陶为主,泥质红陶次之。陶片多素面,纹饰有方格纹、回纹、绳纹、凹弦纹等。可辨器形有鬲、罐、钵等。烧结面在本层下出现。

第④层:深50~70、厚10~35厘米。土质略硬,土色灰褐含绿黄色。广泛分布。包含物有陶片及较多的红烧土颗粒等,陶片以夹砂陶为主,泥质陶次之。陶片以素面为主,纹饰有方格纹、绳纹等。可辨器形有鬲、罐、豆、钵等。

第⑤层:深75~90、厚15~35厘米。土质略硬,土色灰褐含青绿色。分布在T1519的南部。包含物有陶片及少量红烧土颗粒等。陶片以夹砂陶为主,泥质陶次之,另有火候较高的印纹硬陶。陶片以素面为主,纹饰有方格纹、回纹、雷纹、绳纹及磨光等。可辨器形有鬲、罐、钵、圈足等。

第⑥层:深60~120、厚0~32厘米。土质略硬,土色灰褐。普遍分布。包含物有陶片、少量红烧土颗粒及石块等。陶片以夹砂陶为主,少量泥质陶。陶片多为素面,纹饰有方格纹、绳纹等。可辨器形有鬲、钵等。

第⑦层:深90~130、厚0~30厘米。土质硬,土色浅黄褐含青绿色。分布在T1519的西部、南部,东部有少量分布。包含物有少量陶片及少量红烧土颗粒。

第⑧层:深110~140、厚10~40厘米。土质略硬,土色灰褐含青绿色。全方分布。包含物有陶片及红烧土颗粒,陶片以夹砂陶为主,少量泥质灰陶。陶片多为素面,纹饰有方格纹、绳纹、回纹、凹弦纹等。可辨器形有鬲、罐等。M1开口于本层下。

第⑨层:深135~180、厚5~30厘米。土质略软,致密,土色灰褐色。局部分布。包含物有陶片及少量红烧土颗粒。陶片以夹砂陶为主,其次为泥质灰陶及泥质红陶,另有1片原始瓷。陶片多为素面,纹饰有凹弦纹、间断绳纹及绳纹。可辨器形有鬲、钵、鼎、盆等。本层下见红烧土堆积。

第⑩层:深160~210、厚0~35厘米。土质略软,土色深灰褐色。普遍分布。包含物有少量红烧土颗粒及少量陶片等。陶片以素面为主,纹饰有方格纹、细绳纹等。可辨器形有残圈足、罐、釜等。F2、F3开口于本层下。

第⑪层:深125~180、厚5~30厘米。土质硬,土色红褐色烧土。普遍分布。包含物有陶片及少量烧土颗粒等。陶片以素面为主,纹饰有绳纹、方格纹等。未见器形口沿。可辨器形有鼎足、甗腰、器底等。

第⑫层:深195~210、厚5~25厘米。土质硬,土色黄褐色微泛红。分布在T1519南部。包含物有陶片及少量烧土块。陶片以素面为主。未见器物口沿。残片中可辨器形有把手、錾、器底等。

第⑬层:深195~210、厚5~45厘米。土质硬,土色黄褐色微泛红。分布在T1520东北部。包含物有陶片及少量烧土块。陶片以素面为主。未见器物口沿。残片中可辨器形有把手、錾、器底等。

第⑬层以下为生土。

(3) T1621西壁

共分八层(图八)。

第①层:厚10～20厘米。土质略松软,土色浅灰褐色。全方分布。包含物有现代瓷片。

第②层:地表向下深15～20、厚0～10厘米。主要堆积于探方中部。土质略软,土色浅褐色。包含烧土颗粒及陶片。

第③层:深15～30、厚10～25厘米。土质略硬,土色浅黄褐色。局部分布于探方西部。

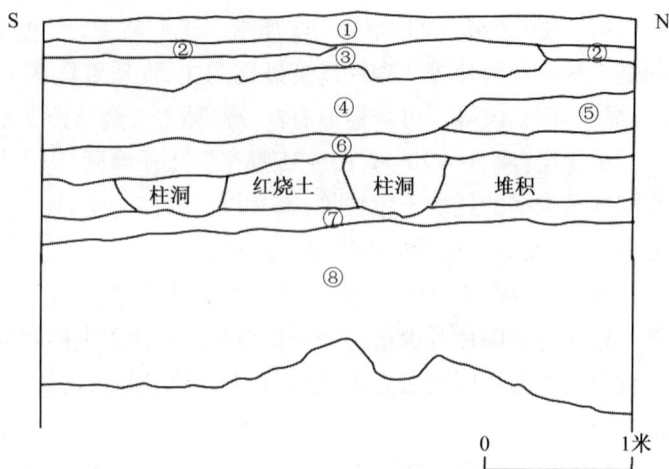

图八　T1621 西壁剖面图

包含物有少量烧土和陶片等。陶片以夹砂红陶为主,少量泥质红陶、灰陶和火候较高的硬陶。陶片多素面,纹饰有方格纹、绳纹、回纹等。可辨器形有鬲、罐等。

第④层:深30～50、厚20～45厘米。土质略硬,土色灰褐。局部分布于探方西部。包含物有陶片及红烧土颗粒等。陶片以夹砂红陶为主,泥质红陶次之,并有少量火候较高的印纹硬陶。陶片以素面为主,纹饰有绳纹、方格纹、回纹等。可辨器形有鬲、罐、釜等。

第⑤层:深50～75、厚0～25厘米。土质略软,土色深灰色。分布在探方的西北部,包含物有少量烧土、石块及陶片,陶片以夹砂红陶为主,泥质红陶、泥质灰陶次之,另有个别火候较高的硬陶。陶片以素面为主,纹饰有回纹、方格纹、绳纹等。可辨器形有罐等。

第⑥层:深75～90、厚15～25厘米。土质硬,土色浅灰褐色。全方分布。包含物有红土块、陶片及少量红烧土颗粒。陶片以夹砂红陶为主,泥质红陶、灰陶次之。陶片以素面为主,纹饰有回纹、绳纹等。可辨器形有钵、鬲、罐等。该层下有红烧土堆积。

第⑦层:深45～135、厚6～20厘米。土质硬,土色浅黄色。分布在探方的东部、西部、中部。包含物有陶片及少量红烧土颗粒等。陶片以夹砂红陶为主,泥质红陶次之。陶片以素面为主,纹饰有绳纹等。可辨器形有罐、鬲等。

第⑧层:深135～155、厚75～126厘米。土质硬,致密,土色黄褐红色。全方分布。包含物有较多烧土、石块及陶片等。陶片以夹砂红陶为主,另有少量夹细沙的红陶,个别夹砂红陶内夹蚌壳,陶质较差。陶片均为素面。可辨器形有鬲、腰沿釜、钵、罐等。

第⑧层以下为生土。

3. 小结

龙脉团山遗址地层堆积较厚,文化层关系复杂,遗迹现象丰富。台地外周的西南部上层有较厚的近现代地层,下层是早期遗存,堆积较厚,出土遗物丰富,但无遗迹,呈倾斜状堆积。从T1及调查勘探看,西部台阶区域地层堆积不太复杂,遗址下西南部文化层为东高西低的倾斜状堆积,推断为次生堆积,文化层一般厚2～3米。下部堆积大部分为马家浜文化层,为新石器时代遗存。而台形遗址台地上部基本呈水平状叠压,文化层一般深度为1.8米,台地上文化层堆积大多为商周时期遗存,最底层有少量马家浜文化遗存。通过发掘发现,该遗址北部耕土层下即出现早期遗迹,而南部④层才开始出现遗迹,说明该遗址北部原来相对于南部较高,才有文化遗迹遭破坏。

从勘探情况看,台形遗址东部、南部未发现文化遗存。该遗址北部为现代公路和住宅区,未能开展工作,故北部情况不详(图九、图十)。

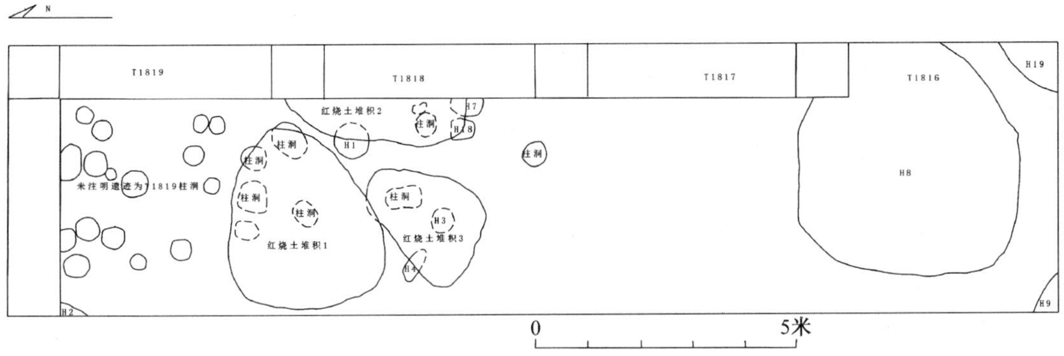

图九　T1816、T1817、T1818、T1819 四个探方总平面图

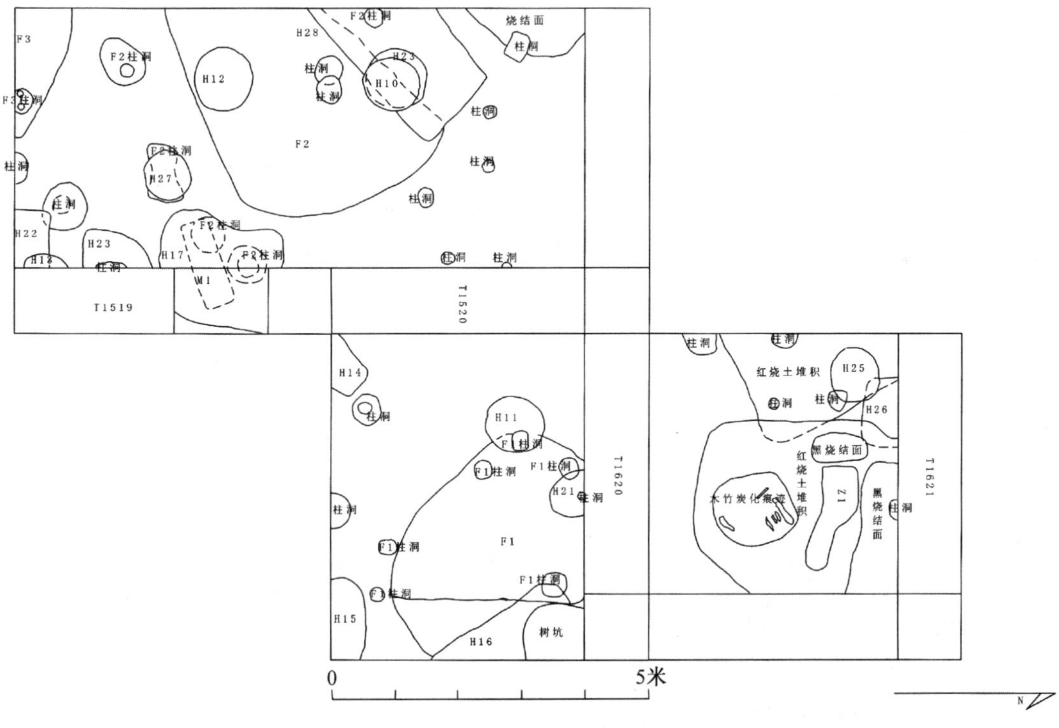

图十　T1519、T1520、T1620、T1621 四个探方总平面图

(二)遗迹

青铜时代文化遗存是该遗址的主要文化内涵。这一时期遗迹类型较多,有房址、灰坑、墓葬、灰沟等,其中房址 3 处、灰坑 26 个、灰沟 1 条、红烧土堆积 6 处、烧结面 6 处、灶 1 处、墓葬 1 座。现举例介绍如下。

1. 房址

T1620F1 位于 T1620 东北部,出现于第⑧层下,距地表最深 140 厘米。F1 平面近圆形,周围高,中部凹。周围有 6 个柱洞,西南部有 2 个柱洞。铺垫灰褐土,土质略硬,致密。F1 底部有烧土和灰褐土铺垫,微圜(图十一)。为对房址进行保护展示,只对房址清理至硬面,以下未清理。

T1519F2 位于 T1519 西北角、T1520 西南部,另一部分被两探方西壁所压。F2 开口于第⑬层下,向下打破第⑭、⑮层和生土,口距地表 180~190 厘米。F2 平面呈圆形,正南北,南北长 385、东西宽 360、深 60 厘米。F2 南壁、东壁、北壁斜下收,斜壁平底,壁底未见加工痕迹。北壁中间呈坡状,深约 30 厘米,有一台阶宽约 35、东西长约 100、高 20 厘米左右。F2 填土可分二层。F2①,浅灰褐色土,厚 0~25 厘米,土质略硬,包含有烧土颗粒。F2②,灰土(草木灰),厚 0~15 厘米,紧靠坑壁呈坡状,土质松软,底部有清晰的木炭痕迹。包含有少量烧土颗粒及陶片,陶片以夹砂陶为主,少量泥制陶。陶片以素面为主,纹饰有回纹、绳纹、凹弦纹等。可辨器形有鬲足。

F2 周围出现 5 个柱洞。D1 平面呈圆形,直径约 30、深 25 厘米,壁略斜下收,平底,壁底未见加工痕迹,内填黄红土,土质硬,无包含物,有烧土存在。D2 位于东南角,平面呈椭圆形,直径 30~36、深 28 厘米,壁略斜下收,平底,壁底未见加工痕迹,内填黄红土,土质略硬,包含少量烧土颗粒及 1 块陶片,为夹砂陶,陶质较差。D3 位于探方东北角,平面呈圆形,直径 38、深 20 厘米,壁直下收,平底,壁底未见加工痕迹,坑内填黄褐土,含少量灰褐土,土质略软,包含有少量烧土颗粒,未见陶片。D4 位于 T1519 中北部,平面呈长方形,东西长 36、宽 28、深 20 厘米,南

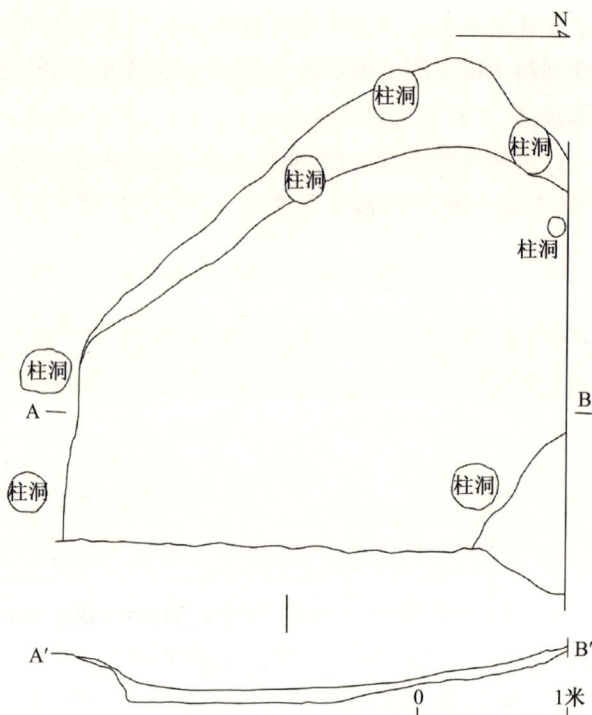

图十一　T1620F1 平、剖面图

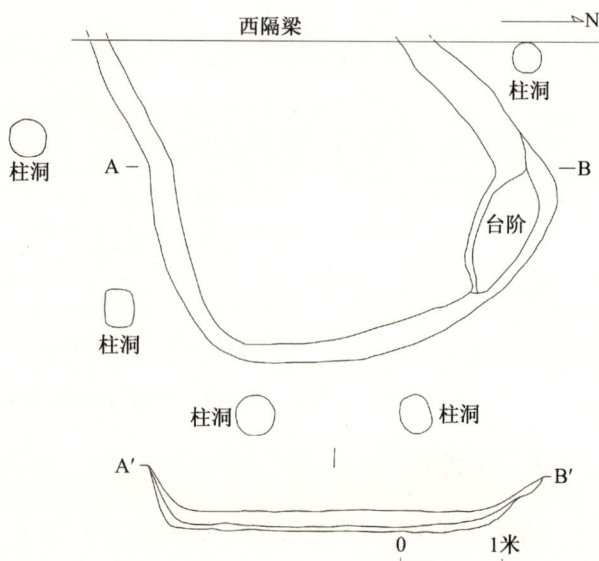

图十二　T1519F2 平、剖面图

部被 D9 打破至底。壁斜下收,平底,壁底未见加工痕迹,内填青褐土,土质略软,包含有少量烧土颗粒,未见陶片。D5 位于 T1519 西南部,平面呈圆形,直径 36、深 30 厘米,壁略斜下收,平底,壁底未见加工痕迹,坑内回填青褐土,土质略软,包含有少量烧土颗粒,未见陶片。以上 5 个柱洞在房址周围,与 F2 共存(图十二)。

T1519F3 位于 T1519 西南部。F3 开口于第⑬层下,向下打破第⑭、⑮层,口距地表 195 厘米。大部分在西壁和南壁下。F3 平面呈不规则形状,东西长 200、南北 0~90、深 34 厘米,壁斜下收,平底,壁底未见加工痕迹,底东部出现一个柱洞,平面呈圆形,直径 42、深 10~20 厘米,底部有对称的 2 个柱心,直径 8~10、深 6~8 厘米。

F3 填土为灰褐色土,可分两层。F3①,厚约 25 厘米,土质略软,含有少量红烧土颗粒及石块,未见陶片。F3②,灰褐色土,土质软,厚 0~13 厘米,含有少量红烧土颗粒,未见陶片。F3 距北部 F2 约 135 厘米,中间有柱洞,开口于同一层位下,存在共同的硬面,应该是同时存在,且存在一定的联系(图十三)。

2. 灰坑

(1)圆形灰坑

T1816H8 位于 T1816 东部(图十四),开口于第⑨层下,被第⑪、⑫、⑬、⑭、⑮层叠压,

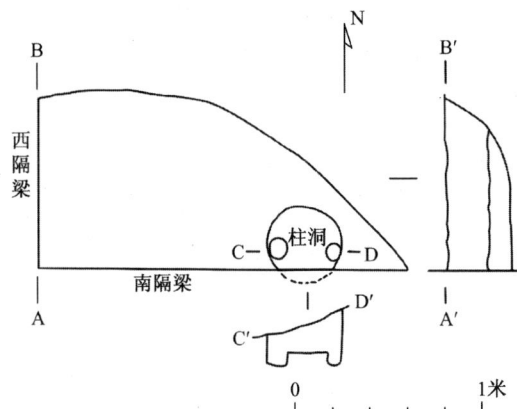

图十三 T1519F3 平、剖面图

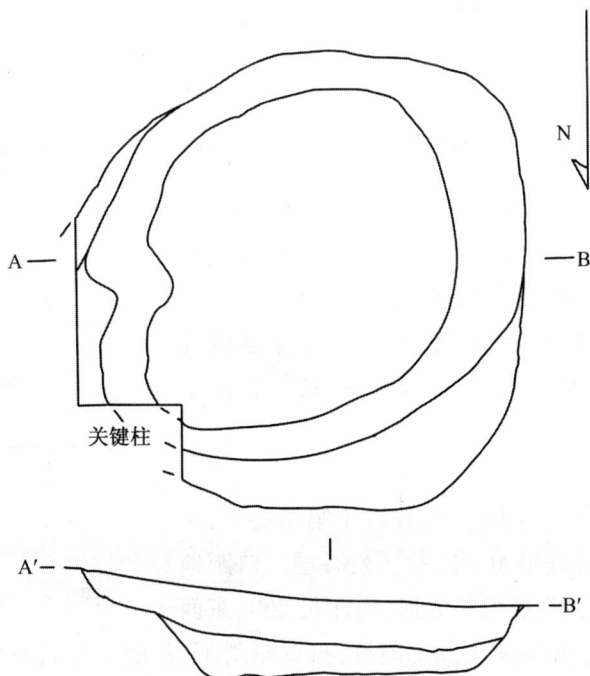

图十四 T1816H8 平、剖面图

打破第⑯层,向下打破生土。口距地表245厘米。H8平面形状近圆形,东西长440、南北宽415、最深85厘米。坑壁斜向下收,底部东高西低略凹。坑壁、底部未发现加工痕迹。坑内填土可分两层。①层:土色为青褐色,土质略软,细腻,有黏性,含烧土颗粒、炭粒。陶片为夹砂红陶、夹砂灰陶为主,泥质红陶、泥质灰陶、印纹硬陶次之。陶片纹饰有凹弦纹、折线加回纹纹、间断绳纹等。可辨器形有鬲、甗、盆、罐、豆等。②层:土色深灰褐色,土质软,含烧土颗粒、炭粒,有部分淤土。陶片以夹砂红陶、夹砂灰陶为主,泥质红陶、泥质灰陶、印纹硬陶次之。陶片纹饰有回纹、方格纹、绳纹、雷纹、折线纹、间断弦纹等。可辨器形有鬲、盆、罐、豆、圈足盘等。

T1818H3 位于T1818的中部,开口于第⑨层下,向下打破第⑬层。口距地表约100、平面呈圆形,直径52、深17厘米。壁斜内收,圜底,壁底未见加工痕迹。坑内填土为灰褐色,土质较硬,未见陶片(图十五)。

T1520H23 位于探方南部,开口于第③层下,向下打破第④层,口距地表80厘米,平面呈圆形,直径90、深34厘米。壁斜下收,平底,壁底未见加工痕迹。填土为灰褐色,土质略软,包含有烧土,无陶片出土(图十六)。

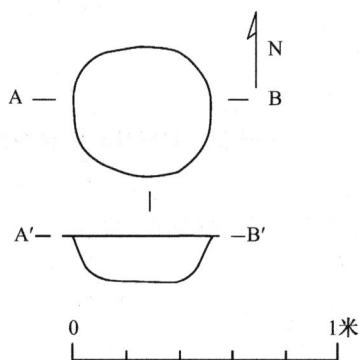

图十五　T1818H3 平、剖面图

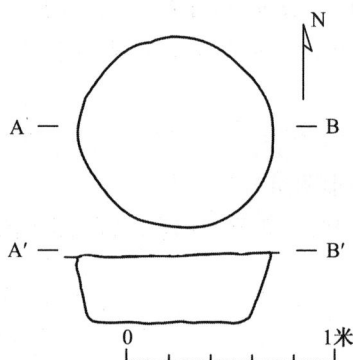

图十六　T1520H23 平、剖面图

T1519H27 位于探方东北部,开口于第⑩层下,向下打破第⑪层。口距地表170厘米,平面呈圆形,直径75、深20厘米。壁直下收,平底,壁底未见加工痕迹。坑内填土为灰褐色,包含有灰白土粒,土质略软,包含红烧土颗粒、2块陶片,陶片为夹砂红陶,素面,器形为鬲足(图十七)。

(2)圆角长方形灰坑

T1520H28 位于探方西南部,开口于第⑨层下,一部被西壁所压,向下打破第⑩、⑪、⑫、⑬、⑭层。口距地表110~150厘米,平面呈圆角长方形,南北长260、东西宽134、最深64厘米。壁底未见加工痕迹,折壁略斜下收,底部北高南低,西高东低呈斜坡状。坑内填灰褐土,土质稍硬。包含有大量烧土颗粒、陶片,未分层。陶片以夹砂陶为主,其

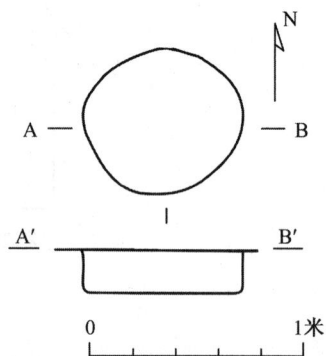

图十七　T1519H27 平、剖面图

次为泥质红陶、泥质灰陶、印纹硬陶。陶片以素面为主,纹饰有绳纹、折线梯格纹、弦纹。可辨器形有罐、釜等(图十八)。

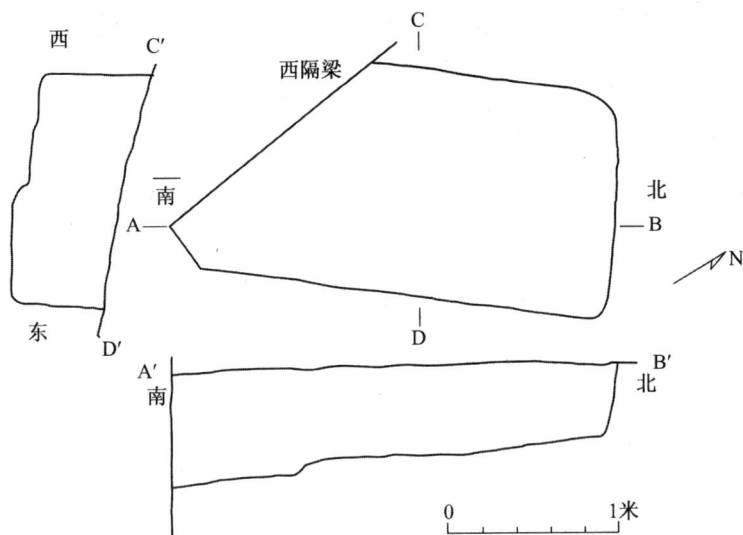

图十八　T1520H28 平、剖面图

（3）近椭圆形灰坑

T1620H21　位于探方北壁下,开口于第①层下,向下打破第②、④层。口距地表15厘米,平面近椭圆形,南北长50、东西宽70、深39厘米。壁直下收,平底,壁底未见加工痕迹。填土为灰褐色,土质稍硬,包含有大量烧土颗粒,未见陶片(图十九)。

T1519H17　位于探方东壁下,开口于第①层下,向下打破第②层。口距地表25厘米,平面近椭圆形,南北长200、东西宽160、深20厘米。壁斜下收,平底,壁底未见加工痕迹。填土为灰褐色,土质略软,包含有少量红烧土及陶片。陶片以夹砂陶为主,少量泥质陶,多素面,纹饰有方格纹、菱形填线纹。可辨器形有鬲、罐等(图二十)。

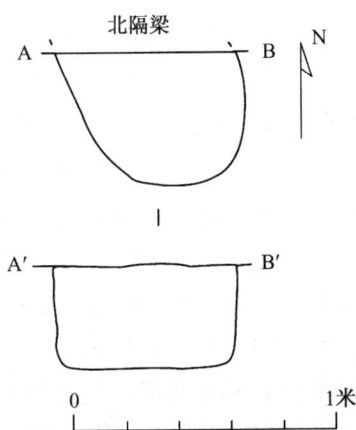

图十九　T1620H21 平、剖面图

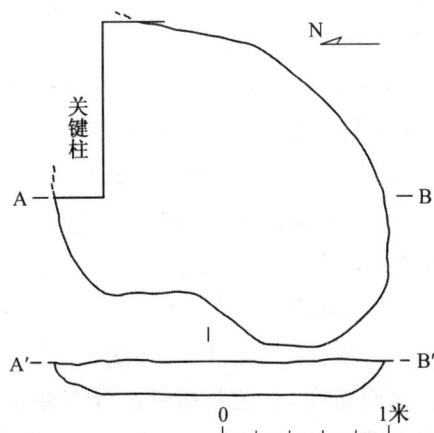

图二十　T1519H17 平、剖面图

3. 墓葬

T1519M1 位于 T1519 的东北角,开口于第⑩层下,向下打破第⑬层,被东隔梁所压,口距地表 160 厘米。M1 东西长 138、南北宽 55、深 55、底长 130、宽 48 厘米,底距地表 216 厘米。骨架保存较差,只能辨认头骨及牙,无法判断性别年龄。仰身直肢,头向为东向,为 77°。M1 壁略斜,平底,壁底未见加工痕迹。填土为灰褐色花土,土质略软,填土中包含红褐色、黄褐色土粒及少量陶片,无随葬物。人骨已采集,仅部分头骨及牙齿可提取(图二十一)。

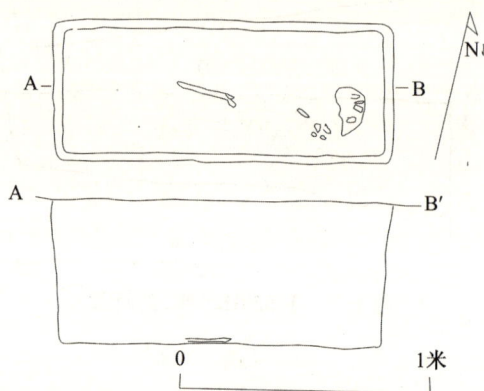

图二十一　T1519M1 平、剖面图

4. 灰沟

T1817G1 位于 T1816 北部及 T1817 南部,东西向分布,根据其土层土色等情况可分为四层。G1①层:深 90～100、厚 0～40 厘米。土质略硬,致密,土色灰褐。分布在 T1816 北部及 T1817 南部。包含物有陶片、红烧土颗粒及石块等。陶片以夹砂红陶为主,泥质红陶次之,少量硬陶。纹饰有方格纹、回纹、席纹、雷纹等。可辨器形有鼎、鬲、罐、釜、钵、豆等。G1②层:深 100～140、厚 0～30 厘米。土质略硬,致密,土色灰褐,分布于 T1816 北部及 T1817 南部。包含物有陶片、红烧土颗粒及石块等。陶片以夹砂红陶为主,泥质红陶次之,夹砂灰陶较少,另有少量泥质硬陶。陶片多为素面,纹饰有方格、绳纹、席纹、回纹等。可辨器形有鼎、鬲、罐、豆、钵、釜等。G1③层:深 95～195、厚 10～50 厘米。土质略硬,致密,土色灰褐色。分布于 T1817 中部。包含物有陶片、少量红烧土颗粒、黄土块及含绿水锈土颗粒等。陶片以夹砂红陶为主,泥质红陶次之,另有泥质灰陶、印纹硬陶、泥质黑皮红陶等。陶片以素面为主,纹饰有方格纹、席纹、绳纹、曲折纹、回纹等。可辨器形有鬲、罐、豆、钵、器盖、釜等。G1④层:深 160～205、厚 0～30 厘米,土质略硬,土色灰褐色。分布在 T1817 西南部及 T1816 北部。包含物有陶片、红烧土颗粒等。陶片以夹砂红陶为主,泥质红陶次之。陶片以素面为主,纹饰有方格纹、回纹及席纹等。可辨器形有鬲、罐等(图二十二)。

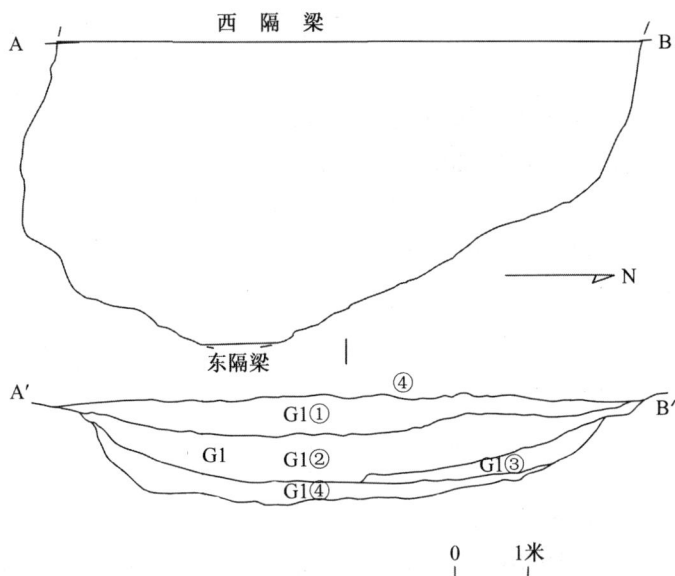

图二十二　**T1817G1** 平、剖面图

5. 红烧土堆积

T1818 红烧土堆积1　位于 T1818 西北部及 T1819 南部，开口于第⑩层下，向下打破第⑫、⑬层。上平面距地表约 100 厘米。平面近椭圆形，南北长约 300、东西宽 325、厚10～45 厘米。壁斜内收，底西高东低，向中间倾斜，包含物为红烧土块及 1 块陶饼（图二十三）。

T1519 红烧土堆积4　位于探方西北部、T1519 南隔梁、T1520 西隔梁下。向下叠压第⑦层。口距地表70～120 厘米。平面呈不规则形，东西长385、南北宽370、厚0～30 厘米。土质稍硬，土色为浅灰褐色，包含有大量烧土块、黄褐土。堆积北低南高，呈倾斜形状，向南、东渐薄。未见陶片（图二十四）。

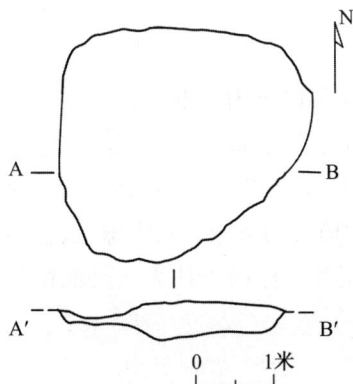

图二十三　**T1818 红烧土堆积1**平、剖面图

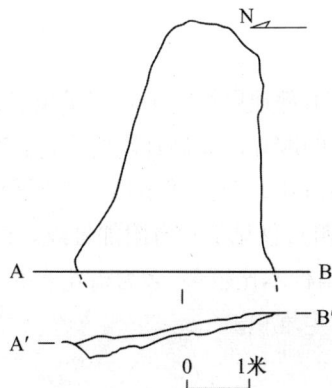

图二十四　**T1519 红烧土堆积4**平、剖面图

6. 烧结面

T1520 烧结面 1 位于探方的西北部,开口于 T1520 西部红烧土堆积 5 下,于 T1520⑥下出现,向下叠压第⑧层。口距地表 110 厘米。平面呈不规则形,南北长 140、东西宽 80 ~ 120、深约 10 厘米。北、西高,向东、南略斜,西壁、北壁斜下收,底略平,壁底未见加工痕迹,上面叠压少量烧土及灰褐土,烧结面呈黑灰色,中部略深,周围稍浅(图二十五)。

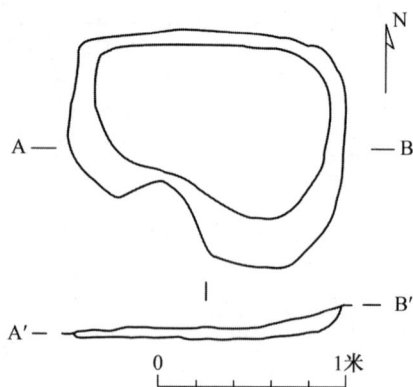

图二十五 T1520 烧结面 1 平、剖面图

7. 灶

T1621Z1 位于探方的东北部,于 T1621 烧土下出现,向下打破垫层 1、垫层 2,距地表 60 厘米。平面呈长方形,东西长 160、宽 24 ~ 60、深 10 ~ 36 厘米。壁斜下收,底由东向西坡状倾斜至灶内,灶内底凹,灶壁处有二层台,高 5 ~ 6 厘米,壁底有少量烟熏痕迹。灶平面西部,向东呈长条状,可能是灶的火道部分,填土为灰褐色,土质稍硬,包含有烧土颗粒、少量陶片。陶片以夹砂红陶为主,其次为泥质灰陶。陶片以素面为主,纹饰有绳纹等,未见可辨器形(图二十六)。

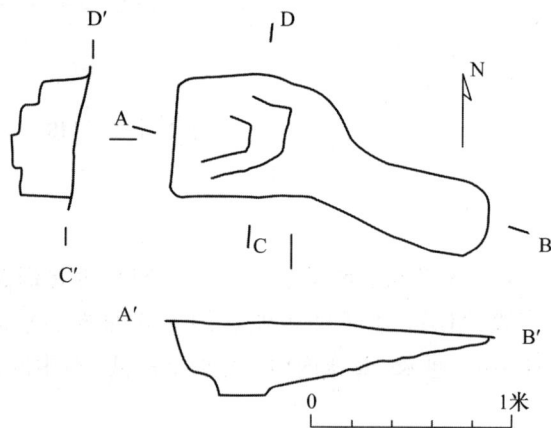

图二十六 T1621Z1 平、剖面图

(三)遗物

1. 新石器时代文化层遗物

探沟上部地层堆积为晚期淤积层,无出土遗物,第④层以下为早期文化层堆积。其中第⑤层出土的陶片以夹砂红陶为主,占 59.08%,其次泥质红陶占 38.9%,泥质灰陶占 1.28%,夹砂灰陶占 0.37%。可辨器形有腰沿釜 24、罐口 7、鼎足 3、流 2、豆柄 1、钵 1。陶片基本为素面(表四),仅见 1 片有附加堆纹。但发的小件有橄榄形网坠、石凿、陶球、玉管、石锛等。动物骨、角标本比较多,多为梅花鹿的角。根据发掘情况我们倾向于认为下层堆积是马家浜文化层次生堆积。

表四　新石器时代陶器器形统计表（2013ZLT1⑤）

器形 陶系	罐口沿	釜口沿	鏊	鬲口沿	鸡冠耳	牛鼻耳	腰沿釜	流	豆座	器底	鼎足	盆口沿	钵口沿	腹片	杯底	合计	百分比
夹砂红陶	4	36	27	1	2	6	41		3	27	2			173		322	59.08
泥质红陶	4	3	3			9	4	4	18	16	3	7	4	137		212	38.9
泥质灰陶										1				5	1	7	1.28
夹砂灰陶		2												2		4	0.73
合计	8	41	30	1	2	15	45	4	21	44	5	7	4	317	1	545	
百分比	1.47	7.52	5.50	0.18	0.37	2.75	8.26	0.73	3.85	8.07	0.009	0.012	0.007	58.17	0.18		

备注：有3块附加堆纹陶片，均位于腰沿釜上，2块夹砂红陶，1块泥质红陶，其余陶片均为素面。

　　龙脉团山遗址出土的马家浜文化遗物不是很丰富，其中绝大多数为陶器碎片，另有少量石器、玉器、动物骨角等。现根据质料分类介绍如下。

陶器

釜　10件。根据口沿不同分二型。

A型，6件。标本T1⑥:31，夹砂红陶。圆唇，敞口，壁斜直下收，口沿下出一凸楞形甏腰。素面。残高5.6、壁厚0.4～0.5厘米（图二十七，6）。标本T1⑥:32，夹砂红陶。圆唇，敞口，壁斜直下收，口沿下出一鏊，鏊下有一周凸楞形甏腰。素面。残高6.6、壁厚0.4～0.7厘米（图二十七，2）。标本T1④:34，夹砂红陶，尖圆唇，口沿略微敞，直腹，口沿下出一周圆钝锯齿状腰檐。素面。口径为12.4、出檐宽1、壁厚0.6厘米（图二十七，5）。标本T1621⑬:9，夹砂红陶。圆唇，敞口，腹壁斜直下收，腹中部有微上翘的宽腰沿。腰沿的边缘饰一周掐印纹，较密。口径21、残高7.2、厚0.7～1厘米（图二十七，8）。标本T1621⑬:20，夹细砂红陶。圆唇，内折沿，上口斜弧形外撇，沿下有鸡冠耳。素面。口径29、残高6、厚0.6～0.7厘米（图二十七，13）。标本T1520⑭:16，夹砂红陶。方唇，口微敞，直口，沿外向外伸出一周棱，腹上壁竖直，口沿下有鸡冠耳。口沿下有一周掐印纹，较密。口径28、残高5.6、厚0.7～0.8厘米（图二十七，11）。

B型，4件。标本T1⑥:64，夹砂红陶。圆唇，沿面斜直外撇，内折沿，腹微弧下收。口沿下饰附加堆纹，上有浅圆形按窝纹，稍密。残高5.6、壁厚0.4～0.5厘米（图二十七，3）。标本T1⑤:37，夹砂红陶。侈口，尖圆唇，沿微折，直壁，一圈腰檐，上有掐印纹，残高6、壁厚0.4～0.5厘米（图二十七，1）。标本T1⑧:17，夹砂红陶。圆唇，侈口，折沿，壁微弧形下收，口沿下有一周截面为三角形凸楞形甏腰。素面。残高4.8厘米（图二十七，4）。标本T1⑧:2，夹砂红陶。圆唇，折沿，沿面外卷，壁微弧形下收，口沿下有一舌形鏊。素面。残高5.6厘米（图二十七，10）。

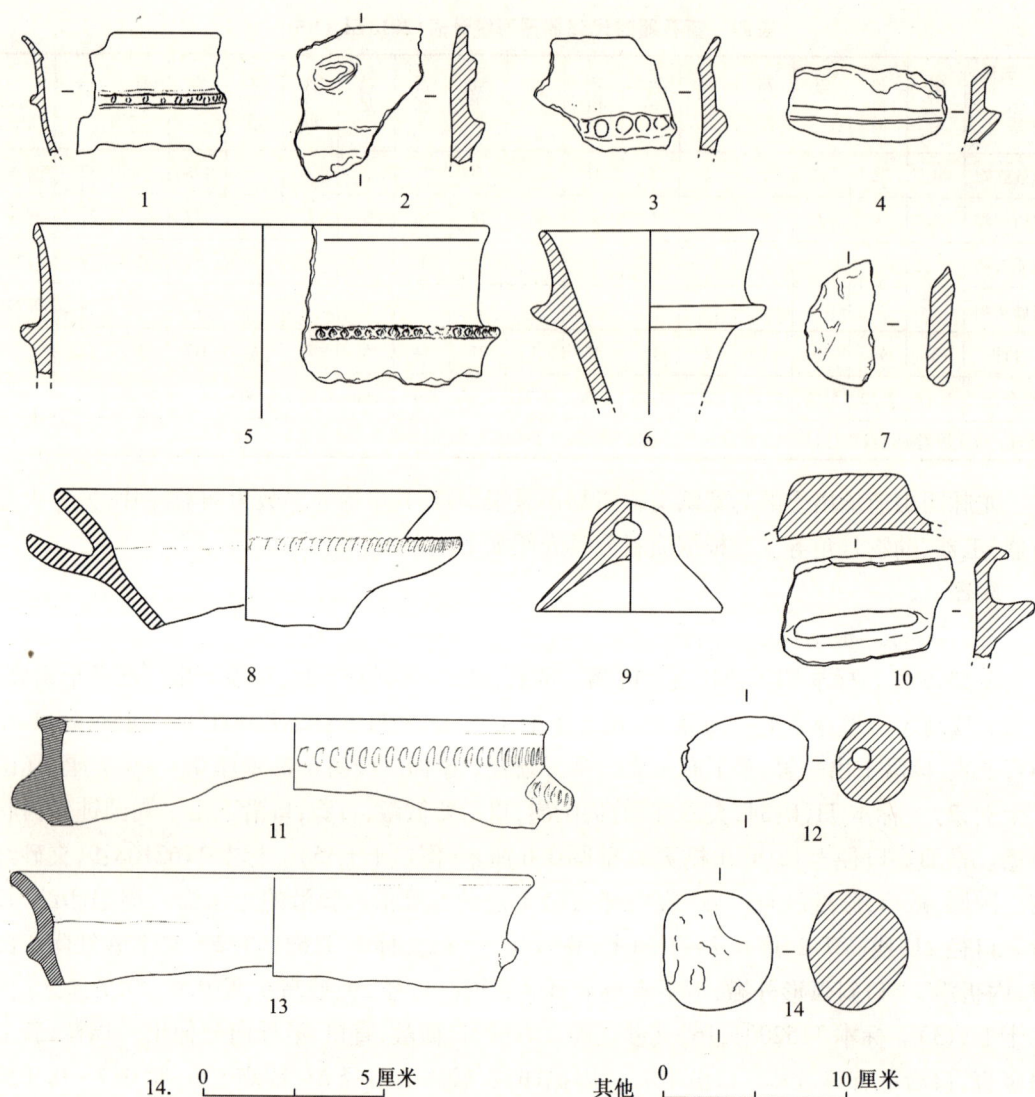

图二十七　陶器（一）

1. B 型釜（T1⑤:37）　2. A 型釜（T1⑥:32）　3. B 型釜（T1⑥:64）　4. B 型釜（T1⑧:17）
5. A 型釜（T1④:34）　6. A 型釜（T1⑥:31）　7. 陶饼（T1⑤:3）　8. A 型釜（T1621⑬:9）
9. 器盖（T1⑥:45）　10. B 型釜（T1⑧:2）　11. A 型釜（T1520⑭:16）　12. 网坠（T1④:3）
13. A 型釜（T1621⑬:20）　14. 陶球（T1⑤:1）

钵　1件。标本T1⑤:68，泥质红陶。方唇，敞口，斜弧腹下收。素面。口径28、残高5、壁厚0.6～0.7厘米（图二十八，14）。

豆　豆盘，1件。标本T1④:4，泥质红陶（夹少量细沙）。尖圆唇，弧腹。素面。直径24、残高5.6厘米（图二十八，18）。

豆柄，2件。标本T1⑥:36，泥质红陶。喇叭状，柄弧形下张，圆唇。素面。底径10.6、残高5.7厘米（图二十八，23）。标本T1⑤:57，泥质红陶。喇叭状，柄弧形下张，尖圆唇。柄部有圆形镂孔。底径16.8、残高5.5厘米（图二十八，24）。

鋬　10件。分二型。

A 型,5 件。标本 T1⑧:35,泥质红陶(夹细沙)。出沿为圆角长方形。素面。鋬长 7、宽 3.8、高 3 厘米(图二十八,2)。标本 T1⑥:83,泥质红陶(夹细沙)。圆角长方形。素面。鋬长 6.8、宽 2.4、高 2.7 厘米(图二十八,4)。标本 T1⑥:87,泥质红陶。弧边。长 8.6、宽 2.4、高 2.8 厘米(图二十八,1)。标本 T1⑥:67,泥质红陶,素面。耳长 5.8、宽 3.8、高 2.8 厘米(图二十八,5)。标本 T1⑤:43,泥质红陶。鋬一面平,一面弧。素面。长 8.4、宽 3.6、高 1.7 厘米(图二十八,3)。

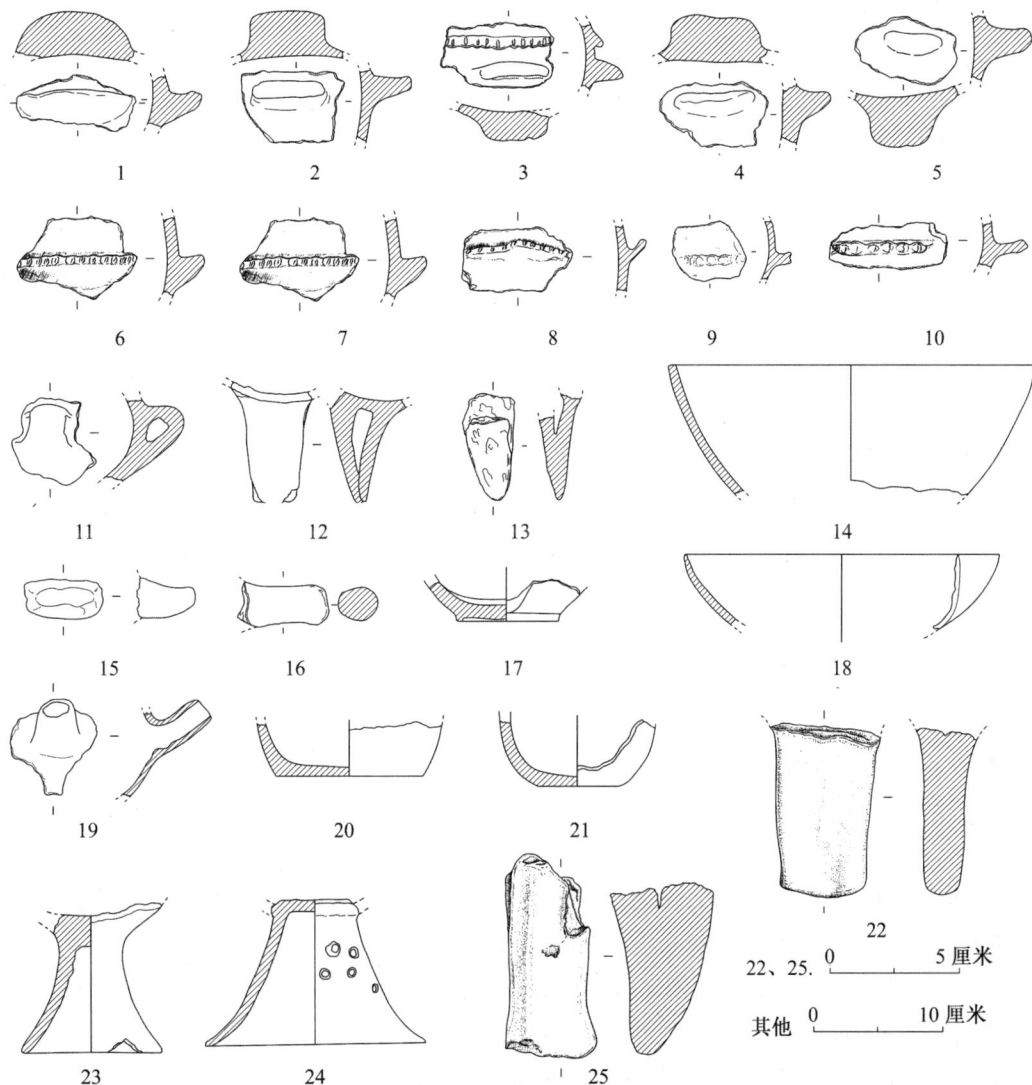

图二十八　陶器(二)

1. A 型鋬(T1⑥:87)　2. A 型鋬(T1⑧:35)　3. A 型鋬(T1⑤:43)　4. A 型鋬(T1⑥:83)
5. A 型鋬(T1⑥:67)　6. B 型鋬(T1⑤:51)　7. B 型鋬(T1⑥:68)　8. B 型鋬(T1⑤:50)
9. B 型鋬(T1④:7)　10. B 型鋬(T1⑤:44)　11. 器耳(T1⑤:46)　12. A 型把手(T1⑧:3)
13. A 型把手(T1④:6)　14. 钵(T1⑤:68)　15. B 型把手(T1④:26)　16. B 型把手(T1⑤:69)
17. 器底(T1⑤:118)　18. 豆盘(T1④:4)　19. 流(T1④:35)　20. 器底(T1⑤:58)
21. 器底(T1⑤:124)　22. A 型把手(T1⑤:83)　23. 豆柄(T1⑥:36)　24. 豆柄(T1⑤:57)
25. A 型把手(T1⑤:88)

B 型，5 件。标本 T1④:7，泥质红陶。鸡冠耳型，耳部俯看呈小半圆形，耳长 5、最宽处 1.2、厚 0.8、壁厚 0.5 厘米（图二十八，9）。标本 T1⑤:44，泥质红陶。鸡冠耳，耳两端平直，前端微弧耳长 7.7、宽 2~2.1、壁厚 0.8~0.9 厘米（图二十八，10）。标本 T1⑤:51，夹砂红陶。耳平面呈半圆形，长 9.2、最宽处 2、陶片壁厚 0.7~0.8 厘米（图二十八，6）。标本 T1⑤:50，泥质红陶（夹蚌）。腰沿上翘，上有掐印纹。出沿 1.6、壁厚 0.8 厘米（图二十八，8）。标本 T1⑥:68，泥质红陶。牛鼻耳。素面。鋬长 4.8、宽 3.6、高 3.3 厘米（图二十八，7）。

流 1 件。标本 T1④:35，泥质红陶。管状，尖圆唇，45°上翘。素面。流内径 1.6、外径 2.2、流长 4.4、壁厚 0.4 厘米（图二十八，19）。

器盖 1 件。标本 T1⑥:45，夹砂红陶。鼻形钮，壁弧形下张，尖圆唇。口径 10、高 6 厘米（图二十七，9）。

把手 6 件。分为二型。

A 型，4 件。标本 T1④:6，泥质红陶。至中上部分叉处，整体呈舌形。素面。残高 8、最厚处 2.5 厘米（图二十八，13）。标本 T1⑤:83，夹砂红陶。平面呈长方形，至鼎腹处残缺。残长 6.6、最宽 4.35、最厚 2.4 厘米（图二十八，22）。标本 T1⑤:88，夹砂红陶。至上端分叉处残缺，平面略呈铲形，上下均残。素面。残长 8、最宽处 3.5、最厚处 4 厘米（图二十八，25）。标本 T1⑧:3，泥质红陶。整体呈长方形，为两片合并而成。素面。残长 8.6、宽 4.2 厘米（图二十八，12）。

B 型，2 件。标本 T1④:26，夹砂红陶。平面略呈梯形，头部微翘。素面。长 2.9、宽 2.1、厚 1.5 厘米（图二十八，15）。标本 T1⑤:69，夹砂红陶。圆柱形。素面。残长 6.8、直径 2.6 厘米（图二十八，16）。

耳 1 件。标本 T1⑤:46，夹砂红陶。竖桥形。素面。长 4.8、宽 2.8~2.9 厘米（图二十八，11）。

器底 3 件。标本 T1⑤:58，泥质红陶。斜腹，底径 11.2、壁厚 0.65~0.8 厘米（图二十八，20）。标本 T1⑤:118，夹砂红陶。圈足极矮，斜腹，高约 4~5、壁厚 1~1.2 厘米（图二十八，17）。标本 T1⑤:124，泥质红陶（夹细沙）。平底，弧腹，底径 6.4、壁厚 0.8~0.9 厘米（图二十八，21）。

网坠 1 件。标本 T1④:3，泥质红陶。整体呈椭圆形，穿孔略偏，不在正中，孔径 1 厘米，横截面直径最大 4、长 6.4 厘米（图二十七，12）。

陶饼 1 件。标本 T1⑤:3，泥质红陶。近圆形，厚度不均，中间及部分边缘地区较薄，半径 3.25、厚 1.3~1.5 厘米（图二十七，7）。

陶球 1 件。标本 T1⑤:1，泥质灰陶。球体，略扁，半径 1.4~1.55 厘米（图二十七，14）。

石器

共 8 件。包括石锛、砺石等，皆磨制或有磨制痕迹。大多残，少数保存完好。

石锛 4 件。标本 T1④:2，灰白色，灰岩。长方形柱体，弧背，单面斜刃，磨制而成，长 4.9、宽 2.5、厚 2 厘米（图二十九，4）。标本 T1⑤:2，灰白色，灰岩。长方形柱体，单面斜刃，背略弧，磨制而成。长 3、宽 1.25、厚 1.25 厘米（图二十九，8）。标本 T1⑥:2，深灰色，砂岩。锛体呈不规则长方形，单面斜刃，背略弧，周身均有打击痕迹。长 13.5、宽 4.4、厚

4.15厘米(图二十九,5)。标本 T1819⑮:1,黄褐色,石英砂岩。磨制而成,平面呈梯形,平刃,直脊,整体轮廓较为圆润。上底2.3、下底4、高5.95、最厚2.1厘米(图二十九,14)。

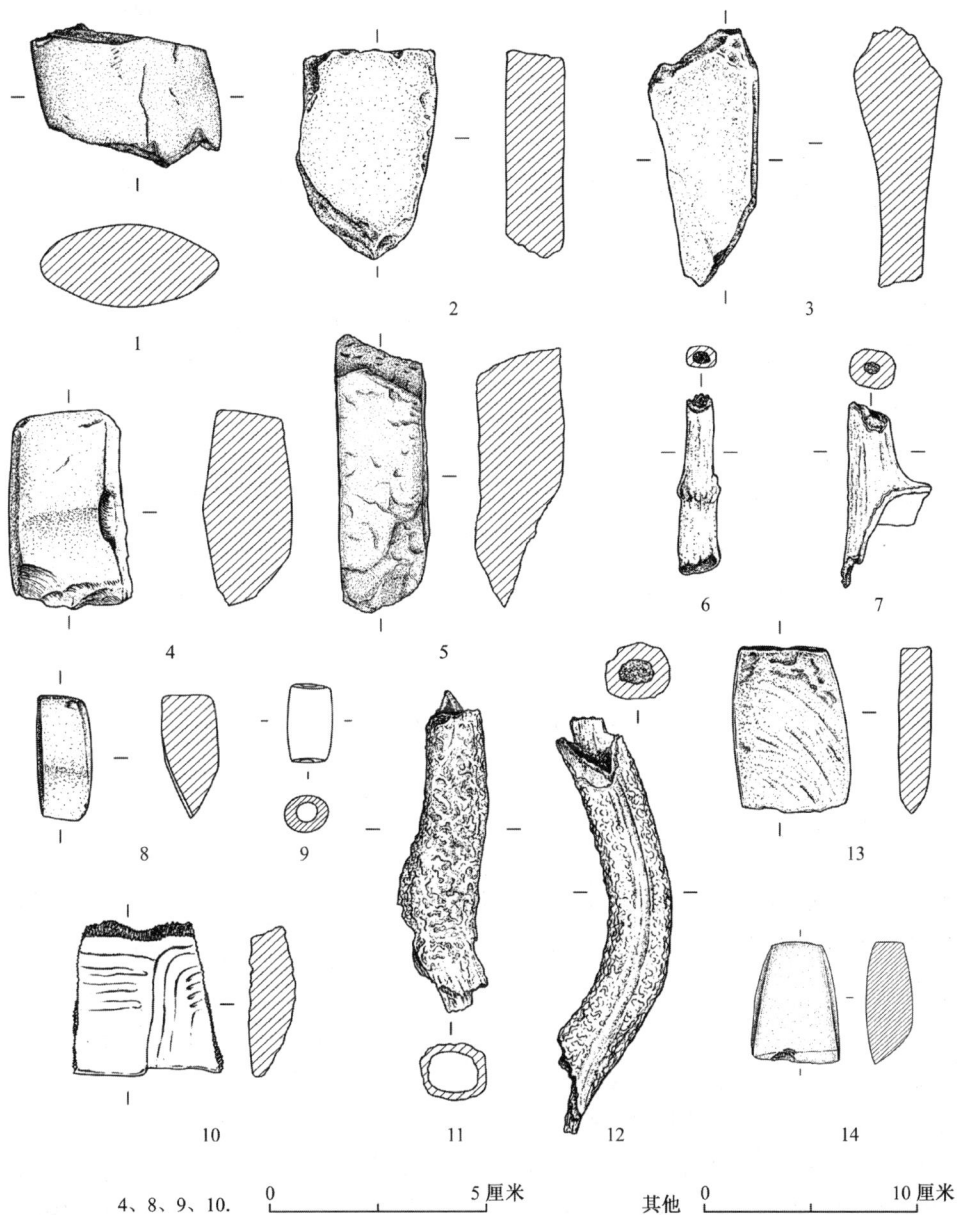

4、8、9、10.　0　　　　　5厘米　　　　其他　0　　　　　10厘米

图二十九　石器

1. 未加工完成石器(T1⑥:3)　2. 砺石(T1⑤:4)　3. 砺石(T1⑤:6)　4. 石锛(T1④:2)
5. 石锛(T1⑥:2)　6. 鹿角(T1⑤:9)　7. 鹿角(T1⑤:8)　8. 石锛(T1⑤:2)　9. 玉管(T1④:1)
10. 龟甲片(T1⑥:1)　11. 鹿角(T1⑤:7)　12. 鹿角(T1⑤:10)　13. 石斧(T1819⑮:6)
14. 石锛(T1819⑮:1)

石斧　1件。标本T1819⑮:6,浅灰色,砂岩。打磨粗糙,整体较薄,长方形扁柱体,两面皆有弧线纹理,双面弧刃。长8.4、宽4.4～5、最厚处1.5厘米(图二十九,13)。

砺石　2件。标本T1⑤:4,灰黄色,石英砂岩。近似梯形,长10、宽6.4、厚2.6厘米(图二十九,2)。标本T1⑤:6,灰黄色,石英砂岩。平面呈三角形,下部似做尖状,横截面为梯形,一面下凹,一面平直。长12.8、宽5.2、厚1.3厘米(图二十九,3)。

另有未加工完成石器,1件。标本T1⑥:3,青灰色,灰岩。横截面为椭圆形,上下均有打击痕迹,下部残,器形不可辨。长8.1、宽4、高7厘米(图二十九,1)。

玉器

共1件。为玉管,磨制而成,保存完好。

玉管　1件。标本T1④:1,青黄色,玉质。管状,剖面近环形。内径0.4、外径1、高1.8厘米(图二十九,9)。

骨角器

共5件。包括鹿角、龟甲片。多保存不好。

鹿角　4件。标本T1⑤:7,管状,两端均残,表面有小疙瘩。外径约1.5、内径约1.1、残长15.6厘米(图二十九,11)。标本T1⑤:8,管状,根部较粗大,前端残。内径0.6、外径2、长9厘米(图二十九,7)。标本T1⑤:9,管状,两端均残,中间有结节。外径1.8、内径1.6(最粗处)、长8.7厘米(图二十九,6)。标本T1⑤:10,管状,弧形,两端均残,表面有小疙瘩。长20.2、外径2.8、内径2.1厘米(图二十九,12)。

龟甲片　1件。标本T1⑥:1,残存近梯形,扁片状,一面平,一面弧。一面有直、弧线条装饰。上底长2.6、下底长3.4、高3.8、厚1厘米(图二十九,10)。

2. 商周时期文化层出土遗物

龙脉团山遗址的商周时期出土遗物最为丰富,其中以陶器为主,其次是石器、青铜器、原始瓷器等。根据出土遗物的自身变化,将龙脉团山遗址商周时期遗物分为早、中、晚三段。现根据质料分类介绍如下。

(1) 早段

陶器

鬲　4件。根据口沿不同分二型。

A型,2件。标本T1520F2①:1,夹砂红陶。方唇,卷沿,沿斜弧外侈,侈度较大,沿面略宽,有烟炱痕迹。素面。口径32、残高5、厚0.5～0.6厘米(图三十,5)。标本T1519F2①:1,夹砂红陶。方唇,折沿,沿面斜弧外侈,侈度稍大,腹稍鼓,有烟炱痕迹。素面。口径22、残高7.6、厚0.7～0.8厘米(图三十,11)。

B型,1件。标本T1621⑪:2,夹砂红陶。方唇,折沿,沿面斜弧外侈,侈度稍大,腹稍鼓,有烟炱痕迹。素面。口径18、残高7.5、厚0.5～0.7厘米(图三十,10)。

另有鬲足,1件。标本T1520F2①:6,夹砂红陶。圆锥截尖状,较矮,足壁斜弧下收,足跟较矮。素面。残高8、厚0.7厘米(图三十,9)。

甗 3件。标本T1519⑬:2,夹砂红陶。方唇,内折沿,外折沿,沿斜弧外侈,侈度较大,沿面不宽,肩略弧形向下,略扁,有烟炱痕迹。素面。口径39、残高8.2、厚0.7~0.9厘米(图三十,2)。标本T1519⑬:14,夹砂红陶。圆唇,内卷沿,外折沿,沿斜略弧外侈,侈度较大,沿面略宽,肩略弧形向下,略鼓,有烟炱痕迹,沿内有拼接痕迹。素面。口径36、残高11.3、厚0.7~0.9厘米(图三十,1)。

另外还有甗腰1件。标本T1519F2②:4,夹砂红陶。有堆饰,折沿,有拼接痕迹。腰部饰较浅按窝纹,较密。残高6、腰径13.5、厚0.8~2.2厘米(图三十,7)。

瓮 1件。标本T1519⑬:1,夹砂红陶。方唇,折沿,敞口,沿斜弧外撇,撇度较大。口沿沿面上有一周浅凹槽。口径32、残高5.5、厚0.9~1.4厘米(图三十,6)。

盆 2件。标本T1519⑪:2,夹砂红陶。方唇,敞口,腹上部弧,腹下部斜直下收。素面。口径39、残高6.5、厚0.6~0.7厘米(图三十,3)。标本T1621⑪:7,泥质灰陶,黑皮红胎。方

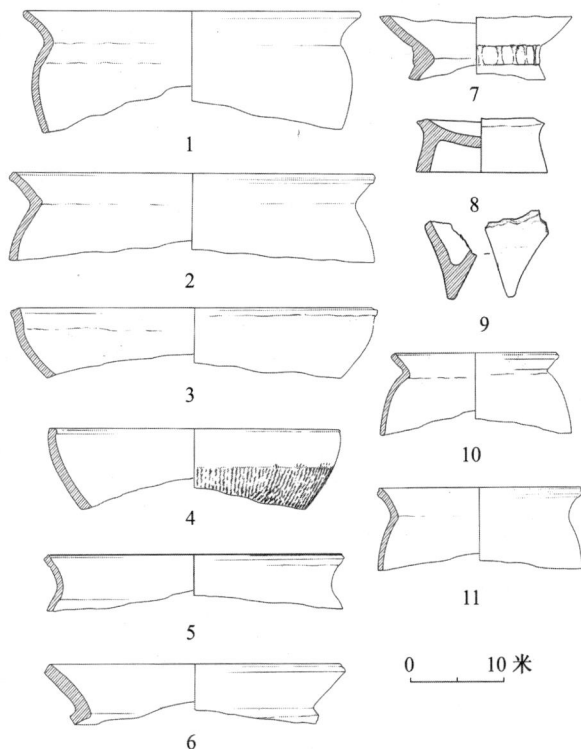

图三十 早段陶器

1. 甗(T1519⑬:14)　2. 甗(T1519⑬:2)
3. 盆(T1519⑪:2)　4. 盆(T1621⑪:7)
5. A型鬲(T1520F2①:1)　6. 瓮(T1519⑬:1)
7. 甗腰(T1519F2②:4)　8. 簋座(T1519⑬:20)
9. 鬲足(T1520F2①:6)　10. B型鬲(T1621⑪:2)
11. A型鬲(T1519F2①:1)

唇,敞口,平沿,沿内侧凸出一周棱,腹弧形下收。口沿外磨光,腹部饰中绳纹。口径31、残高7.4、厚0.7~1厘米(图三十,4)。

簋座 1件。标本T1519⑬:20,泥质灰陶,灰皮红胎。内底圜,外底向下略鼓,圈足座不高,圈足下部略侈,尖圆唇,平沿,盘、圈足间有拼接痕迹。素面。底径14、残高4.5、厚1~1.2厘米(图三十,8)。

石器

共5件。包括石锛、石钺、石凿等,皆磨制或有磨制痕迹。大多残,少数保存完好。

石锛 2件。标本T1519⑭:1,青灰色,页岩。长方形,单面刃,背面直,刃面弧,一面有打制痕迹,一面磨光。长11.1、刃宽2~3.4、厚4厘米(图三十一,5)。标本T1519⑭:3,浅灰白色,扁形,双面刃,通体磨光。长5、宽2.8、厚1.8厘米(图三十一,3)。

石钺　1件。标本1621⑬:1,浅灰色,灰岩。近方形,手制,双面刃,背有对钻穿孔。长9.2、宽8.5、最厚1～1.8厘米(图三十一,2)。

石凿　1件。标本T1519⑭:2,青色,灰岩。长条柱状,下端稍小,单面刃,刃部锋利。长9、宽2.7、厚1.5厘米(图三十一,4)。

穿孔石器　1件。标本T1519⑫:1,青黑色,灰岩。表面打磨光滑,平面呈等腰梯形,上端残,有一半对钻穿孔残留,下端呈弧形无刃,有两处表面残损。最长7、宽5.6、厚1.3厘米(图三十一,1)。

(2) 中段

陶器

鬲　7件。根据口沿、腹部及裆部不同分三型。

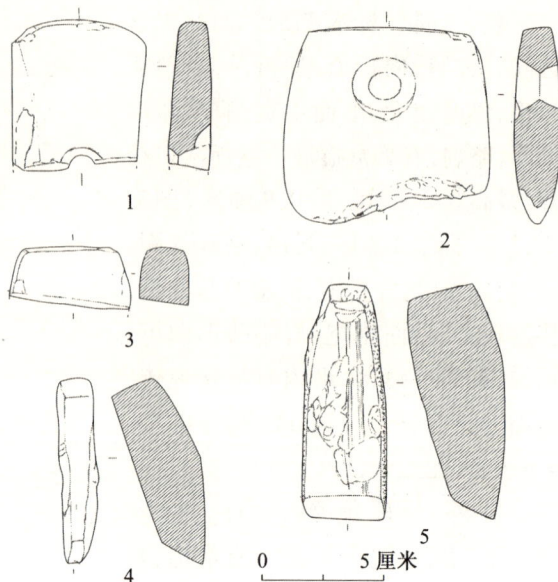

图三十一　早段石器

1. 穿孔石器(T1519⑫:1)　2. 石钺(1621⑬:1)
3. 石锛(T1519⑭:3)　4. 石凿(T1519⑭:2)
5. 石锛(T1519⑭:1)

A型,4件。标本T1816H8②:71,夹砂红陶。圆唇,卷沿,沿面斜弧外侈,侈度稍大,腹稍鼓,分裆,有烟炱痕迹。素面。口径15、残高16.8、厚0.5～0.7厘米(图三十二,5)。标本T1816H8②:22,夹砂红陶。圆唇,内折沿,外卷沿,沿面斜弧外卷,卷度稍大,腹稍鼓,口沿内有拼接痕迹和烟炱痕迹。素面。口径27、残高15.3、厚0.5～0.8厘米(图三十二,2)。标本T1816⑬:3,夹砂红陶。圆唇,卷沿,沿面斜弧外侈,侈度稍大,腹稍鼓,分裆,有烟炱痕迹。素面。口径18、残高14.4、厚0.5～0.7厘米(图三十二,6)。标本T1816H8②:70,夹砂红陶。圆唇,内折沿,外卷沿,沿面斜直外侈,侈度不大,腹稍鼓,口沿内有拼接痕迹和烟炱痕迹。素面。口径23、残高9.7、厚0.7～0.9厘米(图三十二,7)。

B型,2件。标本T1816⑭:52,夹砂红陶。整器较瘦,圆唇,内折沿,外卷沿,沿面斜弧外卷,撇度较大,腹微弧向下,口径大于腹径,裆部稍尖,圆锥截尖足略内收。素面。口径17、高11.3、厚0.5～0.6厘米(图三十二,3)。标本T1816⑯:17,夹砂红陶。圆唇,内折沿,外卷沿,沿面斜弧外撇,撇度稍大,腹微弧向下,口径大于腹径,弧裆,圆锥足跟部残。素面。口径32.8、残高25.8、厚0.6～0.9厘米(图三十二,1)。

C型,1件。圆唇,标本T1816H8②:11,夹砂红陶。圆唇,沿微弧外撇,内外卷沿,腹中部较鼓,最大径在腹中部,圆弧形分裆,腹中部开始分裆,下有三足,足跟部残。素面。口径16.8、腹深9.6、残高14.8厘米(图三十二,4)。

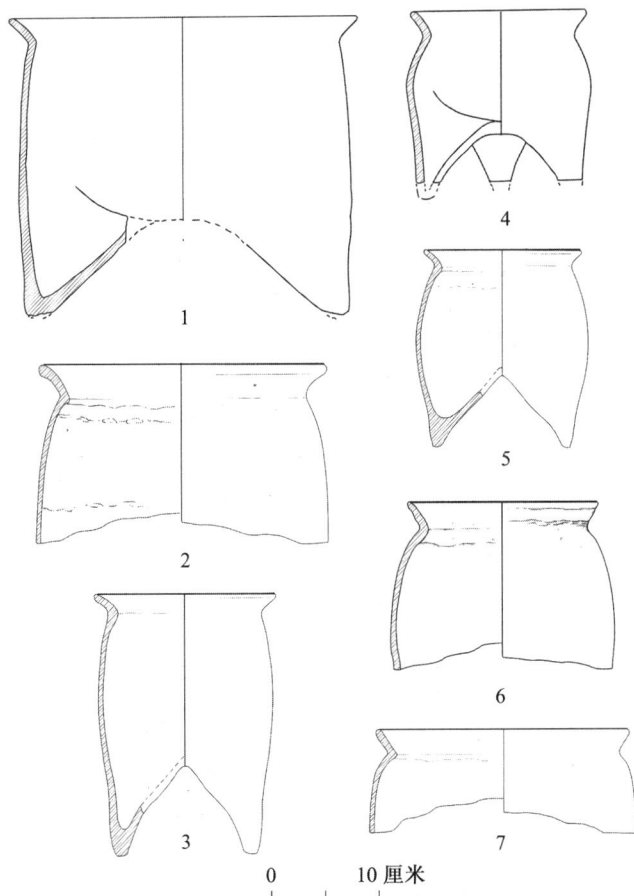

图三十二　中段陶器（一）

1. B 型鬲（T1816⑯:17）　2. A 型鬲（T1816H8②:22）　3. B 型鬲（T1816⑭:52）
4. C 型鬲（T1816H8②:11）　5. A 型鬲（T1816H8②:71）　6. A 型鬲（T1816⑬:3）
7. A 型鬲（T1816H8②:70）

甗　共 7 件。根据口沿分二型。

A 型,4 件。标本 T1816H8②:56,夹砂红陶。圆唇,内折沿,外卷沿,沿斜弧形外侈,侈度稍大,沿面稍宽,肩弧形向下,略鼓,有烟炱痕迹。素面。口径 32、残高 13.3、厚 0.6~0.9 厘米(图三十三,7)。标本 T1816H8②:64,夹砂红陶。圆唇,内折沿,外卷沿,沿斜弧形外侈,侈度稍大,沿面略窄,肩弧形向下,略鼓,有烟炱痕迹。素面。口径 27、残高 9.8、厚 0.5~0.7厘米(图三十三,6)。标本 T1816⑬:24,夹砂红陶。圆唇,内折沿,外卷沿,沿略斜弧形外侈,侈度不大,沿面稍宽,肩弧形向下,略扁。素面。口径 43、残高 8.8、厚 0.6~0.9 厘米(图三十三,1)。标本 T1816H8②:26,夹砂红陶。圆唇,内折沿,外卷沿,沿斜弧形外侈,侈度稍大,沿面稍宽,肩弧形向下,略鼓。素面。口径 42、残高 8.3、厚 0.5~0.8 厘米(图三十三,3)。

B 型,2 件。标本 T1817⑫:36,夹砂红陶。方唇,内折沿,外卷沿,沿斜弧形外侈,侈度稍大,沿面稍宽,肩弧形向下,略扁,有烟炱痕迹。素面。口径 42、残高 11.2、厚 0.6~0.8 厘米(图三十三,2)。标本 T1816⑰:1,夹砂红陶。方唇,内折沿,外卷沿,沿略斜弧形外侈,侈度

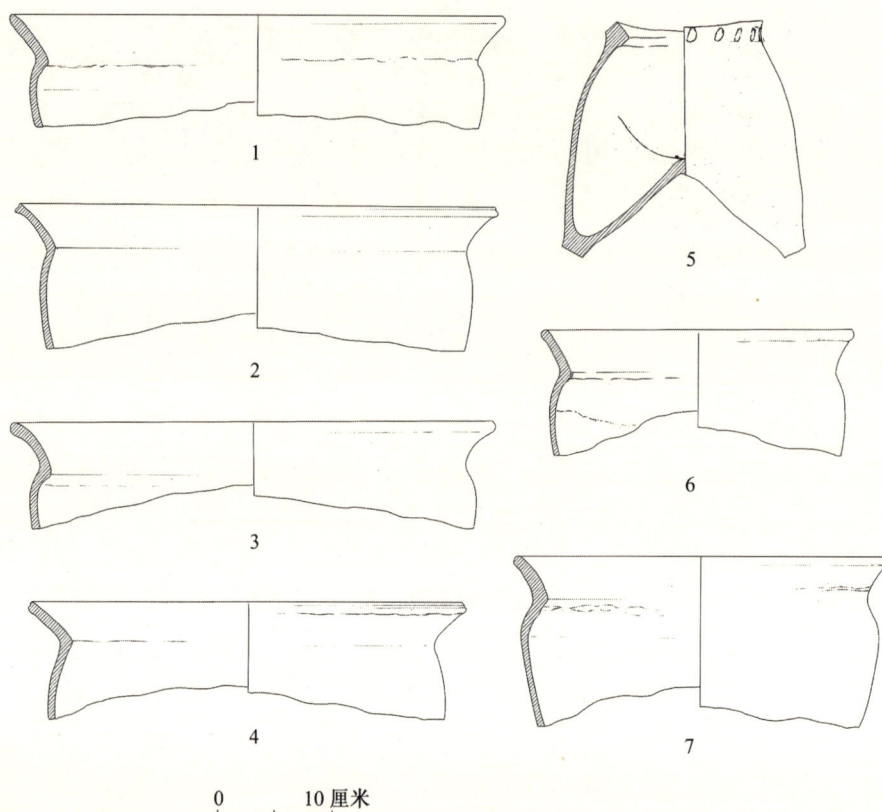

图三十三　中段陶器（二）

1. A 型甗（T1816⑬:24）　2. B 型甗（T1817⑫:36）　3. A 型甗（T1816H8②:26）
4. B 型甗（T1816⑰:1）　5. 甗腰（T1816⑬:58）　6. A 型甗（T1816H8②:64）
7. A 型甗（T1816H8②:56）

稍大，沿面稍宽，肩弧形向下，略扁，有烟炱痕迹。素面。口径 38、残高 9、厚 0.6～0.9 厘米（图三十三,4）。

另见甗腰及下部 1 件。标本 T1816⑬:58，夹砂红陶。器形稍大，束腰，腹微鼓，分裆，足为圆锥状，足尖残，腰部有明显拼接痕迹和烟炱痕迹。腰部有圆形按窝纹，较疏。残高 18.5、厚 0.4～0.7 厘米。（图三十三,5）。

罐　9 件。根据口沿分 4 型。

A 型，3 件。斜方唇，标本 T1816H8①:14，泥质灰陶。器形稍大，方唇，折沿，口沿斜直外侈，沿面稍窄，直溜折肩，鼓腹。肩部饰细绳纹，腹部饰细绳纹，两纹饰带有间隔。口径 19、残高 8.1、厚 0.6～0.7 厘米（图三十四,12）。标本 T1816H8①:15，泥质灰陶。器形较大，圆唇，内折沿，外卷沿，口沿斜略弧外侈，侈度较小，沿面稍宽，圆溜肩，肩部残。沿外部饰被磨过的细绳纹，肩部饰弦断绳纹。口径 23、残高 6.4、厚 0.6～0.7 厘米（图三十四,6）。标本 T1816H8②:12，泥质灰陶。器形较大，方唇，卷沿，口沿斜弧形外卷，沿面较宽，圆溜肩，肩部残。肩部饰被磨过的细绳纹。口径 39、残高 10.8、厚 0.5～0.7 厘米（图三十四,2）。

B 型，1 件。素面，有耳。标本 T1816⑭:3，夹砂红陶。器形较小，圆唇，内折沿，外折沿，沿略斜弧形外侈，侈度稍大，沿面较窄，圆溜肩，肩上贴附一对长条形堆饰，肩弧形向下，略鼓。素面。口径20、残高6、厚0.6～0.7厘米（图三十四,7）。

C型,1件。圆唇,标本T1817⑬:2,泥质红陶,红皮灰胎。圆唇,卷沿,上口沿略外卷,领近直,领较矮,平肩。肩部饰间断细绳纹。口径16、残高4.2、厚0.6～0.7厘米（图三十四,10）。

D型,2件。平方唇,标本T1817⑪:7,泥质灰陶。器形较大,方唇,折沿,口沿斜直外侈,侈度不大,沿面较宽,肩部略溜,稍直。肩部饰弦断绳纹。口径16、残高6.5、厚0.6～0.8厘米（图三十四,8）。标本T1817⑪:37,泥质灰陶,方唇,圆折沿,口沿斜直外侈,侈度不大,沿面较宽,肩部略弧溜,肩部内壁有拼接痕迹。口沿外饰磨平细绳纹,肩部饰弦断绳纹。口径15、残高3.4、厚0.4～0.7厘米（图三十四,11）。

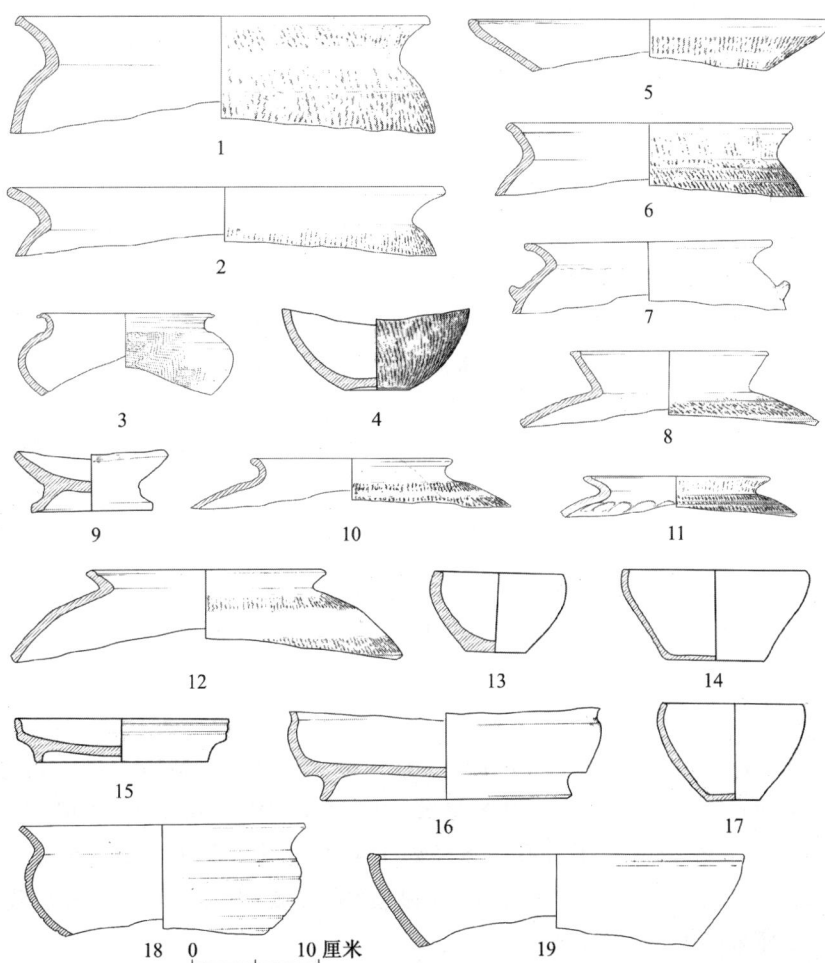

图三十四　中段陶器（三）

1. A型罐(T1816⑬:47)　2. A型罐(T1816H8②:12)　3. 印纹硬陶罐(T1816H8①:10)
4. 罐底(T1818⑪:2)　5. 大口盆(T1819⑪:2)　6. A型罐(T1816H8①:15)
7. B型罐(T1816⑭:3)　8. D型罐(T1817⑪:7)　9. 簋座(T1819⑬:4)　10. C型罐(T1817⑬:2)
11. D型罐(T1817⑪:37)　12. A型罐(T1816H8①:14)　13. 钵(T1816⑯:1)
14. 钵(T1816⑦:10)　15. 圈足盘(T1817⑬:1)　16. 圈足盘(T1621⑥:1)　17. 钵(T1621⑦:1)
18. 盆(T1816H8②:8)　19. 大口盆(T1817⑬:25)

另有罐底,1件。标本T1818⑪:2,泥质灰陶。内底圜,外底平,鼓腹弧形下收。腹部饰细绳纹。底径5、残高7、厚0.7~0.9厘米(图三十四,4)。

印纹硬陶罐,1件。标本T1816H8①:10,印纹硬陶。尖圆唇,沿外卷,束颈,矮领,圆溜肩,圆鼓腹,下残,颈部饰凹弦纹,腹部饰折线纹加叶脉纹组合纹饰。12.14、残高7.7、厚0.4~0.7厘米(图三十四,3)。

盆 1件。标本T1816H8②:8,泥质灰陶。器形较大,方唇,卷沿,沿斜弧形外卷,侈度稍小,圆溜肩,最大径在肩腹部交接处,圆鼓腹弧形下收。肩部、腹部饰四周等距凹弦纹。口径23、残高9.7、厚0.7~0.9厘米(图三十四,18)。

大口盆 2件。标本T1817⑬:25,夹砂红陶。方唇,敞口,上口壁略弧,腹壁斜微弧下收,口沿外有一周微凹。素面。口径30、残高8、厚0.6~0.7厘米(图三十四,19)。标本T1819⑪:2,泥质灰陶。方唇,敞口,浅盘,盘壁上部近口沿处圆弧,壁下部斜直下收。壁外饰磨过的中绳纹。口径29、残高4.4、厚0.6~0.7厘米(图三十四,5)。

钵 3件。标本T1816⑯:1,泥质红陶。方唇,斜腹,平底,肩略鼓。高7、口径10.4、底径4.8厘米(图三十四,13)。标本T1621⑦:1,夹砂红陶。方唇,敛口,鼓腹,腹弧形下收至底,最大径在腹上部,平底。素面。口径11.4、底径5.2、高8.8厘米(图三十四,17)。标本T1816⑦:10,泥质灰陶。方唇,敛口,鼓腹,腹上部弧,下部斜直下收至底,最大径在腹上部,平底。素面。口径14.8、底径8、高8厘米(图三十四,14)。

圈足盘 2件。标本T1817⑬:1,泥质灰陶。尖圆唇,敞口,盘壁斜直下收,浅盘,微圜底,下有矮圈足,圈足微下收,方唇,盘壁外有两周凹弦纹。口径16.8、圈足径13.6、高3.9厘米(图三十四,15)。标本T1621⑥:1,泥质红陶。口部残,敞口,折沿,口沿与盘腹间、盘腹底各有一折痕,盘腹微弧,浅盘,平底,下有矮圈足,圈足外撇,斜方唇。素面。口径20、残高7.8、厚0.6~0.8厘米(图三十四,16)。

簋座 1件。标本T1819⑬:4,泥质灰陶。口部残,内底圜,外近平,盘与座之间拼接痕迹明显,圈足座较矮,圈足上部竖直,下部外侈,方唇,平沿。素面。底径9.7、残高5.3、厚0.8~1厘米(图三十四,9)。

纺轮 5件。分二型。

A型,3件。标本T1519⑨:1,泥质灰陶。整体呈圆柱状,中部鼓起,中心处有穿孔。最大径3.4、上下面直径2、厚2.5、孔径0.8厘米(图三十五,19)。标本T1621⑧:2,泥质灰陶。整体呈圆柱状,上下皆平,中部有穿孔。直径约5.4、厚度约1.3、孔径0.8厘米(图三十五,22)。标本T1520⑦:1,夹砂红陶。扁圆形,手制,边沿圆弧,中心有圆形穿孔。残直径5.2、内径0.8、厚1厘米(图三十五,23)。

B型,2件。标本T1519⑩:1,泥质红陶。平面呈圆形,算珠状,中部有穿孔,最大径2.3、厚1.5、穿孔孔径0.4厘米(图三十五,20)。标本T1816H8①:1,泥质红陶。圆形,算珠状。直径3.2、孔径0.5厘米(图三十五,21)。

陶拍 2件。标本T1519⑩:61,夹砂红陶。手制,近椭圆形,一面有纵横交错刻划线,一面有柄。残长6.3、宽3.4~4.9厘米(图三十五,25)。标本T1519M1:1,夹砂红陶。手制,近蘑菇形。长3.6、顶直径3.6~3.9厘米(图三十五,26)。

磨圆陶片　1件。标本 T1817⑪:40，夹砂红陶。原可能为器物腹片，二次磨制成圆形，加工利用。直径7.3、厚0.6厘米（图三十五,24）。

陶饼　1件。标本 T1819⑭:1，夹砂红陶。部分残，近圆形，中部较薄。直径10、厚2.3~2.4厘米（图三十五,8）。

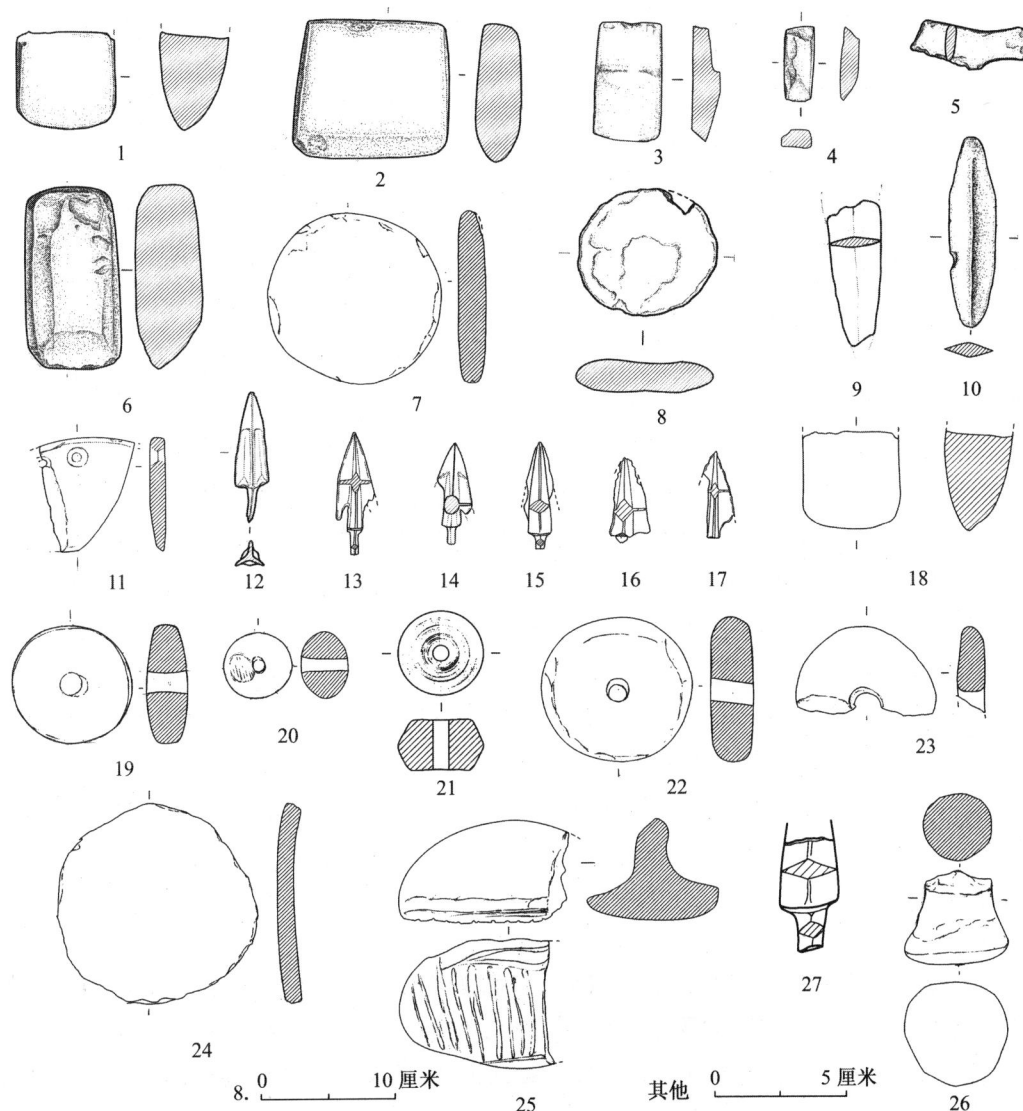

图三十五　中段小陶器、石器、青铜器

1. 石斧(T1816H8①:2)　2. 石斧(T1818⑰:1)　3. A型石锛(T1819⑩:2)　4. 石凿(T1817⑪:5)
5. A型石刀(T1818⑬:1)　6. B型石锛(T1818⑭:1)　7. 石饼(T1520⑧:1)　8. 陶饼(T1819⑭:1)
9. 石镞(T1621⑫:1)　10. 石镞(T1816H8①:3)　11. B型石刀(T1621⑨:2)　12. A型镞(T1816H8②:1)
13. C型镞(T1819⑬:1)　14. A型镞(T1817⑪:3)　15. C型镞(T1819⑪:1)　16. C型镞(T1817⑪:1)
17. C型镞(T1817⑪:2)　18. 石斧(T1816H8②:2)　19. A型纺轮(T1519⑨:1)
20. B型纺轮(T1519⑩:1)　21. B型纺轮(T1816H8①:1)　22. A型纺轮(T1621⑧:2)
23. A型纺轮(T1520⑦:1)　24. 磨圆陶片(T1817⑪:40)　25. 陶拍(T1519:61)　26. 陶拍(T1519M1:1)
27. B型镞(T1819⑩:4)

石器

共 10 件。包括石锛、石刀、石斧、石镞、石凿等皆磨制或有磨制痕迹。大多残,少数保存完好。

石锛　2 件。分二型。

A 型,有段石锛,1 件。标本 T1819⑩:2,灰白色,灰岩。有段,直脊,单面刃,略弧。长4.5、宽 2.5、最厚 0.8 厘米(图三十五,3)。

B 型,1 件。标本 T1818⑭:1,灰黑色,灰岩。磨制而成,上部稍残,平面呈圆角长方形,直脊,平刃,正面边缘磨成斜坡状。长 6.85~6.9、最宽 3.5、最厚 2.4 厘米(图三十五,6)。

石刀　2 件。分二型。

A 型,1 件。标本 T1818⑬:1,灰黑色,灰岩。直刃,弧背,双面刃,有剥片痕迹,刀柄与刀身不在一条直线上。总长 8.6、刀身宽 2.3~3、柄宽 2.3~2.4、刀身最厚 0.65、柄最厚 0.7、刀身长 5.4、柄长 3.2 厘米(图三十五,5)。

B 型,1 件。标本 T1621⑨:2,青灰色,页岩。磨制,弧背,背有两对钻穿孔,单面刃。长3.6、宽 4.3、最厚 0.55 厘米(图三十五,11)。

石镞　2 件。标本 T1621⑫:1,灰白色,页岩。柳叶形,一端略残,中起脊,两弧边开刃。通体磨光。残长 5.3、宽 1.8、最厚 0.7 厘米(图三十五,9)。标本 T1816H8①:3,灰白色,页岩。整体呈柳叶形,中间起脊,磨光。长 7.2、最宽 1.8、最厚处 0.6 厘米(图三十五,10)。

石斧　2 件。标本 T1816H8②:2,青灰色,灰岩。上残,长方形柱体,双面弧刃。长 3.7、宽 3.8、最厚处 2.5 厘米(图三十五,18)。标本 T1818⑰:1,青灰色,灰岩。长方形扁柱体,双面弧刃,刃部较钝。长 5.1、宽 5.2~5.8、厚 1.3~1.6 厘米(图三十五,2)。

石凿　1 件。标本 T1817⑪:5,灰白色,灰岩。平面近似长方形,单面弧刃,直背,器形较小。长 2.8、宽 1.1、最厚处 0.65 厘米(图三十五,4)。

石饼　1 件。标本 T1520⑧:1,浅灰色,页岩。扁圆形,磨制,边沿方,有打制痕迹。直径6.5、厚 0.9 厘米(图三十五,7)。

青铜器

镞　7 件。分三型。

A 型,2 件。标本 T1816H8②:1,三棱状,带血槽,有铤。长 4.9 厘米(图三十五,12)。标本 T1817⑪:3,有脊,带血槽,双翼残,出后锋,圆角方边铤。长 3.8 厘米(图三十五,14)。

B 型,1 件。标本 T1819⑩:4,尖部残,无翼,铤平面呈菱形,有脊。残长 1.6 厘米(图三十五,27)。

C 型,4 件。标本 T1819⑪:1,锈蚀严重,双翼残,铤截面为菱形,器形修长,有脊。长 4厘米(图三十五,15)。标本 T1819⑬:1,双翼,一边翼残,铤截面为菱形,有脊,从翼尾延伸至尖部。长 4.6 厘米(图三十五,13)。标本 T1817⑪:1,有脊,双翼部分残,棱形铤。长 3.2~3.3 厘米(图三十五,16)。标本 T1817⑪:2,双翼均残,有脊,铤呈棱形。长 3.3、最宽 1 厘米(图三十五,17)。

（3）晚段

陶器

鬲 12件。夹砂红陶,根据领部不同,分二型。

A型,4件。有领鬲。标本T1519④:17,夹砂红陶。圆唇,卷沿,沿内斜弧微外侈,沿外近竖直,圆溜肩,鼓腹下收,有烟炱痕迹。素面。制作稍规整。口径14、残高11、厚0.5~0.7厘米(图三十六,6)。标本T1620③:5,夹砂红陶。圆唇,卷沿,沿内斜弧微外侈,沿外下部近竖直上部略外卷,扁腹略下收,沿内有拼接痕迹和烟炱痕迹。素面。口径21、残高9.5、厚0.6~0.9厘米(图三十六,3)。标本T1620⑦:5,夹砂红陶。圆唇,卷沿,沿内斜弧微外侈,沿外下部近竖直上部略外卷,腹略鼓下张,沿内有拼接痕迹和烟炱痕迹。素面。口径13、残高8.7、厚0.5~0.7厘米(图三十六,9)。标本T1520④:10,夹砂红陶。圆唇,卷沿,沿微斜直外侈,侈度不大,腹不鼓近直,沿内外有拼接痕迹和烟炱痕迹,制作不太规整。素面。口径12、残高5.2、厚0.6~1厘米(图三十六,2)。

B型,8件。无领鬲,根据口沿、腹部等不同,可分二亚型。

Ba型,2件。方唇。标本T1819⑤:8,夹砂红陶。方唇,内折沿,外卷沿,沿斜弧形外侈,腹部较鼓,口径小于腹径,有烟炱痕迹。素面。口径14、残高6.3、厚0.4~0.6厘米(图三十六,13)。标本T1819②:19,泥质红陶。方唇,内折沿,外卷沿,沿斜弧形外侈,沿内有拼接痕迹,腹部稍鼓,口径小于腹径。素面。口径16、残高6.6、厚0.5~0.8厘米(图三十六,1)。

Bb型,6件。圆唇,根据器形不同,可分四式。

Bb型I式,3件。标本T1519⑦:10,夹砂红陶。圆唇,卷沿,沿斜弧外卷,侈度稍小,腹弧形向下,有烟炱痕迹,沿内有拼接痕迹。素面。制作稍规整。口径24、残高13、厚0.7~0.8厘米(图三十六,10)。标本T1519⑦:20,夹砂红陶。圆唇,内卷沿,外折沿,沿内斜直外侈,侈度稍大,腹略弧向下,沿内有拼接痕迹。素面。制作不太规整。口径16、残高6、厚0.6~0.8厘米(图三十六,12)。标本T1816⑧:13,夹砂红陶。圆唇,卷沿,沿微斜外外侈,侈度不大,扁微鼓,沿内有拼接痕迹和烟炱痕迹。素面。口径23、残高10.6、厚0.6~0.9厘米(图三十六,8)。

Bb型II式,1件。小鬲,修复完整。标本T1819⑦:77,夹砂红陶。圆唇,卷沿,沿斜直外侈,侈度不大,腹略弧向下,腹不鼓,沿内有拼接痕迹。素面。口径12、高13.4、档高3.3厘米(图三十六,5)。

Bb型III式,1件。垂腹鬲,修复完整。标本T1816⑫:73,夹砂红陶。圆唇,卷沿,口沿斜弧微侈,侈度不大,腹部微弧下张,口径小于腹径,下有三袋状足。素面。口径15.6、高18.8、厚0.4~0.6厘米(图三十六,7)。

Bb型IV式,1件。单把鬲。标本T1519③:65,夹砂红陶。圆唇,外卷沿,内折沿,沿内斜直外侈,侈度稍大,内沿宽外沿窄,腹略弧向下,外部有把手拼接痕迹。素面。口径15、残高5、厚0.5~1.2厘米(图三十六,14)。

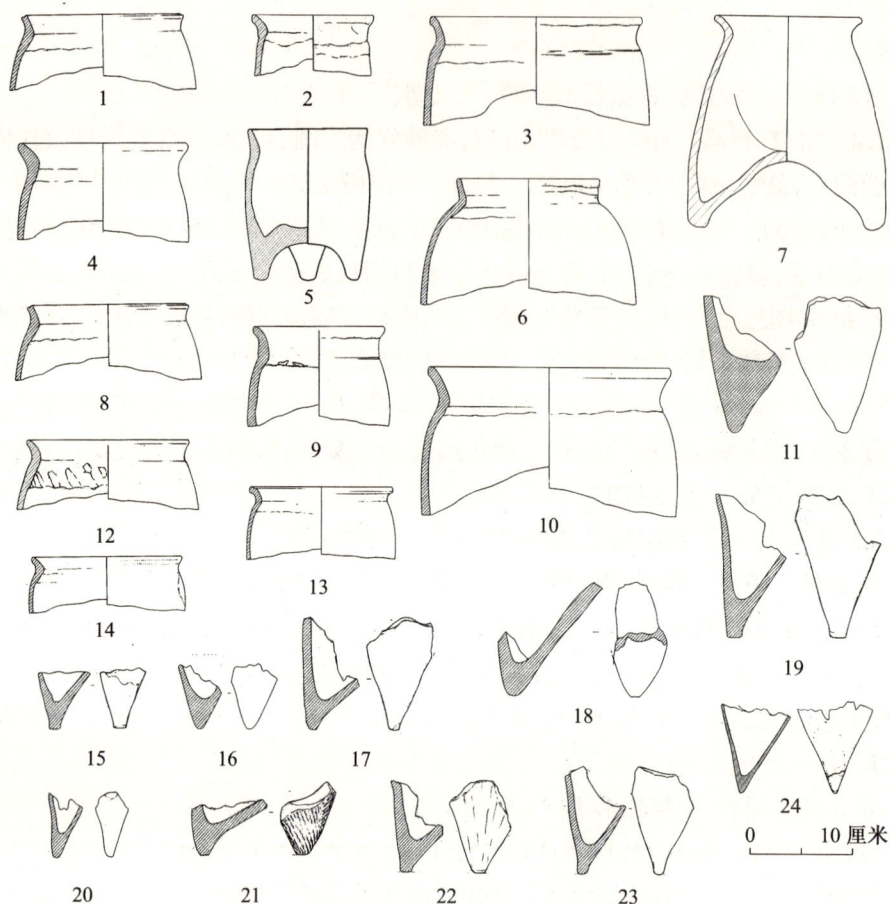

图三十六　晚段陶器(一)

1. Ba 型鬲(T1819②:19)　2. A 型鬲(T1520④:10)　3. A 型鬲(T1620③:5)
4. Bb 型 I 式鬲(T1519④:2)　5. Bb 型 II 式鬲(T1819⑦:77)　6. A 型鬲(T1519④:17)
7. Bb 型 III 式鬲(T1816⑫:73)　8. Bb 型 I 式鬲(T1816⑧:13)　9. A 型鬲(T1620⑦:5)
10. Bb 型 I 式鬲(T1519⑦:10)　11. B 型鬲/甗足(T1817⑤:41)　12. Bb 型 I 式鬲(T1519⑦:20)
13. Ba 型鬲(T1819⑤:8)　14. Bb 型 IV 式鬲(T1519③:65)　15. A 型鬲/甗足(T1519④:48)
16. B 型鬲/甗足(T1621③:49)　17. A 型鬲/甗足(T1520④:31)　18. C 型鬲/甗足(T1816⑨:49)
19. A 型鬲/甗足(T1816⑪:42)　20. B 型鬲/甗足(T1621③:48)　21. C 型鬲/甗足(T1620④:16)
22. A 型鬲/甗足(T1620⑤:65)　23. B 型鬲/甗足(T1816⑪:64)　24. B 型鬲/甗足(T1816⑫:48)

　　甗　15 件。根据口沿分二型。

　　A 型,2 件。方唇。标本 T1520④:1,夹砂红陶。器形较大,方唇,折沿,沿斜略直外侈,侈度不大,沿面较宽,圆溜肩,腹略弧下收,沿内有拼接痕迹。制作稍规整。口径 41、残高12、厚 0.5~0.7 厘米(图三十七,7)。T1816⑫:70,夹砂红陶。器形较大,圆唇,折沿,口沿斜弧微侈,侈度较小,中领沿稍宽,腹部微弧下收,口径大于腹径,有烟炱痕迹。素面。口径 39、残高 20.8、厚 0.4~0.6 厘米(图三十七,1)。

　　B 型,7 件。圆唇。标本 T1519③:51,夹砂红陶。器形较大,圆唇,卷沿,沿斜略弧外侈,侈度不大,沿面较宽,圆溜肩,腹略斜直下收,沿内有拼接痕迹和烟炱痕迹。素面。口径 46、残高20.8、厚0.6~1.3厘米(图三十七,4)。标本T1621④:1,夹砂红陶。尖圆唇,内折沿,外卷沿,高领,沿内斜弧外侈,侈度不大,腹弧形向下,沿内有拼接痕迹。素面。制作稍规整。口径38、残高14.5、厚0.5~1.1厘米(图三十七,2)。标本T1818⑦:8,夹砂红陶。圆唇,内折沿,外卷沿,沿下部斜直微侈,沿上部斜直较外侈,肩弧形向下,腹稍扁。素面。口径35、残高12、厚0.5~0.8厘米(图三十七,10)。标本T1818⑦:7,夹砂红陶。圆唇,内折沿,外卷沿,沿下部斜直微侈,沿上部斜直较外侈,肩弧形向下,腹稍鼓。素面。口径36、残高10.2、厚0.6~0.8厘米(图三十七,8)。标本T1816⑫:10,夹砂红陶。圆唇,内折沿,外折沿,沿斜弧形外侈,肩部略圆鼓,腹部斜直下收。素面。口径30、残高14.2、厚0.5~1.1厘米(图三十七,3)。标本T1816⑪:25,夹砂红陶。圆唇,内卷沿,外卷沿,沿斜弧形外侈,肩弧形向下,略扁。素面。口径35、残高11.2、厚0.6~0.9厘米(图三十七,11)。标本T1816⑩:41,夹砂红陶。圆唇,内外卷沿,沿斜弧形外侈,圆溜肩。素面。口径32、残高7.7、厚0.6~0.8厘米(图三十七,12)。

另见甗腰及下部,共6件。标本T1816⑫:71,夹砂红陶。器形稍大,束腰,腹圆鼓,分裆,足为圆锥截尖状,腰部、裆部有明显拼接痕迹,有烟炱痕迹。腰部有圆形按窝纹。残高23.2、

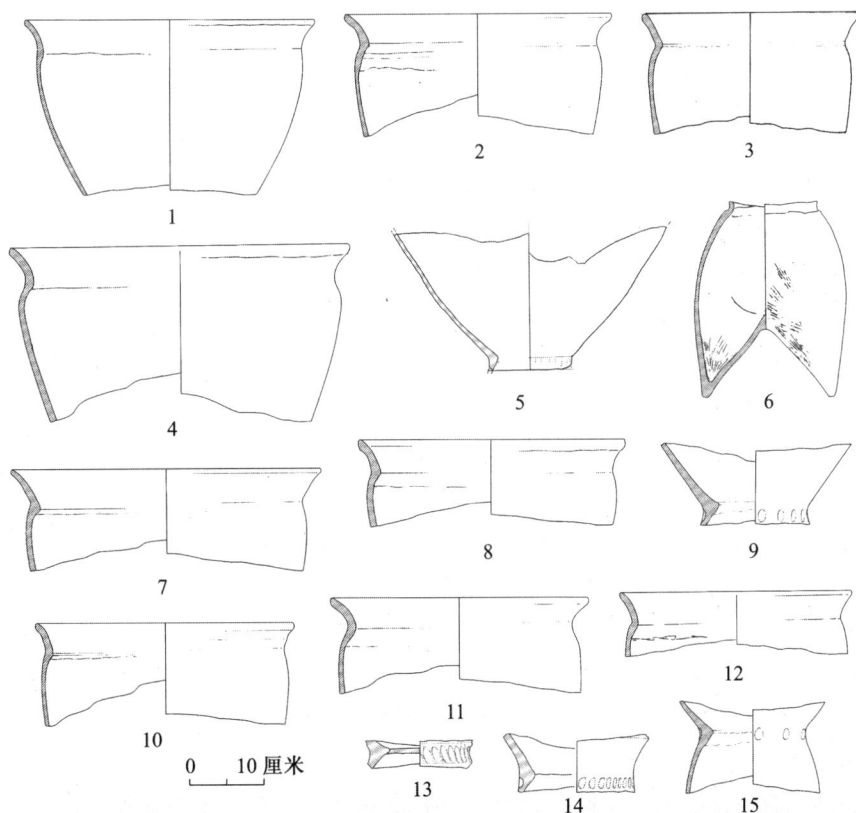

图三十七　晚段陶器(二)

1. A型甗(T1816⑫:70)　2. B型甗(T1621④:1)　3. B型甗(T1816⑫:10)　4. B型甗(T1519③:51)
5. 甗腰(T1816⑫:4)　6. 甗腰(T1816⑫:71)　7. A型甗(T1520④:1)　8. B型甗(T1818⑦:7)
9. 甗腰(T1818⑨:12)　10. B型甗(T1818⑦:8)　11. B型甗(T1816⑪:25)　12. B型甗(T1816⑩:41)
13. 甗腰(T1817⑧:29)　14. 甗腰(T1519⑦:43)　15. 甗腰(T1519⑦:16)

厚0.4~0.7厘米(图三十七,6)。标本T1816⑫:4,夹砂红陶。器形较大,甗腹部略弧下收,腰部无堆饰,折沿。腰部饰浅圆形按窝纹(图三十七,5)。标本T1519⑦:43,夹砂红陶。折沿,上腹部斜直下收,沿内有拼接痕迹,无堆饰。腰部有一周深圆形按窝纹,较密。制作稍规整。腰径15.4、残高7、厚0.7~2.2厘米(图三十七,14)。标本T1818⑨:12,夹砂红陶。无堆饰,腰上部腹壁斜直下收,折沿,腰部施圆形按窝纹,较疏。腰径14.7、残高9.5、厚0.7~2.1厘米(图三十七,9)。标本T1817⑧:29,夹砂红陶。有堆饰,折沿,腰部施椭圆形按窝纹,较密。腰径13.2、残高3.2、厚0.9~2.8厘米(图三十七,13)。标本T1519⑦:16,夹砂红陶。折沿,上腹部斜直下收,下腹部较圆鼓下张,沿内有拼接痕迹,无堆饰。腰部有一周浅圆形按窝纹,较疏。制作稍规整。腰径14.6、残高10.9、厚0.6~1.8厘米(图三十七,15)。

鬲/甗足　11件。分三型。

A型,4件。圆锥截尖状。标本T1816⑪:42,夹砂红陶。锥状截尖足,较高,足尖略内勾,内底尖圆,有烟炱痕迹。素面。残高12.5、厚0.3~0.7厘米(图三十六,19)。标本T1519④:48,夹砂红陶。圆锥截尖状,足壁斜下收,足跟较矮,内底锥状。素面。残高5.2、厚0.4~0.6厘米(图三十六,15)。标本T1620⑤:65,夹砂红陶。圆锥截尖状,足壁斜直下收,足跟较矮,内底尖,有烟炱痕迹,足整体略扁。素面。残高8、厚0.7~0.9厘米(图三十六,22)。标本T1520④:31,夹砂红陶。圆锥截尖状,足跟略残,足壁斜弧下收,足跟较矮,内底尖,壁较敞,有烟炱痕迹。素面。残高8、厚0.7~0.9厘米(图三十六,17)。

B型,5件。圆锥尖圆足。标本T1816⑫:48,夹砂红陶。锥状,较高,器形较大,足壁斜直下收,足跟较矮,足壁较敞,纵截面近50度,有烟炱痕迹。素面。残高16、厚0.4~0.8厘米(图三十六,24)。标本T1817⑤:41,夹砂红陶。器形较大,圆锥状,足跟高,纵截面为三角形,度数约60度,内底略平。素面。残高12、厚0.7~0.8厘米(图三十六,11)。标本T1621③:49,夹砂红陶。圆锥状,较残,仅存足跟,足壁斜直下收,足跟较矮,内底圜。素面。残高5.5、厚0.3~0.7厘米(图三十六,16)。标本T1816⑪:64,夹砂红陶。锥状截尖足,足跟较矮,纵截面约50度,足壁斜直下收,有烟炱痕迹。素面。残高9.4、厚0.5~0.6厘米(图三十六,23)。标本T1621③:48,夹砂红陶。圆锥状,较残仅存足跟,足壁斜直下收,足跟较矮,内底圜。素面。残高5.8、厚0.4~0.6厘米(图三十六,20)。

C型,2件。扁足。标本T1620④:16,夹砂红陶。圆锥截尖状,足壁斜弧下收,足跟较矮,内底尖,有烟炱痕迹。足满饰中绳纹。残高6.4、厚0.6~0.8厘米(图三十六,21)。标本T1816⑨:49,夹砂红陶。压扁的锥状足,足跟较矮,纵截面约50度,足壁斜直下收。足身满饰细绳纹(图三十六,18)。

罐,包括泥质陶罐、夹砂陶罐、印纹硬陶罐等,另见双耳罐7件。

泥质陶罐　27件。分4型。

A型,方唇,有纹饰。共14件,根据口沿、肩部、腹部不同分为4个亚型。

Aa型,5件。肩部饱满,圆溜,腹部较鼓。标本T1816⑫:79,泥质红陶,红皮灰胎。器形较大,方唇,卷沿,口沿下部竖直,上部斜直外侈,侈度稍大,沿面稍窄,矮领,圆溜肩,圆鼓腹弧形下收。肩部、腹上部饰雷纹,腹下部饰方格纹。口径18、残高20.7、厚0.5~0.7厘米(图三十八,24)。标本T1817⑨:19,泥质灰陶。方唇,折沿,矮直领,口沿微外侈,沿面外凸出一周棱,圆肩近平。肩部饰席纹。口径28、残高4.4、厚0.6~1.2厘米(图三十八,11)。标本T1621③:6,泥质红陶,红皮灰胎。方唇,卷沿,沿面斜弧外卷,侈度较小,圆溜肩,溜度较小。肩部饰小方格纹。口径18、残高4.5、厚0.7~0.9厘米(图三十八,2)。标本T1816⑤:12,泥质红陶,红皮灰胎。方唇,卷沿,沿内斜弧略外卷,沿外斜直外侈,侈度较小,沿外沿面较窄,矮领,圆溜肩,腹圆鼓。肩上部一周磨平,肩部饰席纹,腹部饰方格纹。口径19、残高5.5、厚0.6~0.7厘米(图三十八,3)。标本T1819④:2,标本T1819④:2,泥质红陶。斜方唇,卷沿,沿斜弧略外撇,侈度较小,沿外沿面较窄,圆溜肩,溜度较小,近平。肩部饰席纹。口径16、残高4、厚0.6~0.9厘米(图三十八,18)。

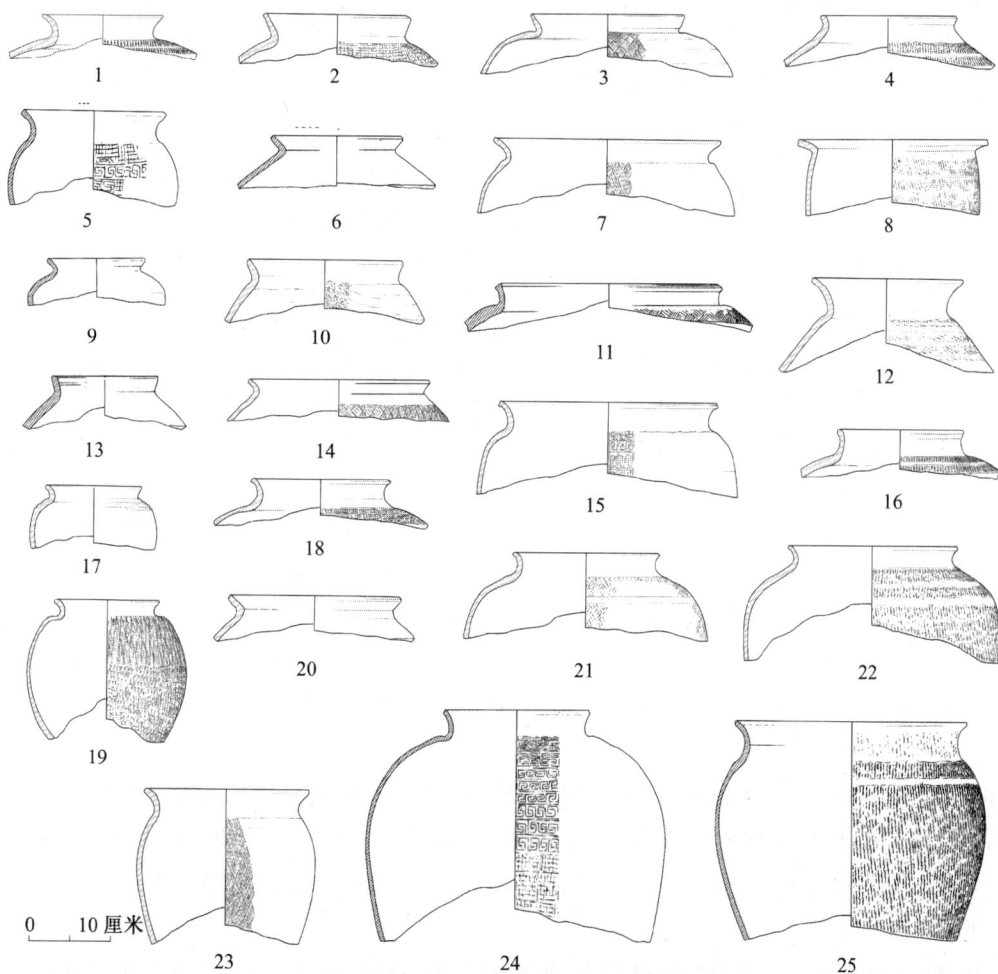

图三十八　晚段陶器(三)

1. C 型(T1817④:5)　2. Aa 型(T1621③:6)　3. Aa 型(T1816⑤:12)　4. Ab 型(T1816⑤:13)
5. Ac 型(T1817⑤:5)　6. Da 型(T1819⑨:17)　7. Ac 型(T1817④:14)　8. Ad 型(T1816⑤:9)
9. Db 型(T1519④:8)　10. Ac 型(T1620⑤:20)　11. Aa 型(T1817⑨:19)　12. Ab 型(T1819⑨:12)
13. Da 型(T1816⑦:10)　14. Ab 型(T1817⑤:4)　15. Ac 型(T1620③:2)　16. Ba 型(T1817⑦:2)
17. Db 型(T1620⑤:12)　18. Aa 型(T1819④:2)　19. Ba 型(T1816⑤:86)　20. Da 型(T1817⑨:16)
21. Ba 型(T1817⑥:12)　22. Ac 型(T1519④:14)　23. Bb 型(T1817⑥:5)　24. Aa 型(T1816⑫:79)
25. Bb 型(T1816⑦:43)

Ab 型,3 件。肩部稍宽,斜直溜。标本 T1819⑨:12,泥质灰陶,灰皮红胎。器形稍大,方唇,卷沿,口沿斜弧形外卷,沿面稍宽,沿下部侈度不大,沿上部外撇较甚,处于有领和无领之间,直溜肩,溜度略大。肩部饰弦断绳纹。口径 19、残高 8.5、厚 0.7 ~ 0.8 厘米(图三十八,12)。标本 T1816⑤:13,泥质红陶。尖唇,卷沿,沿弧形外卷,沿面较窄,矮领,直溜肩,溜度稍大。肩上部一周磨平,肩部饰间断绳纹。口径 17、残高 4.6、厚 0.7 ~ 0.8 厘米(图三十八,4)。标本 T1817⑤:4,泥质红陶。斜方唇,卷沿,沿斜弧形外撇,撇度略大,直溜肩,溜度略大。肩下部饰席纹。口径 22、残高 3.6、厚 0.5 ~ 0.8 厘米(图三十八,14)。

Ac 型,5 件。肩部较窄,溜度稍大。标本 T1817⑤:5,泥质灰陶。斜方唇,卷沿,沿斜弧形外撇,撇度较大,圆溜肩,肩部稍窄,溜度大,圆鼓腹弧形下收,最大颈在腹中部。肩部、腹部饰方格纹加雷纹。口径 18、残高 8.5、厚 0.6 ~ 0.8 厘米(图三十八,5)。标本 T1817④:14,泥质红陶,红皮灰胎。方唇,卷沿,沿斜弧形外卷,沿撇度稍大,矮领,直溜肩,溜度稍大,肩上部有一周折棱。肩部饰席纹。口径 28、残高 6.8、厚 0.3 ~ 0.7 厘米(图三十八,7)。标本 T1620⑤:20,泥质红陶,红皮灰胎。尖圆唇,卷沿,沿面内斜弧外卷,侈度较小,沿外近竖直,直溜肩,溜度稍大。肩部饰雷纹。口径 19、残高 5.6、厚 0.8 ~ 1 厘米(图三十八,10)。标本 T1620③:2,泥质红陶,红皮灰胎。方唇,卷沿,沿面斜弧外卷,侈度稍大,圆溜肩,溜度略大。肩部饰雷纹。口径 27、残高 8.4、厚 0.6 ~ 0.8 厘米(图三十八,15)。标本 T1519④:14,泥质灰陶。器形稍大,方唇,内卷沿,外折沿,口沿斜弧外卷侈度略大,沿面稍宽,直溜肩,溜度稍大,鼓腹。口沿外壁饰磨过的细绳纹,肩部饰间断细绳纹。口径 26、残高 7.7、厚 0.6 ~ 1 厘米(图三十八,22)。

Ad 型,1 件。无肩。标本 T1816⑤:9,泥质红陶。方唇,折沿,口沿斜直外侈,侈度较大,圆溜肩,溜度稍大。肩部饰弦断细绳纹。口径 24、残高 6.8、厚 0.5 ~ 0.6 厘米(图三十八,8)。

B 型,圆唇,有纹饰。共 5 件,根据口部、肩部、腹部不同分为两个亚型。

Ba 型,3 件。有领,圆溜肩,溜度略小,腹较鼓,口径与腹径相差较大。标本 T1816⑤:86,泥质红陶,红皮灰胎。尖圆唇,矮领,口沿内斜弧形外卷,束颈,矮直领,耸肩,圆溜肩,圆鼓腹,腹弧形下收,底部残。肩部饰席纹,腹上部饰席纹,下部饰大方格纹。口径 13、残高 12.8、厚 0.5 ~ 0.7 厘米(图三十八,19)。标本 T1817⑥:12,泥质红陶。圆唇,卷沿,沿上口外卷,沿下部竖直,矮直领,圆溜肩。肩上部一周磨平,肩部饰间断席纹。口径 18、残高 7.8、厚 0.7 ~ 0.9 厘米(图三十八,21)。标本 T1817⑦:2,泥质红陶。圆唇,卷沿,沿内弧、上口略外卷,沿外竖直,矮直领,直肩略溜。肩上部一周磨平,肩部饰间断绳纹。口径 16、残高 4.4、厚 0.5 ~ 0.8 厘米(图三十八,16)。

Bb 型,2 件。有领,圆溜肩,溜度较大,腹径略大于口径。标本 T1816⑦:43,泥质灰陶。方唇,卷沿,领稍高,口沿外卷,圆溜肩,溜度大。口沿外壁饰磨过的细绳纹,肩部饰间断细绳纹,腹部饰细绳纹。口径 29、残高 19.8、厚 0.4 ~ 0.7 厘米(图三十八,25)。标本 T1817⑥:5,泥质红陶,红皮灰胎。圆唇,卷沿,沿斜弧形外卷,圆溜肩,最大径在肩、腹交接处,腹略弧下收。肩上部一周磨平,肩部、腹部饰变体席纹。口径 20、残高 14、厚 0.7 ~ 0.8 厘米(图三十八,23)。

C 型,尖唇,有纹饰。1 件。标本 T1817④:5,泥质红陶,红皮灰胎。尖唇,卷沿,沿斜弧形外卷,平肩。肩部饰间断中绳纹。口径 15、残高 4、厚 0.6 ~ 1 厘米(图三十八,1)。

D 型, 罐腹部无纹饰。共 5 件, 根据口沿、肩部、腹部不同, 分为两个亚型。

Da 型, 3 件。直溜肩。标本 T1817⑨:16, 泥质灰陶。方唇, 内折沿, 外似有领, 矮直领, 口沿斜直微外侈, 直溜肩近平。素面。介于有领与无领之间。口径 21、残高 4.1、厚 0.6 ~ 0.8 厘米 (图三十八, 20)。标本 T1819⑨:17, 泥质灰陶。斜方唇, 圆折沿, 口沿斜直外撇, 撇度稍大, 沿面稍宽, 直溜肩, 溜度不大。素面。口径 19、残高 8.5、厚 0.7 ~ 0.8 厘米 (图三十八, 6)。标本 T1816⑦:10, 泥质灰陶, 灰皮红胎。方唇, 内卷沿, 外折沿, 矮直领, 口沿微外侈, 沿面外凸出一周棱, 微弧近直溜肩, 溜度不大。素面。口径 13、残高 4.8、厚 0.6 ~ 0.8 厘米 (图三十八, 13)。

Db 型, 2 件。圆溜肩。标本 T1519④:8, 泥质红陶。方圆唇, 内卷沿, 外折沿, 沿面斜弧外侈, 侈度不大, 沿面内微凹外微鼓, 圆溜肩, 溜度不大, 最大径在腹上部。素面。口径 12、残高 4.2、厚 0.3 ~ 0.6 厘米 (图三十八, 9)。标本 T1620⑤:12, 泥质灰陶。尖圆唇, 折沿, 口沿斜弧外侈, 侈度不大, 圆溜肩, 鼓腹, 最大径在腹中部。肩下部有一周凹弦纹。口径 12、残高 5.7、厚 0.4 ~ 0.5 厘米 (图三十八, 17)。

另见罐底, 2 件。标本 T1818⑫:73, 泥质红陶, 红皮灰胎。凹圜底, 壁底结合处没有折痕。腹、底部饰小方格纹。底径 13.5、残高 5、厚 0.6 ~ 0.7 厘米 (图三十九, 7)。标本 T1818⑤:3, 泥质灰陶, 灰皮红胎。内底凸, 外底凹, 下腹弧形下收。腹部、底部满饰细绳纹。底径 11、残高 4.6、厚 0.7 ~ 0.8 厘米 (图三十九, 8)。

夹砂陶罐 5 件。分二型。

A 型, 4 件。标本 T1816⑫:19, 夹砂红陶。圆唇, 内折沿, 外卷沿, 口沿斜弧形外卷, 沿面稍宽, 沿下部侈度不大, 沿上部略外卷, 处于有领和无领之间, 圆溜肩, 溜度不大。素面。口径 17、残高 5.7、厚 0.4 ~ 0.6 厘米 (图三十九, 1)。标本 T1620③:26, 夹砂红陶。圆唇, 卷沿, 沿略斜弧形外侈, 侈度不大, 沿面较窄, 束颈, 圆溜肩。素面。口径 17、残高 6.8、厚 0.6 ~ 0.9 厘米 (图三十九, 2)。标本 T1519④:27, 夹砂红陶。圆唇, 内折沿, 外卷沿, 沿略斜弧形外侈, 侈度不大, 沿面稍宽, 束颈, 圆溜肩。素面。口径 19、残高 6.3、厚 0.6 ~ 0.7 厘米 (图三十九, 9)。标本 T1816⑧:13, 泥质灰陶。方唇, 折沿, 沿斜直外撇, 撇度大, 斜直溜肩, 圆肩。肩上部饰一周凹弦纹, 肩下部饰两周凹弦纹。口径 16、残高 4.4、厚 0.4 ~ 0.5 厘米 (图三十九, 15)。

B 型, 1 件。标本 T1520④:11, 夹砂红陶。圆唇, 卷沿, 沿面斜弧外卷, 侈度较小, 圆溜肩, 溜度略大。肩部饰弦断中绳纹。口径 18、残高 5.2、厚 0.5 ~ 0.6 厘米 (图三十九, 6)。

印纹硬陶罐 4 件。分二型。

A 型, 1 件。标本 T1817⑥:14, 印纹硬陶。方唇, 卷沿, 口沿上部外卷, 束颈, 高领, 圆溜肩, 溜度较大。领部饰数周凹弦纹, 肩上部一周磨平, 肩部饰菱形填线纹。口径 17、残高 9、厚 0.5 ~ 1.2 厘米 (图三十九, 18)。

B 型, 3 件。标本 T1816⑨:27, 印纹硬陶。方唇, 卷沿, 口沿上部外卷, 下部竖直, 束颈, 矮领, 圆耸肩, 溜度较小。领部饰数周凹弦纹, 肩部饰折线纹。口径 14、残高 4.5、厚 0.6 ~ 0.9 厘米 (图三十九, 14)。标本 T1817⑤:13, 印纹硬陶。尖唇, 卷沿, 口沿上部略外卷, 敛口, 束颈, 高领, 圆溜肩, 溜度稍大。领部饰数周凹弦纹, 肩部饰折线纹, 腹部饰斜回纹。口径 15、残高 5.6、厚 0.7 ~ 0.9 厘米 (图三十九, 3)。标本 T1816⑩:25, 印纹硬陶。方唇, 卷沿, 口沿上部较外卷,口沿下部竖直,束颈,中领,直溜肩,溜度不大。领部饰数周凹弦纹,肩部饰折线纹。口径17、残高5、厚0.6~0.8厘米(图三十九,12)。

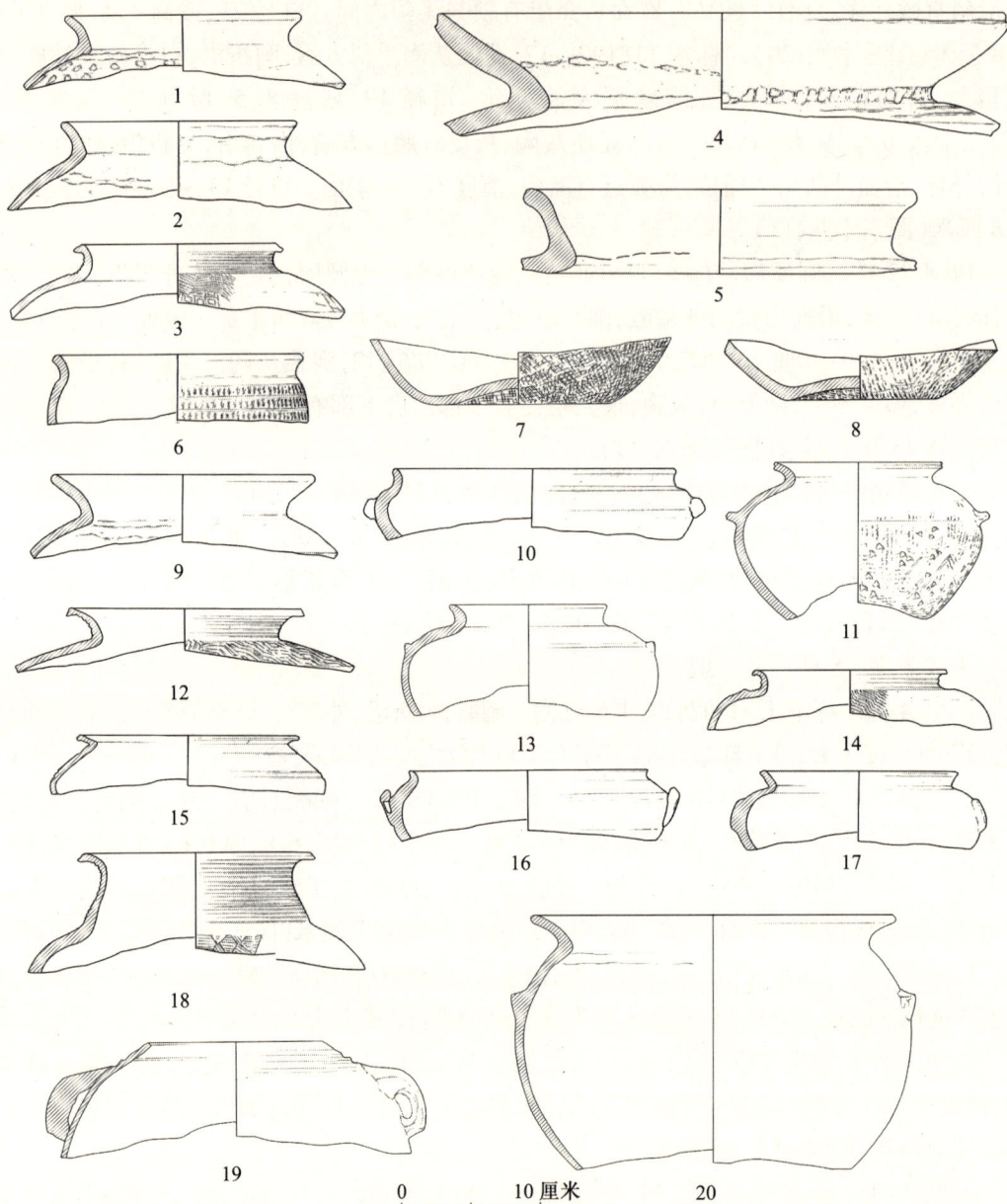

图三十九　晚段陶器(四)

1. A型夹砂陶罐(T1816⑫:19)　2. A型夹砂陶罐(T1620③:26)　3. B型印纹硬陶罐(T1817⑤:13)
4. 瓮(T1519⑦:2)　5. 瓮(T1818③:37)　6. B型夹砂陶罐(T1520④:11)　7. 罐底(T1818⑫:73)
8. 罐底(T1818⑤:3)　9. A型夹砂陶罐(T1519④:27)　10. C型双耳罐(T1620③:31)
11. A型双耳罐(T1819②:36)　12. B型印纹硬陶罐(T1816⑩:25)　13. B型双耳罐(T1819②:2)
14. B型印纹硬陶罐(T1816⑨:27)　15. A型夹砂陶罐(T1816⑧:13)　16. C型双耳罐(T1816⑨:18)
17. B型双耳罐(T1818⑦:2)　18. A型印纹硬陶罐(T1817⑥:14)　19. D型双耳罐(T1817⑨:6)
20. A型双耳罐(T1816⑫:6)

双耳罐 7件。根据罐形分为4型。

A型,2件。标本T1819②:36,泥质灰陶,黑皮红胎。方唇,卷沿,口沿斜弧外侈,侈度稍大,沿稍窄,圆溜肩,腹部圆鼓下收,最大径在腹上部,腹上部有一方形錾。腹部饰磨过的细绳纹。口径12、残高12、厚0.6~0.8厘米(图三十九,11)。标本T1816⑫:6,泥质灰陶。圆唇,卷沿,口沿斜弧形外卷,沿面稍宽,圆溜肩,圆鼓腹弧形下收,底残。肩部帖附一对乳丁状堆饰。口径25.2、残高19.5、厚0.3~1厘米(图三十九,20)。

B型,2件。标本T1819②:2,泥质红陶。尖圆唇,卷沿,矮直领,口沿上部略外卷,圆溜肩,折肩,最大径在腹上部,腹部弧形下收,腹上部贴附一对乳钉状堆饰。素面。口径11.2、残高8.5、厚0.6~0.8厘米(图三十九,13)。标本T1818⑦:2,夹砂红陶。方唇,矮直领,口斜直微侈,侈度较小,圆溜肩,鼓腹,腹弧形下收。腹上部贴附有一方形扁堆饰。口径14、残高5.9、厚0.6~0.7厘米(图三十九,17)。

C型,2件。标本T1816⑨:18,泥质灰陶。尖圆唇,敛口,矮直领,直溜肩,折肩,腹斜直下收。肩部饰数周凹弦纹,腹上部有一桥形錾。口径17、残高5.3、厚0.7~0.8厘米(图三十九,16)。标本T1620③:31,泥质灰陶。尖圆唇,内卷沿,外折沿,口沿内斜弧略外侈,口沿外近竖直,折肩,鼓腹,最大径在腹中部,腹部有一桥形横系。肩下部有一周凹弦纹。口径20、残高5.5、厚0.6~0.9厘米(图三十九,10)。

D型,1件。标本T1817⑨:6,泥质灰陶。圆唇,敛口,圆溜肩,溜度稍大,圆鼓腹,弧形下收。肩下部有一桥形耳,肩上部饰三周凹弦纹。口径13、残高8.6、厚0.4~0.5厘米(图三十九,19)。

豆 11件。根据豆盘分二型。

A型,6件。豆盘折壁。标本T1816⑩:3,泥质红陶。尖圆唇,口微外卷,盘腹上部折壁,腹下部弧形下收至底,下有喇叭形矮圈足,方唇。素面。口径13.6、底径9.4、高5.4厘米(图四十,2)。标本T1819③:2,泥质灰陶。尖圆唇,口微外卷,盘腹上部折壁,腹下部斜直下收至底,下有喇叭形高圈足,圆唇。素面。口径9.2、底径6.6、高5.4厘米(图四十,1)。标本T1816⑪:7,泥质灰陶。方唇,直口,盘腹上部折壁,腹下部弧形下收至底,下有喇叭形稍矮圈足,圆唇。素面。口径18、底径4.8、高6.5厘米(图四十,4)。标本T1817⑨:5,泥质灰陶。盘较大,方唇,壁上部直折,下部弧形下收。素面。口径17、残高4.2、厚0.5~0.6厘米(图四十,12)。标本T1519⑦:17,泥质灰陶,灰皮红胎。方唇,直口微侈,浅盘,折壁,壁下部弧形下收,底残。素面。口径17、残高4.2、厚0.5~0.6厘米(图四十,16)。标本T1621③:53,泥质灰陶,灰皮红胎。方唇,直口微侈,深盘,折壁,壁下部弧形下收,内底微圜,座残。素面。口径20、残高6.8、厚0.5~0.8厘米(图四十,10)。

B型,2件。豆盘弧壁。标本T1816⑤:5,泥质灰陶。方唇,敞口,盘壁弧形下收,盘稍浅,下有圈足,稍高。素面。口径13、圈足径9.4、高6.1、厚0.4~0.6厘米(图四十,7)。标本T1519④:51,泥质灰陶。方唇,敞口,浅盘,盘壁弧形下收,平底下有稍高圈足。素面。口径14.4、圈足径10、高6、厚0.4~0.7厘米(图四十,17)。

另见豆座3件。标本T1817⑨:41,泥质灰陶。器形较大,豆底平,柄上部呈圆筒状,柄下部呈喇叭状,下口外卷,方唇。素面。底径14、残高6.4、厚0.8~1厘米(图四十,9)。标本

T1816⑫:43，泥质灰陶。较高，豆底平，柄上部呈圆筒状，柄下部呈喇叭状，下口外卷，圆唇。素面。底径14、残高6、厚0.8～1厘米（图四十，19）。标本T1816⑪:27，泥质灰陶。较矮，粗矮喇叭状，尖圆唇，下口外卷。素面。口径13、残高4.1、厚0.7～0.8厘米（图四十，11）。

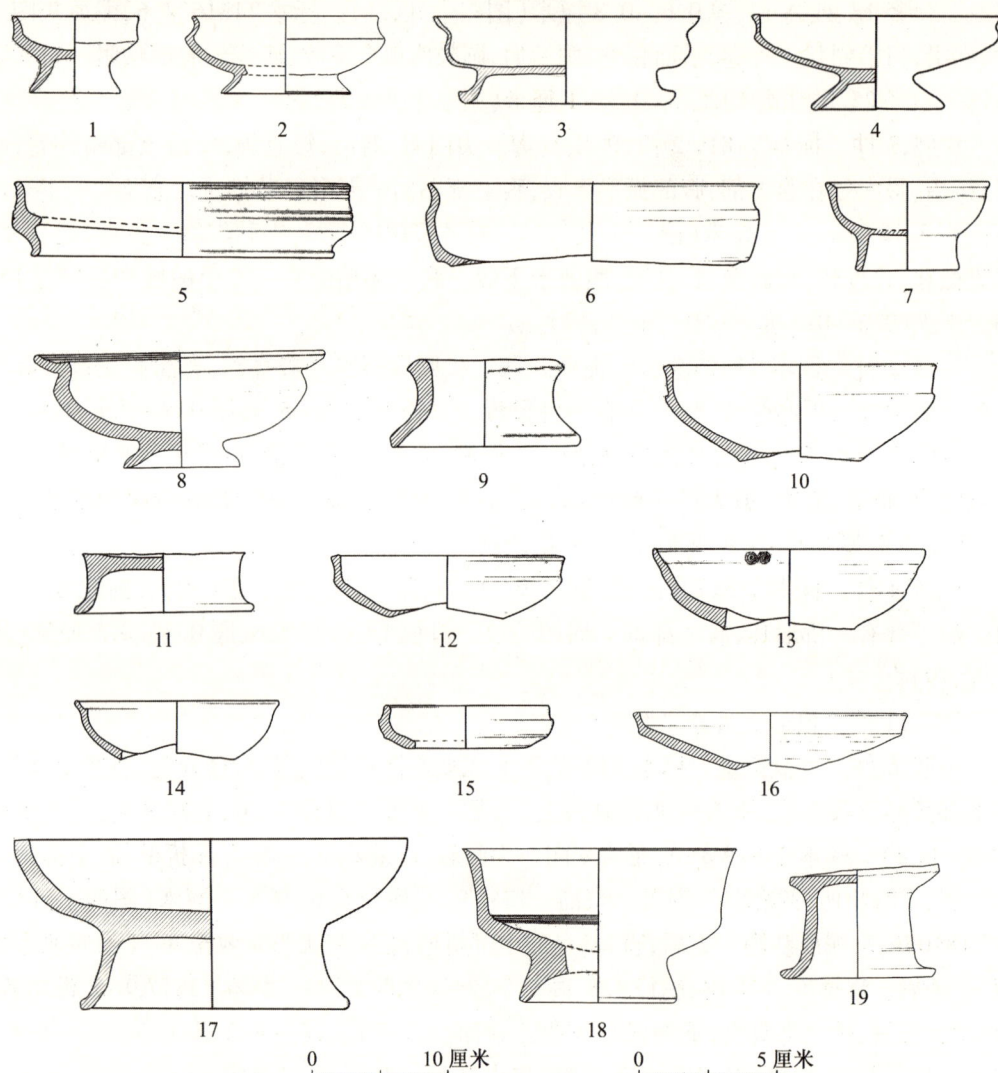

图四十　晚段陶器（五）

1. A型陶豆（T1819③:2）　2. A型陶豆（T1816⑩:3）　3. A型圈足盘（T1620⑤:68）
4. A型陶豆（T1816⑪:7）　5. B型圈足盘（T1817⑧:21）　6. A型圈足盘（T1817⑤:7）
7. B型陶豆（T1816⑤:5）　8. C型原始瓷豆（T1816⑨:4）　9. 陶豆座（T1817⑨:41）
10. A型陶豆（T1621③:53）　11. 豆座（T1816⑪:27）　12. A型陶豆（T1817⑨:5）
13. A型原始瓷豆（T1817④:20）　14. C型原始瓷豆（T1816⑦:8）　15. 原始瓷盂（T1817⑧:12）
16. A型陶豆（T1519⑦:17）　17. B型豆（T1519④:51）　18. B型原始瓷豆（T1817⑧:3）
19. 陶豆座（T1816⑫:43）

　　瓮　2件。标本T1818③:37，夹砂红陶。器形较大，圆唇，折沿，沿斜弧形外侈，侈度不大，肩部残。素面。口径28、残高6.4、厚0.8～2厘米（图三十九，5）。标本T1519⑦:2，夹砂红陶。器形较大,方唇,折沿,沿面斜微弧外侈,沿面稍宽,侈度较大,直溜肩,溜度较小。唇部有一周凹弦纹,肩部有两周凹弦纹。制作规整。口径41、残高9、厚1~3.5厘米(图三十九,4)。

盆 9件。根据器形不同,分为4型。

A型,4件。标本T1817⑤:55,泥质灰陶。方唇,敞口,卷沿,沿面斜弧外撇,圆折肩,壁斜弧形下收至底,平底。素面。口径18、高8.6、厚0.5~0.7厘米(图四十一,12)。标本T1816⑪:10,泥质灰陶,灰皮红胎。方唇,内折沿,外折沿,沿斜直外侈,直溜肩,最大颈在肩腹交接处,腹弧形下收。肩下部饰两周凹弦纹。口径21、残高7.8、厚0.5~0.6厘米(图四十一,13)。标本T1817⑨:8,泥质褐陶,黑皮。方唇,圆折沿,溜肩,鼓腹,腹弧形下收至底,腹最大径在腹中上部,平底。器表磨光,腹中部饰细绳纹。口径25.6、高14、底径13.2厘米(图四十一,16)。标本T1519③:13,夹砂红陶。圆唇,内折沿,外卷沿,沿略斜弧形外侈,侈度不大,沿面稍窄,直溜肩,口沿几乎等于腹最大径,腹弧形下收。素面。口径21、残高9、厚0.5~0.7厘米(图四十一,14)。

B型,1件。标本T1819⑤:11,夹砂红陶。尖圆唇,敞口,沿略外卷,壁斜直下收至底,平底。素面。口径18、残高5、厚0.5~0.6厘米(图四十一,3)。

C型,2件。标本T1818⑧:3,夹砂红陶。方唇,敞口,上口壁略弧,腹下壁斜直下收。素面。口径27、残高6.4、厚0.6~0.7厘米(图四十一,9)。标本T1818⑨:5,夹砂红陶。圆唇,敞口,上口壁略弧,腹下壁斜直下收。素面。口径31、残高5.6、厚0.7~0.8厘米(图四十一,21)。

D型,2件。标本T1816⑪:20,泥质灰陶,灰皮红胎。方唇,敛口,腹斜略弧形下收。腹部饰细绳纹。口径26、残高5.2、厚0.5~0.7厘米(图四十一,24)。标本T1816⑧:4,泥质灰陶,灰皮红胎。方唇,敛口,沿面内侧伸出一周棱,腹斜弧形下收。腹部饰细绳纹。口径24、残高5.2、厚0.7~0.8厘米(图四十一,6)。

钵 4件。分二型。

A型,3件。标本T1816⑩:27,泥质灰陶。方唇,敛口,沿面中间突出一周脊,腹稍鼓,弧形下收。腹上部起一周棱。口径18、残高6.7、厚0.7~0.9厘米(图四十一,2)。标本T1519③:18,泥质灰陶。方唇,沿面略内倾,敛口,折肩,最大径在腹上部,腹弧形下收。肩部有两周凹弦纹。口径21、残高4.9、厚0.5~0.6厘米(图四十一,7)。标本T1621③:52,泥质灰陶,黑皮灰胎。方唇,直口微侈,浅腹,上口折壁,壁下部弧形下收,平底。素面。口径14、残高3、厚0.4~0.5厘米(图四十一,19)。

B型,1件。标本T1519⑥:2,夹砂红陶。圆唇,敛口,鼓腹弧形下收。素面。口径13、残高7.2、厚0.6~0.7厘米(图四十一,8)。

圈足盘 3件。分二型。

A型,2件。标本T1620⑤:68,泥质灰陶。尖圆唇,敞口,卷沿,沿较宽,浅盘,盘腹壁圆鼓,弧形下收至底,平底下有圈足,圈足外卷,圆唇。素面。口径19.2、圈足径15.6、高6.2厘米(图四十,3)。标本T1817⑤:7,泥质灰陶。圆唇,卷沿,口微侈,盘上壁圆弧,下壁斜直向下,至底折收,平底,下部残。素面。口径24、残高5.6、厚0.6~0.7厘米(图四十,6)。

B型,1件。标本T1817⑧:21,泥质红陶。方唇,盘上壁竖直,下壁略弧下张,壁底斜直折收,下有矮圈足,圈足下口圆唇。盘壁有两周凹弦纹。口径25、高5.2、厚0.5～0.8厘米(图四十,5)。

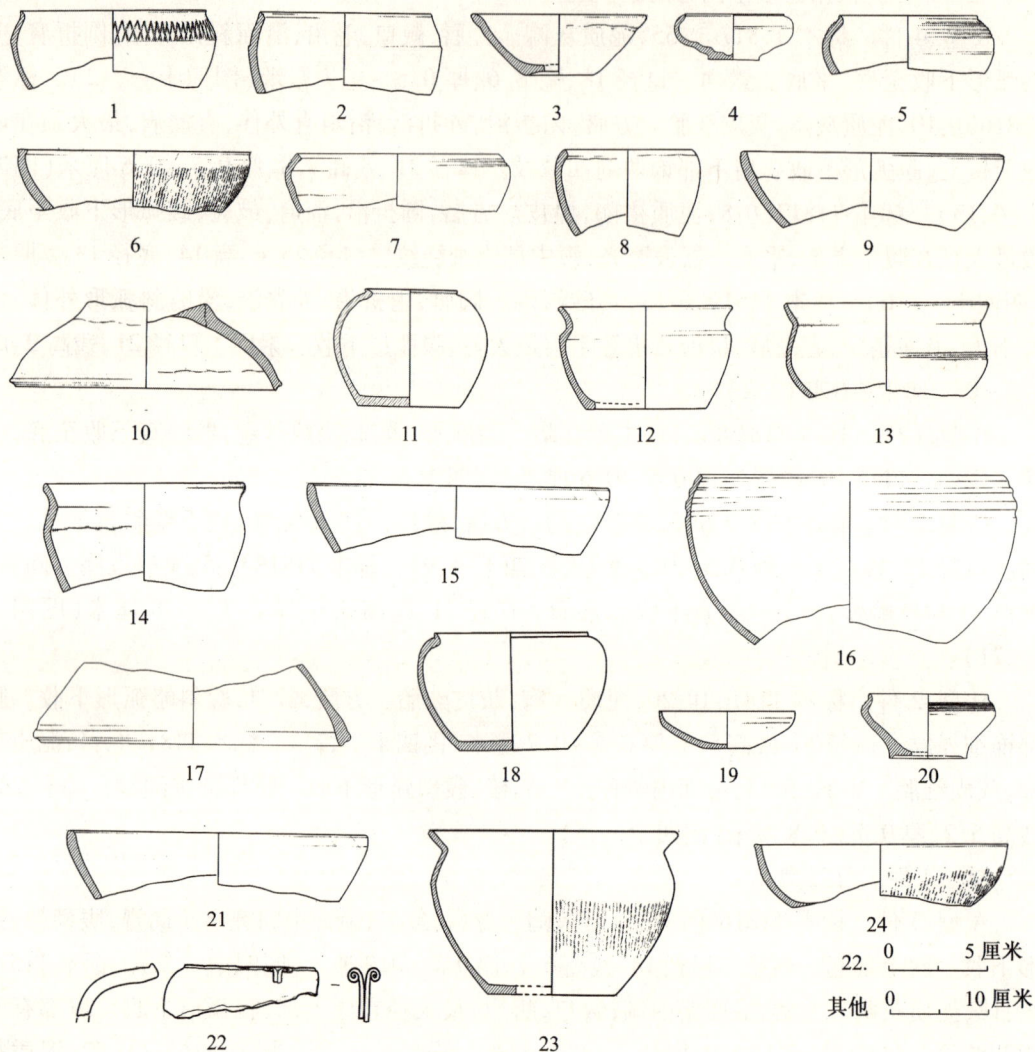

图四十一 晚段陶器(六)

1. B型盂(T1816④:26)　2. A型钵(T1816⑩:27)　3. B型盆(T1819⑤:11)　4. C型盂(T1817④:1)
5. B型盂(T1816⑦:14)　6. D型盆(T1816⑧:4)　7. A型钵(T1519③:18)　8. B型钵(T1519⑥:2)
9. C型盆(T1818⑧:3)　10. 器盖(T1620⑤:3)　11. A型盂(T1816⑨:2)　12. A型盆(T1817⑤:55)
13. A型盆(T1816⑪:10)　14. A型盆(T1519③:13)　15. C型盆(T1818⑨:5)
16. A型盆(T1817⑨:8)　17. 器盖(T1620⑦:7)　18. A型盂(T1818④:5)　19. A型钵(T1621③:52)
20. C型盂(T1816⑩:4)　21. C型盆(T1818⑨:5)　22. A型盂(T1816⑤:4)　23. C型盆(T1818⑨:5)
24. D型盆(T1816⑪:20)

盂　7件。分三型。

A型,3件。标本T1816⑨:2,泥质灰陶。圆唇,短折沿,圆肩,鼓腹,平底。素面。口径9.2、底径10.4、最大腹径15.6、壁厚0.6～0.8厘米(图四十一,11)。标本T1818④:5,泥质灰陶。尖圆唇,短折沿,口沿下有一道凹痕,鼓肩,斜弧腹,平底。素面。口外径 15.4、底径 10.8、最大腹径 19.4、高 19.4、壁厚 0.8 厘米(图四十一,18)。标本 T1816⑤:4,泥质灰陶,外表与内里均有黑皮,陶质较细密。圆唇,溜肩,内部肩上有指捏痕迹,外部肩上有泥条堆附的羊角形纹饰。器壁厚 0.5、残长 7.5、宽 4.3 厘米(图四十一,22)。

B 型,2 件。标本 T1816④:26,泥质灰陶。尖唇,敛口,无领,直溜肩,折肩,腹斜弧形下收。肩部饰一周交叉刻划纹。口径 19、残高 6.5、厚 0.4~0.5 厘米(图四十一,1)。标本 T1816⑦:14,泥质灰陶。尖圆唇,敛口,无领,圆溜肩,鼓腹,腹斜弧形下收。肩部饰数周凹弦纹,沿内面有一周凹弦纹。口径 14、残高 4.8、厚 0.6~0.8 厘米(图四十一,5)。

C 型,2 件。标本 T1817④:1,泥质红陶。尖圆唇,敛口,鼓腹,腹下部急收至底,底部有矮假圈足,腹中部可见弦纹状轮制痕迹,器物内底可见制作痕迹。素面。口径 10.2、底径 5.2、最大腹径 12、高 3.8、壁最厚处 0.7、高 0.4~0.5 厘米(图四十一,4)。标本 T1816⑩:4,泥质灰陶。尖圆唇,矮直口,卷沿,腹上部鼓,腹下部微弧急收至底,底部有矮圈足。腹上部有三道凸弦纹。口径 12、底径 7.8、高 5.4 厘米(图四十一,20)。

器盖 2 件。标本 T1620⑤:3,夹砂红陶。方唇,敞口,沿面略外倾,腹弧形下收。素面。口径 28、残高 7.1、厚 0.8~1 厘米(图四十一,10)。标本 T1620⑦:7,夹砂红陶。方唇,沿面中微凹,沿略外倾,敞口,腹斜略直下收,沿较厚,腹较薄。素面。口径 33、残高 6.7、厚 0.5~1 厘米(图四十一,17)。

纺轮 2 件。标本 T1816⑩:2,泥质红陶。算珠形,近球体,中部向弧,鼓,中间带有一圆形直壁穿孔。最大径 3.2、厚 2.8、穿孔直径 0.5 厘米(图四十二,11)。标本 T1620⑦:1,夹砂灰陶。整体呈圆柱状,中间有穿孔。直径 4.5、厚 1、中部穿孔直径 0.6 厘米(图四十二,10)。

陶瓴 3 件。根据器形分二型。

A 型,1 件。标本 T1520③:5,泥质红陶。扁长方形柱体,两面平,手制。一面布满横竖交叉刻划纹,一面有较浅模糊的绳纹。残长 5.5、宽 4.5、厚 1.1 厘米(图四十二,3)。

B 型,2 件。尖唇。标本 T1819③:1,夹砂红陶。整体呈扁圆圆柱体,两面近扁平。拍体两面都带有深刻划方格纹。最长 7.5、最宽 5.2、厚 2.7 厘米(图四十二,2)。标本 T1818⑤:2,夹细沙红陶。椭圆形,手制,截面呈三角形,一面布满戳印纹和刻划纹。残长 5.5、宽 4、厚 1.8 厘米(图四十二,1)。

小陶鼎 1 件。标本 T1816⑥:1,泥质红陶。方唇,口微敞,壁略弧下收,内底圜,外底平,下有三足,足残。素面。器身口径 5.7、壁厚 0.5、高 4.5 厘米(图四十二,9)。

小陶钵 1 件。标本 T1817⑥:2,夹砂灰陶。圆唇,敛口,壁弧形下收至底,底近平。素面。口径 8.8、底径 8.4、高 7、壁厚 0.3~0.6 厘米(图四十二,12)。

小陶杯 1 件。标本 T1519⑥:1,泥质红陶。制作稍不规整,近圆柱体,圆唇,近直口,壁略直,平底。素面。直径 3.4、高 2.6、内深 1.5 厘米(图四十二,13)。

陶拍 2 件。标本 T1520③:4,泥质红陶。蘑菇状,手制,圆弧顶,细圆柄。素面。顶直径 5.3~5.6、残长 2.9 厘米(图四十二,16)。标本 T1519M1:1,夹砂红陶。手制,近蘑菇形。长 3.6、顶直径 3.6~3.9 厘米(图四十二,17)。

陶鬲足模 1 件。标本 T1816⑤:2,泥质红陶。上部残,整体近弯顶的圆锥体形,中部从器表向内有一圆形穿孔，未穿透，底部中空，有一凹窝。素面。孔径1.9、残高7.8、底部外径7.8~7.9、内径4.6厘米（图四十二,4）。

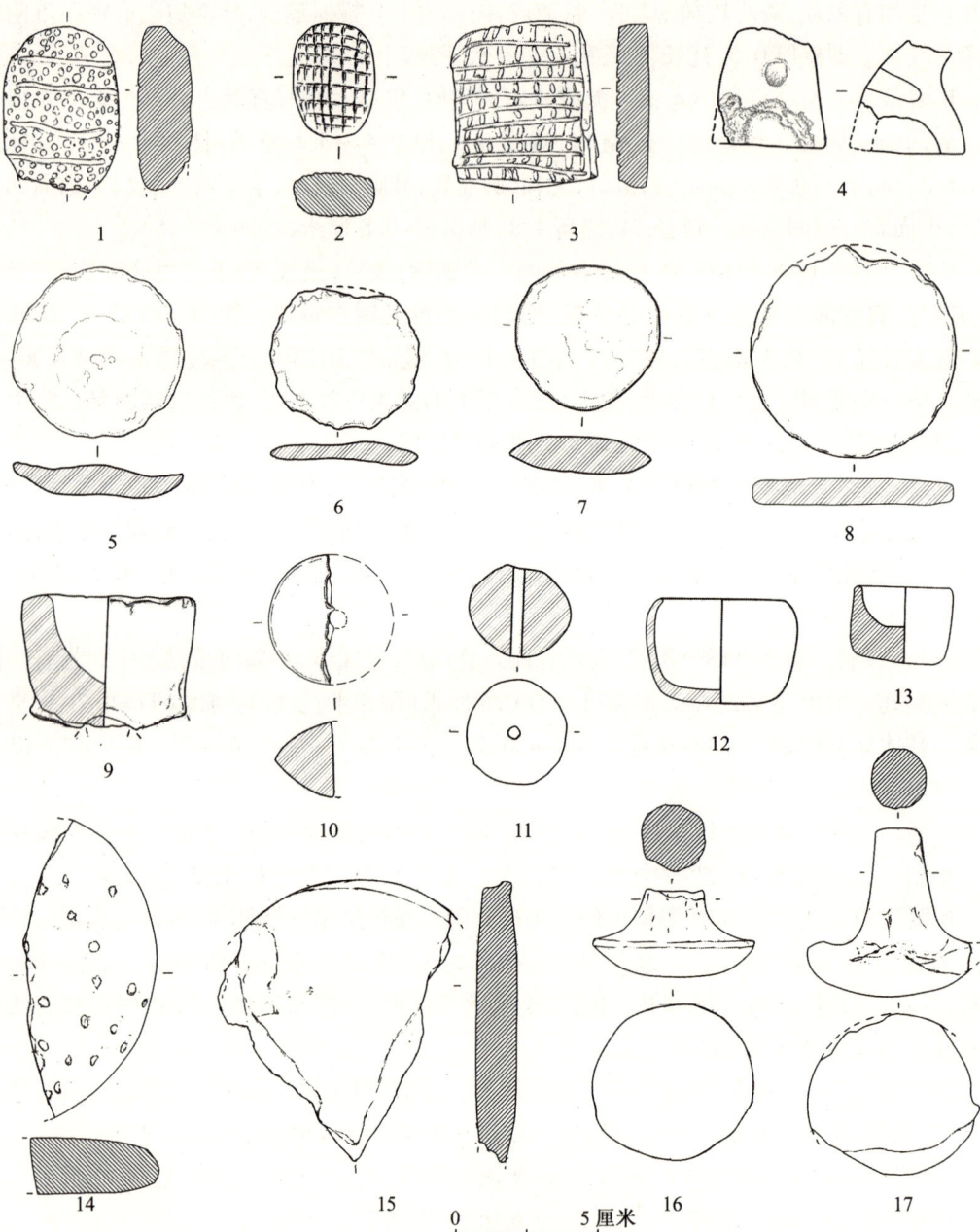

图四十二　晚段陶器（七）

1. B 型陶瓶(T1818⑤:2)　2. B 型陶瓶(T1819③:)　3. A 型陶瓶(T1520③:5)
4. 陶鬲足模(T1816⑤:2)　5. C 型陶饼(T1816⑦:1)　6. C 型陶饼(T1816⑩:1)
7. B 型陶饼(T1818⑧:1)　8. A 型陶饼(T1520③:2)　9. 陶鼎(T1816⑥:1)
10. 纺轮(T1620⑦:1)　11. 纺轮(T1816⑩:2)　12. 陶钵(T1817⑥:2)　13. 陶杯(T1519⑥:1)
14. A 型陶饼(T1620③:1)　15. A 型陶饼(T1818④:26)　16. 陶拍(T1520③:4)
17. 陶拍(T1519M1:1)

陶饼　6件。根据边沿及整体造型分三型。

A型,3件。方唇。标本T1520③:2,夹砂红陶。夹少量蚌粒。扁圆形,边沿为方唇,两面较平。素面。直径14.5、厚1.9厘米(图四十二,8)。标本T1620③:1,夹砂灰陶。圆形,手制,一面有排列不规则的刺孔(不透),边圆弧。残长10、厚1.7厘米(图四十二,14)。标本T1818④:26,夹砂灰陶。残,扁圆形,边沿为方唇,两表面近平,一面有烟炱痕迹。素面。直径13.4、厚1.1厘米(图四十二,15)。

B型,1件。尖唇。标本T1818⑧:1,夹砂红陶。扁圆形,边沿渐薄,尖唇,两面弧。素面。直径9.9、中间厚2.4厘米(图四十二,7)。

C型,2件。不规则形。标本T1816⑩:1,夹砂红陶。扁圆形,边沿渐薄,尖圆唇,两面不平。素面。直径10.5、最厚处1.2厘米(图四十二,6)。标本T1816⑦:1,夹砂红陶。扁圆形,尖圆唇,边沿渐薄,微上翘,两面不平。素面。直径12、中间厚2厘米(图四十二,5)。

原始瓷器

豆　4件。分三型。

A型,1件。标本T1817④:20,灰白胎,青釉。尖圆唇,敞口,折沿,沿内壁有一折痕,折壁,盘壁中部有一折痕,壁下部弧形下收,下部残。口沿外壁饰横"S"形堆饰。口径19、残高5.2、厚0.5～0.6厘米(图四十,13)。

B型,1件。标本T1817⑧:3,白胎泛黄,釉层剥落。尖唇,敞口,折腹,腹下部弧形下收至底,内外底均圜,下有喇叭形圈足,微外撇,圈足圆唇。折腹处内壁有弦纹。口径9.8、底径5.4、壁厚0.4厘米(图四十,18)。

C型,2件。标本T1816⑨:4,灰白胎,青釉。圆唇,折沿,沿面稍宽,沿外撇度较大,近平,盘腹壁中部圆折,腹下部弧形下收至底,内底微圜,下有矮圈足,足壁下张,尖唇。沿面上饰两周凹弦纹。口径10.5、圈足径4.2、最大腹径9.25、高4、壁最厚处为0.6厘米(图四十,8)。标本T1816⑦:8,青釉青灰胎。器形较小,方唇,折沿,沿内面有一周平台,敞口,盘壁下部弧形下收,下残。素面。口径15、残高4.1、厚0.4～0.5厘米(图四十,14)。

盂　1件。标本T1817⑧:12,青灰胎,青釉。器形较小,圆唇,敛口,外折沿,沿外面有一周折棱,子口,浅盘,盘壁弧形下收,平底。素面。口径12、残高3、厚0.4～0.7厘米(图四十,15)。

石器

共8件。包括石锛、石刀、石镞等,皆磨制或有磨制痕迹。大多残,少数保存完好。

石锛　1件。标本T1816⑨:3,灰白色,灰岩。有段,长方形扁柱体,一面微弧一面直,单面直刃,整体磨制精细,较薄。长7.7、宽5.2～5.5、最厚1厘米(图四十三,3)。

石刀　3件。分二型。

A型,2件。标本T1818④:1,灰色,石英砂岩。整体呈圆角长方形,弧背,直刃,双面刃。长12.7、最宽4.6、最厚1.2厘米(图四十三,6)。标本T1817⑧:1,浅灰色,石英砂岩。圆角长方形,弧背,单面弧刃,一面有剥片痕迹,一面平,一端残。残长6.8～6.9、最宽4.6、最厚0.7～0.8厘米(图四十三,8)。

B 型,1 件。标本 T1816⑪:4,灰黄褐色,灰岩。两端均残,整器仅存一半,弧背,单面弧刃,中间一对钻穿孔。残长 8.2、最宽 4.6、最厚处 0.9 厘米(图四十三,9)。

石钺　1 件。标本 T1818③:1,灰黄褐色,石英砂岩。磨制而成,扁方形,表面微弧,双面弧刃,刃部略残,中间有一穿孔,为两面对钻而成。素面。孔径 2.2~2.6、长 8.85、宽 7.6~8.8、最厚 1.4 厘米(图四十三,5)。

石斧　1 件。标本 T1816⑥:2,深灰色,石英砂岩。长方形圆柱体,双面刃,顶端平。素面。长 21.2、宽 7.7~10.1、厚度 9 厘米(图四十三,1)。

另有未加工完成石器,2 件。

穿孔石钺　1 件。标本 T1819⑨:1,灰黑色,灰岩。仅存一半,上部残,存一对钻穿孔,两侧边弧形,刃部弧度较大,未开刃,通体磨光。残长 6、最宽处 5.5、厚 0.85~1 厘米(图四十三,4)。

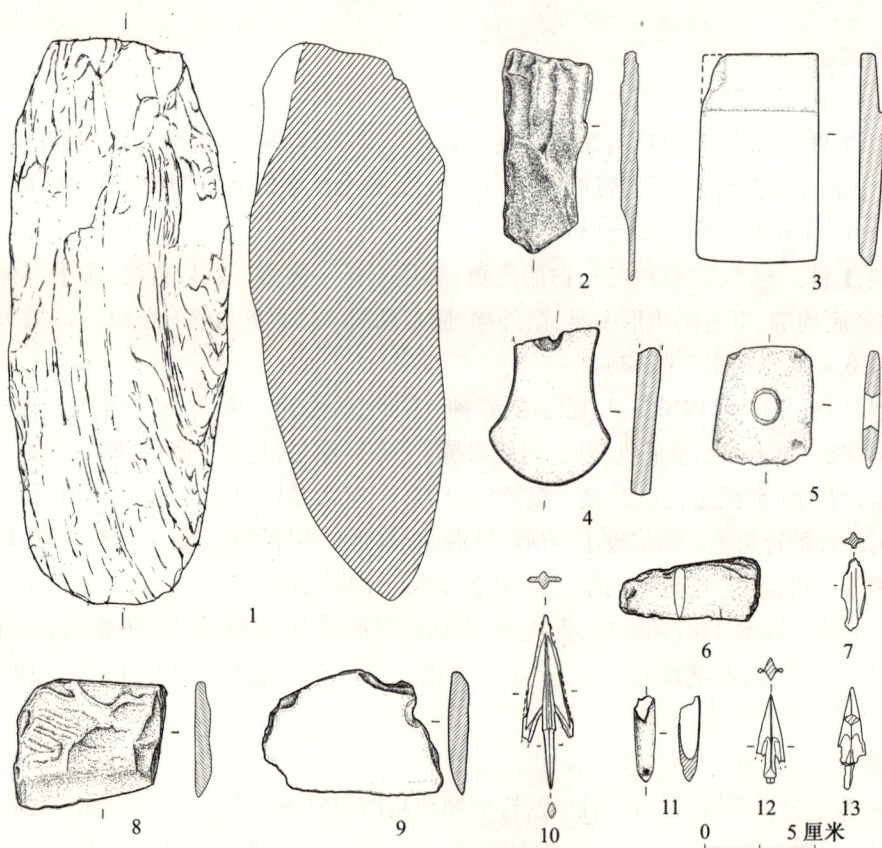

图四十三　晚段石器

1. 石斧(T1816⑥:2)　2. 有段石铲(T1817⑨:2)　3. 石锛(T1816⑨:3)　4. 穿孔石钺(T1819⑨:1)
5. 石钺(T1818③:1)　6. A 型刀(T1818④:1)　7. 镞(T1819⑥:2)　8. A 型刀(T1817⑧:1)
9. B 型刀(T1816⑪:4)　10. 镞(T1818⑥:2)　11. 铜部件(T1817③:1)　12. 镞(T1817⑨:1)
13. 镞(T1819④:1)

有段石铲　1件。标本T1817⑨:2,灰黄褐色,灰岩。整体近长方形扁柱体,一端有段,一面平,一面有剥片痕迹,未开刃。长15.2、最宽8.2、最厚处1.4~1.5厘米(图四十三,2)。

青铜器

镞　3件。标本T1818⑥:2,整体细长,微残,保存较好,燕翅形双翼,双面刃较锋利,中间起脊,出后锋,菱形铤,长6.6、翼展约2.5、长4.9厘米(图四十三,10)。标本T1817⑨:1,有脊,双翼略残,棱形铤,脊刃间有血槽,出后锋。长3.2厘米(图四十三,12)。标本T1819④:1,双翼,翼窄,中间起脊,刃与脊之间有血槽,出后锋,菱形铤。长3.8厘米(图四十三,13)。

铜部件　1件。T1817③:1,圆柱状,有尖。下部有一凹槽小孔,未穿透,上部残缺。壁薄约0.5、长约3.15、最大外径近1厘米(图四十三,11)。

(四) 文化特征与分段

1. 新石器时代

龙脉团山遗址新石器时代堆积简单,非该遗址的主体文化,地层有T1520⑭、T1621⑬、T1819⑮,T1④—⑦。集中分布在台地上的北部边缘的最早地层及台地下的西南部,根据其遗物特征推断,应属于马家浜文化。

2. 商周时期早段

属于早段的地层有T1519⑪—⑭、T1520⑪—⑬、T1621⑪—⑫、T1819⑭。早期地层出土遗物比较少,标本也较少。遗物以陶器为主,其次为石器。陶器以夹砂陶为主,其次为泥质陶(表五、表六、表七、表八)。如T1519出土遗物中,夹砂陶占85.3%,泥质陶占13.8%,印纹硬陶占0.9%。纹饰常见绳纹、间断绳纹、刻划纹、方格纹、回纹(图四十四)。其中绳纹,多饰于泥质灰陶和黑皮陶上。中绳纹较多,其次是细绳纹,粗绳纹较少。间断绳纹多饰于器物肩部。刻划纹数量较少,饰于泥质灰陶、泥质红陶上,分两种,一种饰于器物肩部,刻划成长方形图案,内外边界以两道弦纹,形成一组纹饰带,另一种呈条状,饰于器物腹部。方格纹数量较少,饰于泥质灰陶上,每个纹饰单位较小,拍印有重叠。回纹数量较少,饰于印纹硬陶上,拍印重叠。如T1519⑬出土的陶器纹饰种类少、绳纹略多,其他各类纹饰数量都不多,方格纹占1.7%、绳纹占6%、间断绳纹占0.9%、绳纹加三角带纹占1.7%、回纹占0.9%,大多陶器多为素面,占88.8%。陶器主要器类有鬲、甗、瓮、盆、簋座等。石器主要有锛、钺、凿等。

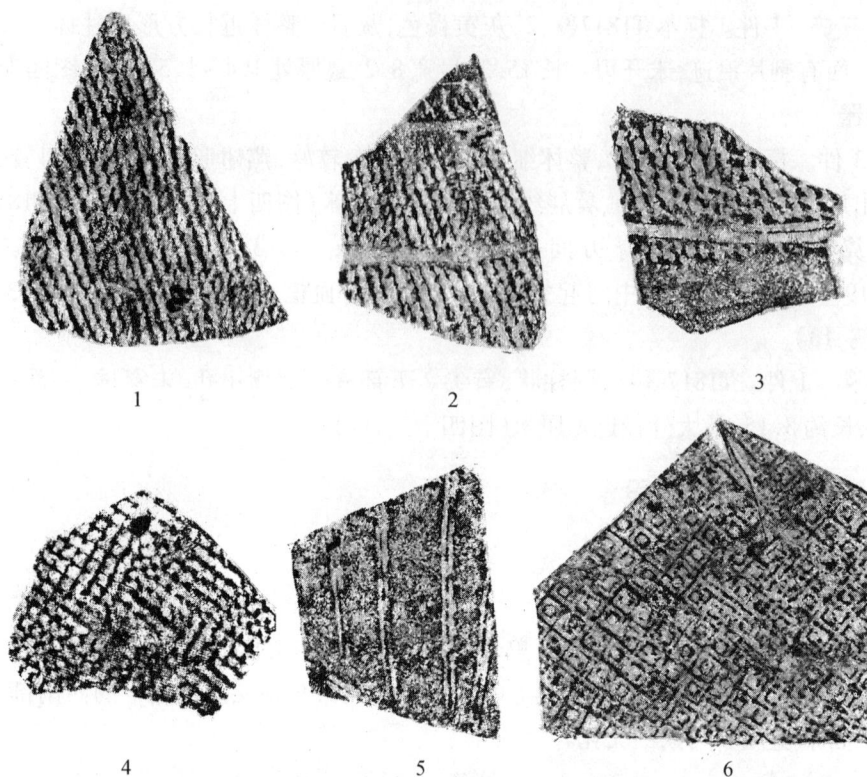

图四十四　早段纹饰拓片

1. 细绳纹（T1519⑭）　2. 间断绳纹（T1519F2）　3. 弦断绳纹（T1621⑪）

4. 斜方格纹（T1519F2）　5. 复线刻划纹（T1519F2）　6. 回纹（T1621⑪）

表五　商周时期早段陶器器形统计表（2013ZLTT1519⑬）

陶系 ＼ 器形	鬲足	釜口沿	罐口沿	鬲口沿	裆	釜内裆	腹片	鍪	合计	百分比（%）
夹砂陶	2	4	1	2	1	1	87	1	99	85.3
泥质灰陶			1				14		15	12.9
印纹硬陶							1		1	0.9
泥质红陶							1		1	0.9
合计	2	4	2	2	1	1	103	1	116	
百分比（%）	1.7	3.4	1.7	1.7	0.9	0.9	88.8	0.9		

表六　商周时期早段陶系纹饰统计表（2013ZLTT1519⑬）

陶系 ＼ 纹饰	方格纹	绳纹	间断绳纹	绳纹加三角带纹	回纹	素面	合计	百分比（%）
泥质灰陶	1	7	1	2		4	15	12.9
泥质红陶	1						1	0.9

纹饰 陶系	方格纹	绳纹	间断绳纹	绳纹加 三角带纹	回纹	素面	合计	百分比 (%)
印纹硬陶					1		1	0.9
夹砂红陶						99	99	85.3
合计	2	7	1	2	1	103	116	
百分比(%)	1.7	6	0.9	1.7	0.9	88.8		100

表七　商周时期早段陶器器形统计表（2013ZLT1520⑫）

器形 陶系	鬲口沿	鬲足	甗腰	鍪	圈足	残片	合计	百分比 (%)
夹砂陶	2	1	1			40	44	86.2
泥质灰陶				1	1	2	4	7.84
泥质红陶						3	3	5.88
合计	2	1	1	1	1	45	51	
百分比(%)	3.9	1.96	1.96	1.96	1.96	88.2		100

表八　商周时期早段陶系纹饰统计表（2013ZLT1520⑫）

纹饰 陶系	绳纹	间断绳纹	刻划纹	素面	合计	百分比(%)
泥质灰陶	2		1	1	4	7.84
夹砂陶				44	44	86.2
泥质红陶	1	2			3	5.88
合计	3	2	1	45	51	
百分比(%)	5.88	3.9	1.96	88.2		100

2. 商周时期中段

属于中段的地层有 T1519⑧—⑩、T1520⑦—⑩、T1621⑥—⑩、T1620⑧、T1816⑬—⑰、T1817⑩—⑭、T1818⑪—⑯、T1819⑩—⑬。中段地层出土遗物较多。遗物以陶器为主,其次为石器、青铜器、原始瓷器等。陶器以夹砂陶为主,其次为泥质陶(表九、表十、表十一、表十二)。如 T1621⑨出土遗物中,夹砂陶占77%,泥质陶占18.6%,印纹硬陶占4.9%。纹饰出现雷纹、回纹与折线纹、鸟纹与回纹、篮纹、折线纹、大方格纹与席纹、席纹(图四十五)。纹饰多饰于器物肩部、腹部。间断绳纹和回纹增多,附加堆纹、篦纹较少。绳纹多饰于泥质灰陶、泥质红陶上,泥质黑皮陶渐少。细绳纹、间断绳纹增多;刻划纹多饰于泥质灰陶罐肩部、腹部。多条刻划线组成菱形或平行线形,呈带状;方格纹在这一时期逐渐增多,分大、中二种,

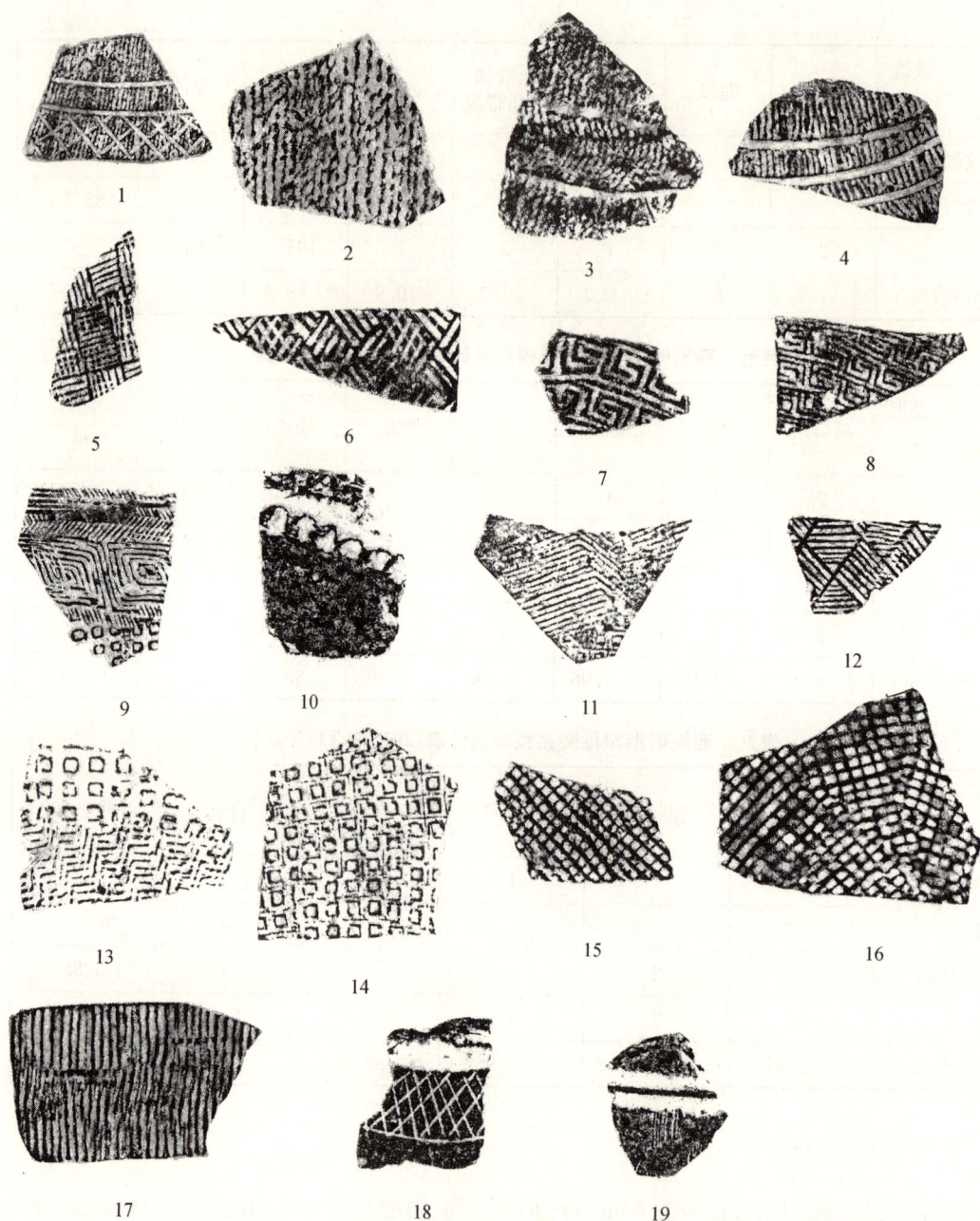

图四十五　商周时期中段纹饰拓片

1. 弦断绳纹＋斜交叉刻划纹（T1620⑧）　2. 绳纹（T1621⑨）　3. 附加堆纹＋绳纹（T1818⑭）
4. 弦断篮纹（T1519⑩）　5. 席纹（小）（T1818⑭）　6. 席纹（中）（T1817⑪）　7. 云雷纹（中）（T1819⑩）
8. 云雷纹（小）（T1819⑬）　9. 云雷纹＋羽状纹＋回纹（T1520⑦）　10. 按窝纹（T1819⑬）
11. 折线纹（T1817⑬）　12. 菱形填线纹（T1817⑬）　13. 折线纹＋回纹（T1519⑩）　14. 回纹（T1621⑨）
15. 方格纹（小）（T1819⑩）　16. 方格纹（中）（T1817⑪）　17. 篮纹（T621⑦）　18. 斜交叉刻划
纹（T1819⑩）　19. 梳篦纹（T1819⑬）

多饰于泥质红陶上,大方格纹多与席纹组合;雷纹数量很少,饰于泥质红陶器物肩部,多与方格纹组合,拍印不规整、多有重叠、杂乱。回纹多饰于印纹硬陶上,有两类,一类回纹单元轮廓线拍印较深,一类回纹单元轮廓线拍印较浅。有正置回纹和斜置回纹组合,有重叠现象。折线纹多饰于印纹硬陶肩部,排列整齐,多与回纹组合。变体鸟纹与回纹组合饰于印纹硬陶上,其特征和形态与羽鸟相似,鸟纹上下设羽尾纹,纹饰凸凹较深,并多与回纹、"口"纹组合,有重叠现象。篮纹饰于泥质红陶上,似竹篾状,个别有间断。席纹饰于泥质红陶上,分大小两种。略大者线条略粗,个体单元长约1.5厘米;小者线条匀称规整,个体单元长约1厘米。附加堆纹饰于泥质灰陶器物肩部,比较少见,呈宽带状,附加泥条上压印绳纹。箆纹饰于泥质灰皮陶器物上,比较少见,纹饰单元呈品字形排列。陶器主要器类有鬲、甗、罐、圈足盘、篡座、纺轮、陶拍、陶饼等。石器主要有锛、刀、镞、斧、凿等。青铜器为镞。

表九 商周时期中段陶器器形统计表(2013ZLT1621⑨)

器形\陶系	鬲口沿	釜口沿	鋬	甗腰	罐口沿	罐颈	鬲足	钵	侈口罐	残片	器底	合计	百分比(%)
夹砂红陶	4	6	4	5	1	1	6	2		281	3	313	77
泥质红陶					1					34		35	8.6
泥质灰陶					1			2	1	36	1	41	10
印纹硬陶										20		20	4.9
合计	4	6	4	5	3	1	6	4	1	371	4	409	
百分比(%)	1	1.5	1	1.2	0.9	0.2	1.5	1	0.2	91	1		100

表十 商周时期中段陶系纹饰统计表(2013ZLT1621⑨)

纹饰\陶系	回纹	细绳纹	间断绳纹	间断中绳纹	方格纹小	中绳纹	细绳纹	间断绳纹	素面	凹弦纹	合计	百分比(%)
印纹硬陶	19									1	20	4.9
泥质红陶			8		4	2	8		13		35	8.6
泥质灰陶		3	4	4					31		42	10
夹砂红陶									311		311	76
合计	19	3	4	4	8	4	2	8	355	1	408	
百分比(%)	4.6	0.7	0.9	0.9		0.9	0.5	2	87	0.2		100

表十一 商周时期中段陶器器形统计表(2013ZLT1818⑫)

器形\陶系	釜口沿	鬲口沿	盆口沿	罐口沿	鋬	鬲裆	鬲足	器底	豆口沿	钵口沿	腹片	合计	百分比(%)
夹砂红陶	42	8	12	16	1	32	18	9			494	632	75.8
夹砂灰陶											11	11	1.31

续表

器形 陶系	釜口沿	鬲口沿	盆口沿	罐口沿	鏊	鬲裆	鬲足	器底	豆口沿	钵口沿	腹片	合计	百分比(%)
泥质红陶	1				1				2	2	79	85	10.2
泥质灰陶			2	1						4	26	33	3.96
硬陶	3			1				2			12	18	2.16
黑皮陶	2						1	8	4	2	38	55	6.6
合计	48	8	14	18	2	32	19	19	10	4	660	834	
百分比(%)	5.76	0.96	1.68	2.16	0.24	3.84	2.28	2.28	1.2	0.28	79.14		100

表十二　商周时期中段陶系纹饰统计表(2013ZLT1818⑫)

纹饰 陶系	弦纹	方格纹	回纹	席纹	席纹方格纹	叶脉纹	细绳纹	粗绳纹	雷纹	间断绳纹	方格绳纹	素面	合计	百分比(%)
夹砂红陶												632	632	75.8
夹砂灰陶												11	11	1.31
泥质红陶	2	9		2	2		7	3	1	2	3	54	85	10.2
泥质灰陶							18	2		2		11	33	3.96
黑皮陶	1											54	55	6.6
硬陶			11			1						6	18	2.16
合计	3	9	11	2	2	1	25	5	1	4	3	769	834	
百分比(%)	0.36	1.08	1.31	0.24	0.24	0.12	3	0.6	0.12	0.48	0.36	92.2		100

3. 商周时期晚段

属于晚段的地层有 T1519②—⑦、T1520②—⑥、T1621②—⑤、T1620②—⑦、T1816②—⑫、T1817②—⑨、T1818②—⑩、T1819②—⑨。遗物以陶器为主,其次为石器、青铜器、原始瓷器等。陶器以夹砂陶为主,其次为泥质陶(表十三、表十四、表十五、表十六)。如 T1818④出土遗物中,夹砂陶占 64.9%,泥质陶占 29.3%,印纹硬陶占 0.4%。晚段纹饰以回纹、方格纹、席纹、绳纹、雷纹、组合纹饰为主,做工稍粗,纹饰单元稍大。出现套回纹、水波纹、菱形填线纹、套菱纹与方格纹(图四十六、图四十七)。绳纹多饰于泥质灰陶、泥质红陶腹部,个别饰于夹砂灰陶上,分粗、中、细三种(细绳纹较少),粗绳纹多排列整齐,中绳纹多见于泥质红陶上,细绳纹多饰于器物肩部,呈带状,中间界以凹弦纹或间断绳纹;刻划纹常见于器物肩部,呈菱形刻划纹饰带或平行刻划纹饰带,间或填绳纹;方格纹数量较多,常见于泥质红陶、印纹硬陶上,有大、中、小之别,一般饰于腹下部,常与席纹、雷纹、绳纹组合,或正置或斜置;回纹数量较多,饰于印纹硬陶上,有轮廓线拍印深浅之分,或正置或斜置,多于方格纹、折线纹组合,有重叠现象;席纹多饰于泥质红陶上,个别见于印纹硬陶上,一种纹路较粗,纹饰单元长 2～2.5 厘米,排列成菱形,轮廓线较深,另一种纹路较细,单元长 1.3 厘米左右,排列整齐;偶

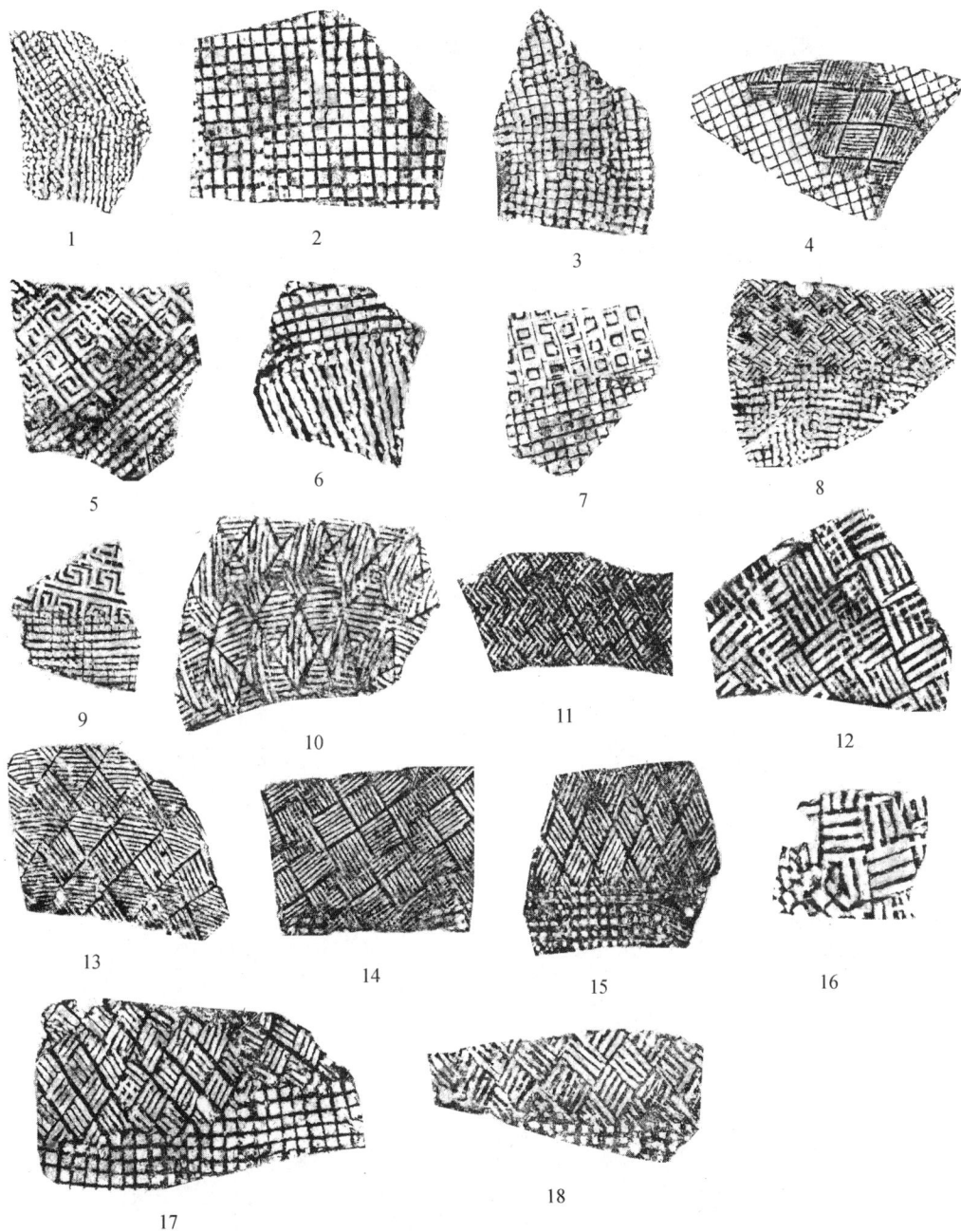

图四十六　商周时期晚段纹饰拓片（一）

1. 方格纹（小）（T1620④）　2. 方格纹（大）（T1817⑧）　3. 方格纹（中）（T1621⑤）
4. 席纹＋大方格纹（T1817④）　5. 云雷纹＋中方格纹（T1816②）　6. 粗绳纹＋大方格纹（T1817⑧）
7. 回纹＋大方格纹（T1621⑤）　8. 席纹＋小方格纹（T1816⑤）　9. 云雷纹＋小方格纹（T1520④）
10. 席纹（大）（T1519④）　11. 席纹（小）（T1819②）　12. 席纹（大）（T1817⑧）　13. 席纹（中）（T1816⑤）
14. 中席纹＋方格纹（T1818⑪）　15. 中席纹＋小方格纹（T1816⑤）　16. 大席纹＋大方格纹（T1817⑤）
17. 小席纹＋大方格纹（T817⑧）　18. 中席纹＋中方格纹（T1816③）

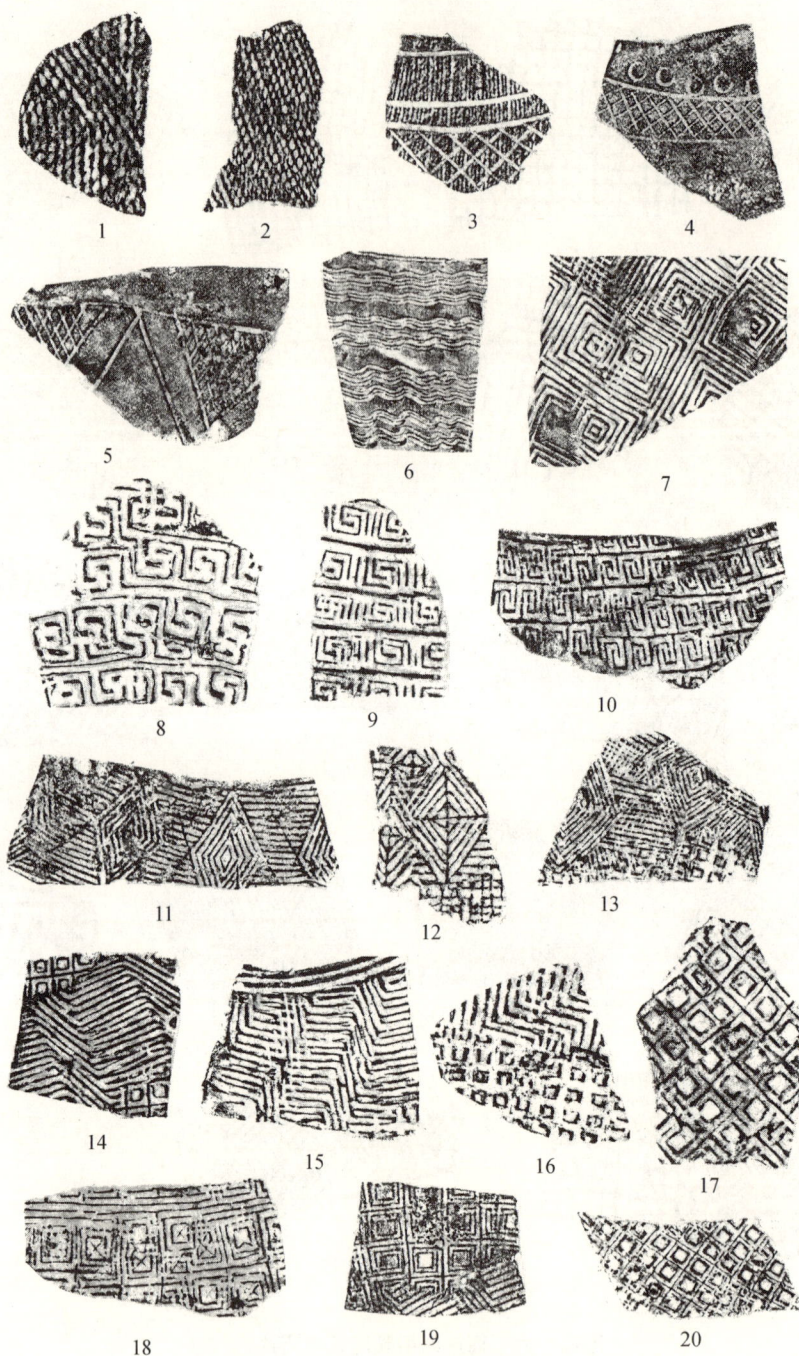

图四十七　商周时期晚段纹饰拓片（二）

1. 绳纹（中）（T1818⑦）　2. 绳纹（细）（T1816⑨）　3. 弦断细绳纹＋斜交叉刻划纹（T1818⑦）
4. 圆圈纹＋凹弦纹＋斜交叉刻划纹（T520③）　5. 倒三角＋斜交叉刻划纹（T1519③）
6. 水波纹（T1816④）　7. 重回纹（T1817⑤）　8. 云雷纹（大）（T1817⑦）　9. 云雷纹（中）（T1620③）
10. 云雷纹（小）（T1520③）　11. 套菱纹＋横篮纹（T1520③）　12. 套菱纹＋十字纹＋横篮纹＋
小方格纹（T1818③）　13. 套菱纹＋回纹＋横篮纹（T1620③）　14. 折线纹＋回纹（T1816④）
15. 折线纹＋回纹＋凹弦纹（T1816④）　16. 折线纹＋回纹（T1520③）　17. 回纹（大）（TT1520③）
18. 回纹填以斜交叉纹＋凹弦纹（T1816③）　19. 折线纹＋回纹（T1817⑥）　20. 回纹（小）（T1819⑦）

有重叠现象;雷纹多饰于泥质红陶上,个别见于印纹硬陶上,一种轮廓线较深、带状排列,相对规整,单元长1.5厘米,另一种轮廓线较浅,排列较乱,单元长0.5~0.7厘米;套菱纹与回纹组合纹饰饰于印纹硬陶上;折线纹饰于印纹硬陶上,折线角度呈钝角、直角展开,排列多较整齐,折线多与回纹组合;菱形填线纹饰于印纹硬陶上,重叠、杂乱,线条较细浅,一种较大,纹饰单元菱形对角长3.5厘米,另一种较小,纹饰单元菱形对角长1厘米左右;水波纹饰于原始瓷上,有多组曲折线组成,线条深浅不一;套回纹饰于印纹硬陶上,有多口字套置形成,单元较大,长2厘米左右,轮廓较深,有重叠现象。陶器主要器类有鬲、甗、瓮、盆、钵、圈足盘、盂、器盖等。石器主要有锛、钺、刀等。青铜器为镞。

表十三 商周时期晚段陶器器形统计表(2013ZLT1818④)

器形＼陶系	鬲足	鬲口沿	罐口沿	圈足	豆口沿	裆	甗腰	甗口沿	器形底	釜	器盖	鏊	残片	把手	合计	百分比
夹砂红陶	3	3				2	3		5	2		1	240		259	49.1
夹砂灰陶	7	6				13	2	1	2	1	1		120		153	29
泥质红陶			4										68	1	86	16.3
泥质灰陶				1	6				2				9		18	3.4
印纹硬陶			1						1				6		8	1.5
泥质黑皮				1	1								1		3	0.56
合计	10	9	5	2	7	15	5	1	10	3	1	1	444	1	527	
百分比	1.89	1.69	0.94	0.37	1.3	2.81	0.94	0.19	1.88	0.56	0.19	0.19	84.2	0.19		100

表十四 商周时期晚段陶系纹饰统计表(2013ZLT1818④)

纹型＼陶系	方格纹大	方格纹中	绳纹中	间断绳纹	雷纹	雷纹方格纹	回纹大	回纹中	填线纹	折线纹	素面	合计	百分比
泥质红陶	21	25	7	1	4	2					5	65	12.9
泥质灰陶											10	10	1.98
夹砂红陶											270	270	53.57
夹砂灰陶											150	150	29.76
印纹硬陶							3	1	2	1		7	1.39
泥质黑皮											2	2	0.4
合计	21	25	7		4	2	3	1	2	1	437	504	
百分比	4.17	4.96	1.39	0.2	0.8	0.4	0.6	0.2	0.4	0.2	86.71		100

表十五　商周时期晚段陶器器形统计表(2013ZLT1620⑤)

器形＼陶系	罐口沿	盆口沿	残圈足	鬲足	钵	裆	甗口沿	甗腰	鬲口沿	腰甗釜	器底	残片	甑	篝	合计	百分比(%)
夹砂红陶	2			25	9	7	11	4	13	1	2	360	1		435	71.9
泥质红陶	4											102		1	106	17.5
泥质灰陶	3	1	2									45			51	8.4
印纹硬陶	1											12			13	2.1
合计	10	1	2	25	9	7	11	4	13	1	2	519	1		605	
百分比(%)	1.7	0.2	0.33	4.13	1.5	1.12	1.9	0.7	2.1	0.2	0.33	86	0.2			100

表十六　商周时期晚段陶系纹饰统计表(2013ZLT1620⑤)

纹饰＼陶系	方格纹(大)	方格纹(中)	雷纹	雷纹方格纹	粗绳纹	中绳纹	细绳纹	间断绳纹	素面	凹弦纹	回纹(大)	回纹(中)	折线纹	回纹折线纹	席纹	合计	百分比(%)
泥质红陶	17	18	9	1		8	2		5	2						62	11.6
泥质灰陶					1	6	1	2	16	4						30	5.6
印纹硬陶		1									1	1	3	1	1	9	1.7
泥质黑皮									3							3	0.6
夹砂红陶									432							432	81
合计	17	19	9	1	1	14	3	2	456	7	1	3	1	1	1	536	
百分比(%)	3.2	3.5	1.7	0.2	0.2	2.6	0.6	0.4	85	1.3	0.2	0.6	0.2	0.2	0.2		100

四、结　语

　　龙脉团山遗址的试掘虽然是局部揭露,但是通过本次发掘,该遗址的文化内涵、地层堆积状况、遗迹遗物情况已基本得到体现。

　　根据地层堆积、遗迹情况,本次发掘发现的遗迹有灰坑、房址、灰沟等。与居住相关的文化层主要分布于北边10余米的范围内,发现较多红烧土堆积、柱洞等,从生土面看地势北高南低,说明遗址北部的这个向阳面就是适合古代人类居住的区域。

　　从本次发掘的器物特征看,总体上讲,该遗址主体文化为湖熟文化,明显地具有宁镇地区湖熟文化的特征,并且同以往湖熟遗址发掘的情况相一致,其中,新石器时代发掘的腰沿釜等同丹阳凤凰山遗址①的新石器时代釜形制相同,具有明显马家浜文化的器物特征。新石器时代的文化堆积再次印证了宁镇地区的湖熟遗址中存在新石器时代的包含物及次生文化层堆积,这些文化堆积压于湖熟早期地层之下,遗物炊器以釜为主,陶器火候较低,陶质较差。商周时期遗物鬲、甗等器物特征,早段鬲、甗口沿基本都为方唇;中段鬲、甗口沿方唇继续存在,圆唇开始增多;晚段鬲、甗口沿基本以圆唇为主,少见方唇。纹饰特征,早期纹饰做

---

① 刘建国,戴宁汝,等:《江苏丹阳凤凰山遗址发掘报告》,《东南文化》,1990年第Z1期。

工简单,多饰于泥质灰陶、泥质黑皮陶上,少量见于印纹硬陶上。纹饰多见绳纹,刻划纹较少,黑皮陶有磨光现象。中期纹饰种类变多,新出雷纹、回纹与折线纹、鸟纹与回纹、篮纹、方格纹与席纹等组合纹饰,纹饰制作稍好,组合纹饰较多,中绳纹较多,细绳纹很少。晚期纹饰纹饰种类较多,制作稍粗犷,组合纹饰较多,多为方格纹、回纹、雷纹、席纹组合。以上器形、纹饰特征同左湖遗址①特征相近,故推断龙脉团山遗址商周时期文化层时代为西周到春秋。根据对遗址文化堆积及遗物的整理,龙脉团山遗址主要器物的形态变化还是比较明显的,主要体现在唇部由方唇向圆唇演变的趋势,如鬲、甗等方唇越来越少,圆唇越来越多。基于遗物这些器物特征渐变这一现象,故可将遗址的文化堆积根据器物特征变化分为三段,这一分段主要体现了古人类社会生活的发展演变的趋向,但并不一定说明这一发展具有清晰的时间节点,所以本文仅对整个遗址存续时间进行推测,商周时期的原生堆积时代相对应于中原的西周春秋时期。

商周时期文化层出土遗物,在生活工具方面,陶片多比较碎,但是器形还基本可以辨认,为鬲、甗、鼎、罐、豆、钵、盘等。陶器多为轮制,部分为手制,出土陶器以夹砂红陶为主,其次为泥质红陶,并有少量的印纹硬陶、泥质灰陶、泥质黑皮陶和原始青瓷。在生产工具方面,龙脉团山遗址出土了较多的石锛、石刀、纺轮、陶饼(可能起支垫作用,较少有网坠)。青铜器主要有铜镞,器形较小,刃部锋利且有翼,出于武装力量或者战争的可能性较小,出于狩猎需要的可能性较大。石器基本上是通体磨光,极少打制,有石斧、石锛、石铲、石刀等砍伐器,是用于砍伐农耕的生产工具,说明在此居住的先民们是过着以农耕为主的经济生活。这些遗物反映出当时农业生产和手工业生产都有了较高的发展。

通过这次试掘,我们初步摸清了该遗址的文化内涵,其文化内涵与附近湖熟文化有一定联系,又有它自身的特点。随着今后工作的进一步深入,本次试掘及以后的发掘一定会对湖熟文化的研究起到重要的推动作用。该遗址的发掘,进一步完善了宁镇地区湖熟文化谱系,直观揭示了宁镇地区青铜时代聚落形态,为全面认识宁镇地区早期聚落的发展演变过程提供了具体案例;遗物和遗迹的发现,为探讨镇江地区青铜时代区域特征及文化间的交流、区域性的技术创新提供了新证据;大量红烧土块、石工具、纺轮、房址、土坯建筑材料等的发现,为湖熟文化聚落居址、生业研究提供了重要资料。

执笔:司红伟

---

① 南京博物院,镇江博物馆:《江苏镇江市左湖遗址发掘简报》,《考古》,2000 年第 4 期。

附表一　灰坑统计表

编号	位置	方向	形状与结构	长×宽(径)-深(厘米)	填土颜色	层位关系	主要包含物	段别	备注
H1	T1818东北部		圆形,坑壁直下收,平底。	70×70-30	灰褐色	⑤→H8→⑦	出土少量陶片。陶片以夹砂红陶为主,少量夹砂灰陶及泥质红陶。纹饰为方格纹,其余皆素面,可辨器型有鬲、豆等。	晚段	
H2	T1819西北角		圆形,大部分压在隔梁下,坑壁斜向内收,底近平。	50×25-20	黄褐色	⑤→H2→⑥	较纯。无。	晚段	
H3	T1818中部		圆形,坑壁斜向内收,圜底。	52-17	灰褐色	⑨→H3→⑬	红烧土块。	晚段	
H4	T1818西北部		近椭圆形,坑壁直下内收,平底。	68×30-(7~10)	灰褐色	⑨→H4→⑪		晚段	
H7	T1818东南部		近圆形,坑壁直下微收,圆角平底。	60×30-55	灰褐色	⑬→H7→⑮→⑯→⑰→生土	无	晚段	
H8	T1816中东部		圆形,坑壁斜下收,底近平。	41×440-95	第一层,土色为青褐色。第二层,土色为深灰褐色。	⑨→H8→⑯	第一层,包含红烧土粒,陶片。可辨器型有鬲、瓶、盆、罐、豆等。第二层,含烧土颗粒,炭粒,有部分淤土。器型有鬲、盆、罐、豆、圈足盘等。	中段	
H9	T1816西南壁下		不规则,坑壁斜弧下收,平底。	50×75-15	深灰褐色	⑮→H9→⑰	无	中段	
H10	T1520南部		圆形,坑壁直下微收,平底。	82-42	灰褐色	①→H10→②、③	烧土颗粒及少量陶片	晚段	

续表

编号	位置	方向	形状与结构	长×宽（径）-深（厘米）	填土颜色	层位关系	主要包含物	段别	备注
H11	T1620西北部		圆形，坑壁直下微收，平底。	82-42	灰褐色	①→H11→②	烧土颗粒及少量陶片。	晚段	
H12	T1519西北部	不明	圆形，直壁平底。	96×85-38	灰褐色	①→H12→②、③	烧土颗粒以夹砂红陶为主，陶片以夹砂红陶次之，泥质红陶又次之，多素面，纹饰有方格纹、绳纹等。可辨器型有鬲等。	晚段	
H13	T1519东壁下	不明	圆形，坑壁斜内收，圜底呈锅形。	70×25-25	灰褐色	①→H13→②	少量陶片及红烧土颗粒。	晚段	
H14	T1620西南角壁下		圆角长方形，壁斜下收，平底。	60×85-70	灰褐色	①→H14→②、⑥	烧土颗粒、黄土块及陶片。	晚段	
H15	T1620东南角		圆角长方形，壁斜下收，平底。	120×55-60	灰褐色	①→H15→②	烧土颗粒及陶片。	晚段	
H16	T1620东北角		不规则形，坑壁坡状倾斜，底略圜。	145×120-28	灰褐色	①→H16→②	烧土颗粒及少量陶片。可辨器型有盆、罐等。	晚段	
H17	T1519东壁下		近椭圆形，壁斜下收，平底。	200×160-20	灰褐色	①→H17→②	少量红烧土及陶片	晚段	
H18	T1818东南部		近椭圆形，坑壁斜直下收，平底。	36×27-14	灰褐色	⑨→H18→⑬	无	晚段	
H19	T1816东南角		不规则，坑壁斜直下收，平底。	120×100-40	灰褐色	③→H19→④	少量陶片及红烧土颗粒。可辨器型有罐等。	晚段	

续表

编号	位置	方向	形状与结构	长×宽(径)-深(厘米)	填土颜色	层位关系	主要包含物	段别	备注
H20	T1818 西壁下		近圆形，壁斜直下收，平底。	95×150-(50~8)	黄褐色	⑤→H20→⑥	无	晚段	
H21	T1620 北壁下		近椭圆形，壁直下收，平底。	50×70-39	灰褐色	①→H121→②、④	包含大量烧土颗粒。	晚段	
H22	T1519 东南角		长方形，壁斜下收，平底。	90×55-53	青灰褐色	②→H22→③、④	无	晚段	
H23	T1520 南部		圆形，壁斜下收，平底。	90-34	灰褐色	③→H23→④	无	晚段	
H24	T1519 东部		不规则形状，壁斜下收，平底。	105×56-14	灰褐色	⑦→H24→⑩	无	晚段	
H25	T1621 西北部		圆形，坑壁斜下收，平底。	75-23	灰褐色	⑤→H25→⑥	陶片较少，可辨器型有器底，两足等。	晚段	
H26	T1520 东北部		近圆形，壁斜下收，平底。	95×150-(50~8)	黄褐色	⑤→H20→⑥	无	晚段	
H27	T1519 东北部		圆形，壁直下收，平底。	75-20	灰褐色	⑩→H127→⑪	红烧土颗粒，2块陶片。	中段	
H28	T1520 西南部		圆角长方形，折壁略斜下收，底部北高南低，西高东低，呈斜坡状。	260×134-64	灰褐色	⑨→H28→⑩、⑪、⑫	包含有大量烧土颗粒、陶片。陶片以夹砂质红陶为主，其次为泥质灰陶、泥质灰陶。陶片以素面为主。纹饰有绳纹、印纹硬陶、折线梯格纹、弦纹。可辨器型有罐、盆等。	中段	

附表二　房址统计表

编号	位置	方向	形状	结构	长×宽(径)－深(厘米)	填土颜色	层位关系	主要包含物	段别	备注
F1	T1620 东北部	不明	近圆形	地面式建筑,有活动面,柱洞。	450×55－55	灰褐色	⑩→F3→⑬	少量烧土颗粒,陶片	中段	清理至活动面,未继续清理完毕
F2	T1519 北部、T1520 西南部	正南北	圆形	半地穴式建筑,有门道,活动面,柱洞。	385×360－60	灰褐色	⑬→F3→⑭、⑮	少量烧土颗粒,陶片	早段	部分压在隔梁下
F3	T1519 西南部	不明	不详	半地穴式建筑,有活动面,柱洞。	200×90－34	灰褐色	⑬→F3→⑭、⑮	少量烧土颗粒,陶片	早段	部分压在隔梁下

附表三　红烧土堆积统计表

编号	位置	方向	形状与结构	长×宽(径)－深(厘米)	填土颜色	层位关系	主要包含物	段别	备注
红烧土堆积1	T1818 西北部及 T1819 南部		近椭圆形,壁斜内收,底西高东低,向中间倾斜。	300×325－(10~45)		⑩→红烧土堆积1→⑫、⑬	红烧土块,陶饼	晚段	
红烧土堆积2	T1818 东壁下		长方形,堆积边薄,中部厚,底向中间倾斜。	310×(70~90)－(10~25)		⑩→红烧土堆积2→⑫、⑬	红烧土块	晚段	
红烧土堆积3	T1621 西北部		不规则形,中南部高,两边低,呈坡状。北部略厚。	280×165－30		⑨→红烧土堆积3→⑫	红烧土块,陶片	中段	
红烧土堆积4	T1519 西北部、T1519 南隔梁、T1520 西隔梁下		不规则形,中南部高,两边低,呈坡状。北部略厚。	630×255－(5~20)		⑩→红烧土堆积4→⑫	红烧土块,陶片	早段	

续表

编号	位置	方向	形状与结构	长×宽(径)-深(厘米)	填土颜色	层位关系	主要包含物	段别	备注
红烧土堆积5	T1520北部,东部被隔梁所压		西北角厚,东南部薄	400×220-(3~50)		⑩→红烧土堆积5→⑫、⑬	红烧土块、陶片	早段	
红烧土堆积6	T1519西北部、T1519南隔梁、T1520西隔梁下		不规则形,中南部高,两边低,呈坡状。北部略厚。	600×255-(5~10)		⑪→红烧土堆积4→⑫	红烧土块、陶片	早段	

附表四 灰沟统计表

编号	位置	方向	形状与结构	长×宽(径)-深(厘米)	填土颜色	层位关系	主要包含物	段别	备注
G1	T1816北部、T1817南部	东西向	壁斜略弧下收			④→G1→⑫	红烧土粒、灰粒、陶片	晚段	

附表五 墓葬统计表

编号	位置	方向	形状与结构	长×宽(径)-深(厘米)	填土颜色	层位关系	主要包含物	段别	备注
M1	T1519	77°	长方形,壁略斜,平底,壁底未见加工痕迹	138×55-55	灰褐色花土	⑩→M1→⑬	陶片	早段	

丹阳凤凰山遗址第三次考古发掘报告

一、概　况

　　凤凰山遗址位于丹阳市城南偏西3.5公里处,西南距西附村500米(图一),1988年镇江博物馆与丹阳市文管会在对新设计的镇江、常州二级公路沿线进行调查时发现。遗址为台形高地,高出周围地表4~5米,顶面近椭圆形,东南至西北长350米,东北至西南宽250米,面积8.75万平方米。这里地处宁镇丘陵以南及茅山山脉以东的冲积平原,周围土地肥沃,水源丰富,河网纵横,源于北部和西部山区的简渎河与香草河自遗址东西两侧不远处蜿蜒流过。1989年,为配合312国道建设,镇江博物馆、丹阳市文管会和南京大学考古专业联合对凤凰山遗址中部偏东位置进行了首次发掘,发掘面积679平方米,发现了比较丰富的新石器时代马家浜晚期文化至商周时期湖熟文化文化遗存。2001年,因丹阳市麦溪镇征用遗址局部区域进行经济建设,镇江博物馆和丹阳市文化局对遗址东南边缘区域进行了第二次发掘,发掘面积300平方米。2010年,丹阳市241省道拓宽工程开始进行,由于部分线路沿原312国道拓宽,因此再次涉及凤凰山遗址,根据《中华人民共和国文物保护法》《江苏省文物保护条例》等法律法规规定,受江苏省文物局、镇江市文物局的委托,镇江博物馆在丹阳市

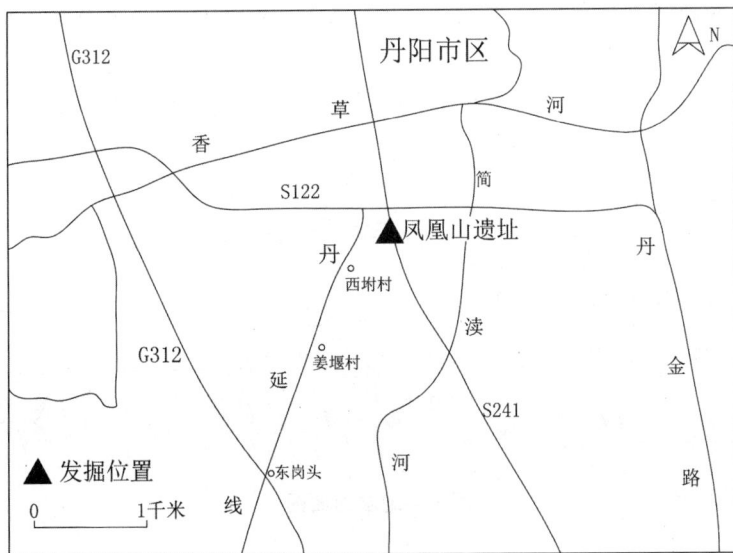

图一　凤凰山遗址地理位置示意图

文化局、丹阳市交通局的支持和配合下,对项目涉及的遗址区域进行了第三次发掘,发掘面积800平方米,在拓宽路线的路基上布10×10平方米探方8个,编号依次为2010DFT1—T8,方向345°(图二),现将此次发掘情况报告如下。

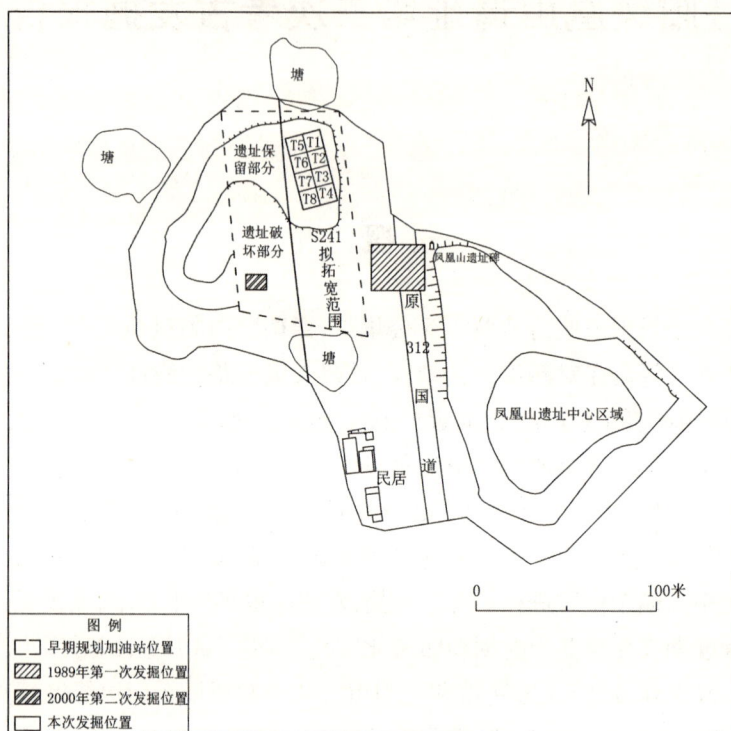

图二　凤凰山遗址现状及历次发掘位置平面图

此次发掘位置在遗址的最北部,文化堆积自南向北逐渐变浅,北部边缘文化层基本消失,整个发掘区的地层堆积有9层,遗迹有灰坑、灰沟、建筑基址、晚期墓葬等(图三)。本篇报告采用以地层堆积和遗迹为单元的方式介绍,每个地层堆积和遗迹的出土遗物也一并涵盖,标本编号前面部分(2010ZDF)省略,是一次考古报告编写体例改革的尝试。

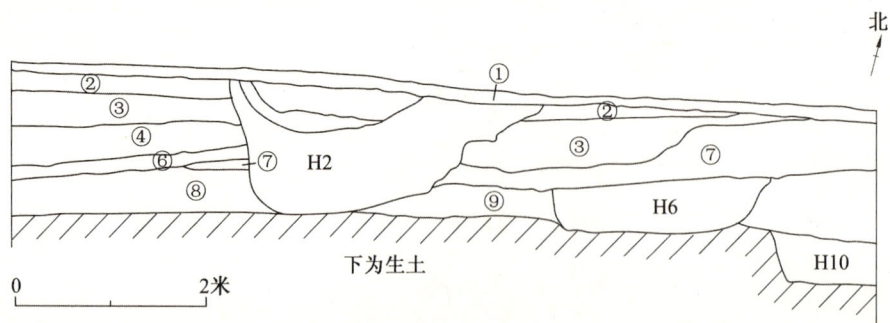

图三　地层剖面图

二、地层堆积及其包含物

（一）第①层

耕土层：土色灰褐，土质疏松，包含物有少量早期陶片、晚期砖瓦块及近现代遗物等，分布于整个发掘区内，堆积均匀一致，厚度8～15厘米。因该层经多年的耕种，出土遗物的位置多被改变，而且混杂着大量的现代遗物，扰乱严重，故未进行整理。

（二）第②层

1. 堆积情况

黄褐土，部分区域夹杂较多的黑土颗粒，土质较硬，为块状结构，包含物有早期陶片、汉六朝时期砖瓦等。第②层分布范围较广，每个探方内都有分布，部分区域被晚期破坏，有所缺失，所有的晚期墓葬均开口在该层层面上，共11座，时代从明清至宋代，距离地表深度8～15厘米，堆积厚度0～20厘米。该层虽然被后期扰乱，但晚期遗物不多，出土遗物保持了相对的原始形态，陶片数量比较丰富，陶质以夹砂红陶为主，其次为泥质红陶，硬陶和原始瓷的数量很少。通过对陶片整理统计，第②层的器形主要有鬲、罐、鼎、豆、钵、碗，鬲和罐的数量占绝大多数。

2. 出土遗物

夹砂陶 均为红陶，器形有鬲、罐和鼎。

鬲口沿 12件。形制基本相同，侈口，圆唇，斜沿。标本T4②:31，圆唇，溜肩，肩下残。口径21、残高4.7厘米（图四，1）。

鬲足 12件。袋状，根据足端的不同，可以分为锥状足和柱形足两种类型。标本T4②:32，锥形实短足，袋状。残高9.6厘米（图四，2）。T5②:15，锥形实长足，器身饰凹弦纹，残高9.6厘米（图四，3）。标本T4②:13，柱形足，袋状，足端柱状，器身饰绳纹，残高6.8厘米（图四，4）。

鼎足 1件。标本T3②:17，鱼鳍状，一边厚一边薄，足半残，两面均有5道凹弦纹。残长7.6、宽6.2、厚1.8厘米（图四，5）。

罐口沿 6件。均为侈口、圆唇、折沿。标本T4②:12，口径19、残高4厘米（图四，6）。标本T4②:26，口径18、残高3.7厘米（图四，7）。

陶支座 1件。标本T4②:15，马蹄状，上部已残，下端呈扁圆形，束腰，器身有圆形凹窝，深约0.4厘米，整器底径7.2、残高7.2、宽4～4.8厘米（图四，8）。

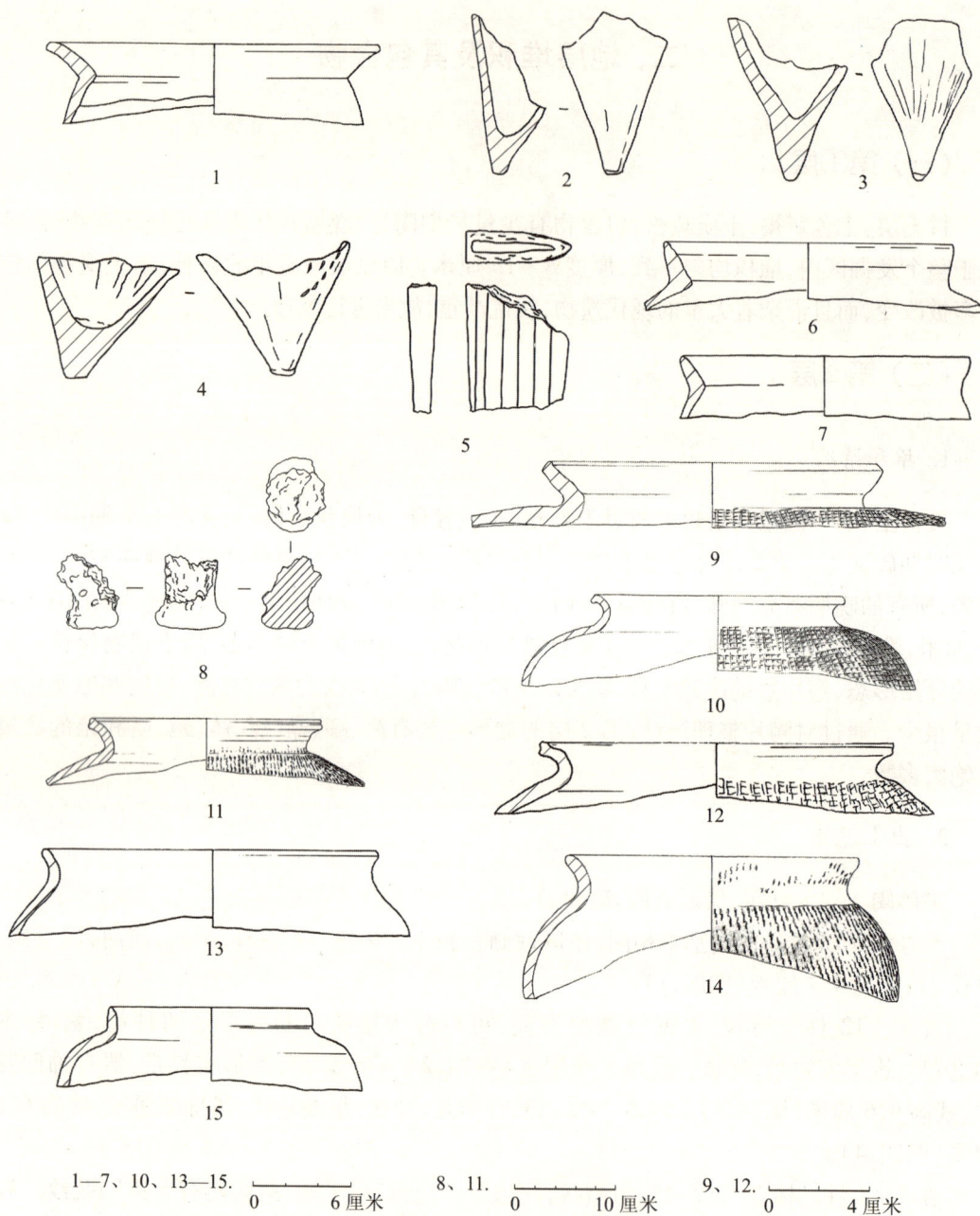

图四　凤凰山遗址第②层出土器物(一)

1. 鬲口沿(T4②:31)　2—4. 鬲足(T4②:32、T5②:15、T4②:13)　5. 鼎足(T3②:17)
6、7. 罐口沿(T4②:12、T4②:26)　8. 陶支座(T4②:15)　9—15. 罐口沿(T4②:11、T4②:30、
T4②:8、T5②:27、T5②:21、T4②:10、T5②:22)

泥质陶　包括红陶、灰陶和黑皮陶。以红陶和灰陶为主,黑皮陶数量较少。器形有罐、豆、盘、钵、碗等。

罐口沿　18件。根据唇部的不同,可以分为方唇和圆唇二型。

A 型, 方唇。根据口沿不同, 分为折沿和卷沿两个亚型。

Aa 型, 方唇折沿。标本 T4②:11, 红陶。方唇, 斜折沿, 平肩, 肩下残, 器身饰方格纹。口径 15、残高 2.6 厘米(图四, 9)。

Ab 型, 方唇卷沿。标本 T4②:30, 红陶。方唇, 卷沿, 束颈, 鼓肩, 器身饰方格纹。口径 16、残高 5.5 厘米(图四, 10)。标本 T4②:8, 红陶。方唇, 卷沿, 束颈, 斜肩, 肩下残, 沿部饰凹弦纹, 肩部饰绳纹。口径 24、残高 6.6 厘米(图四, 11)。标本 T5②:27, 红陶。方唇, 卷沿, 束颈, 溜肩, 肩下残, 器身饰方格纹。口径 15、残高 2.9 厘米(图四, 12)。标本 T5②:27, 红陶。方唇, 卷沿, 束颈, 溜肩, 肩下残, 器身饰方格纹。口径 15、残高 2.9 厘米(图五, 3)。

B 型, 圆唇。根据口沿不同, 分为卷沿和折沿两个亚型。

Ba 型, 圆唇卷沿。标本 T5②:21, 红陶。圆唇, 卷沿, 束颈, 溜肩, 肩下残。口径 20、残高 5.2 厘米(图四, 13)。标本 T4②:10, 黑皮红陶。圆唇, 卷沿, 束颈, 鼓肩, 器身饰绳纹。口径 22、残高 8.4 厘米(图四, 14)。标本 T5②:20, 灰陶。圆唇, 卷沿, 溜肩, 肩下残, 器身饰绳纹。口径 18、残高 4.3 厘米(图五, 1)。标本 T4②:9, 泥质灰陶。圆唇, 卷沿, 束颈, 溜肩, 肩下残, 器身饰菱形填线纹。口径 28、残高 6.2 厘米(图五, 2)。

Bb 型, 圆唇直沿。标本 T5②:22, 红陶。尖圆唇, 直沿, 鼓肩, 肩下残。口径 12、残高 4.5 厘米(图四, 15)。

罐底 15 件。分圈足底和圜底两种。标本 T4②:3, 黑皮红陶。圜底带圈足, 喇叭形外撇。底径 10、残高 3.5 厘米(图五, 4)。标本 T5②:4, 红陶。圜底带圈足, 喇叭形外撇。底径 9.5、残高 8 厘米(图五, 5)。标本 T5②:17, 灰陶。平底带圈足, 喇叭形外撇, 器身饰折线纹。底径 10、残高 5.4 厘米(图五, 6)。标本 T5②:16, 红陶。口残, 直弧腹, 圜底内凹, 器身饰方格纹。底径 13.8、残高 11.5 厘米(图五, 13)。

圈足盘 2 件。标本 T4②:1, 红陶。尖圆唇, 口微敞, 浅盘, 盘壁微下张, 盘壁下部与圈足相接处有一周凸棱, 下有矮圈足, 盘壁饰三周凹弦纹。口径 18.5、底径 17.4、高 5.4 厘米(图五, 7)。标本 T4②:33, 黑皮红陶。口残, 平底, 圈足外撇, 器身饰凹弦纹。底径 16、残高 3 厘米(图五, 8)。

豆 2 件。标本 T4②:6, 黑皮红陶。尖圆唇, 敞口, 浅盘, 豆盘上腹壁斜向上微侈, 中腹壁部略下张, 下腹壁微弧下收至底, 内底微凹, 外盘壁有一周折痕, 下有圈足, 圈足上部竖直, 下部下张。口径 12.4、底径 5.4、高 5.6 厘米(图五, 9)。标本 T5②:1, 红陶黑皮。方唇直口, 深盘, 豆盘外壁上部竖直, 下部微弧下收至底, 盘壁中间有一折棱, 内底下凹, 圈足稍高, 圈足上部竖直, 下部下张。口径 13.8、底径 7.6、高 6.5 厘米(图五, 10)。

钵 2 件。标本 T5②:2, 灰陶。尖圆唇, 口微敛, 鼓腹, 弧形下收, 底近平。口径 5.9、底径 2.8、高 4.3 厘米(图五, 11)。标本 T5②:13, 灰陶。方唇内敛, 腹微鼓, 腹平底, 口径 16、残高 9.4 厘米(图五, 12)。

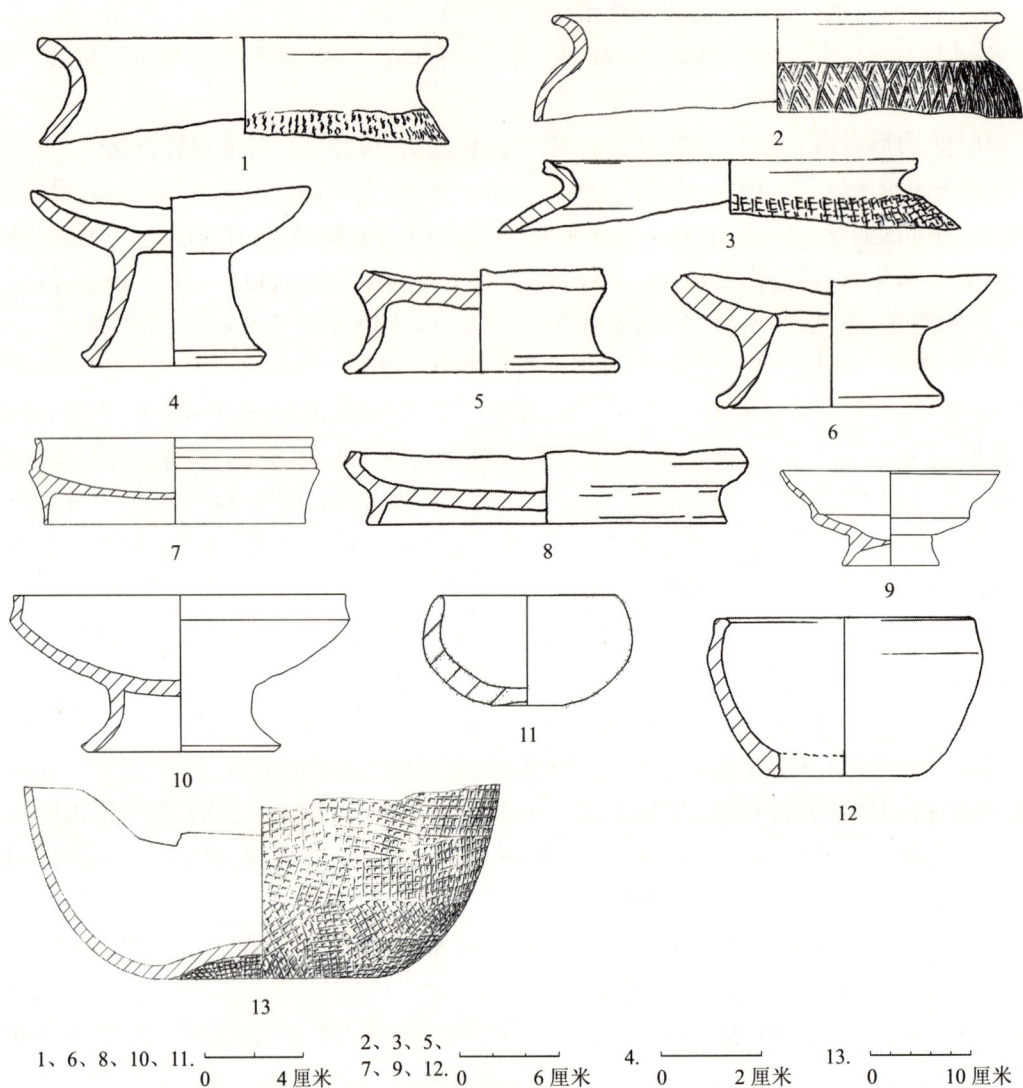

图五　凤凰山遗址第②层出土器物（二）

1—3. 罐口沿（T5②:20、T4②:9、T5②:27）　　4—6. 圈足（T4②:3、T5②:4、T5②:17、T5②:27）
7、8. 圈足盘（T4②:1、T4②:33）　　9、10. 豆（T4②:6、T5②:1）　　11、12. 钵（T5②:2、T5②:13）
13. 罐底（T5②:16）

（三）第③层

1. 堆积情况

黄土，土质较硬，结构致密，各个探方内均有分布，主要集中在 T2、T3 两个探方中。深
10～30、厚 0～52 厘米。包含物较丰富，主要为陶片、石块、骨头、红烧土块等。出土遗物均
为陶器，其中以夹砂红陶为主，其下依次为泥质红陶、泥质灰陶、印纹硬陶、泥质黑陶、夹砂灰
陶和少量原始瓷。可辨器形有罐、鬲、釜、鼎、甗、盆、盘、钵等。

2. 出土遗物

夹砂陶 均为红陶,器形有鬲、罐、甗、鼎、釜等。

根据唇部不同可分为圆唇和方唇二型。

鬲口沿 39件。

A型,圆唇。根据口沿不同分为卷沿和折沿两个亚型。

Aa型,标本T3③:4,侈口,圆唇,卷沿外翻,束颈,腹微鼓,腹下残。口径15.6、残深5.4厘米(图六,1)。

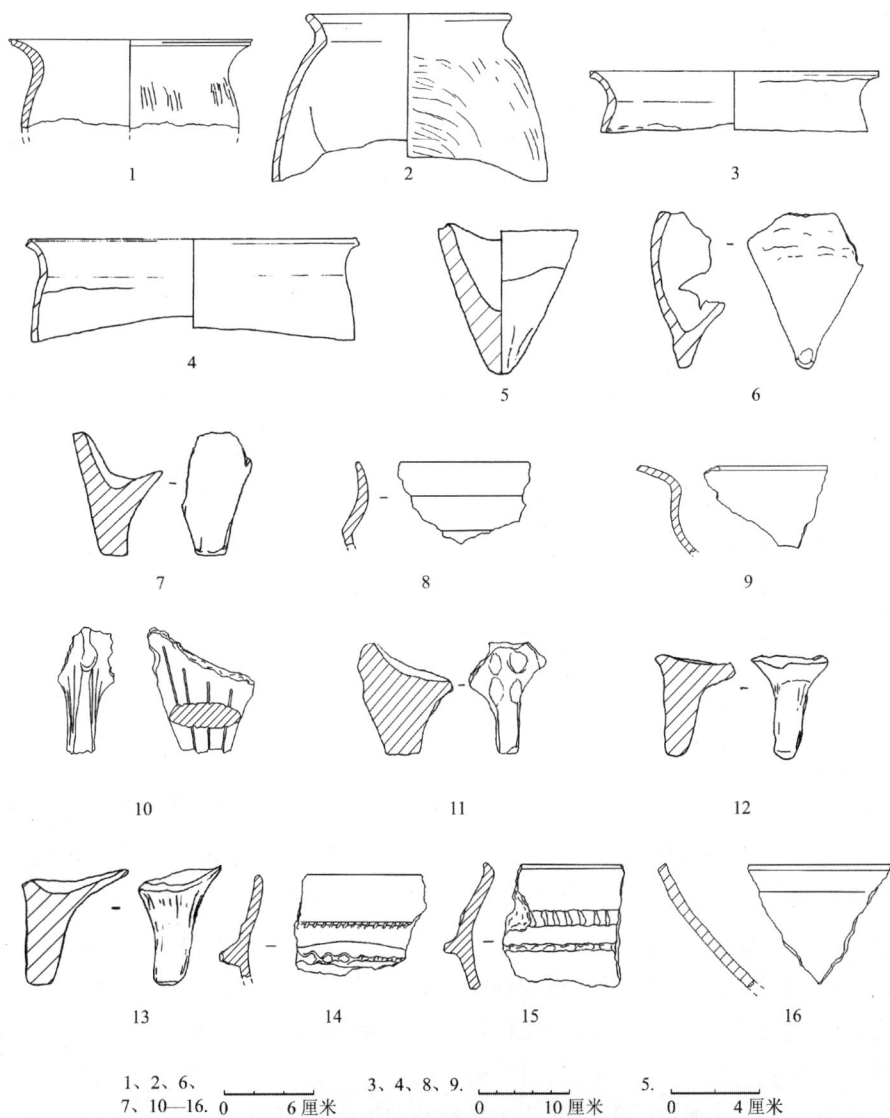

| 1、2、6、 | 3、4、8、9、 | 5、 |
| 7、10—16. 0   6厘米 | 0   10厘米 | 0   4厘米 |

图六 凤凰山遗址第③层出土器物

1—4. 鬲口沿(T3③:4、T4③:7、T5③:8、T5③:30) 5—7. 鬲足(T4③:18、T5③:12、T4③:17)

8、9. 罐口沿(T2③:136、T3③:1) 10—13. 鼎足(T2③:41、T5③:55、T5③:38、T5③:51)

14、15. 腰檐釜口沿(T8③:38、T2③:39) 16. 盆(T3③:3)

Ab 型,标本 T4③:7,圆唇,斜沿,束颈,溜肩,肩下残。口径 14、残高 11 厘米(图六,2)。

B 型,方唇。标本 T5③:8,方唇,卷沿外翻,束颈,溜肩,肩下残。口径 31、残高 6.3 厘米(图六,3)。标本 T5③:30,方唇,卷沿,束颈,溜肩,肩下残。口径 38、残高 11.2 厘米(图六,4)。

鬲足 24 件。根据足底形状可分为锥状足和柱形足两种。标本 T4③:18,袋状,足端锥状,隐约可见绳纹。残高 6.6 厘米(图六,5)。标本 T5③:12,袋状,足端锥状,残高 10 厘米。标本 T4③:17,袋状,足端柱状。残高 8.2 厘米(图六,6)。

罐口沿 5 件。均为侈口卷沿。标本 T2③:136,素面,口微外侈,圆唇,折肩,肩下缺失。口径 32、残深 9.2 厘米(图六,8)。标本 T3③:1,圆唇,卷沿外侈,束颈,溜肩,肩下残。口径 36、残深 8.5 厘米(图六,9)。

罐底 3 件。均为厚平底,夹粗砂,有烟熏痕迹。

鼎足 4 件。分为侧扁足和柱状足两种。标本 T2③:41,侧扁形,足半残,一面有三道凹弦纹,另一面为 4 道凹弦纹。残长 8、最宽 6.4、厚 1.8 厘米(图六,10)。标本 T5③:55,侧扁形,外端有 4 个凹窝。残高 7.3 厘米(图六,11)。标本 T5③:38,柱状足。残高 6.3 厘米(图六,12)。标本 T5③:51,柱状足,器身饰弦纹。残高 7.8 厘米(图六,13)。

腰檐釜口沿 2 件。标本 T8③:38,圆唇,侈口,直沿,鼓肩,斜腹,肩部有凸起掐印腰沿,腰沿上有一圈掐印纹。口径 24、残深 6.8 厘米(图六,14)。标本 T2③:39,尖圆唇,口微侈,折沿,肩微鼓,肩下有一圈凸起腰沿,腰沿上部有一圈掐印纹,斜腹,腹下残。口径 40、残深 8 厘米(图六,15)。

盆 1 件。标本 T3③:3,方唇,斜腹,腹下残。口径 33、残深 8 厘米(图六,16)。

甗腰 6 件。均为较小的残片,泥条贴附在器身上,泥条上有指窝纹。

泥质陶 以红陶为主,灰陶次之,黑皮陶数量很少,器形主要有罐、盆、钵等。

罐 1 件。标本 T5③:3,红陶。尖圆唇,直口,矮直领,束颈,圆溜肩,最大径在腹上部,腹部微弧下收至底,平底。口径 8.8、底径 6.6、高 10.7 厘米(图七,1)。

罐口沿 根据唇部不同可分为圆唇和方唇二型。

A 型,侈口圆唇。根据口沿不同,可分为卷沿及折沿两个亚型。

Aa 型,圆唇卷沿。标本 T5③:7,灰陶。圆唇,矮直领,鼓腹,腹下残,腹上部饰凹弦纹。口径 25、残高 5.6 厘米(图七,2)。标本 T5③:13,红陶。圆唇,卷沿外翻,溜肩,肩下残,器身饰绳纹。口径 30、残高 6.9 厘米(图七,3)。标本 T5③:18,红陶。圆唇,卷沿,束颈,鼓腹,腹下残,器身饰方格纹。口径 28、残高 7.5 厘米(图七,4)。标本 T5③:54,灰陶。圆唇,卷沿,束颈,颈下起一圈高棱,形成子母口。口径 13、残高 4.2 厘米(图七,5)。标本 T5③:34,红陶。圆唇,卷沿,束颈,斜肩,肩下残,器身饰绳纹。口径 18、残高 5.5 厘米(图七,6)。

Ab 型,侈口圆唇折沿。标本 T4③:21,红陶。圆唇,斜折沿,束颈,鼓腹,腹下残。口径 13、残高 5 厘米(图七,7)。

B 型,直口方唇。根据口沿不同可分为折沿及卷沿两个亚型。

Ba 型,直口方唇卷沿。标本 T4③:10,黑皮红陶。方唇,卷沿,束颈,折肩,肩下残,器身饰绳纹。口径 27、残高 4.8 厘米(图七,9)。标本 T5③:33,灰陶。方唇,卷沿,束颈,鼓肩,肩下残,器身饰菱形方格纹。残高 4.5 厘米(图七,10)。

Bb 型,直口方唇斜折沿。标本 T5③:6,红陶。方唇,斜沿,折肩,肩部高于沿部,斜肩,肩部饰席纹,肩下残。口径 15、残高 3.8 厘米(图七,8)。标本 T4③:11,灰陶。方唇,斜折沿,鼓肩,肩下残,器身饰方格纹。口径 18、残高 6 厘米(图七,11)。标本 T5③:14,红陶。方唇,斜沿,折肩,肩下残,肩部饰折线纹。口径 17、残高 5 厘米(图七,12)。

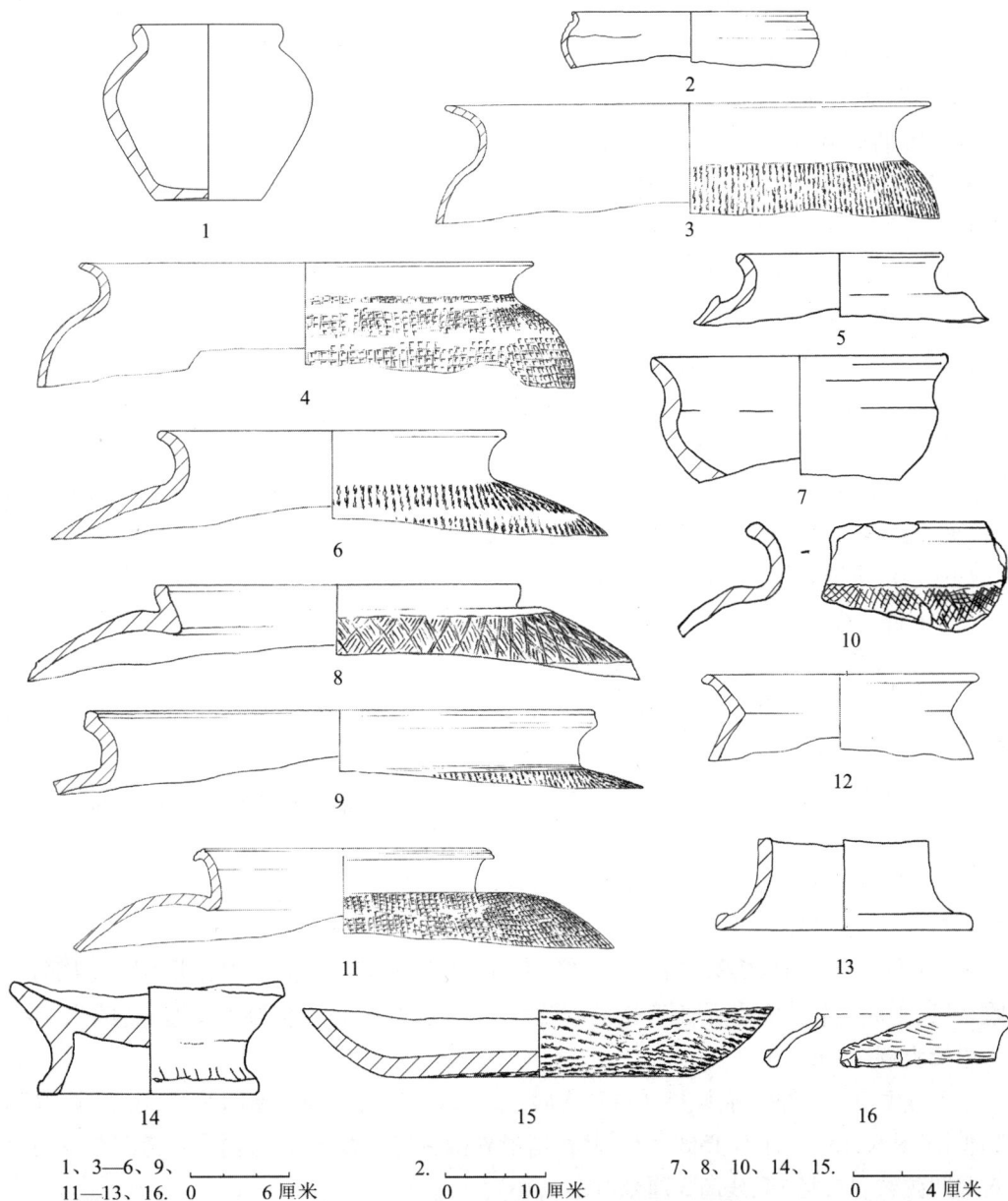

图七　凤凰山遗址第③层出土器物

1. 罐(T5③:3)　2—12. 罐口沿(T5③:7、T5③:13、T5③:18、T5③:54、T5③:34、T4③:21、T5③:6、T4③:10、T5③:33、T4③:11、T5③:14)　13—15. 罐底(T4③:12、T5③:11、T5③:48)
16. 带錾腹片(T5③:43)

罐底　分为圈足底和平底两种。标本 T4③:12,圈足底,灰陶,喇叭形外撇。底径 17、残高5.5厘米(图七,13)。标本T5③:11,圈足底,红陶,圜底带圈足,喇叭形外撇,圈足饰掐印纹,底径8.8、残高4.4厘米(图七,14)。标本T5③:48,平底,灰陶。斜腹,平底微内凹,器身饰绳纹,底径13、残高2.8厘米(图七,15)。

带鋬腹片　标本T5③:43,黑皮红陶。长方形,附加在器身上。陶片残高3厘米(图七,16)。

圈足盘　4件。形制基本相同,标本T4③:1,灰陶。尖圆唇,直沿,内底微凹,沿下接直圈足。口径22、底径18.6、高5.2厘米(图八,1)。标本T5③:26,红陶。尖圆唇,斜直沿,平底,沿下接圈足,直圈足,器身饰凹弦纹。口径19、底径16、高5.7厘米(图八,2)。

盆　10件。依据口沿的不同,分为圆唇侈口和方唇直口两型。

A型,圆唇侈口。标本T5③:10,灰陶。圆唇,斜沿,束颈,斜腹,腹下缺失。口径32、残高6厘米(图八,3)。标本T4③:3,灰陶。圆唇,斜弧腹,腹下残,器身饰绳纹。口径18、残高4.3厘米(图八,4)。

B型,方唇直口。标本T4③:6,灰陶。方唇宽沿,斜弧腹,腹下残,器身饰绳纹。口径29、残高5.4厘米(图八,5)。标本T4③:13,灰陶。方唇宽沿,微束颈,斜腹,腹下残,口部饰弦纹。口径38、残高7厘米(图八,6)。标本T4③:22,灰陶。方唇斜宽沿,浅斜腹,腹下残,器身饰带状绳纹。口径24、残高4厘米(图八,7)。标本T4③:23,灰陶。方唇内敛,斜弧腹,腹下残,器身饰绳纹。口径20、残高5厘米(图八,8)。标本T5③:16,黑皮红陶。方唇,斜直沿,折腹,腹下残。口径38、残高4.9厘米(图八,9)。标本T5③:19,红陶。方唇,直沿,折腹,腹下残,沿下饰弦纹。口径21、残高3.9厘米(图八,10)。

钵　1件。标本T4③:4,灰陶。方唇内敛,鼓腹,腹下残,器身饰绳纹。口径16、残高6厘米(图八,11)。

纺轮　1件。标本T2③:5,红陶。圆饼状,似陶片磨制而成,中穿一孔。直径6厘米,孔对钻而成,孔径0.4~1、厚0.6厘米(图八,12)。

硬陶　火候较高,敲击声清脆,陶色呈暗红色或青灰色,多刻印复杂的几何纹饰,器形有罐、盉。

罐　1件。标本T5③:4,口部残缺,溜肩,鼓腹,平底,底部与最大腹径接近,器身上半部饰几何折线纹加叶脉纹,下半部饰回纹。底径17、残高15.2厘米(图八,13)。

盉　1件。标本T5③:2,尖唇口,微侈,束颈,矮直领,溜肩,肩下部下折为腹,腹部斜直下收至底,平底,实饼状足,肩部有数周细弦纹。口径11.2、底径6、高5.2厘米(图八,14)。

原始瓷器

原始瓷豆盘　2件。标本T5③:47,方唇,直沿,折腹,沿部饰多道凹弦纹,腹下残。残高3.2厘米(图八,15)。标本T5③:53,圆唇,斜沿外翻,折腹,腹下残,腹内饰4道凹弦纹,腹外饰6道凹弦纹。口径14、残高3厘米(图八,16)。

石器

石锥　1件。标本T2③:3,灰色,平顶,器身均磨光,剖面为多边体状,一端残。宽2.2、长4.5、最厚1厘米(图八,17)。

青铜器

铜削　1件。标本T1③:1,残损严重。残长4.4、宽1、厚0.4厘米(图八,18)。

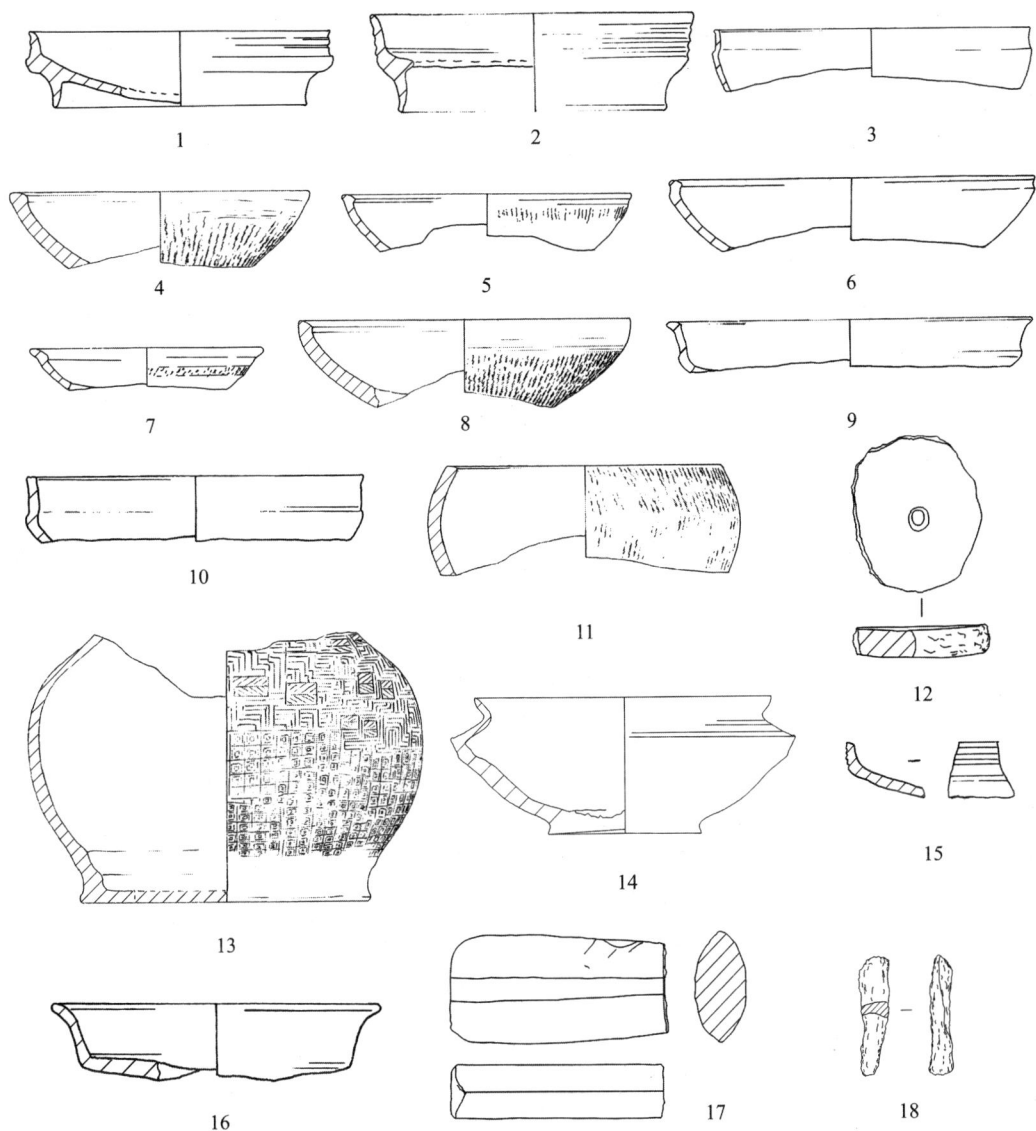

1、2、4、8、   3、5、6、7、9.   12、14、16、18.   17.
10、11、13、15. 0   6厘米   0   10厘米   0   4厘米   0   2厘米

图八　凤凰山遗址第③层出土器物

1、2. 圈足盘(T4③:1、T5③:26)　3—10. 盆(T5③:10、T4③:3、T4③:6、T4③:13、T4③:22、T4③:
23、T5③:16、T5③:19)　11. 陶钵(T4③:4)　12. 纺轮(T2③:5)　13. 罐(T5③:4)
14. 盂(T5③:2)　15、16. 豆盘(T5③:47、T5③:53)　17. 石锥(T2③:3)　18. 铜削(T1③:1)

(四) 第④层

1. 堆积情况

黄褐色土,中间夹有黑色条带土层,土质硬,集中分布在 T2 中,其他探方涉及面积较少,

距离地表深 54～65、堆积厚度 20～40 厘米。陶片以夹砂红陶为主，其次为泥质灰陶、泥质红陶、夹砂灰陶。陶片以素面为主，纹饰有戳印纹、间断绳纹、梯格纹等，可辨器形有豆、釜、鬲、罐等。

2. 出土遗物

夹砂陶　均为红陶，器形有鬲、罐、甗、鼎、釜、钵等。

鬲口沿　86 件。残缺严重，仅从口部特征看，没有明显区别，基本为侈口、圆唇、斜沿或斜折沿。标本 T5④:48，圆唇，斜沿，溜肩，肩下残。口径 24、残高 6.4 厘米（图九，1）。标本 T5④:54，圆唇，斜沿，折肩，肩下残。口径 39、残高 4.8 厘米（图九，2）。

鬲足　27 件。袋状，分为柱状和锥状足尖两种。标本 T5④:56，足端锥状，一侧有矩形凹弦纹。残高 6.8 厘米（图九，3）。标本 T5④:58，足端柱状。残高 11.8 厘米（图九，4）。标本 T4④:9，足端柱状，器身饰绳纹。残高 9.2 厘米（图九，5）。

鼎足　3 件。有圆柱形和锥形两种。标本 T2④:2，夹稻壳，近圆柱状。直径 7.2、残高 4.4 厘米（图九，6）。标本 T2④:31，棱锥状，截面近长方形。残高 4.4、最长 1.6、最宽 0.8 厘米（图九，7）。

甗腰　6 件。形制相同，斜腹，束腰，腰部饰椭圆形掐印纹。标本 T4④:11，腰直径 14.5、残高 7.5 厘米（图九，8）。

腰檐釜口沿　10 件。形制基本相同，侈口微敞，圆唇或尖圆唇，直沿或折沿。标本 T2④:24，夹稻壳，侈口，圆唇，直沿，肩微折，斜腹，肩部有凸起掐印腰沿，腰沿上有一圈掐印纹。口径 19、残深 8.8 厘米（图九，9）。标本 T2④:30，局部发灰，尖圆唇，斜折肩，肩部有一凸起腰檐，腰檐上饰斜线绳纹，斜腹，腹下残。口径 25、残深 5.8 厘米（图九，10）。

釜口沿　2 件。标本 T2④:36，圆唇，侈口，弧沿，鼓肩，斜腹，肩部有一管状錾，素面。口径 17、残深 12、錾长 8 厘米（图九，11）。标本 T2④:39，敞口，圆唇，束颈，折肩，斜腹，腹下残。口径 26、残深 4 厘米（图九，12）。

罐口沿　46 件。破碎严重，基本为侈口、圆唇，可分卷沿和折沿二型。

A 型，标本 T5④:76，泥质红陶，夹细砂，圆唇，卷沿，束颈，肩微鼓，肩下残，器身饰席纹。残高 7.5 厘米（图九，14）。

B 型，标本 T5④:60，圆唇，斜折沿，溜肩，肩下残。残高 7.8 厘米（图九，13）。

罐底　46 件。多为碎片，以厚平底为主，少量带圈足。

钵　3 件。标本 T2④:12，圆唇，口内敛，竖颈，斜腹，腹下残。口径 28、残高 6 厘米（图九，15）。标本 T2④:13，圆唇，折沿，斜腹，腹下残。口径 20、残高 4.8 厘米（图九，16）。标本 T2④:22，尖圆唇，口内敛，溜肩，斜腹，腹下残。残高 13 厘米（图九，17）。

泥质陶　以红陶为主，灰陶次之，黑皮陶数量很少，器形主要有罐、盆、豆等。

根据唇部特征可分为圆唇及方唇二型。

罐口沿　67 件。

A 型，圆唇。根据口沿不同分为卷沿及折沿两个亚型。

Aa 型，圆唇卷沿。标本 T5④:14，红陶。侈口，圆唇，卷沿，束颈，斜肩，器身饰波折纹。

口径 23、残高 5.3 厘米(图九,18)。标本 T5④:21,黑皮红陶。圆唇卷沿外翻,束颈,折肩斜弧腹,腹下残。口径 21、残高 5.2 厘米(图九,19)。

Ab 型,圆唇折沿。标本 T5④:16,红陶。尖圆唇,斜折沿,弧腹,腹下残,器身饰绳纹。口径 22、残高 7.8 厘米(图九,20)。

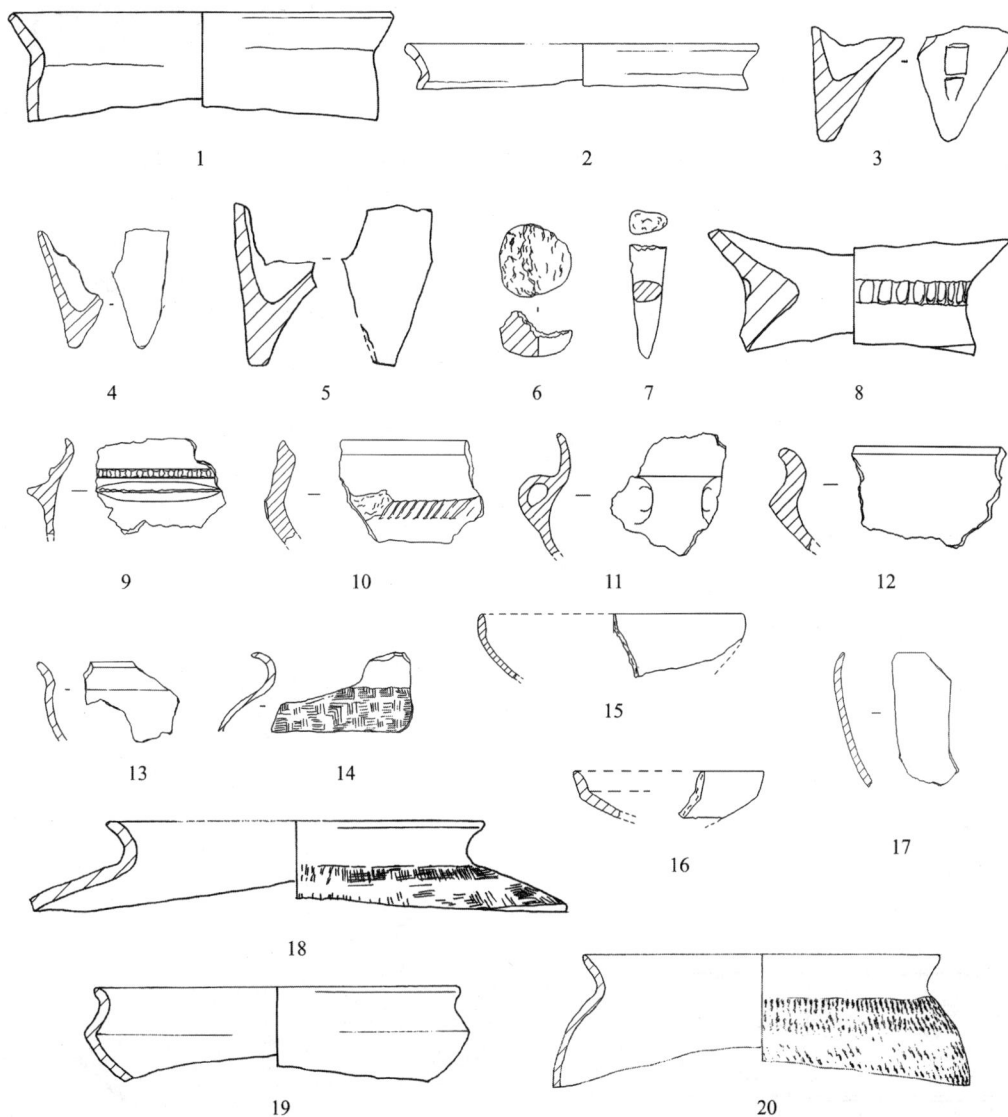

图九　凤凰山遗址第④层出土器物

1、2. 鬲口沿(T5④:48、T5④:54)　　3—5. 鬲足(T5④:56、T5④:58、T4④:9)　　6、7. 鼎足(T2④:2、T2④:31)　　8. 甗腰(T4④:11)　　9、10. 腰檐釜口沿(T2④:24、T2④:30)　　11、12. 釜口沿(T2④:36、T2④:39)　　13、14. 罐口沿(T5④:60、T5④:76)　　15—17. 钵(T2④:12、T2④:13、T2④:22)　　18—20. 罐口沿(T5④:14、T5④:21、T5④:16)

B 型,方唇。根据上沿不同可分为卷沿及折沿两个亚型。

Ba 型,方唇卷沿。标本 T4④:37,灰陶。直口微侈,方唇,卷沿,束颈,颈下残,唇部饰凹弦纹。口径24、残高4厘米(图十,1)。

图十　凤凰山遗址第④层出土器物

1、2. 罐口沿(T4④:37、T5④:13)　3、4. 罐底(T5④:23、T5④:73)　5、6. 豆圈足(T4④:10、T5④:4)
7. 罐圈足(T4④:7)　8—10. 圈足盘(T5④:1、T5④:2、T5④:39)　11—15. 盆(T4④:23、T5④:35、T4④:35、T4④:44、T6④:31)

Bb 型,直口方唇折沿。标本 T5④:13,红陶。方唇,斜折沿,溜肩,弧腹,腹下残,器身饰菱形填线纹。口径 35、残高 7.8 厘米(图十,2)。

罐底 17 件。分为平底、寰底和圈足底三种。圈足底数量最多,其次为平底,寰底最少。标本 T4④:7,灰陶。斜腹,圜底接圈足,喇叭形圈足外撇,器身饰绳纹。圈足径 12.4、残高 6.3 厘米(图十,7)。标本 T5④:23,灰陶。折腹,平底,腹内饰凹弦纹,外壁底饰几道刻划纹。底径 22、残高 8.2 厘米(图十,3)。标本 T5④:73,红陶。斜腹,圜底内凹,器身饰绳纹。底径 12、残高 12 厘米(图十,4)。

圈足盘 8 件。形式基本相同。标本 T5④:1,尖圆唇,直沿,圜底,沿下接圈足,圈足外撇,器身饰凹弦纹。口径 15、底径 14、高 5.2 厘米(图十,8)。标本 T5④:2,红陶。尖圆唇,斜沿,近平底,沿下接圈足,圈足微外撇,圈足较高,器身饰凹弦纹。口径 16.4、底径 13、高 5.5 厘米(图十,9)。标本 T5④:39,灰陶。尖圆唇,直沿,斜腹,近平底,腹部接圈足,直圈足,器身饰凹弦纹。口径 18、底径 15、高 6 厘米(图十,10)。

盆 10 件。分为圆唇和方唇两种,以方唇为主。

A 型,圆唇,侈口。标本 T4④:23,红陶。尖圆唇,斜腹,腹下残。口径 34、残高 9.2 厘米(图十,11)。标本 T5④:35,灰陶。圆唇,斜腹,腹下残,口部饰一道弦纹。口径 31、残高 5.6 厘米(图十,12)。

B 型,方唇,直敛口。标本 T4④:35,灰陶。方唇,斜弧腹,腹下残,器身饰绳纹。口径 27、残高 6 厘米(图十,13)。标本 T4④:44,灰陶。方唇内敛,斜腹,腹下残。口径 46、残高 5.8 厘米(图十,14)。标本 T6④:31,灰陶。方唇宽沿,斜弧腹,腹下残,器身饰绳纹。口径 44、残高 11.5 厘米(图十,15)。

豆 9 件。根据口腹特征可以分为三型。

A 型,敞口,折腹,矮圈足。标本 T5④:20,红陶。尖唇敞口,折沿,深盘,豆盘折壁,壁下部斜直,下收至底,内底下凹,下有矮圈足盘口内饰弦纹,矮圈足外撇。口径 10.8、底径 4.1、高 5 厘米(图十一,1)。

B 型,侈口,耸肩,腹部急收,圈足。标本 T5④:10,灰陶黑皮。豆盘较深,沿下饰弦纹三周,矮圈足外撇。口径 13、底径 8.5、高 5.9 厘米(图十一,2)。标本 T5④:3,黑皮陶。豆盘底平缓,直圈足稍内收,沿下饰弦纹数周。口径 12、底径 6.7、高 6.3 厘米(图十一,3)。

C 型,侈口,方唇,弧腹,高粗柄圈足。标本 T5④:6,黑皮红陶。方唇敞口,浅盘,豆盘外壁微弧,下收至底,盘壁中间微折,内底下凹,高粗柄圈足外撇。口径 14、底径 7.9、高 7 厘米(图十一,4)。

豆圈足 2 件。标本 T4④:10,灰陶。平底带圈足,亚腰形外撇。底径 17、残高 10 厘米(图十,5)。标本 T5④:4,红陶。斜腹,圜底带圈足,亚腰形圈足。圈足径 9、残高 5.8 厘米(图十,6)。

碗 1 件。标本 T6④:3,灰陶。直口微敛,鼓弧下收,矮圈足外撇。口径 12.5、底径 8、高 6.7 厘米(图十一,5)。

钵 3 件。形制相同。标本 T6④:4,灰陶。圆唇敛口,弧鼓腹下收,平底。口径 10、底径 6.2、高 5.4 厘米(图十一,6)。

杯　2件。标本T2④:9,红陶。器形较小,圆形,平口,微敛,壁较厚,平底。口径2.7、底径1.8、最大径3.4、高2.4、腹深1.7厘米(图十一,7)。标本T2④:11,红陶。半残,敛口,鼓腹,平底,壁较厚。口径4.8、底径3.2、最大径7、高6厘米(图十一,8)。

纺轮　4件。根据外形分为圆饼型和圆珠型。

圆饼型,2件。标本T6④:1,红陶。圆饼状,中穿一孔。直径4.8、孔径0.8、厚1.2厘米(图十一,9)。

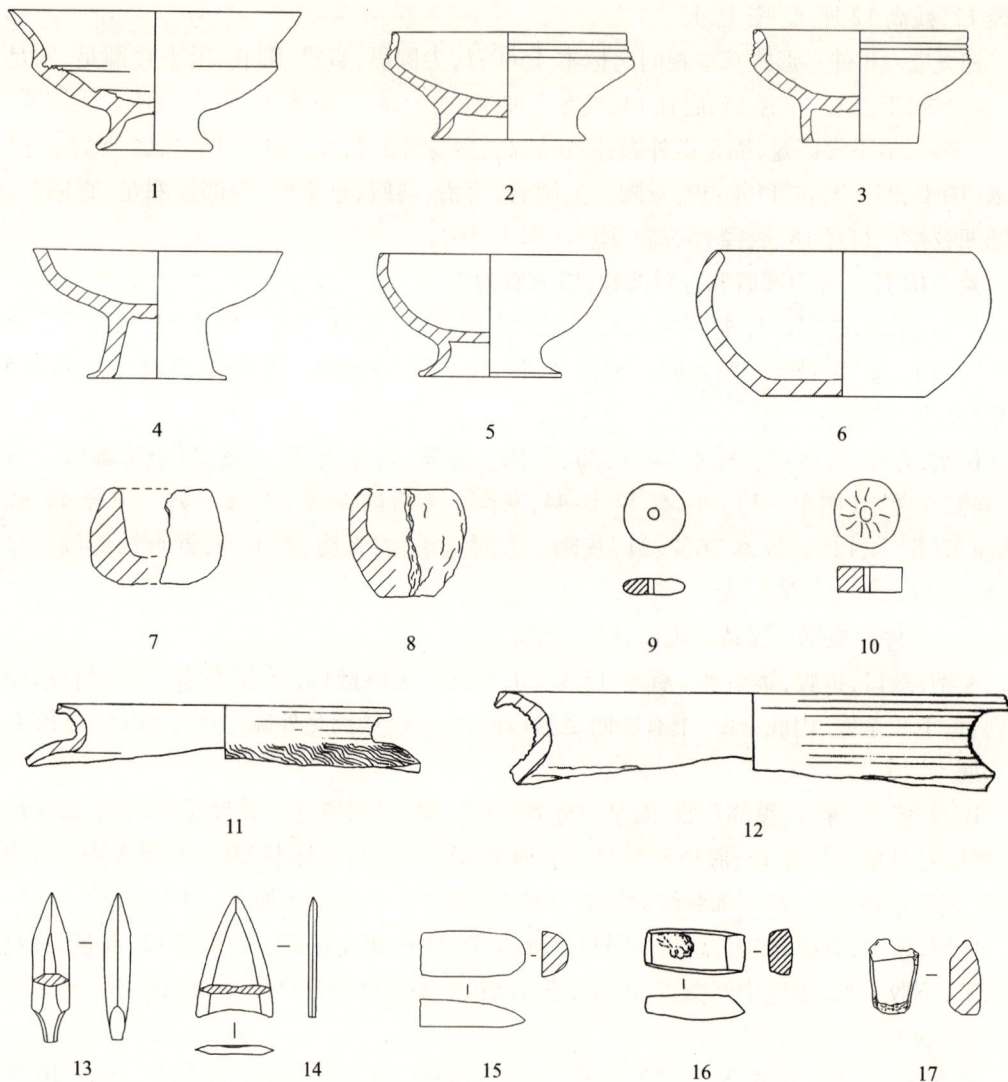

图十一　凤凰山遗址第④层出土器物

1—4. 陶豆(T5④:20、T5④:10、T5④:3、T5④:6)　5. 碗(T6④:3)　6. 陶钵(T6④:4)
7、8. 杯(T2④:9、T2④:11)　9、10. 纺轮(T6④:1、T2④:7)　11、12. 罐口沿(T5④:24、T5④:30)
13、14. 石箭镞(T2④:1、T7④:2)　15—17. 石锛(T2④:5、T5④:9、T3④:1)

圆珠型,2件。标本T2④:7,灰陶。圆珠状,一面有向心凹弦纹,中穿一孔。直径3.6、孔径0.6、厚1.3厘米(图十一,10)。

硬陶 数量较少,可辨器形仅见两个罐口沿。

罐口沿 2件。标本T5④:24,方唇,卷沿外翻,束颈,溜肩,肩下残,沿部饰凹弦纹,器身饰波折纹。口径21、残高3.7厘米(图十一,11)。标本T5④:30,方唇,卷沿外翻,束颈,颈下残,颈部饰凹弦纹。口径31、残高5.4厘米(图十一,12)。

石器 均为小型磨制石器,制作精细,主要有石箭镞、石锛等。

石箭镞 4枚。均为三角形。标本T2④:1,磨制,长三角状,双翼较窄,翼展较长,起中脊,较平,后有铤,铤后端残。残长8.4、最宽2、铤最厚1厘米(图十一,13)。标本T7④:2,磨制,三角形,双翼较宽,无脊无铤,翼边有刃,镞身中部微凹。长4.4、最宽3、最厚0.3厘米(图十一,14)。

石锛 11件,均为单面斜刃,窄体条形,通体磨光,可分为薄体和厚体两种。

薄体石锛,8件。标本T2④:5,灰白色,表面均磨光,截面半圆形,尖部呈单面斜刃。长4、宽1.7、最厚1厘米(图十一,15)。标本T5④:9,红褐色,表面磨光,平顶,单面斜刃。顶宽1.7、长4.6、厚1厘米(图十一,16)。

厚体石锛,3件。标本T3④:1,灰白色,刃部残,器身均磨光,单面。顶部宽2.8、长9.2、最厚4厘米(图十一,17)。

(五) 第⑤层

1. 堆积情况

土色深黄褐色,土质较硬,结构致密,距离地表深55～105、堆积厚0～75厘米。除T2外,其他探方基本连续分布,局部探方内面积较小。出土陶片以夹砂红陶为主,泥制红陶次之,同时有少量的硬陶和原始瓷。陶片以素面居多,纹饰主要有梯格纹、绳纹、弦纹、捺窝纹、锯齿状宽腰沿等。

2. 出土遗物

夹砂陶 均为红陶,器形有鬲、罐、鼎、釜、甗等。

鬲 1件。标本T5⑤:2,方唇,侈口,折沿,腹部略直下收,联裆较低,三足呈袋状较尖,锥状足尖。口径13.5、高15.3厘米(图十二,1)。

鬲口沿 20件,分二型。

A型,方唇,折肩。标本T5⑤:8,方唇,斜沿,折肩,肩下残。口径30、残高6.6厘米(图十二,2)。

B型,圆唇,溜肩。标本T5⑤:10,圆唇,斜沿,溜肩,肩下残。口径33、残高6.2厘米(图十二,3)。

鬲足 5件。形式单一,均为袋状,锥形足尖。标本T5⑤:27,袋状,足端锥状。残高9.2厘米(图十二,4)。

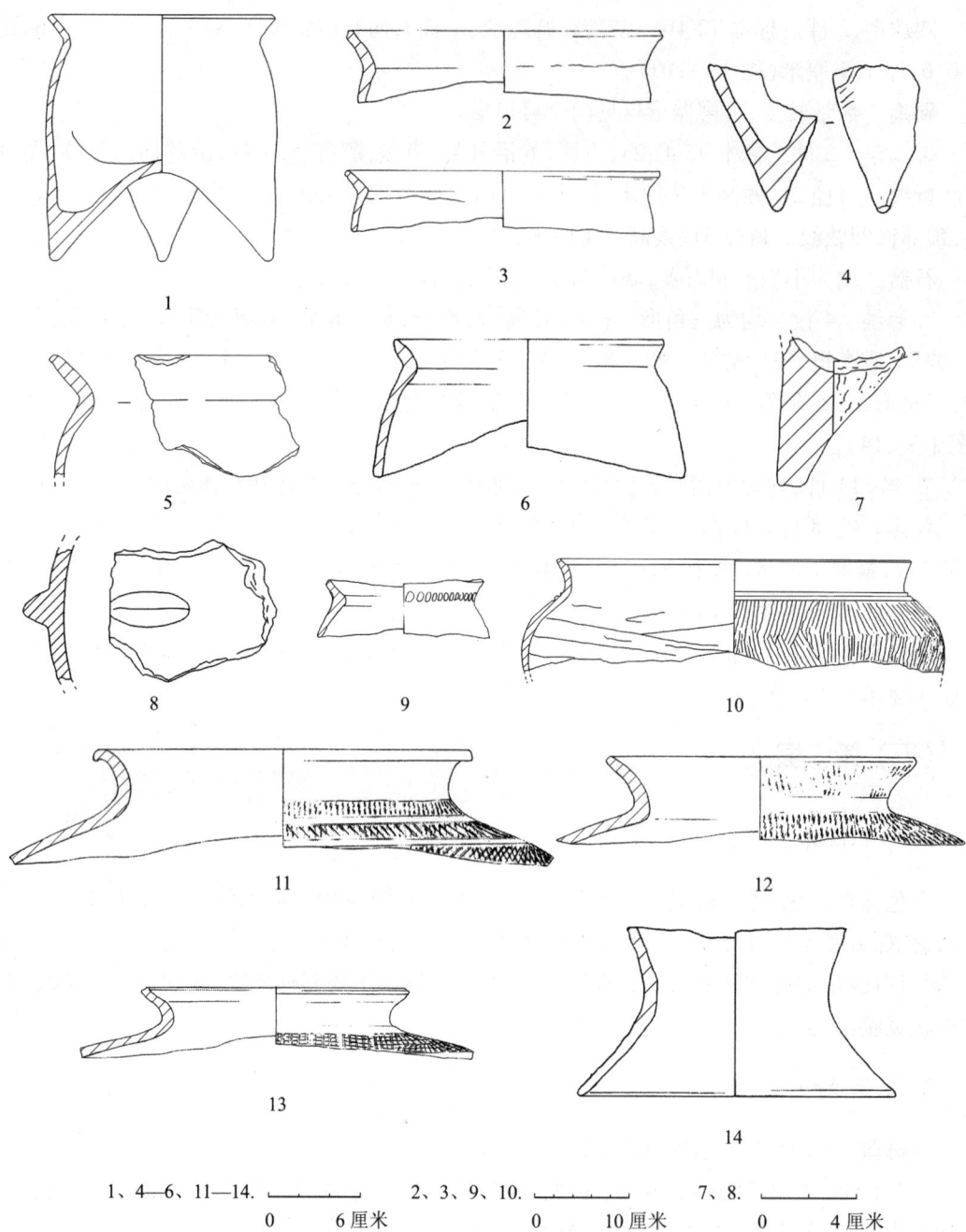

图十二　凤凰山遗址第⑤层出土器物

1. 鬲（T5⑤:2）　2、3. 鬲口沿（T5⑤:8、T5⑤:10）　4. 鬲足（T5⑤:27）　5、6. 罐口沿（T3⑤:5、T5⑤:6）
7. 鼎足（T3⑤:2）　8. 釜腰檐（T3⑤:6）　9. 甑腰（T5⑤:22）　10—13. 陶罐口沿（T1⑤:1、T5⑤:5、T5⑤:14、T5⑤:15）　14. 豆圈足（T5⑤:30）

　　罐口沿　7件。陶片破碎程度严重,多数看不出特征,仅选出两片作为标本。标本T3⑤:5,圆唇,斜沿,束颈,溜肩,肩下残。口径32、残深7.6厘米（图十二,5）。标本T5⑤:6,尖圆唇,斜折沿,弧腹,腹下残。口径18、残高8.8厘米（图十二,6）。

鼎足　1件。标本T3⑤:2,柱状,表面粗糙。残高6.4厘米(图十二,7)。

釜腰檐　7件。均为带檐的釜腰残片,形式基本相同。标本T3⑤:6,口残,腹部有一凸起腰檐,底残。残深6厘米(图十二,8)

瓿腰　4件。形式相同。标本T5⑤:22,斜腹,束腰,腰部饰圆形掐印纹。腰直径15、残高6厘米(图十二,9)。

泥质陶　以红陶和灰陶为主,少量黑皮陶,器形有罐、盆、圈足盘、钵、豆等。

罐口沿　12件。根据口沿特征可分二型。

A型,圆唇卷沿,侈口。标本T1⑤:1,灰陶。圆唇,卷沿外侈,束颈,溜肩,鼓腹,腹下残。颈下有三道凹弦纹,器身饰细绳纹。口径38、残深11.8厘米(图十二,10)。标本T5⑤:5,灰陶,圆唇,卷沿,斜肩,肩下残,器身饰间断绳纹。口径25、残高7.3厘米(图十二,11)。

B型,方唇折沿。标本T5⑤:14,灰陶。方唇,斜折沿,斜肩,肩下残,器身饰绳纹。口径20、残高5.5厘米(图十二,12)。标本T5⑤:15,红陶。方唇,斜沿,束颈,斜肩,肩下残,肩部饰方格纹。口径18、残高4.5厘米(图十二,13)。

罐底　8件。有平底和寰底两种。

平底,标本T5⑤:11,灰陶。口残,折沿,斜弧腹,平底内凹,器身饰绳纹。底径11.5、残高12.9厘米(图十三,1)。

寰底,标本T5⑤:9,灰陶。口残,弧腹,圜底,底端微平,器身饰绳纹。底径4、残高11.6厘米(图十三,2)。

钵　2件。标本T5⑤:12,灰陶。圆唇内敛,鼓腹,腹下残,口部饰两道凹弦纹。口径14、残高7.1厘米(图十三,3)。标本T5⑤:20,灰陶。方唇内敛,直腹,腹下残,器身饰绳纹。口径17、残高7.2厘米(图十三,4)。

盆　3件。标本T2⑤:1,红陶。圆唇敞口,平沿,直弧腹,弧形下收。下腹部有2周凸棱,平底微凹。口径16、底径6.8、高7.8厘米(图十三,5)。标本T5⑤:13,灰陶。方唇,斜折腹,腹下残。口径38、残高5.1厘米(图十三,6)。标本T5⑤:19,黑皮红陶。方唇,斜折腹,腹下残,器身饰斜刻划纹。口径30、残高4.7厘米(图十三,7)。

豆　2件。标本T5⑤:34,黑皮红陶。圆唇敞口,圆折沿,浅直盘,盘底平,下承粗圈足,圈足高度大于豆盘。口径14.2、底径9.6、高6.4厘米(图十三,8)。标本T5⑤:35,灰陶。方唇敞口,卷沿,耸肩,浅盘,盘外壁弧形下收,内底微凹,下有豆柄,圈足残。沿下饰5周凹弦纹。口径10.8、底径5.9、高5.7厘米(图十三,9)。

豆圈足　1件。标本T5⑤:30,灰陶。束腰形圈足,外撇。底径21、残高10.8厘米(图十二,14)。

纺轮　1件。标本T5⑤:1,红陶。圆饼状,中穿一孔。直径5.4厘米,穿孔对钻而成,孔径0.4~1、厚1.4厘米(图十三,10)。

硬陶　仅见1个罐口沿。标本T5⑤:21,方唇,卷沿外翻,束颈,溜肩,肩下残,肩部饰波折纹。口径28、残高4.2厘米(图十三,11)。

石器　石锛和石斧各一件。

石锛　标本T6⑤:1,青黑色,器身均磨光,顶部残,单面斜刃。顶部宽2.5、长8、最厚

3.2厘米(图十三,12)。

　　石斧　标本T6⑤:2,青灰色,顶部稍残,呈杵状,器身磨光,双面斜刃,刃残。器长14.8、宽6.4、厚3.6厘米(图十三,13)。

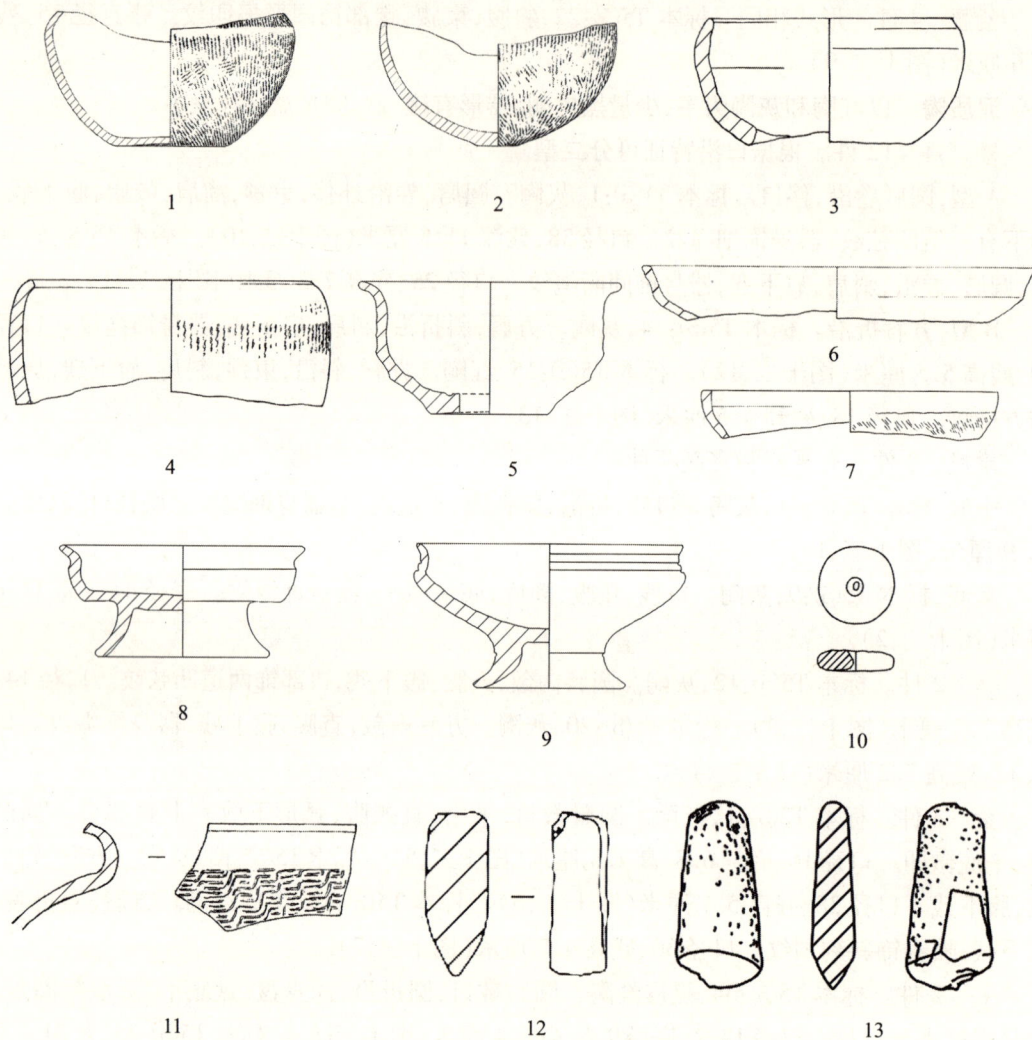

1、2、5—7. ┠———┨　　3、4、8. ┠———┨　　9、11. ┠———┨　　10、12、13. ┠———┨
　　　　　　0　　10厘米　　　　0　　6厘米　　　　0　　4厘米　　　　0　　2厘米

图十三　凤凰山遗址第⑤层出土器物

1、2. 罐底(T5⑤:11、T5⑤:9)　3、4. 钵(T5⑤:12、T5⑤:20)　5—7. 盆(T2⑤:1、T5⑤:13、T5⑤:19)
8、9. 豆(T5⑤:34、T5⑤:35)　10. 纺轮(T5⑤:1)　11. 罐口沿(T5⑤:21)　12. 石锛(T6⑤:1)
13. 石斧(T6⑤:2)

（六）第⑥层

1. 堆积情况

灰褐色土，土质松软，分布于除 T1、T2 的所有探方中，堆积较薄，深 77 ~ 105、厚 10 ~ 15 厘米。包含物有陶片、草木灰等，陶片以夹砂红陶为主，其次为泥质灰陶、泥质红陶。陶片多为素面，纹饰以绳纹为主，其次为方格纹。可辨器形有鬲、罐、鼎、釜、甗、钵、豆等。

2. 出土遗物

夹砂陶 均为红陶，器形有鬲、罐、鼎、甗、钵、杯等。

鬲口沿 29 件。根据唇部不同，可分二型。

A 型，圆唇。根据口沿部特征可分为卷沿和折沿两个亚型。

Aa 型，圆唇卷沿。标本 T8⑥:7，圆唇，卷沿外翻，直腹，腹下残。口径 26、残深 4.4 厘米（图十四，1）。

Ab 型，圆唇斜折沿。标本 T7⑥:5，圆唇，斜沿，束颈，鼓腹，腹下残。口径 16.8、残高 5.2 厘米（图十四，2）。

B 型，方唇。标本 T4⑥:14，方唇，斜沿，折肩，弧腹，腹下残。口径 22、残高 7.7 厘米（图十四，3）。

鬲足 19 件。根据足尖的不同，分为柱状足和锥状足。

柱形足，8 件。标本 T4⑥:12，袋状，足端柱状。残高 7 厘米（图十四，4）。

锥形足，11 件。标本 T5⑥:7，袋状，足端锥状，器身饰弦纹。残高 6.6 厘米（图十四，5）。

罐口沿 19 件。多数为残碎比较严重的口部碎片，特征有限，仅见一个较大的口沿片。标本 T8⑥:19，方唇，卷沿，沿外翻，束颈，鼓腹，腹下残。口径 26.6、残深 10 厘米（图十四，6）。

罐底 5 件，均为平底。标本 T8⑥:15，口残，斜腹，平底。底径 10、残深 5 厘米（图十四，7）。

鼎足 5 件，分锥状足和柱状足，以锥状足为主。

锥状足，标本 T8⑥:4，夹细砂，锥状足，上部有绳纹印痕。残高 7.8 厘米（图十四，8）。

柱形足，标本 T5⑥:16，柱状。直径 3.3 ~ 3.6、残高 6.5 厘米（图十四，9）。

甗腰 残片 11 件，残碎程度严重，均为在腰部贴附泥条，泥条上都有明显的指窝纹。

杯 1 件。标本 T8⑥:13，方唇，侈口，沿外翻，斜腹，平底下接喇叭口圈足。口径 8.8、圈足径 5.6、高 4.8 厘米（图十四，10）。

钵 1 件。标本 T6⑥:12，圆唇内敛，斜弧腹，平底。口径 16.4、底径 9.2、高 12.4 厘米（图十四，11）。

泥质陶 以红陶为主，灰陶和黑皮陶的数量比较接近，器形有罐、钵、盆、豆等。

罐 1 件。标本 T6⑥:1，灰陶。方唇斜沿，束颈，鼓肩，弧腹，平底，器身饰方格纹。口径 19.6、底径 15.6、残高 14.2 厘米（图十四，16）。

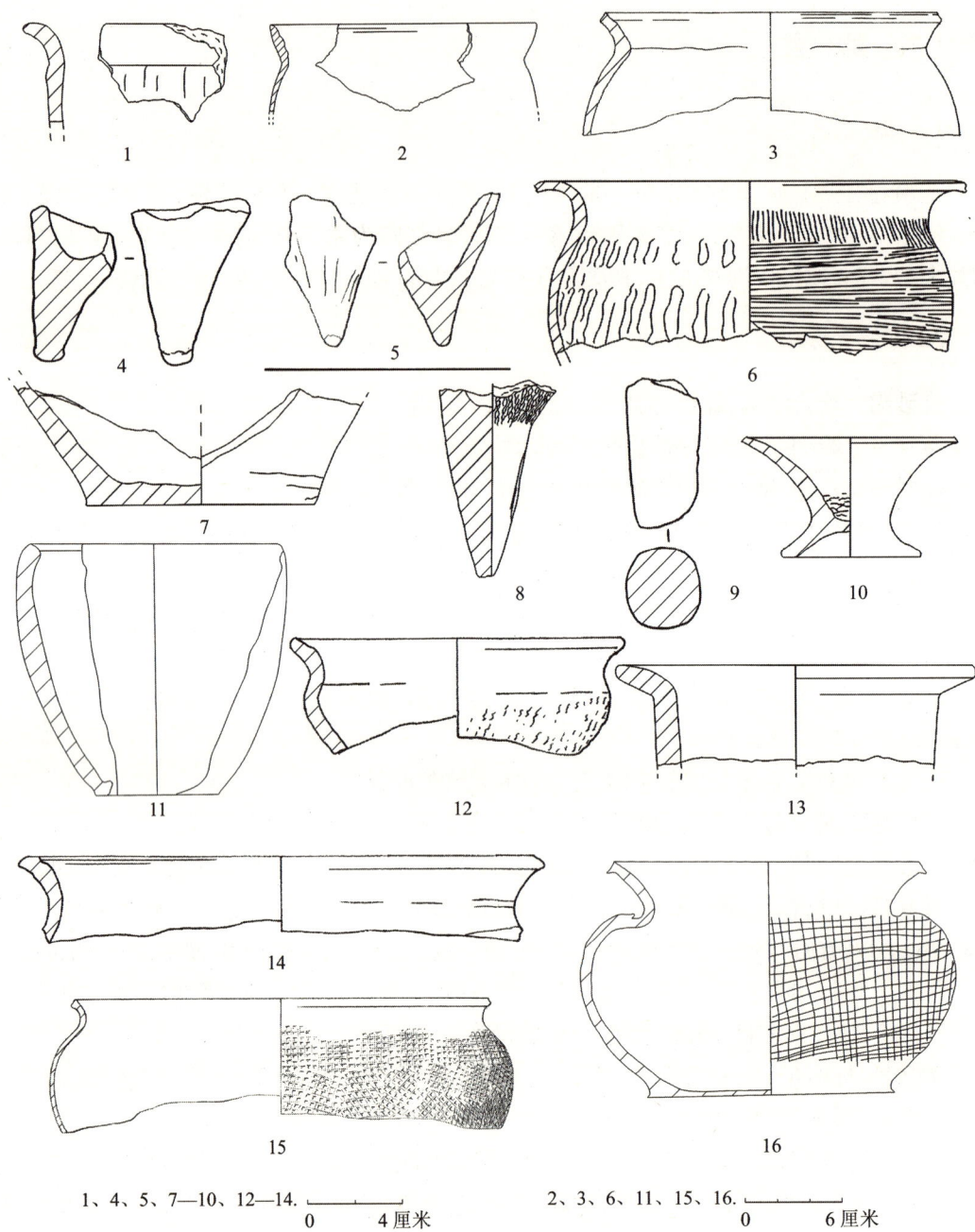

图十四　凤凰山遗址第⑥层出土器物

1—3. 鬲口沿(T8⑥:7、T7⑥:5、T4⑥:14)　4、5. 鬲足(T4⑥:12、T5⑥:7)　6. 罐口沿(T8⑥:19)
7. 罐底(T8⑥:15)　8、9. 鼎足(T8⑥:4、T5⑥:16)　10. 杯(T8⑥:13)　11. 钵(T6⑥:12)
12—16. 罐口沿(T4⑥:2、T8⑥:18、T4⑥:10、T4⑥:15、T6⑥:1)

罐口沿 19 件。依唇部的区别可分二型。

A 型,圆唇。根据沿部特征,可分为斜沿及卷沿两个亚型。

Aa 型,圆唇斜沿。标本 T4⑥:2,红陶。圆唇,斜沿,束颈,鼓腹,腹下残,器身饰绳纹。口径 14、残高 4.6 厘米(图十四,12)。标本 T8⑥:18,红陶。圆唇,斜平沿,竖直颈,颈下残。口径 15.2、残深 4 厘米(图十四,13)。

Ab 型,圆唇卷沿。标本 T4⑥:10,红陶。尖圆唇,卷沿,束颈,颈下残。口径 22、残高 3.4 厘米(图十四,14)。

B 型,方唇。标本 T4⑥:15,红陶。方唇,卷沿,束颈,鼓腹,腹下残,器身饰方格纹。口径 28、残高 8.4 厘米(图十四,15)。

罐底 13 件。均为平底。标本 T4⑥:5,口残,斜腹,平底,底稍大,器身饰绳纹。底径 18、残高 8.1 厘米(图十五,3)。标本 T4⑥:6,灰陶。口残,斜腹,平底内凹,器身饰绳纹。底径 8、残高 5.4 厘米(图十五,4)。

钵 3 件。形制相同。标本 T4⑥:11,灰陶。方唇内敛,鼓腹,腹下残,器身饰绳纹。口径 16、残高 7.8 厘米(图十五,5)。标本 T6⑥:2,灰陶。方唇内敛,鼓腹,平底。口径 15.2、底径 5、残高 9.3 厘米(图十五,6)。

盆 5 件,形制皆不相同。标本 T4⑥:17,红陶。方唇,斜折腹,腹下残。口径 27、残高 4.6 厘米(图十五,7)。标本 T4⑥:20,灰陶。方唇宽沿,斜弧腹,腹下残,器身饰绳纹。口径 26、残高 6.4 厘米(图十五,8)。标本 T4⑥:13,灰陶。圆唇宽沿,斜弧腹,腹下残,器身饰绳纹。口径 26、残高 3.5 厘米(图十五,9)。标本 T6⑥:5,灰陶。圆唇,斜腹,腹下残,器身饰绳纹。口径 37、残高 10.1 厘米(图十五,10)。标本 T6⑥:10,灰陶。圆唇直沿,折腹,腹下残,口部饰凹弦纹。口径 18、残高 4.4 厘米(图十五,11)。

豆柄 6 件。分圈足和筒形两种。

圈足柄,5 件。标本 T7⑥:6,灰陶。盘残,圈足残,豆柄饰凹弦纹。残高 3.9、柄径 3.6 厘米(图十五,12)。标本 T7⑥:8,灰陶。盘残,圈足残,直柄。残高 2.6 厘米(图十五,13)。标本 T8⑥:20,红陶。口残,斜腹,平底,底下接圈足,有明显拼接痕迹,腹内有数道凹弦纹,应为拉坯时形成,在圈足拼接处有一圈凸棱,应为方便拼接设计,圈足残存较少。残高 5.8 厘米(图十五,15)。标本 T4⑥:21,黑皮红陶。圜底带圈足,亚腰形圈足。残高 11 厘米(图十五,1)。标本 T7⑥:9,红陶。喇叭形外撇,圈足径 13.2、残高 7.7 厘米(图十五,2)。

筒形柄,1 件。标本 T8⑥:2,灰陶。圆筒状,上下均残,柄部外有几道凹弦纹。残高 7 厘米(图十五,14)。

豆盘 1 件。标本 T8⑥:3,灰陶。圆唇,斜腹,口微敛,腹外有一道凹弦纹,底残。口径 14、残深 2.4 厘米(图十五,16)。

原始瓷 仅见豆 1 件。标本 T5⑥:5,方唇,口微敞,浅盘,豆盘外壁上部直壁微鼓,下部斜直下收至圈足,内底凹外底平,下有喇叭状矮圈足。口径 11.8、底径 6.9、高 6 厘米(图十五,17)。

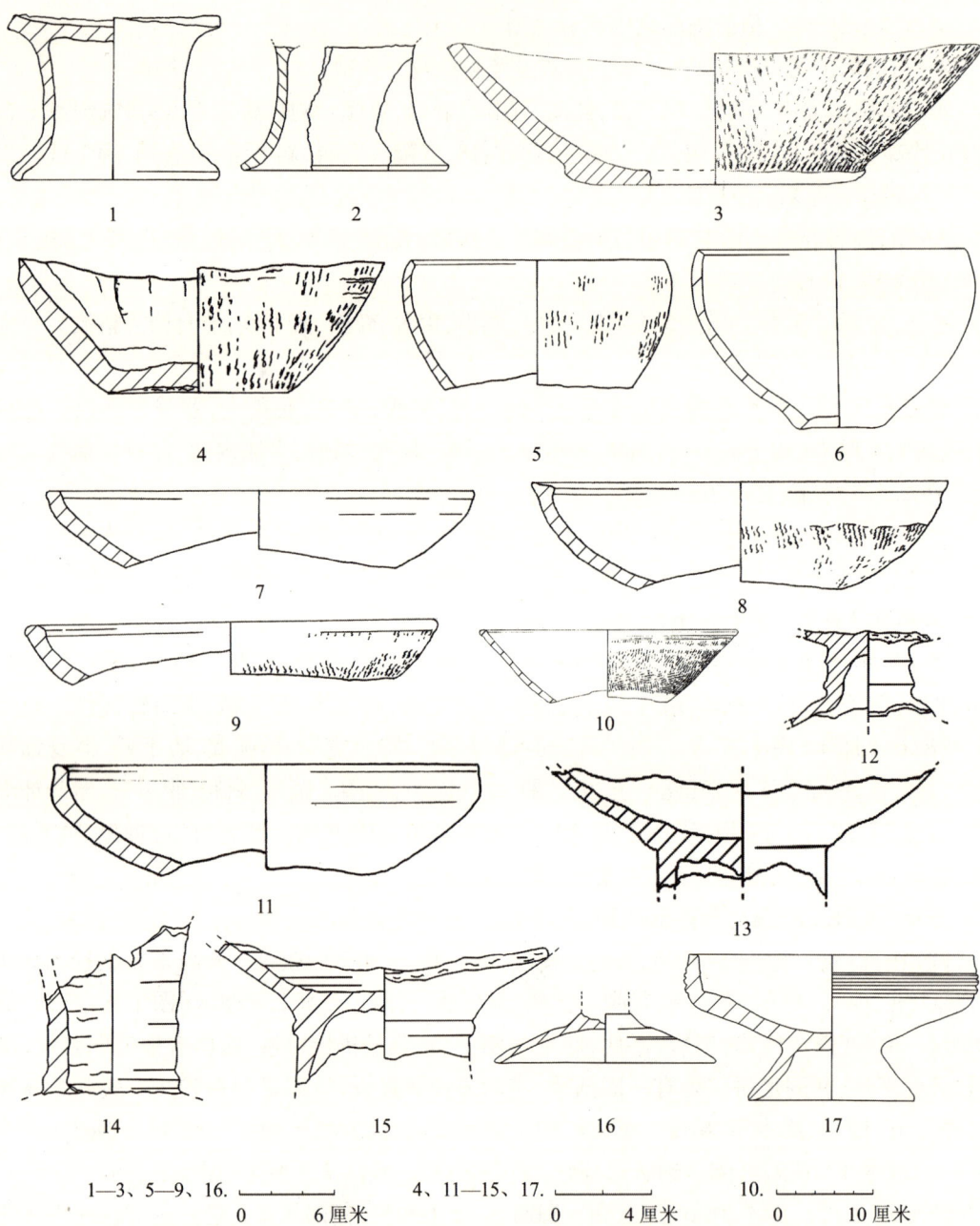

1—3、5—9、16. ┣━━━━┫   4、11—15、17. ┣━━━━┫   10. ┣━━━━┫
　　　　　 0　　　6 厘米　　　　　　 0　　　4 厘米　　　　　 0　　　10 厘米

图十五　凤凰山遗址第⑥层出土器物

1、2. 圈足（T4⑥:21、T7⑥:9）　3、4. 罐底（T4⑥:5、T4⑥:6）　5、6. 钵（T4⑥:11、T6⑥:2）
7—11. 盆（T4⑥:17、T4⑥:20、T4⑥:13、T6⑥:5、T6⑥:10）　12—15. 豆柄（T7⑥:6、T7⑥:8、
T8⑥:2、T8⑥:20）　16. 豆盘（T8⑥:3）　17. 原始瓷豆（T5⑥:5）

（七）第⑦层

1. 堆积情况

浅灰褐色土,土质稍软,主要分布在 T3 中,其他探方少量涉及,堆积距离地表深 14～100 厘米,堆积厚度 0～56 厘米。包含物有陶片、红烧土块、草木灰、石块等。陶片以夹砂红陶为主,其次为泥质灰陶、夹砂灰黑陶、泥质红陶。纹饰以素面为主,其次为梯格纹、附加堆纹、戳印纹等。可辨器形以釜为主,其次为鬲、鼎、盘、罐、豆、钵、甗等。

2. 出土遗物

夹砂陶 以红陶为主,少量夹粗砂的灰陶,器形有鬲、罐、釜等。

鬲口沿 11 件。多数为残碎严重的口部,口部以下特征不明,仅见一个带肩口沿。标本 T5⑦:8,圆唇,斜沿,束颈,溜肩,肩下残。口径 18、残高 6.2 厘米(图十六,1)。

鬲足 9 件。仅在足尖部位有所区别,分为柱状足尖和锥状足尖,后者的数量稍多一些。柱状足,标本 T4⑦:40,袋状,足端柱状。残高 9.6 厘米(图十六,2)。标本 T4⑦:59,袋状,足端柱状,足端有两个倒"7"状附加堆纹。残高 9 厘米(图十六,3)。

锥状足,标本 T4⑦:58,袋状,足端锥状。残高 11 厘米(图十六,4)。

罐口沿 7 件。依唇部特征分二型。

A 型,圆唇。根据口沿分为卷沿及斜沿两个亚型。

Aa 型,侈口,圆唇卷沿。标本 T8⑦:8,灰陶。表面较粗糙,圆唇,侈口,竖颈,折肩,肩下残。口径 16、残高 5 厘米(图十六,5)。

Ab 型,圆唇斜沿。标本 T8⑦:18,红陶,夹细砂。圆唇,斜沿,口外侈,微束颈,鼓腹,腹下残。口径 28.8、残高 10 厘米(图十六,6)。

B 型,方唇。根据口沿分为卷沿及斜沿两个亚型。

Ba 型,方唇卷沿。标本 T8⑦:4,红陶,夹细砂。方唇,卷沿,沿外翻,束颈,下残。口径 12.4、残高 2 厘米(图十六,7)。

Bb 型,方唇斜沿。标本 T8⑦:9,红陶。圆唇,斜沿,折肩,颈微束,下残。口径 40、残深 4 厘米(图十六,8)。标本 T5⑦:24,方唇,斜沿,溜肩,肩下残,颈部有附加堆掐印纹。口径 42、残高 7.3 厘米(图十六,9)。

罐底 14 件。分圈足底和平底两种,以平底数量较多。

圈足底,标本 T7⑦:3,红陶。斜腹,矮直圈足。圈足径 8、残高 3.9 厘米(图十六,10)。标本 T8⑦:3,红陶。口残,斜腹,平底,下接实心外撇圈足。圈足径 4.8、残深 2.4 厘米(图十六,11)。

平底,标本 T8⑦:2,红陶。斜腹,平底。底径 6.4 厘米(图十六,12)。

釜腰檐 10 件。形制接近,腰檐形状有所区别。标本 T7⑦:2,红陶。尖圆唇,斜沿,束颈,颈下有一圈锯齿状腰檐。残高 3.9、宽 5 厘米(图十六,13)。标本 T7⑦:6,红陶。夹蚌壳,口残,腰部有一圈微凸棱,凸棱上饰绳纹。残高 7.9、残长 9 厘米(图十六,14)。标本

T3⑦:9，红陶。圆唇，直沿，斜腹，沿下有凸起掐印腰沿，余皆残。口径19、残高8.4厘米（图十六,15）。

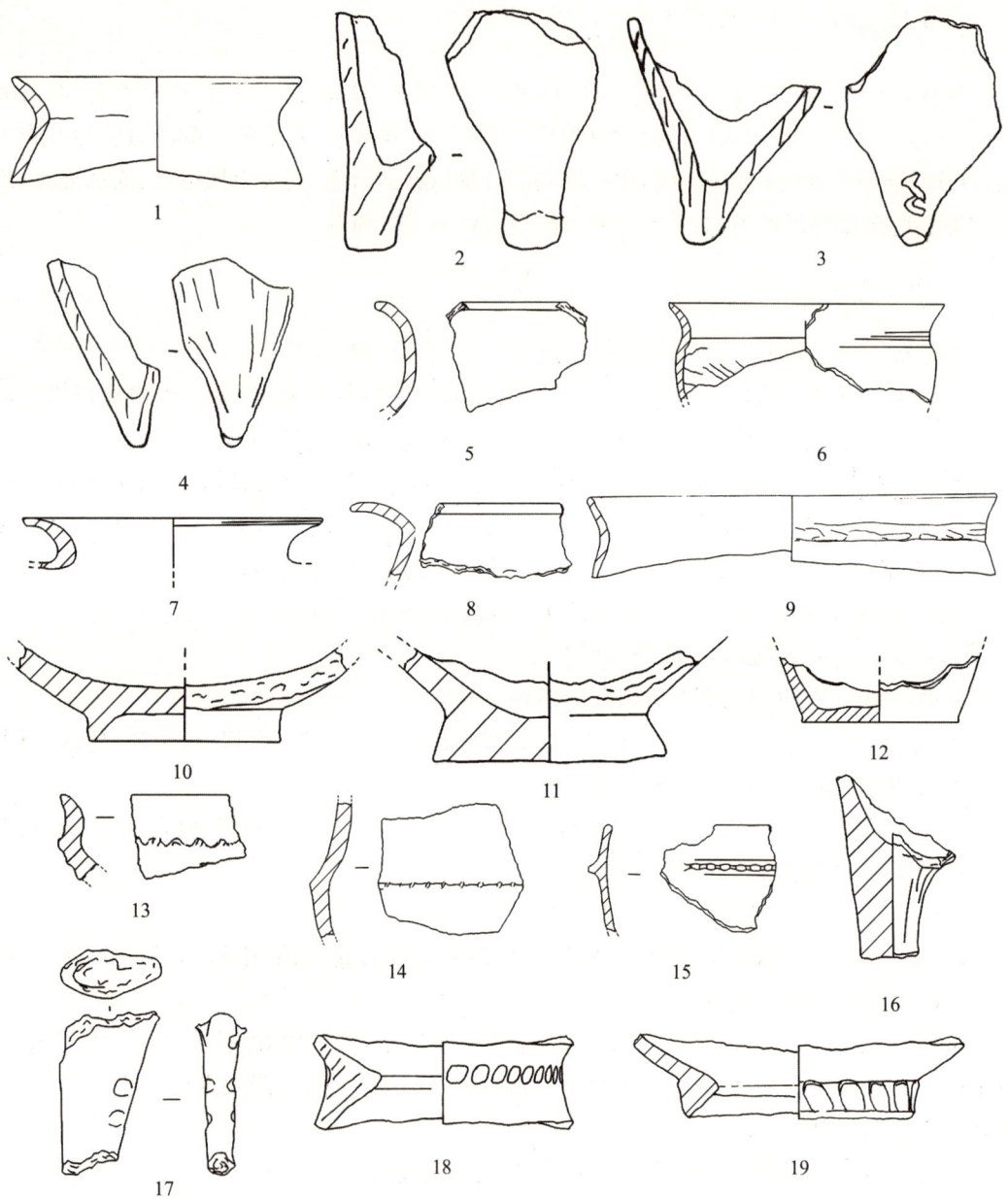

1、4、14、17—19.　　6、9、10.　　11.　　其他

　0　　6厘米　　0　　10厘米　　0　　2厘米　　0　　4厘米

图十六　凤凰山遗址第⑦层出土器物

1. 鬲口沿（T5⑦:8）　2—4. 鬲足（T4⑦:40、T4⑦:59、T4⑦:58）　5—9. 罐口沿（T8⑦:8、T8⑦:18、T8⑦:4、T8⑦:9、T5⑦:24）　10—12. 罐底（T7⑦:3、T8⑦:3、T8⑦:2）　13—15. 釜腰檐（T7⑦:2、T7⑦:6、T3⑦:9）　16、17. 鼎足（T8⑦:11、T3⑦:6）　18、19. 甗腰（T4⑦:19、T4⑦:52）

鼎足 2件。分别为柱状和侧扁足。标本T8⑦:11,红陶。柱状足。残高7.4厘米(图十六,16)。标本T3⑦:6,红陶。扁圆三角形,足尖残,足顶部有明显与器身拼接痕迹。残长10、宽6、厚2.4厘米(图十六,17)。

甗腰 4件。形式基本相同,区别在于指窝形状。标本T4⑦:19,斜腹,束腰,腰部饰圆形掐印纹。腰直径15、残高5.8厘米(图十六,18)。标本T4⑦:52,斜腹,束腰,腰部饰椭圆形掐印纹。腰直径15、残高5厘米(图十六,19)。

泥质陶 红陶和灰陶的数量接近,黑皮陶数量很少,器形有罐、豆、盆等。

罐口沿 24件。依据唇部特征可分为圆唇及方唇二型。

A型,圆唇。根据口沿可分为卷沿、折沿及平沿三个亚型。

Aa型,圆唇卷沿。标本T4⑦:25,灰陶。圆唇,卷沿,微束颈,溜肩,肩下残,器身隐约可见绳纹,口径不详。残高7.8厘米(图十七,1)。

Ab型,圆唇斜折沿。标本T4⑦:27,灰陶。圆唇,斜折沿,束颈,颈下残,器身饰绳纹。口径28、残高6.2厘米(图十七,2)。

Ac型,圆唇平沿。标本T8⑦:13,红陶。圆唇,平沿,竖颈,颈下残。口径12.8、残高3厘米(图十七,3)。

B型,方唇。根据口沿可分为折沿和卷沿两个亚型。

Ba型,方唇斜折沿。标本T5⑦:11,灰陶。方唇,斜沿,束颈,鼓腹,腹下残。口径25、残高8.2厘米(图十七,4)。

Bb型,方唇卷沿。标本T7⑦:10,灰陶。方唇,卷沿,束颈,溜肩,鼓腹,腹下残,器身饰方格纹。残高7.6厘米(图十七,5)。

罐底 14件。多为平底,少量圈足。

盆 9件,可分二型。

A型,敛口,方唇宽沿。标本T5⑦:6,灰陶。方唇宽沿,斜腹,腹下残,器身饰绳纹。口径32、残高7.2厘米(图十七,6)。

B型,侈口,尖圆唇。标本T4⑦:29,灰陶。尖圆唇外侈,斜弧腹,腹下残。口径23、残高6.8厘米(图十七,7)。

钵 3件。标本T4⑦:39,红陶夹细砂。方唇内敛,腹微鼓,腹下残。口径18、残高11厘米(图十七,8)。标本T5⑦:35,灰陶。方唇内敛,鼓腹,腹下残,口部饰弦纹。口径16、残高9.4厘米(图十七,9)。

盘 2件。标本T8⑦:6,灰陶。圆唇,平沿,斜腹,腹内外均有两道凸棱,下残。口径15.6、残深3.6厘米(图十七,12)。标本T8⑦:10,灰陶。圆唇,平沿,斜腹,腹下残,腹外有一道凹弦纹。口径14、残高4厘米(图十七,13)。

豆 1件。标本T4⑦:44,灰陶。方唇弧腹,圜底,底部接圈足,喇叭形圈足外撇,豆盘外饰竖线刻划纹。口径7.3、底径3.6、残高13.2厘米(图十七,14)。

豆盘 2件。标本T7⑦:12,灰陶。方唇,直沿,斜腹,腹下残,器身有不规则刻划痕。口径32、残高7.2厘米(图十七,10)。标本T4⑦:36,灰陶。圆唇,斜弧腹,腹下残,腹部饰带状折线纹。口径12、残高3.7厘米(图十七,11)。

　　纺轮　3件。形制相同。标本T6⑦:4,灰陶,夹砂。圆饼状,表面较粗糙,中穿一孔。直径5.4、内孔径0.8、厚1.4厘米(图十七,15)。

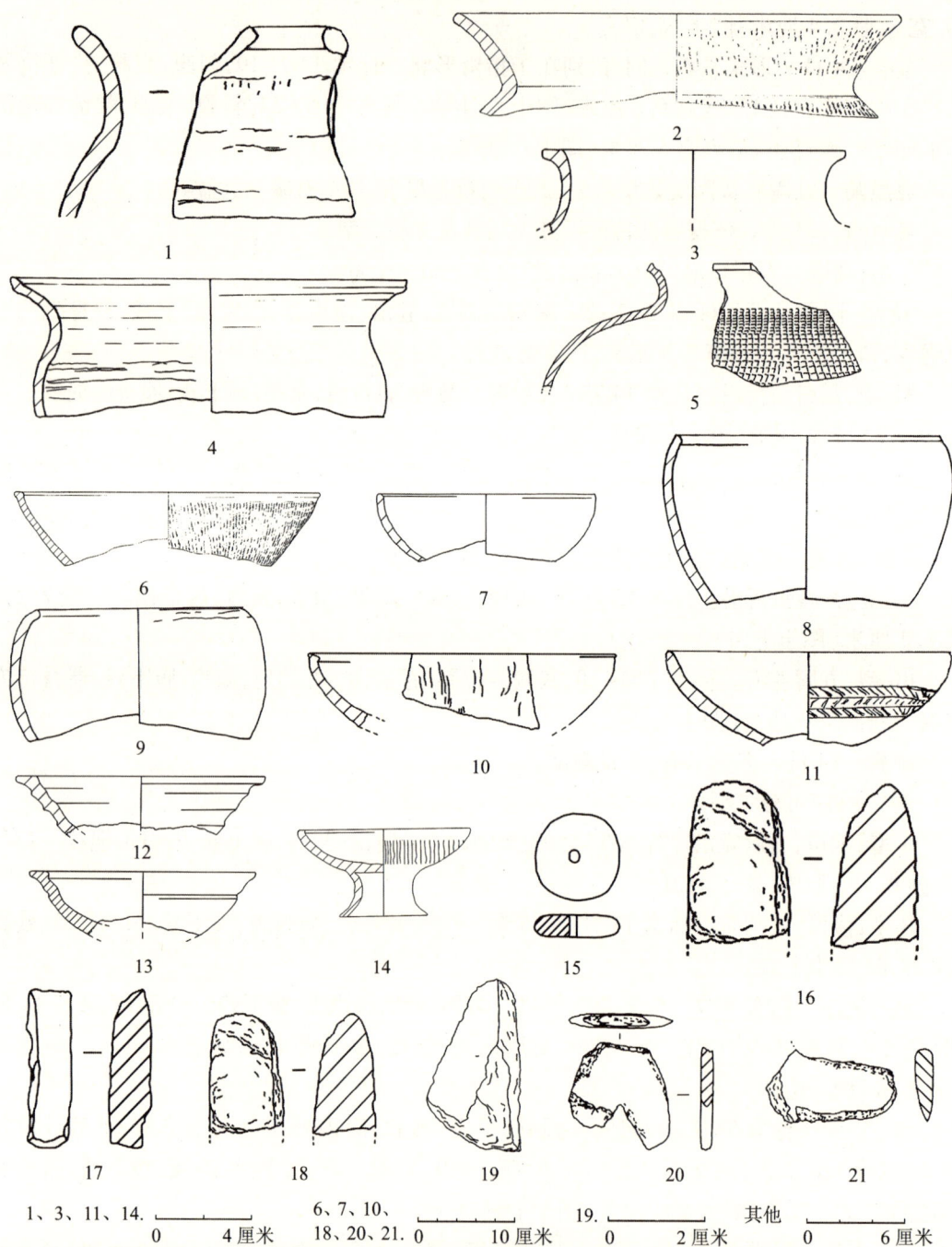

图十七　凤凰山遗址第⑦层出土器物

1—5. 罐口沿(T4⑦:25、T4⑦:27、T8⑦:13、T5⑦:11、T7⑦:10)　6、7. 盆(T5⑦:6、T4⑦:29)
8、9. 钵(T4⑦:39、T5⑦:35)　10、11. 豆盘(T7⑦:12、T4⑦:36)　12、13. 盘(T8⑦:6、T8⑦:10)
14. 豆(T4⑦:44)　15. 纺轮(T6⑦:4)　16—18. 石箭镞(T7⑦:1、T5⑦:1、T6⑦:1)　19. 石镞(T4⑦:2)
20. 石犁(T6⑦:2)　21. 石镰(T6⑦:3)

石器 均为磨制,加工精细,使用痕迹明显,主要有石锛、石箭镞、石犁、石镰等。

石锛 12件。分三型。

A型,柱形厚体。标本T7⑦:1,灰白色,顶部平,器身粗糙,表面未磨光,单面斜刃,刃部不明显且残。顶宽6.4、长10、最厚4.2厘米(图十七,16)。

B型,方形薄体。标本T5⑦:1,平顶,长方体,单面斜刃。长10、宽2.8、厚2.8厘米(图十七,17)。

C型,锥形厚体。标本T6⑦:1,青灰色,表面磨光,杵状,平顶,单面斜刃。最宽4.4、长12.8、厚4厘米(图十七,18)。

石箭镞 1件。标本T4⑦:2,青灰色,磨制,三角形,双翼较宽,翼展较短,起中脊,较平,铤残。残长3.5、宽2.4、最厚0.8厘米(图十七,19)。

石犁 1件。标本T6⑦:2,青黑色,表面粗糙,双齿倒V形,顶端残,器边一边开刃,一边齿残。长10.8、最宽10.6、厚1.6厘米(图十七,20)。

石镰 1件。标本T6⑦:3,青黑色,刃部为打制,器身均磨光,器身一侧有刃,一端残,另一端圆尖已残。长14、最宽7.6、最厚2厘米(图十七,21)。

(八) 第⑧层

1. 堆积情况

黄褐色土,含少量沙,土质较硬,距地表深100～145、堆积厚0～46厘米。包含物有陶片、红烧土粒等。陶片数量较少,主要以夹砂红陶为主,其次为泥质红陶。陶片以素面为主,器形有釜、盆、钵等。

2. 出土遗物

夹砂陶 可辨器形有釜、罐、鬲、钵、盆、盘,以釜数量为最多,多带腰檐,鬲、罐数量明显减少,仅见几片口沿残片和鬲足。

釜口沿 3件。标本T7⑧:12,尖圆唇,折肩,斜腹,肩部饰锯齿状腰檐,腹下残。残高4厘米(图十八,1)。标本T7⑧:13,红陶。尖圆唇,直沿,折肩,斜腹,腹下残。残高5.2厘米(图十八,2)。标本T8⑧:28,红陶。圆唇,斜沿,口内敛,折肩,斜腹,腹下残。沿上有一穿孔。口径约20、残高4.4厘米(图十八,3)。

腰檐釜口沿 5件。标本T7⑧:9,红陶。夹蚌壳,素面,口微侈,直沿,折肩,肩上部有凸起腰沿,肩部有一圈凸起,其余均残。口径约9、残高12厘米(图十八,4)。标本T8⑧:12,红陶。圆唇,口微侈,鼓肩,斜腹,肩下有凸起掐印腰檐,腰檐上有一圈小掐印纹,腹下残。口径35、残高8厘米(图十八,5)。标本T8⑧:1,红陶。圆唇,平沿,斜鼓腹,腹上部有一凸起腰檐。口径16、残高8.4厘米(图十八,6)。标本T8⑧:20,红陶。圆唇,口微敛,斜腹,口下有一圆弧状掐印纹腰沿。口径34、残高9.2厘米(图十八,7)。标本T7⑧:10,红陶。素面,口微侈,直沿,折肩,肩上部似有凸起腰沿,其余均残。口径17、残高12厘米(图十八,8)。

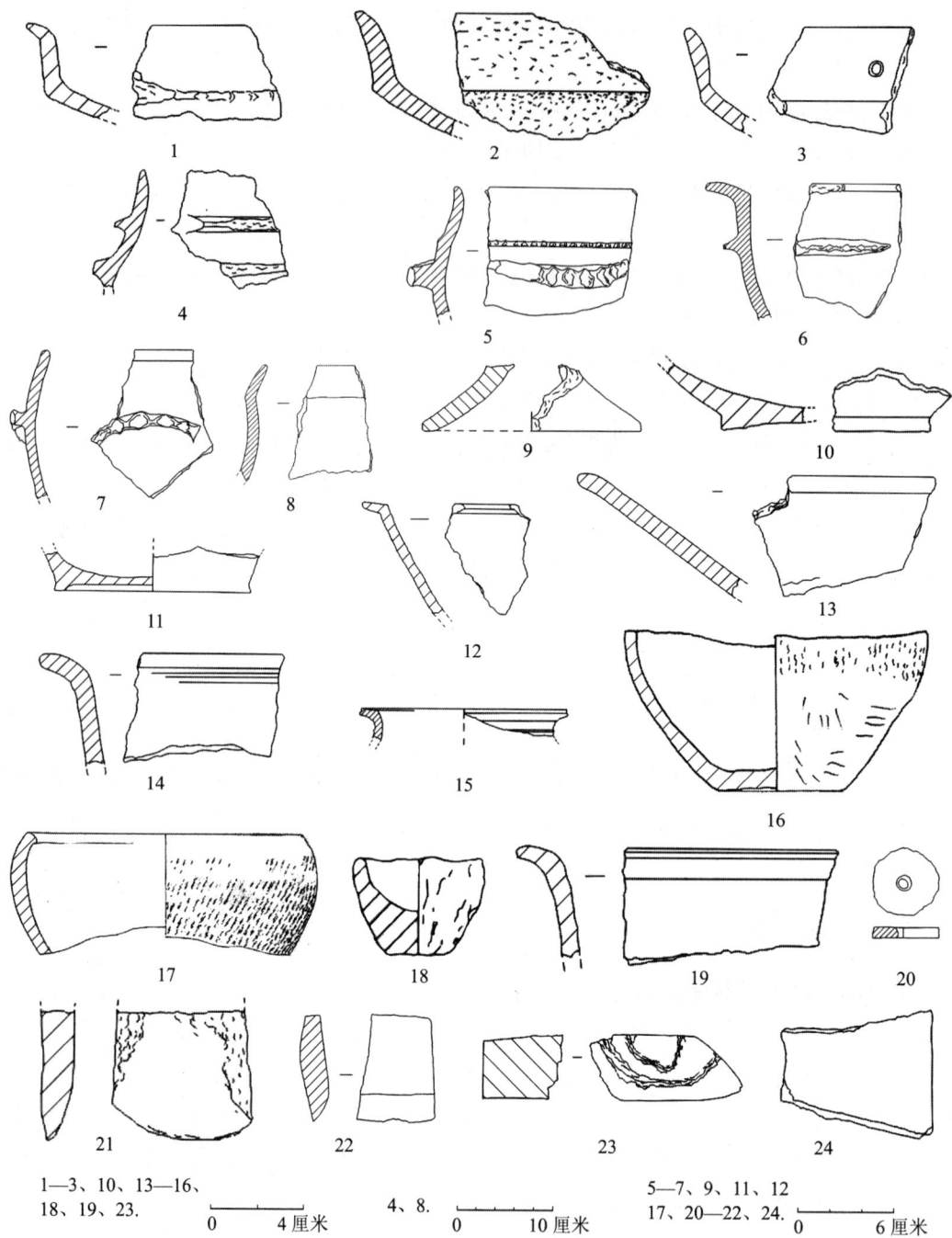

1—3、10、13—16、
18、19、23.　　　　　　　4、8.　　　　　　　5—7、9、11、12
　　　　　　　　　　　　　　　　　　　　　　17、20—22、24.
0　　　4厘米　　　　　0　　　10厘米　　　　0　　　6厘米

图十八　凤凰山遗址第⑧层出土器物

1—3. 釜口沿(T7⑧:12、T7⑧:13、T8⑧:28)　　4—8. 腰檐釜口沿(T7⑧:9、T8⑧:12、T8⑧:1、
T8⑧:20、T7⑧:10)　9—11. 罐底(T8⑧:19、T7⑧:14、T7⑧:4)　12、13. 盆(T7⑧:15、T8⑧:9)
14. 盆(T8⑧:26)　15. 罐口沿(T7⑧:3)　16. 罐底(T5⑧:27)　17. 钵(T2⑧:10)　18. 杯(T6⑧:1)
19. 盆(T3⑧:2)　20. 纺轮(T8⑧:5)　21. 石铲(T7⑧:1)　22. 石锛(T7⑧:2)　23. 石凿(T8⑧:2)
24. 砺石(T8⑧:4)

罐底 3件。圈足底2件,平底1件。标本T8⑧:19,红陶。喇叭形。圈足径13.8、高4厘米(图十八,9)。标本T7⑧:4,红陶。夹细砂,斜腹,平底带矮圈足。圈足径12.8、残高2.9厘米(图十八,11)。标本T7⑧:14,红陶。斜腹,平底,稍带矮圈足。残高2.7厘米(图十八,10)。

盆 2件。标本T7⑧:15,红陶。圆唇,平沿,斜腹,腹下残。残高7厘米(图十八,12)。标本T8⑧:9,红陶。圆唇,侈口,斜腹,腹下残。口径26、残深5厘米(图十八,13)。

盘 1件。标本T8⑧:26,红陶。圆唇,侈口,沿外翻,斜腹,腹下残。口径30、残高4.4厘米(图十八,14)。

泥质陶 有红陶和灰陶两种,数量接近,可辨器形有罐、杯、钵、盆、纺轮。

罐口沿 6件。可辨器形特征1件。标本T7⑧:3,灰陶。方唇,平沿,束颈,颈下残,口部及颈部饰凹弦纹。口径22、残高3厘米(图十八,15)。

罐底 2件。标本T5⑧:27,灰陶。口残,斜弧腹,平底内凹,器身饰绳纹。底径5.5、残高6.4厘米(图十八,16)。

钵 1件。标本T2⑧:10,灰陶。方唇内敛,鼓腹,腹下残,器身饰绳纹。口径18、残高7.5厘米(图十八,17)。

杯 1件。标本T6⑧:1,灰陶。敞口,斜腹,平底,口不平。口径5.6、高4、底径2.8、腹深2.2厘米(图十八,18)。

盆 1件。标本T3⑧:2,红陶。圆唇,侈口外翻,斜沿折肩,腹微斜,腹下残。口径30、残高4.8厘米(图十八,19)。

纺轮 1件。标本T8⑧:5,红陶。近圆饼状,似陶片磨制而成,不圆,中穿一孔。直径3.1厘米,孔对钻而成,孔径0.4~0.7、厚0.5厘米(图十八,20)。

石器 均为磨制,体型较小,器形有石锛、石凿、石铲、砺石等。

石铲 标本T7⑧:1,青灰色,顶部残,长方形,器身磨光,两侧有残缺痕迹,下端圆刃。宽7.6、残长6.8、厚1.8厘米(图十八,21)。

石锛 标本T7⑧:2,青灰色,平顶,器身均磨光,单面斜刃,刃部稍残。顶宽2.7、长4.5、最厚1.1厘米(图十八,22)。

石凿 标本T8⑧:2,青灰页岩,器身磨光,单面斜刃,顶端斜收,残损严重。最长6.6、最宽2.8、最厚2.6厘米(图十八,23)。

砺石 标本T8⑧:4,灰褐色,平面呈梯形,上下面有打磨痕迹。最长9.6、宽8、厚2.4厘米(图十八,24)。

(九) 第⑨层

1. 堆积情况

深灰褐色土,土质紧致,距离地表深60~138、堆积厚9~73厘米。包含物有陶片、石块、红烧土块等。陶片以夹砂红陶为主,其次为泥质红陶、夹砂灰陶,少许硬陶。陶器以素面为主,纹饰有方格纹、绳纹、附加堆纹、波浪纹、鸡冠状錾等,该层未见组合纹饰。器形以釜居多,其次为盆、鬲、鼎、罐、豆等,数量较少。第⑨层下为红褐色生土。

2. 出土遗物

夹砂陶 均为红陶。器形有鬲、罐、釜、盆、盘、拍等,其中釜数量最多,可辨的口沿有 20 个、腰檐 4 个、鸡冠耳 8 个,但多数标本残碎严重,无法判断其特征。

鬲口沿 3 件。2 件能看出口沿特征。标本 T3⑨:6,圆唇,侈口,宽沿内折,微束颈,鼓腹,腹下残。口径 27、残深 6 厘米(图十九,1)。标本 T3⑨:39,尖圆唇,平沿,折肩,斜腹,腹下残。口径 20、残深 5 厘米(图十九,2)。

鬲足 1 件。标本 T3⑨:42,袋状,尖足。残长 8、残宽 2.5 厘米(图十九,3)。

罐口沿 4 件。形制相同。标本 T4⑨:6,圆唇,侈口,折肩,鼓腹,腹下残。口径 43、残深 11.5 厘米(图十九,4)。

罐底 2 件。标本 T3⑨:11,口残,斜腹,平底,底部接圈足。圈足径 12.8、残高 2.6 厘米(图十九,5)。标本 T3⑨:27,口残,斜腹,平底。底径约 8、残高 2.2 厘米(图十九,6)。

釜口沿 20 件。形制基本相同。标本 T3⑨:17,口残,斜沿,折肩,微束颈,斜腹,腹下残,肩上部有一管状錾。残高 8.8、錾管长 6 厘米(图十九,7)。标本 T3⑨:8,素面,带腰檐,圆唇,斜折沿,斜腹略外鼓,鼓腹处有凸起掐印腰沿。其余均残。口径约 29、残高 7.4 厘米(图十九,8)。

鼎足 1 件。标本 T3⑨:14,鱼鳍状,接口处有手指掐印凹窝。残高 9、宽 5、厚 3 厘米(图十九,9)。

盆 1 件。标本 T3⑨:7,敞口,圆唇,斜鼓腹,腹下残,素面。口径 19、残高 7.2 厘米(图十九,10)。

盘 1 件。标本 T3⑨:41,圆唇,侈口,斜腹,腹下残。口径 32、残高 6 厘米(图十九,11)。

拍 1 件。标本 T3⑨:2,截面呈"T"形,拍面较平整,稍残,呈圆形,后接圆柱状柄,已残。拍面直径 5.2、器身长 6.2、柄直径 3.4 厘米(图十九,12)。

泥质陶 可辨器形仅见罐和豆。

罐口沿 1 件。标本 T3⑨:40,红陶。圆唇,口微侈,颈微束,下均残,颈部有一对钻孔。口径约 30、颈深 4 厘米(图十九,13)。

罐底 1 件。标本 T3⑨:9,红陶。口残,斜腹,平底,底部接圈足。圈足径 8、残高 3 厘米(图十九,14)。

豆柄 1 件。标本 T3⑨:13,红陶。豆盘及豆圈足均残,柄部有三道凹弦纹。残高 5 厘米(图十九,15)。

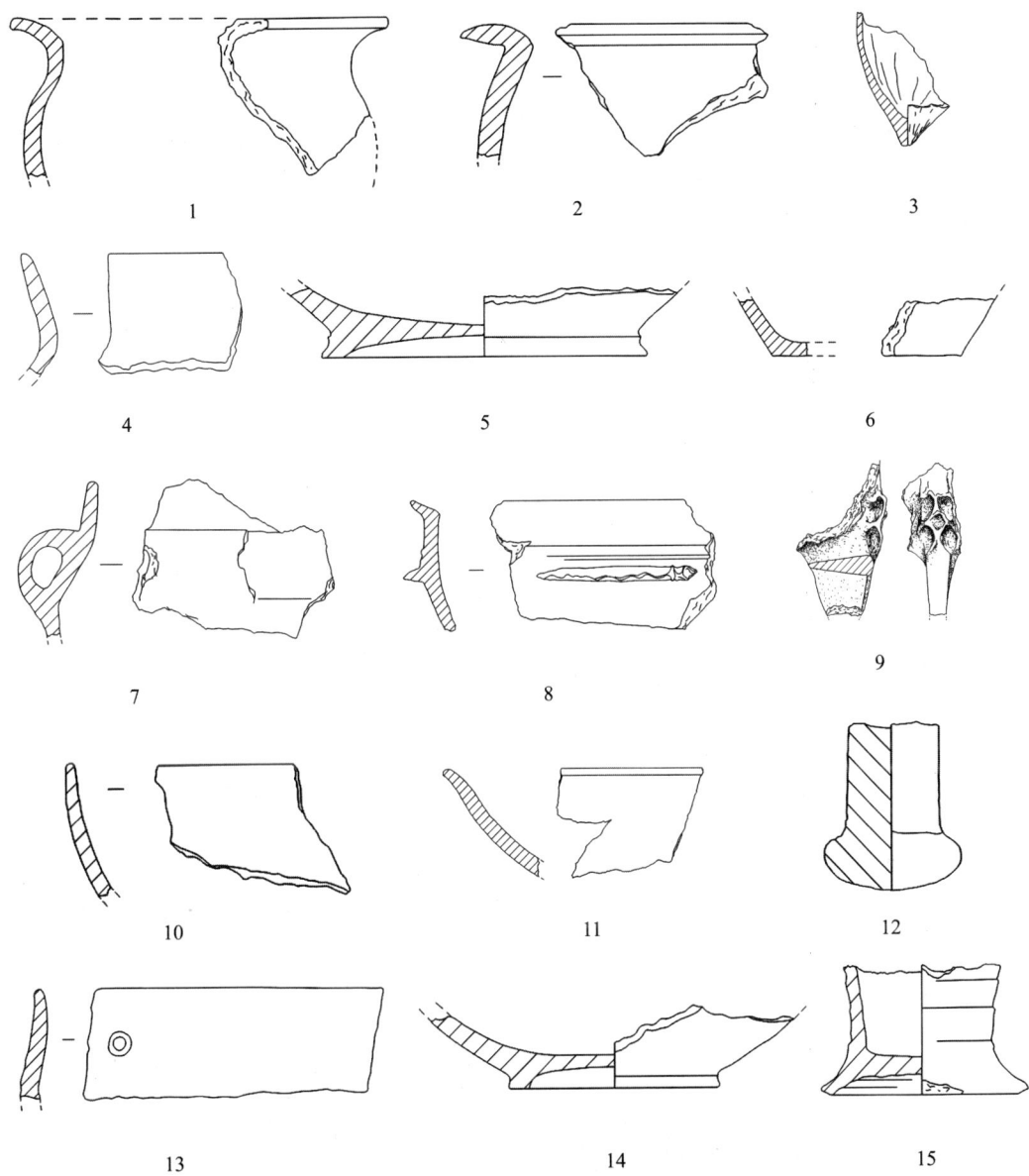

1、2、5、
6、12—15.　|———————|　　　3、9.　|——————|　　　4.　|——————|　　　7、8、10、11.　|——————|
　　　　　　0　　　4厘米　　　　　　0　　　2厘米　　　　0　　　10厘米　　　　　　0　　　6厘米

图十九　凤凰山遗址第⑨层出土器物

1、2. 鬲口沿(T3⑨:6、T3⑨:39)　3. 鬲足(T3⑨:42)　4. 罐口沿(T4⑨:6)　5、6. 罐底(T3⑨:11、
T3⑨:27)　7、8. 釜口沿(T3⑨:17、T3⑨:8)　9. 鼎足(T3⑨:14)　10. 盆(T3⑨:7)　11. 盘(T3⑨:41)
12. 陶拍(T3⑨:2)　13. 罐口沿(T3⑨:40)　14. 罐底(T3⑨:9)　15. 豆柄(T3⑨:13)

三、遗迹及其包含物

此次发掘区域位于遗址的边缘地带,而且晚期扰乱比较严重,因此遗迹类型单一,数量较少。主要有晚期墓葬,早期灰坑、灰沟、房址等(图二十),现介绍如下。

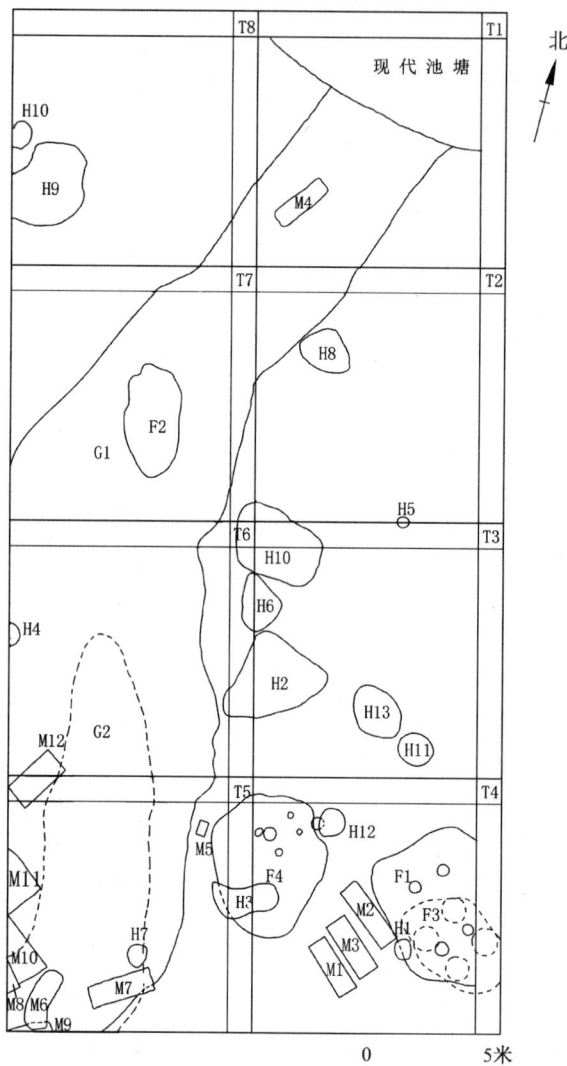

图二十　遗迹分布图

(一)墓葬

第①层和第②层扰土下共发现晚期墓葬 11 座,多为土坑竖穴墓,其中明清时期墓葬 4 座,编号 M1—M4,宋代墓葬 7 座,编号 M5—M11(图二十一)。其中 M7—M10 挂在探方隔梁上,未进行全部发掘,仅清理了探方区域内部分。墓葬均为平民墓葬,而且都遭严重扰乱,基本不见随葬品,墓葬形制比较简单,未逐个介绍,详细情况见表 1。

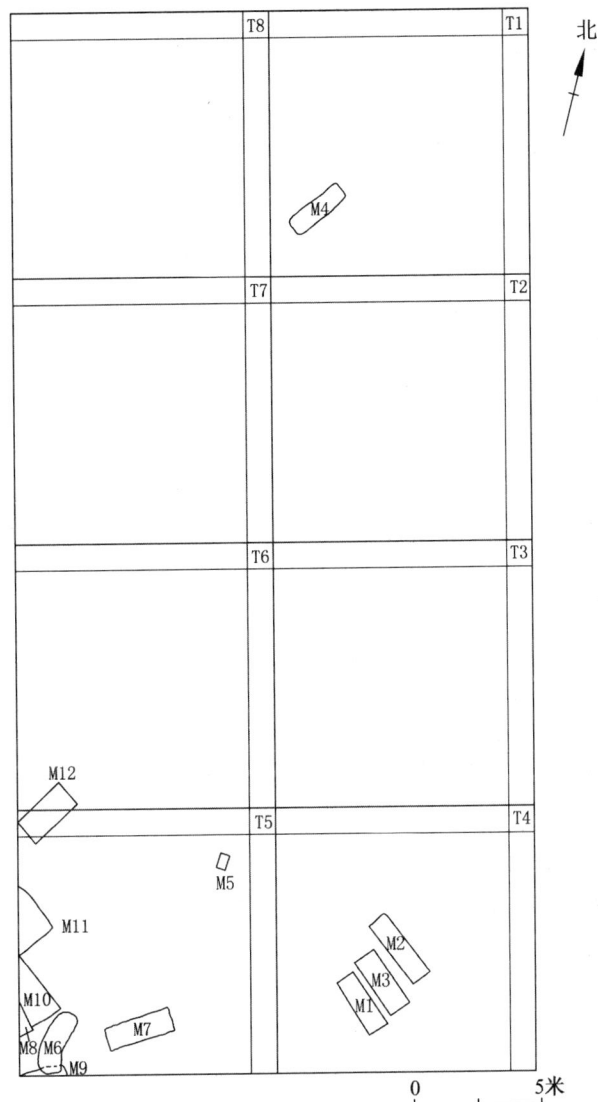

图二十一　墓葬分布图

表 1　凤凰山遗址晚期墓葬一览表

编号	墓葬形制	尺寸(长×宽–深)(厘米)	墓向	随葬品	时代
M1	土坑竖穴	240×(70~76)–40	225°	无	明清
M2	土坑竖穴	246×(80~88)–40	217°	无	明清
M3	土坑竖穴	210×80–40	225°	无	明清
M4	土坑竖穴	246×(60~80)–30	40°	银簪、陶罐、铜钱	清代
M5	土坑竖穴	80×50–30	15°	灰陶罐	宋代
M6	土坑竖穴	245×(60~90)–139	30°	韩瓶	宋代
M7	土坑竖穴	深140(局部发掘)	15°	韩瓶、陶罐	宋代

编号	墓葬形制	尺寸(长×宽 - 深)(厘米)	墓向	随葬品	时代
M8	土坑竖穴	深148(局部发掘)	65°	无	宋代
M9	土坑竖穴	深148(局部发掘)	105°	无	被 M8 打破
M10	土坑竖穴	240×140 - 130	52°	石棺残件	宋代
M11	土坑竖穴	240×110 - 160	10°	韩瓶	宋代

(二) 灰坑

共 13 个,其中开口于第①层下的 6 个,编号分别为 2010ZDFH1—H5、H7;第④层下 1 个,编号 2010ZDFH8;第⑥层下 2 个,编号 2010ZDFH9、H10;第⑦层下 1 个,编号 2010ZDFH6;第⑧层下 2 个,编号 2010ZDFH11、H12;第⑨层下 2 个,编号 2010ZDFH13、H14。

1. 第①层下灰坑

H1:位于 T4 中部偏南,开口于第①层下,坑口距离地表 15 厘米,打破第②层。平面近似椭圆形,坑口部分被破坏,坑壁较直,底部平整。坑口直径 65~80、深 30 厘米。坑内填土自上而下均为灰色杂土,土质松软,包含物除少量早期陶片外,还有晚期碎砖块、青花瓷片、釉陶片等,从包含物判断 H1 为晚期扰坑(图二十二)。

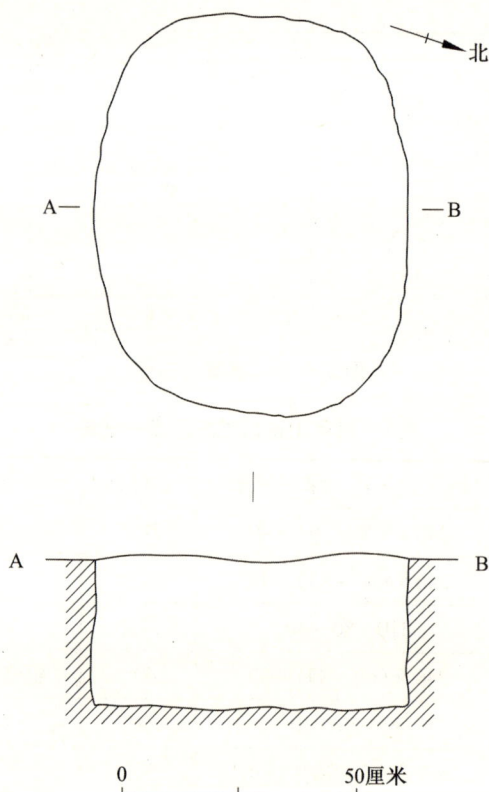

图二十二　H1 平、剖面图

H2:位于T3、T6两个探方中,其中大部分位于T3内,开口在第①层下,距离地表20厘米,向下打破第②、③层。H2平面形状不规则。东西长4.2、南北最宽3.28、最深1.17米。坑壁斜下收,底近平。壁、底未发现加工痕迹。坑内填土根据土质、土色不同分为三层:第一层,灰褐土,土质稍硬,包含物有少量炭粒、石灰屑、晚期瓷片等。分布于灰坑中部偏左,堆积最深38厘米。第二层,黄褐土,较纯净,土质较硬,包含物有少量红烧土块、碎砖块等。主要分布在第一层下,范围略小于第一层,堆积最深16厘米。第三层,黑灰土,含少量黄土块,土质松软,分布于整个灰坑内,堆积最深110厘米。包含物有陶片、石块、炭粒、红烧土块、红烧土粒等。陶片以夹砂红陶为主,其次为泥质灰陶、夹砂灰陶、泥质红陶、泥质黑皮陶、印纹硬陶。陶片多为素面,纹饰有中绳纹、细绳纹、回纹、大方格纹、刻划纹、间断绳纹、波折纹加方格纹、小方格纹。可辨器形有罐、鬲、盆、钵、甗等。根据每层的包含物判断第一、第二层为晚期干扰堆积,第三层为灰坑内原始堆积(图二十三)。

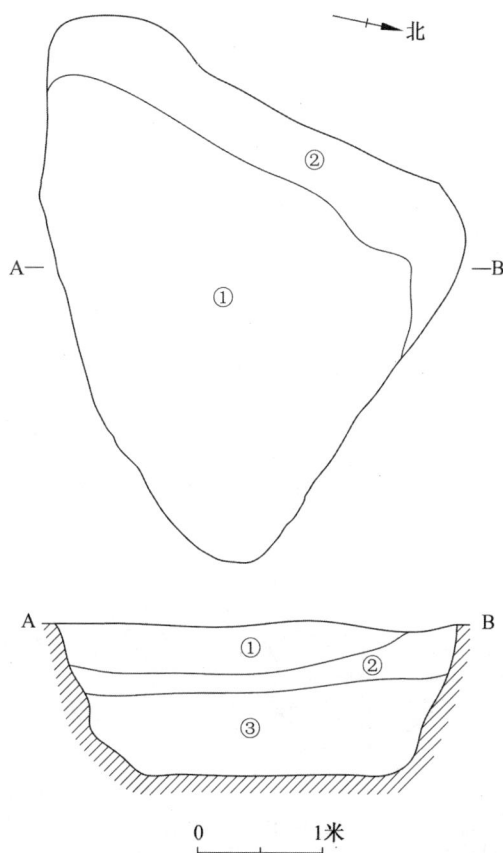

图二十三　H2 平、剖面图

H2遗物有夹砂陶和泥质陶。

夹砂陶　器形有鬲、罐。

鬲口沿　4件。形制基本相同。标本H2③:12,红陶。方唇,卷沿外侈,束颈,溜肩,肩下残。口径16.8、残深4厘米(图二十四,1)。

罐口沿　1件。标本H2③:4,灰陶。圆唇,卷沿外侈,束颈,溜肩,鼓腹,腹下残。口径

20、残高 12 厘米(图二十四,2)。

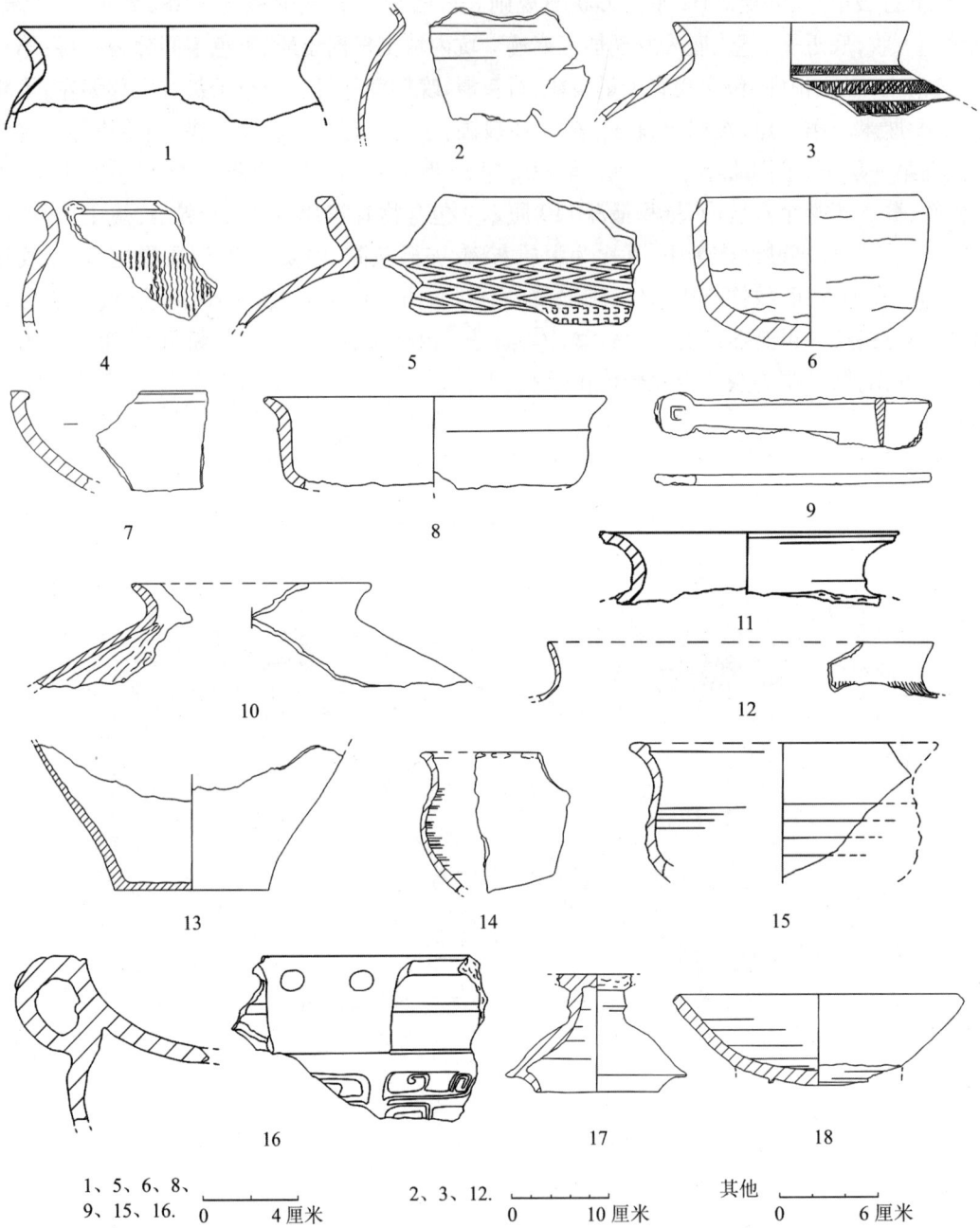

图二十四　凤凰山遗址灰坑出土器物(一)

1. 鬲口沿(H2③:12)　2. 罐口沿(H2③:4)　3—5. 罐口沿(H2③:3、H2③:17、H2③:10)
6、7. 陶钵(H2③:1、H2③:13)　8. 陶盘(H2③:16)　9. 铜削(H2③:2)　10—12. 罐口沿(H9:15、
H9:20、H9:14)　13. 罐底(H9:17)　14、15. 罐口沿(H9:12、H9:18)　16. 簋(H9:3)
17. 器盖(H9:5)　18. 豆盘(H9:6)

泥质陶 器形有罐、钵、盘。

罐口沿 8件。依据唇部的不同分为二型。

A型,侈口,圆唇,卷沿。标本H2③:3,灰陶。口外侈,束颈,斜肩,肩下残。器身饰间断绳纹。口径22.4、残高8.8厘米(图二十四,3)。

B型,方唇。根据口沿不同可分为卷沿及折沿两个亚型。

Ba型,侈口,方唇,卷沿。标本H2③:17,灰陶。方唇,卷沿外侈,溜肩,鼓腹,腹下残,器身饰绳纹。口径约16、残高7厘米(图二十四,4)。

Bb型,侈口,方唇,斜折沿。标本H2③:10,红陶。方唇,斜沿外侈,束颈,溜肩,肩下残,肩部饰折线纹,肩下饰方格纹。口径约24、残高5厘米(图二十四,5)。

钵 3件。分二型。

A型,圆唇敛口。标本H2③:1,红陶。圆唇,口内敛,直腹,腹下斜收成平底。口径10、腹深6厘米(图二十四,6)。

B型,方唇敛口。标本H2③:13,灰陶。方唇,斜腹,口微内敛,口略大于壁,底残。口径16、残深6厘米(图二十四,7)。

盘 1件。标本H2③:16,灰陶。圆唇,斜沿外侈,束颈,鼓腹,腹斜收成平底。口径14.4、腹深3.8厘米(图二十四,8)。

铜削 1件。标本H2③:2,平背,弧刃,刃部大部残,柄后部有一环状方孔。残长11.3、宽2、厚0.4厘米(图二十四,9)。

H3:位于T4和T5两个探方中,其中大部分在T5中,开口于第①层下,距离地表20厘米。H3平面形状近似圆形,直径160、深170厘米,坑壁陡直,坑底平整。坑内堆积基本为一次性形成,黄灰土,土质稍硬,含物杂乱。除早期陶片外,还有汉代灰陶片,明清青花瓷、青瓷片,另外还有晚期铁钉等,由此判断H3为晚期扰坑(图二十五)。

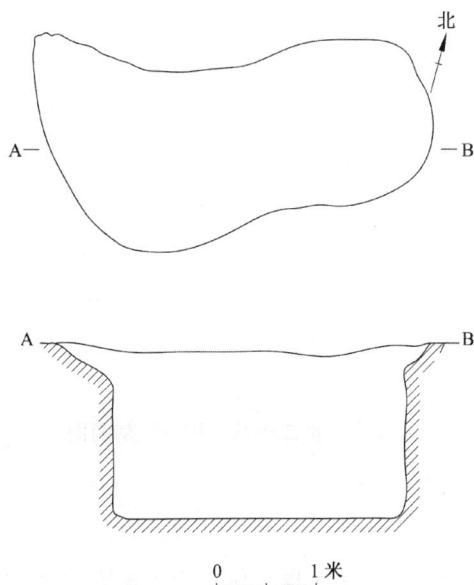

图二十五 H3平、剖面图

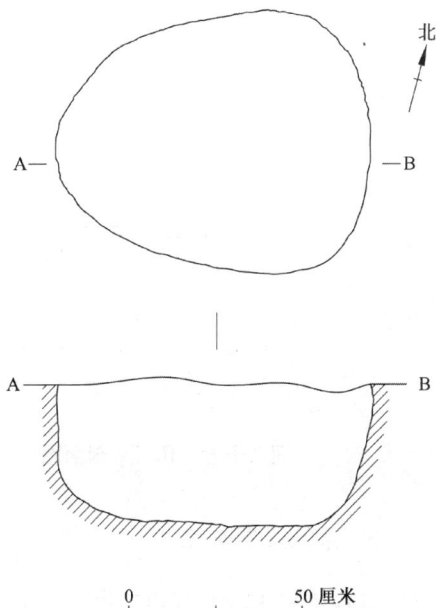

图二十六 H7平、剖面图

H4：位于T6西壁边缘，开口于第①层下，向下打破至第⑤层，坑口距离地表15厘米，发掘部分平面形状为半圆形，直径90、深42厘米，坑壁陡直，底部较平整。填土为灰白色淤积土，土质松软，含物较少，见有少量汉六朝青砖块，为晚期扰坑。

H5：位于T2南部，一部分压在T3北隔梁下。开口于第①层下，坑口距地表15厘米，向下打破第③层。坑口平面形状圆形，直径50、底部直径35、深度20厘米。坑口规整，坑壁弧形内收，坑底平坦。壁、底未发现加工痕迹。坑内填土土色为黄褐色，土质致密纯净，未发现遗物。从坑口形状和内部堆积判断H5为晚期建筑柱墩遗存。

H7：位于T5中部偏南，开口于第①层下，向下打破第②层，坑口距离地表25厘米。平面近圆形，直径近80、深40厘米。坑壁缓直，近底部内收，平底。坑内填土为灰褐色，上下土质、土色没有明显变化，包含物较少，有一件破碎的夹砂红陶罐和少量陶片（图二十六）。

2. 第④层下灰坑

H8：位于T2西北部，开口于第④层下，向下打破生土。坑口距地表90厘米，平面形状为不规则椭圆形，最长径220、最宽径164、深18厘米，坑壁弧形内收，平底。壁、底未发现加工痕迹。坑内填土黄褐色，土质致密，包含物有少量陶片和红烧土颗粒。陶片以夹砂红陶为主，另有少量泥质灰陶和泥质红陶。陶片以素面为主，部分陶片上有掐印纹（图二十七）。

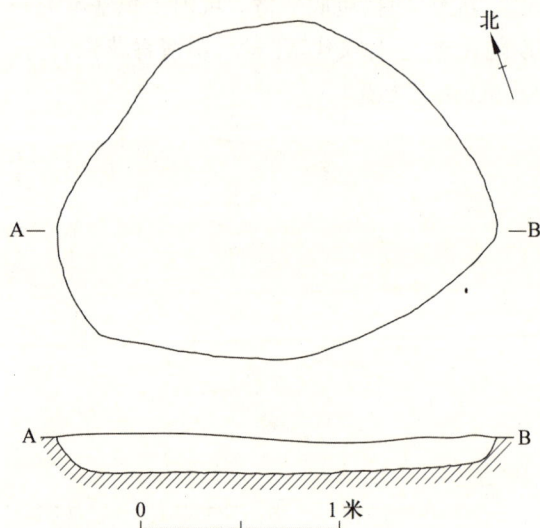

图二十七　H8平、剖面图

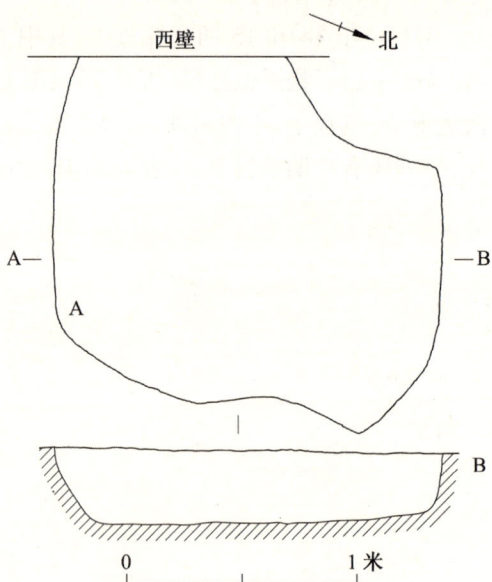

图二十八　H9平、剖面图

3. 第⑥层下灰坑

H9：位于T8内，开口于第⑥层下，向下打破第⑧层和生土层。坑口距离地表60厘米，平面为不规则形，最长处近4、最宽处近3米。坑壁呈斜坡状内收，坑底略呈弧形，最深约90厘米,坑壁和坑底未见明显的加工痕迹。灰坑填土土色为灰黑色,土质疏松,填土中含有黑炭,填土从上而下土质、土色没有变化。包含物较多,陶片以夹砂红陶为主,泥制红陶次之,泥制黑陶最少。陶片以素面居多,主要纹饰有弦纹、梯格纹、绳纹、刻划纹等。可辨器形有豆、器耳等(图二十八)。

H9 遗物有夹砂陶、泥质陶、石器。

夹砂陶 可辨器形主要为罐。

罐口沿 3 件。标本 H9:15,红陶。圆唇,斜沿,束颈,斜肩,肩下残。口径 15.2、残高 6.2 厘米(图二十四,10)。标本 H9:20,红陶。方唇,束颈,折肩,肩下残。口径 18.4、残高 4 厘米(图二十四,11)。标本 H9:14,黑皮红陶。夹细砂,圆唇,卷沿,沿外翻,束颈,下残。口径 40、残高 5.4 厘米(图二十四,12)。

罐底 1 件。标本 H9:17,红陶。平底,斜腹。底径 9.6、残高 8.4 厘米(图二十四,13)。

泥质陶 可辨器形有罐、豆、簋、器盖等。

罐口沿 2 件。标本 H9:12,灰陶。圆唇,束颈,鼓腹,斜下收,平底。口径 16、底径 6、高 8.5 厘米(图二十四,14)。标本 H9:18,灰陶。圆唇,平沿,束颈,鼓腹,腹下残,器身饰弦纹。口径 13.6、残高 5.6 厘米(图二十四,15)。

簋 1 件。标本 H9:3,灰陶。圆唇,平沿,束颈,鼓腹,腹下残,颈部有一凸棱,腹内部为假腹,腹外饰云雷纹,口沿处有一管状錾,錾上有两圆钮。口径 28、残高 6.8 厘米(图二十四,16)。

器盖 1 件。标本 H9:5,灰陶。顶端为圆形钮,钮下束颈,颈部有一凸起弦纹,盖面弧隆,边沿重唇内敛,形成子母口。盖径 11.2、盖高 7.2 厘米(图二十四,17)。

豆盘 1 件。标本 H9:6,灰陶。方唇,斜腹,腹下有拼接豆座的痕迹,豆座未见,素面。口径 18、残高 5.4 厘米(图二十四,18)。

豆柄 1 件。标本 H9:8,灰陶。豆盘残,喇叭形圈足,柄处有数道凹弦纹,圈足处重唇内敛。圈足径 6、残高 5.4 厘米(图二十九,1)。

豆圈足 1 件。标本 H9:9,灰陶。上残,喇叭形圈足,圈足上有两道凹弦纹,圈足底内敛。圈足径 11.2 厘米(图二十九,2)。

石器 仅见石锛和石球各一件。

石锛 1 件。标本 H9:1,灰白色,顶部残,两侧有打制时的凹窝,器表均磨光,单面斜刃。顶宽 5.6、长 8.4、厚 2 厘米(图二十九,3)。

石球 1 件。标本 H9:7,灰白色,球状,残存一半。直径 8、残留部分最厚 4.8 厘米(图二十九,4)。

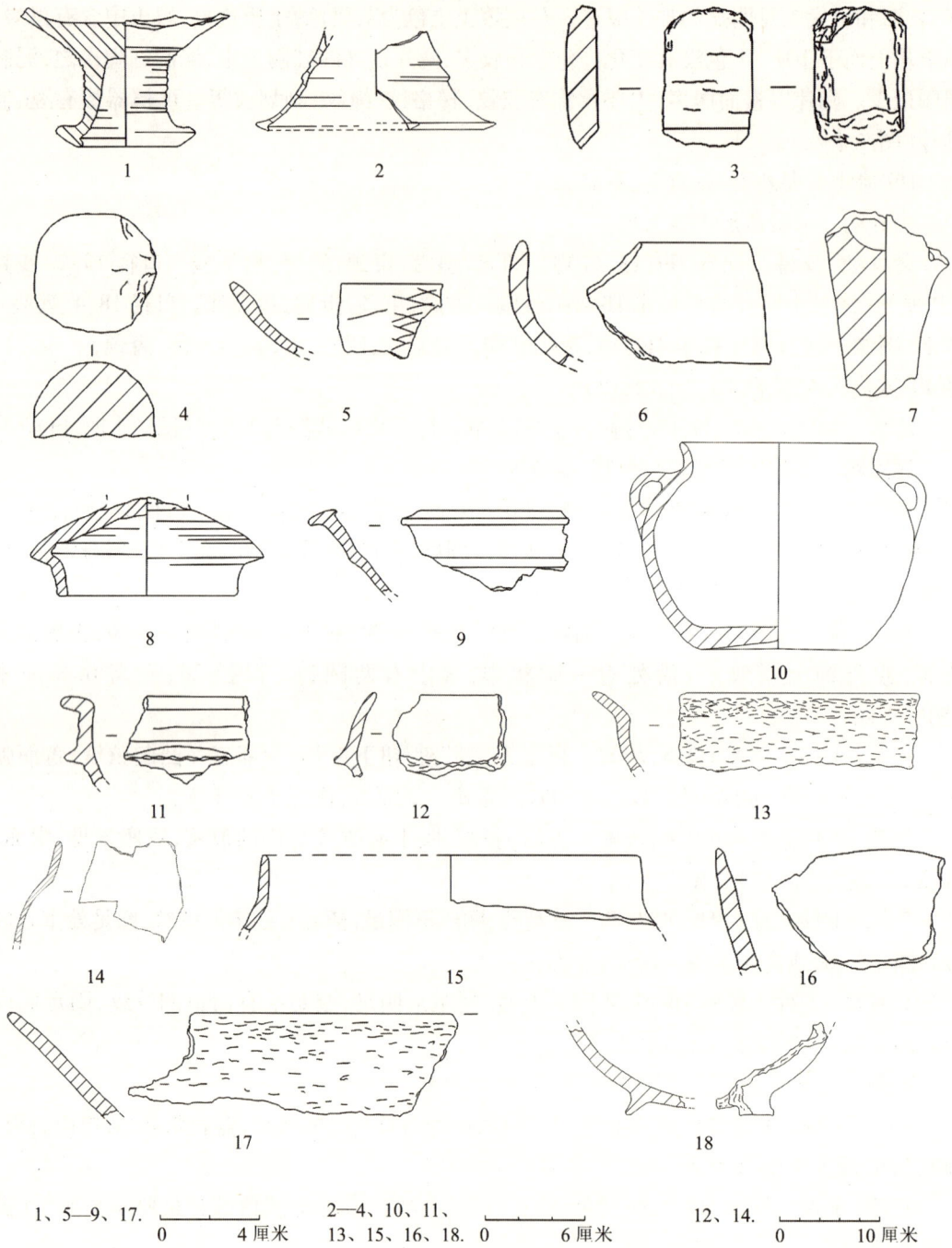

1、5—9、17. 0 ——— 4 厘米   2—4、10、11、13、15、16、18. 0 ——— 6 厘米   12、14. 0 ——— 10 厘米

图二十九　凤凰山遗址灰坑出土器物（二）

1. 豆柄（H9:8）　2. 豆圈足（H9:9）　3. 石锛（H9:1）　4. 石球（H9:7）　5. 盘（H10:3）　6. 钵（H10:11）
7. 鼎足（H10:1）　8. 器盖（H10:2）　9. 盘（H10:4）　10. 罐（H13:1）　11、12. 腰檐釜口沿（H14:8、H14:9）
13. 釜口沿（H14:15）　14、15. 罐口沿（H14:12、H14:45）　16、17. 盘（H14:13、H14:2）　18. 罐底（H14:14）

H10：位于 T8 西侧，开口于第⑥层下，向下打破第⑧层和生土，坑口距离地表 60 厘米。平面形状为不规则圆形，长 110、宽 86 厘米，坑壁呈斜状内收，坑底略呈深弧形，坑壁和坑底未见明显的加工痕迹。坑最深处 80 厘米。填土灰黑色，土质较为疏松，从上而下土质、土色没有变化。陶片以夹砂红陶为主，泥质陶最少。陶片以素面为主，纹饰有弦纹、附加堆纹、梯格纹、捺窝纹等。可辨器形有豆、器盖、鼎足、裆等（图三十）。

H10 遗物有夹砂陶、泥质陶。

夹砂陶　可辨器形有鼎、盘、钵。

盘　1 件。标本 H10：3，红陶。尖圆唇，斜腹，口部较厚。口径 10、残高 3 厘米（图二十九，5）。

钵　1 件。标本 H10：11，红陶。圆唇，口微敛，腹微鼓，斜腹，腹下残。口径 16、残高 4.8 厘米（图二十九，6）。

鼎足　1 件。标本 H10：1，红陶。柱状，素面，下部残。残高 7.4 厘米（图二十九，7）。

泥质陶　可辨器形有盘、器盖等。

器盖　1 件。标本 H10：2，灰陶。顶端残，盖面弧隆，边沿重唇内敛，形成子母口。盖径 10、高 4 厘米（图二十九，8）。

盘　1 件。标本 H10：4，灰陶。圆唇，平沿，斜腹，腹外有两道凹弦纹，腹下残。口径 22、残深 3.4 厘米（图二十九，9）。

图三十　H10 平、剖面图

4. 第⑦层下灰坑

H6：位于 T3 内，部分位于西隔梁下未进行发掘，开口于第⑦层下，向下打破⑨层，坑口距地表 76～94 厘米。平面不规则形，南北长 220、东西宽 100、最深 55 厘米。坑壁斜弧下收，平底。壁、底未发现加工痕迹。坑内填土土质、土色没有变化，填土未分层。土色为深灰褐色，土质稍硬，包含物有少量陶片、石块等。陶片为夹砂红陶、泥质红陶、印纹硬陶。陶片多为素面，纹饰有附加堆纹、方格纹。可辨器形有罐、鬲、盆等（图三十一）。

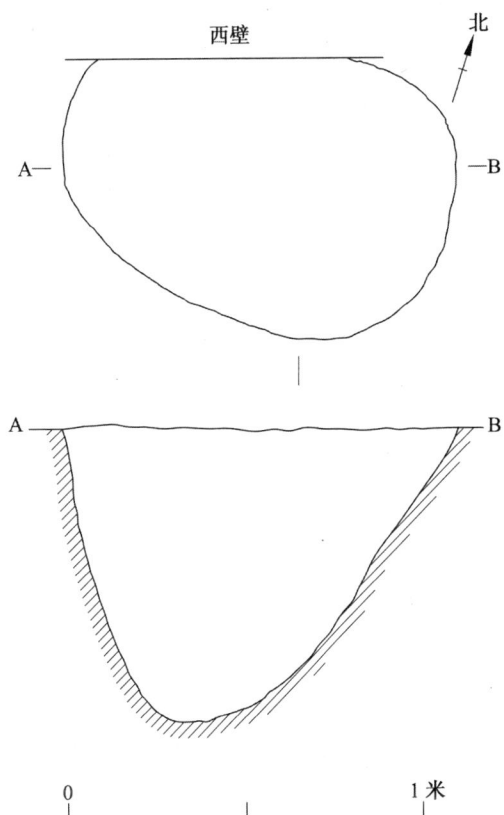

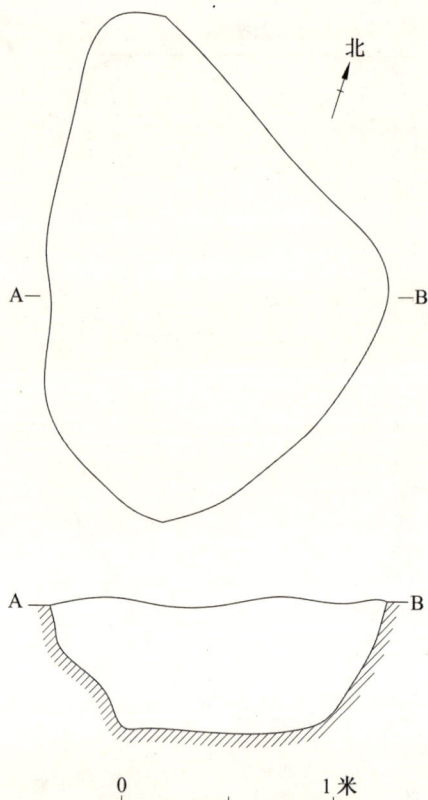

图三十一　H6 平、剖面图

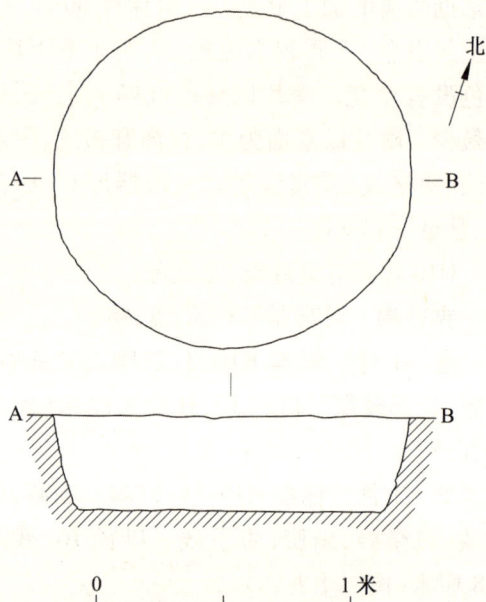

图三十二　H11 平、剖面图

5. 第⑧层下灰坑

H11：位于 T3 南部，开口于第⑧层下，向下打破生土，口距地表 128 厘米。平面形状近圆形。长 140、宽 128、深 36 厘米。坑壁斜直下收，平底。壁、底未发现加工痕迹。坑内填土黑灰色，土质稍硬，土质、土色没有变化，包含物有少量陶片、石块等。陶片为夹砂红陶。陶片多为素面，纹饰有附加堆纹。可辨器形有釜等（图三十二）。

H12：位于 T4 北部偏西，开口于第⑧层下，坑口距离地表 105 厘米。平面形状为圆形，直径 1 米左右，浅坑，深 30 厘米，坑壁稍斜，寰底。填土灰褐色，土质较硬，未发现陶片等遗物。

6. 第⑨层下灰坑

H13：位于 T3 南部，开口于第⑨层下，向下打破生土，坑口距地表 130 厘米。平面形状近椭圆形。长 240、宽 178、深 40 厘米。坑壁斜直下收，平底。壁、底未发现加工痕迹。坑内填土深灰色，土质稍硬，土质、土色没有明显变化，包含物有少量陶片等。陶片为夹砂红陶、泥质红陶。陶片均为素面，可辨器形有罐、豆等（图三十三）。

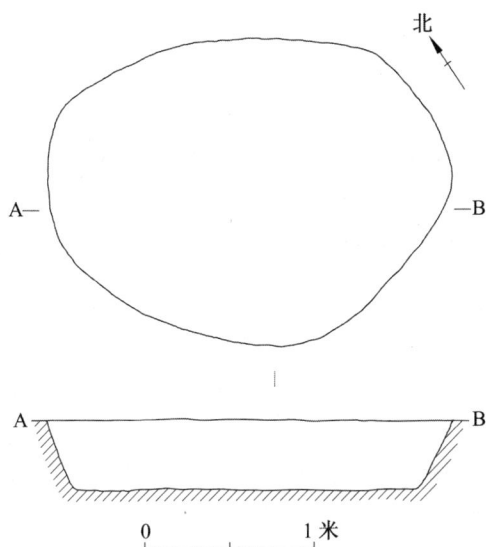

图三十三　**H13 平、剖面图**

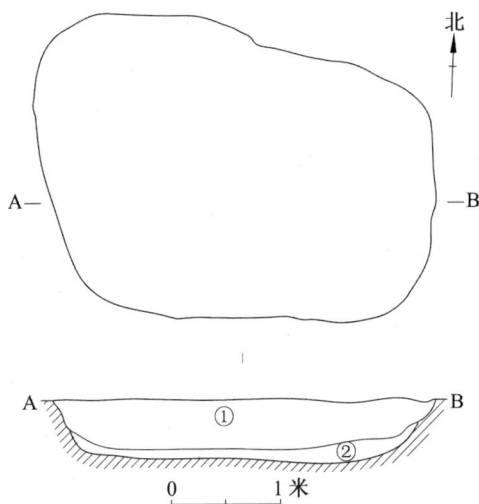

图三十四　**H14 平、剖面图**

H13 遗物为罐。

罐　1件。H13:1,泥质红陶。圆唇束口,沿微侈,圆鼓腹,腹上部近口沿处有两对称桥形耳,腹弧形下收至底,底微凹。口径11.9、底径9.4、高12.3厘米(图二十九,10)。

H14:位于T2西北角,部分分布于T6东隔梁下、T3北隔梁下T2内。开口于第⑨层下,向下打破生土,口距地表110厘米。平面形状不规则,东西发掘长270、南北最宽282厘米。坑壁斜弧内收,底近平。底部有一层红烧土。壁底未发现加工痕迹。坑内填土分上、下两层,上层为深灰褐土,土质稍硬,包含物有大量陶片、红烧土块、石块等,厚40厘米左右;下层为红烧土层,厚10厘米左右。陶片以夹砂红陶为主,泥质红陶、泥质灰陶次之。陶片多为素面,纹饰有附加堆纹,可辨器形有罐、釜、盆等(图三十四)。

H14 出土遗物有夹砂陶和泥质陶。

夹砂陶　可辨器形有腰檐釜、釜、罐、盘。

腰檐釜口沿　30件。依口沿不同分二型。

A型,敞口,斜沿。标本H14:8,红陶。夹稻壳,圆唇,折肩,肩上部有凸起腰沿,余皆残。口径15、残高5.2厘米(图二十九,11)。

B型,侈口,折沿。标本H14:9,红陶。素面,圆唇,内敛,折沿,斜腹,沿处有凸起掐印腰沿,其余均残。口径26、残高8厘米(图二十九,12)。

釜口沿　3件。形制相同。标本H14:15,红陶。圆唇,斜沿,束颈,腹微鼓,腹下残。口径29、残高4.8厘米(图二十九,13)。

罐口沿　3件。依口沿不同分二式。

Ⅰ式,圆唇斜折沿。标本H14:12,红陶。圆唇,斜沿,溜肩,鼓腹,腹下残。口径不详,残高10厘米(图二十九,14)。

Ⅱ式,圆唇直沿。标本H14:45,红陶。圆唇,直沿,溜肩,余残。口径26、残高4.8厘米(图二十九,15)。

盘　2件。标本 H14:13,红陶。圆唇,侈口,斜腹,腹下残。口径50、残深7.2厘米(图二十九,16)。标本 H14:2,红陶。圆唇,斜腹,腹下残。口径29、残深4厘米(图二十九,17)。

泥质陶　基本为泥质红陶和灰陶,可辨器形主要有罐、盆,但陶片残碎严重,难以看出明显特征,仅挑选罐底作为标本。

圈足罐底　3件。形状相似。标本 H14:14,红陶。斜腹,圜底,底部接一外撇小圈足。圈足径8.8、残高5厘米(图二十九,18)。

(三) 灰沟

两座,编号为 G1、G2。

G1:开口于第①层下,平面形状为长条形,截面略呈弧边三角形。G1 贯穿 T1、T2、T5、T6、T7、T8,止于 T1,沟边稍有弯曲,壁斜直内收,底部西南高、东北低。沟壁上未发现加工痕迹(图三十五)。沟内堆积丰富,根据填土土质、土色的不同,沟内堆积可分作9层,下面逐层介绍每层堆积情况和出土的遗物标本。

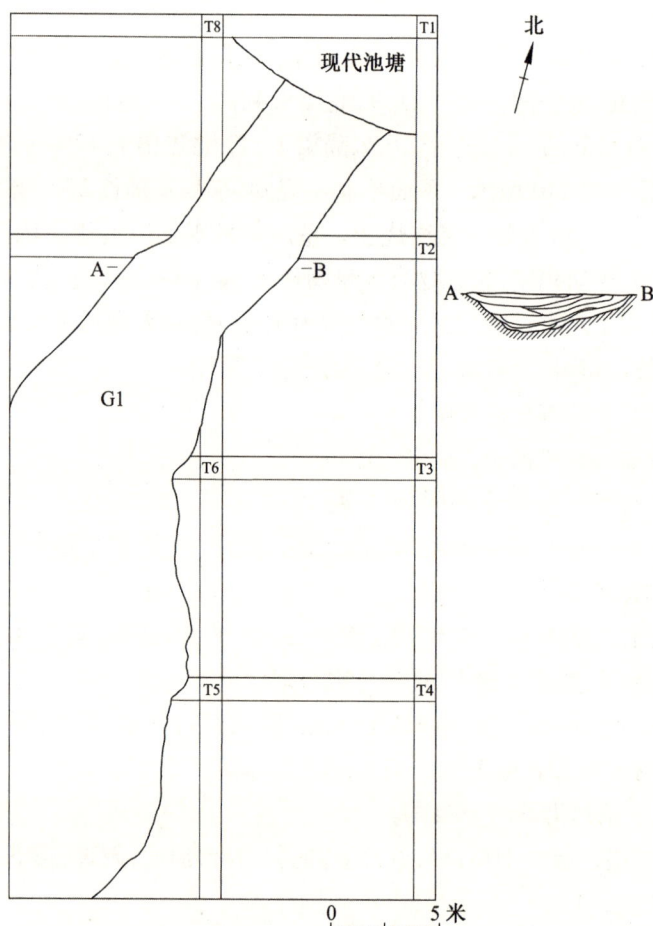

图三十五　G1 平、剖面图

G1 第①层 深 15～20、厚 0～55 厘米。土质疏松,土色黄色,较纯净,出土少量陶片,有泥质红陶及夹砂陶,纹饰有波折纹、绳纹等,可辨器形有罐、盆、鬲、钵等。

G1 第①层出土遗物为夹砂陶、泥质陶。

夹砂陶 可辨器形有鬲、罐等。

鬲 1 件。标本 G1①:20,红陶。方唇,斜沿,束颈,溜肩,肩下残。口径 46、残高 10.8 厘米(图三十六,1)。

罐 1 件。标本 G1①:11,红陶。圆唇,斜沿,束颈,斜弧腹,腹下残,口径大于腹径。口径 41.6、腹径 36.8、残高 12 厘米(图三十六,2)。

器鋬 1 件。标本 G1①:1,桥形,附加在器身上,器身上是斜线刻划纹。残高 6.2 厘米(图三十六,3)。

泥质陶 可辨器形有盆、罐、钵。

罐口沿 1 件。标本 G1①:10,灰陶。方唇,卷沿,束颈,溜肩,肩下残,肩部饰间断绳纹。口径 20、残高 7.2 厘米(图三十六,4)。

盆 1 件。标本 G1①:14,灰陶。方唇宽沿,斜腹,腹下残,器身饰波折纹。口径 29、残高 7 厘米(图三十六,5)。

钵 1 件。标本 G1①:15,红陶。圆唇微内敛,鼓腹,腹下残。口径 17、残高 9.4 厘米(图三十六,6)。

G1 第②层 深 20～75、厚 0～40 厘米。土质较致密,土色为暗红色,夹有红褐色物质结合,包含大量的陶片及少量石块。陶片以夹砂陶为主,泥质红陶及泥质灰陶次之,还有少量的硬陶。纹饰以方格纹、绳纹为主,另外有回纹、弦纹、梯格纹、叶脉纹等,可辨器形有鬲、罐、豆、钵、碗等。出土的较完整的遗物有圈足盘、钵、豆等。

G1 第②层出土遗物为夹砂陶、泥质陶、硬陶、原始瓷器、石器。

夹砂陶 器形有鬲、罐、甗、杯、器盖等。

鬲口沿 23 件。多数破碎严重,仅拣选标本 1 件。标本 G1②:7,方唇,斜沿,折肩,弧腹,腹下残。口径 23、残高 7.2 厘米(图三十六,12)。

鬲足 15 件,有锥形和柱形二型。

锥形足,标本 G1②:71,鬲足。袋状,足端锥状。残高 9.5 厘米(图三十六,13)。

柱形足,标本 G1②:66,袋状,足端柱状。残高 9 厘米(图三十六,14)。

罐口沿 11 件,依据口沿分为二型。

A 型,圆唇卷沿。标本 G1②:60,圆唇,卷沿口内收,束颈,溜肩,肩下残,器身隐约见绳纹。口径 13、残高 5.5 厘米(图三十六,15)。

B 型,圆唇斜折沿。标本 G1②:3,红陶。圆唇,斜沿,折肩,弧腹,腹下残。口径 24、残高 4 厘米(图三十六,16)。

鼎足 1 件。标本 G1②:58,圆锥状,一侧有两条凹弦纹。残高 9.7 厘米(图三十六,17)。

杯 1 件。标本 G1②:24,红陶。敛口,直腹,平底,底微残。口径 3.2、高 3.2、底径 2.6、腹深 2 厘米(图三十六,18)。

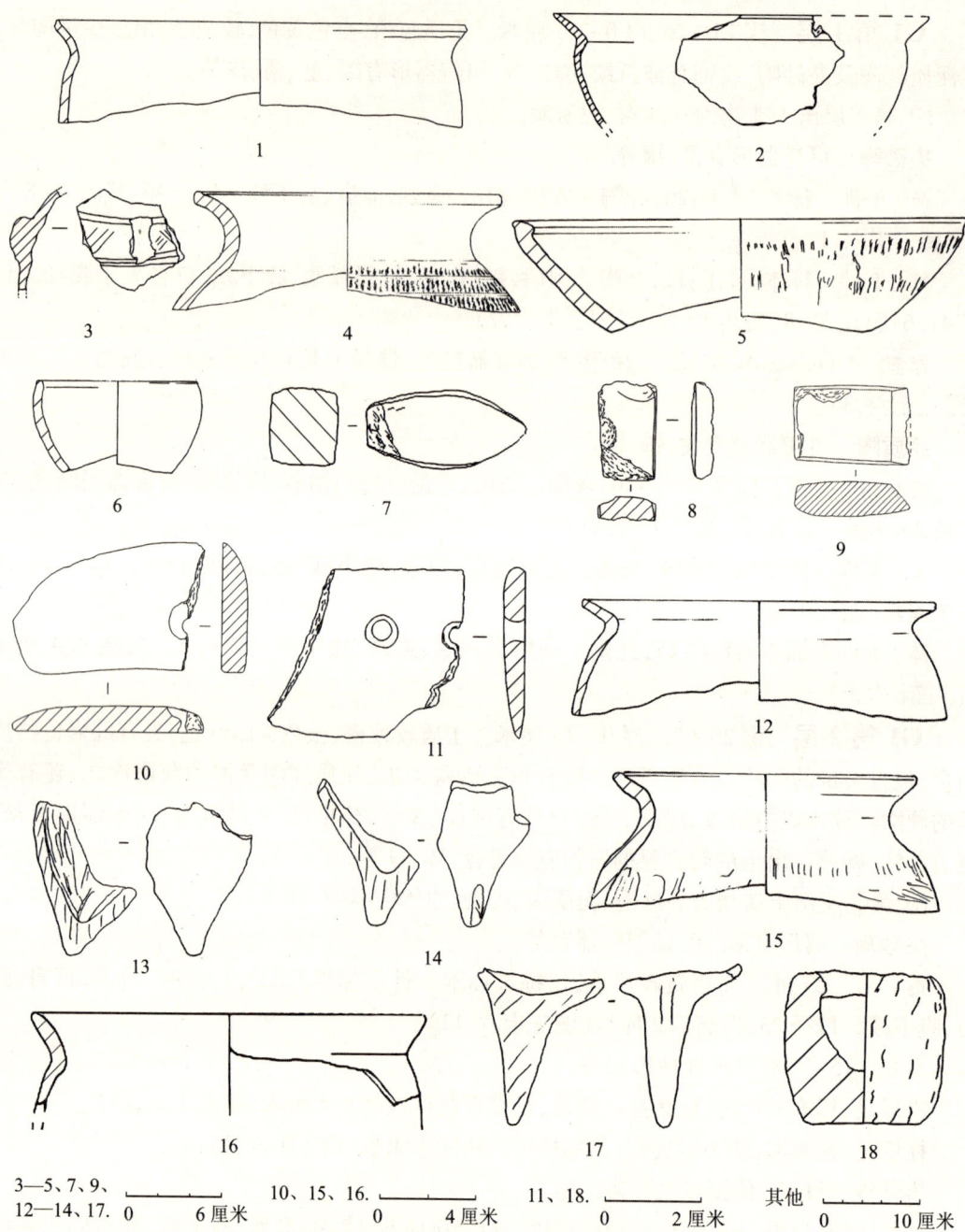

| 3—5、7、9、 | | 10、15、16. | | 11、18. | | 其他 | |
| 12—14、17. 0 | 6厘米 | 0 | 4厘米 | 0 | 2厘米 | 0 | 10厘米 |

图三十六　凤凰山遗址 G1 出土器物（一）

1. 鬲（G1①:20）　2. 罐（G1①:11）　3. 器盖（G1①:1）　4. 罐口沿（G1①:10）　5. 陶盆（G1①:14）
6. 钵（G1①:15）　7—9. 石锛（G1②:2、G1②:11、G1②:13）　10、11. 穿孔石刀（G1②:6、G1②:8）
12. 鬲口沿（G1②:7）　13、14. 鬲足（G1②:71、G1②:66）　15、16. 罐口沿（G1②:60、G1②:3）
17. 鼎足（G1②:58）　18. 陶杯（G1②:24）

瓿腰　1件。标本 G1②:61,斜腹,束腰,腰部饰半月形掐印纹。腰直径16、残高7厘米(图三十七,1)。

器盖　1件。标本 G1②:3,器盖,红陶。顶为圆形抓手,顶上微凹,盖壁微弧下张至底平折。捉手直径5、底径13.6、高5.8厘米(图三十七,2)。

泥质陶　主要器形有罐、豆、盆、杯、网坠。

罐口沿　19件。形制相同,基本为侈口,圆唇,卷沿。标本 G1②:21,灰陶。圆唇,卷沿外翻,束颈,斜肩,肩部饰4道凹弦纹,下接绳纹。口径20、残高6厘米(图三十七,3)。

罐底　10件。圈足底6件,平底均为残碎严重的碎片。标本 G1②:51,黑皮红陶。盘残,腹平直,喇叭形矮圈足。圈足径9.3、残高4.5厘米(图三十七,4)。

罐钮系　3个。均为桥形系。标本 G1②:32,灰陶。桥形,附加在器身上。陶片残高8厘米(图三十七,5)。

盆　1件。标本 G1②:70,黑皮红陶。方唇,平沿,腹微鼓,腹下残,器身饰凹弦纹。口径19.5、残高5.2厘米(图三十七,6)。

盘　10件。依据口部特征分为二型。

A 型,敛口,方唇。标本 G1②:42,灰陶。方唇,斜弧腹,腹下残,器身饰刻划纹及凹弦纹。口径25、残高4.4厘米(图三十七,7)。

B 型,侈口,圆唇。标本 G1②:31,灰陶。圆唇,斜折腹,腹下残。口径30、残高7.7厘米(图三十七,8)。

杯　1件。标本 G1②:4,红陶夹细砂。口残,直腹,平底,底微内凹,带把手,把手已残,器身腹部及底部饰二道凹弦纹。底径6.5、残高7.2厘米(图三十七,9)。

豆盘　1件。标本 G1②:15,灰陶。圆唇,斜腹,喇叭形圈足,圈足残。口径14、残高5.8厘米(图三十七,10)。

豆圈足　1件。标本 G1②:43,灰陶。喇叭形圈足外撇,圈足饰凸弦纹。残高7厘米(图三十七,11)。

网坠　1件。标本 G1②:10,红陶。长方形,一面有两道凹槽,一面平。长2.3、宽2.3、厚1.4厘米(图三十七,12)。

硬陶　多为带刻印几何纹饰的腹片,仅见少量罐口沿和底,各拣选标本1件。

罐口沿　1件。标本 G1②:5,方唇,卷沿外翻,束颈,鼓腹,腹下残,颈部饰凹弦纹,器身饰回纹。口径11、残高5.1厘米(图三十七,13)。

罐底　1件。标本 G1②:30,口残,斜腹,平底,器身饰回纹。底径12.8、残高3.6厘米(图三十七,14)。

原始瓷器　豆,1件。标本 G1②:12,圆唇,口微敛,盘稍深。豆盘外壁上部下张,下部微弧形下收,上下部之间较鼓,呈一周凸棱状,内底凹外底平,下有矮圈足下部下张。豆盘外壁上部有三周凹弦纹。口径13.3、底径8.4、高5.9厘米(图三十七,15)。

石器　均为磨制,主要为石锛和石刀。

石锛　3件。标本 G1②:2,青灰色,平顶,器表均磨光,单面斜刃,顶宽2.4、长10.4、最厚4.8厘米(图三十六,7)。标本 G1②:11,青灰色,顶部残,器身均磨光,单面斜刃,刃稍残,

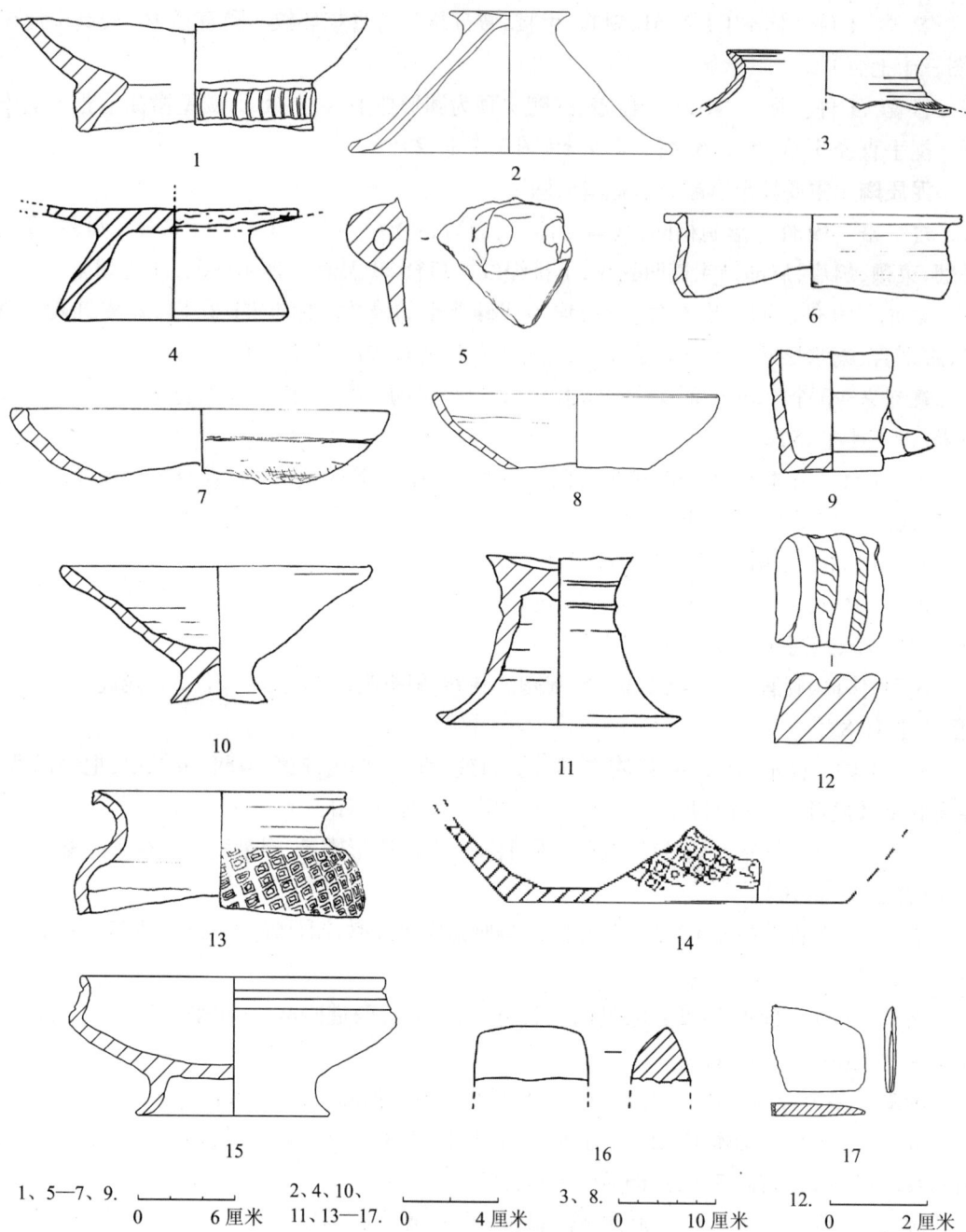

1、5—7、9. ————— 　　2、4、10、 ————— 　　3、8. ————— 　　12. —————
　　　　　0　　6厘米　　11、13—17. 0　　4厘米　　　0　　10厘米　　　0　　2厘米

图三十七　凤凰山遗址 G1 出土器物（二）

1. 甑腰（G1②:61）　2. 器盖（G1②:3）　3. 罐口沿（G1②:21）　4. 圈足（G1②:51）　5. 罐钮系（G1②:32）
6. 盆（G1②:70）　7、8. 盘（G1②:42、G1②:31）　9. 陶杯（G1②:4）　10. 豆盘（G1②:15）
11. 豆圈足（G1②:43）　12. 网坠（G1②:10）　13. 罐口沿（G1②:5）　14. 罐底（G1②:30）
15. 原始瓷豆（G1②:12）　16. 石斧（G1③:1）　17. 石刀（G1③:2）

表面较光滑,顶宽6、长10、最厚2.4厘米(图三十六,8)。标本G1②:13,青灰色,表面均磨光,平顶,单面斜刃,刃部残。顶宽4.3、长6.9、厚2厘米(图三十六,9)。

穿孔石刀　2件。标本G1②:6,青灰色,表面均磨光,残。可见一半残穿孔,半月形,顶部较平,双锋,直刃。残长7.5、宽5.5、厚1.1厘米(图三十六,10)。标本G1②:8,灰白色,表面均磨光,残。有完整穿孔一个及一个半残穿孔,顶部平直,双锋,直刃。残长4、宽3.4、厚0.4厘米(图三十六,11)。

G1 第③层　深15~75、厚0~35厘米。土质疏松,土色为灰色,杂有青色颗粒。包含较多陶片。陶片以泥质陶为主,夹砂陶次之,还有少量的硬陶。纹饰以方格纹、绳纹为主,另外有部分回纹、折线纹、梯格纹、席纹、方格纹加席纹等,可辨器形有罐、鬲、甑等;出土较完整的器物有罐、圈足盘、盂等。

G1 第③层出土遗物为夹砂陶、泥质陶、硬陶、石器。

夹砂陶　可辨器形有鬲、罐、鼎。

鬲口沿　29件。依口沿不同分二型。

A 型,圆唇,折沿。标本G1③:6,红陶。圆唇,折沿,束颈,颈下残。残高7.5厘米(图三十八,1)。

B 型,圆唇、斜沿。标本G1③:5,红陶。圆唇,斜沿,束颈,溜肩,肩下残。口径29.6、残高10厘米(图三十八,2)。

鬲足　15件,分锥形足和柱形足二型。

锥形足,标本G1③:16,红陶。袋状,足端尖锥状。残高8厘米(图三十八,3)。

柱形足,标本G1③:25,红陶。袋状,足端柱状。残高7厘米(图三十八,4)。

罐口沿　12件,依据唇部特征可分为二型。

A 型,圆唇。依据口沿可分为斜沿及折沿两个亚型。

Aa 型,圆唇斜沿。标本G1③:15,红陶。圆唇,斜沿,束颈,鼓腹,腹下残。残高9厘米(图三十八,5)。

Ab 型,圆唇折沿。标本G1③:8,红陶。圆唇,折沿,斜腹,腹下残。口径20、残高7.6厘米(图三十八,6)。

B 型,方唇。标本G1③:10,红陶。方唇,斜沿,折肩,肩下残。残高6厘米(图三十八,7)。

鼎足　1件。标本G1③:13,红陶。柱状,残高6厘米(图三十八,8)。

泥质陶　可辨器形有罐、盆、钵、豆。

罐口沿　19件,依据唇部特征可分为二型。

A 型,圆唇。依据口沿可分为卷沿及斜沿两个亚型。

Aa 型,圆唇卷沿。标本G1③:3,灰陶。圆唇,卷沿外翻,束颈,溜肩,鼓腹,腹下残,器身饰绳纹。口径28.8、残高11.2厘米(图三十八,9)。

Ab 型,圆唇斜沿。标本G1③:11,灰陶。圆唇,斜沿,束颈,溜肩,肩下残,颈部隐约可见绳纹。口径11.6、残高2.6厘米(图三十八,10)。

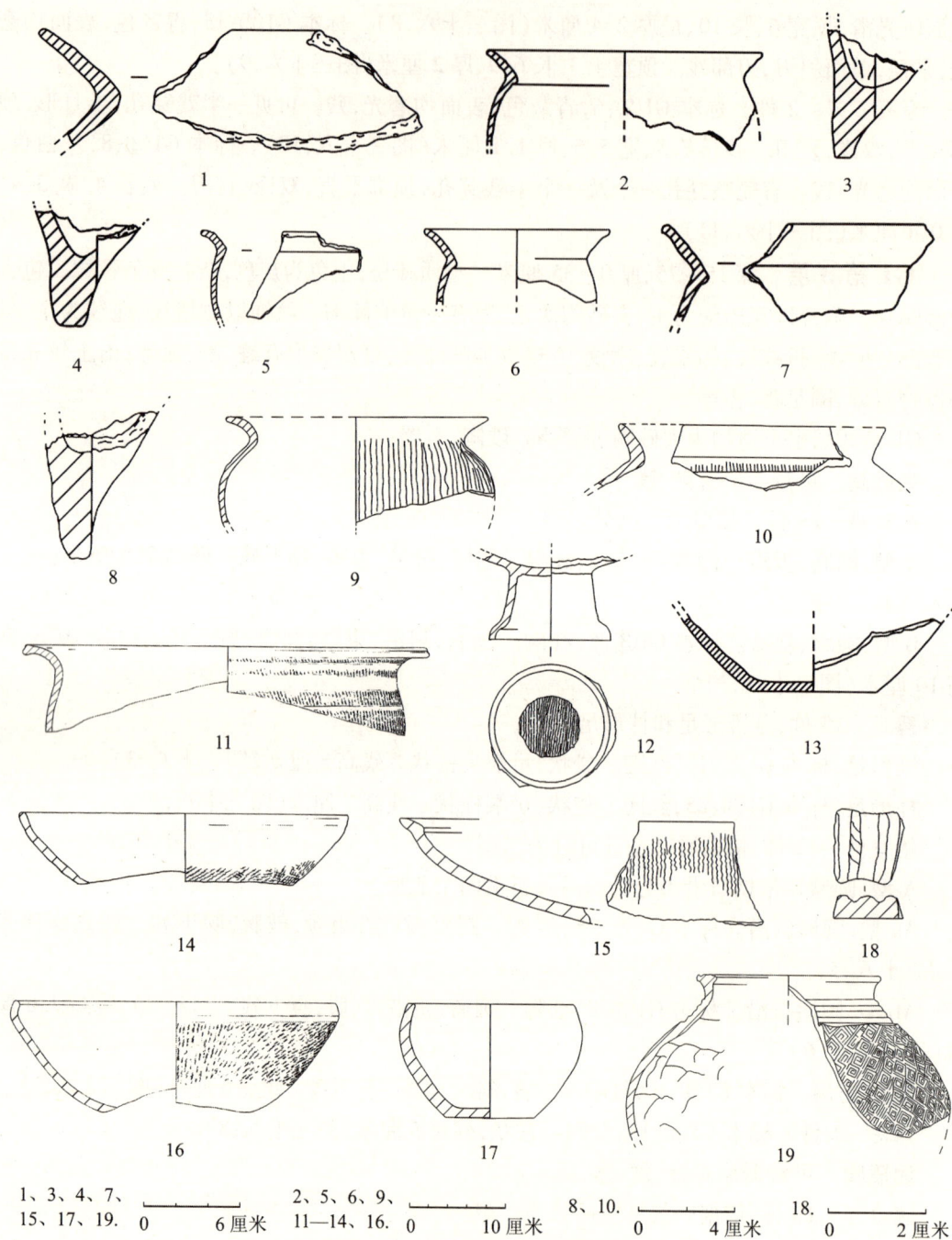

图三十八　凤凰山遗址 **G1** 出土器物(三)

1、2. 鬲口沿(G1③:6、G1③:5)　　3、4. 鬲足(G1③:16、G1③:25)　　5—7. 罐口沿(G1③:15、G1③:8、G1③:10)　8. 鼎足(G1③:13)　9—11. 罐口沿(G1③:3、G1③:11、G1③:40)　12. 圈足(G1③:31)　13. 罐底(G1③:18)　14—16. 盆(G1③:23、G1③:19、G1③:20)　17. 陶钵(G1③:4)　18. 网坠(G1③:7)　19. 罐口沿(G1③:21)

B 型,方唇。标本 G1③:40,灰陶。方唇,卷沿,束颈,颈下残,器身饰间断绳纹。口径44、残高9厘米(图三十八,11)。

罐底　7件,平底。标本 G1③:18,灰陶。口残,斜腹,平底。底径14.4、残高8厘米(图三十八,13)。

豆圈足　5件,形制相同。标本 G1③:31,圈足底,黑皮红陶。斜腹,喇叭形圈足,圈足口微折内收,底饰绳纹。圈足径13、残高8.7厘米(图三十八,12)。

盆　10件,分三型。

A 型,侈口,圆唇。标本 G1③:23,灰陶。圆唇,斜弧腹,腹下残,器身饰绳纹。口径36、残高7.4厘米(图三十八,14)。

B 型,微敛口,方唇。标本 G1③:19,灰陶。方唇,斜弧腹,腹下残,器身饰绳纹。口径不详,残高6.3厘米(图三十八,15)。

C 型,圆唇,斜腹。标本 G1③:20,灰陶。圆唇内敛,斜折腹,腹下残,器身饰绳纹。口径34、残高11厘米(图三十八,16)。

钵　3件,形制相同。标本 G1③:4,黑皮灰陶。方唇敛口,腹微鼓,略弧下收至底,平底。口径10.5、底径5.6、高7.1厘米(图三十八,17)。

网坠　1件。标本 G1③:7,红陶。长方形,一面有两道凹槽,一面平。长1.7、宽1.5、厚0.5厘米(图三十八,18)。

硬陶　器形单一,仅见罐。

罐口沿　5件。形制相似。标本 G1③:21,圆唇,平沿,沿上饰凹弦纹,束颈,溜肩,鼓腹,腹下残,颈部饰凹弦纹,器身饰回纹。口径11.4、残高9.9厘米(图三十八,19)。

石器　2件。石斧、石刀各一。

石斧　标本 G1③:1,灰白色,表面磨光,残留石斧刃部,双面弧刃。残长3.2、宽7.2、厚4厘米(图三十七,16)。

石刀　标本 G1③:2,青灰色,表面均磨光,顶部平,未见穿孔,单锋,斜弧刃。长4、宽3.5、厚0.5厘米(图三十七,17)。

G1 第④层　深15~85、厚0~35厘米。土质较疏松,土色黄色,杂有青色颗粒。包含较多陶片。陶片以夹砂陶为主,泥质红陶及泥质灰陶次之,还有少量硬陶。纹饰以方格纹、绳纹为主,另外有刻划纹、回纹、梯格纹、云雷纹等。可辨器形有鬲、罐、豆、盘、钵等。

G1 第④层出土遗物有夹砂陶、泥质陶、原始瓷器、石器。

夹砂陶　可辨器形有鬲、罐、鼎、甗、杯。

鬲口沿　19件。形式单一,基本为圆唇斜沿。标本 G1④:28,圆唇,斜沿,折肩,肩下残。口径23、残高8厘米(图三十九,4)。

鬲足　14件。袋状,多部分足尖破损,足尖完整的仅见柱形足尖。标本 G1④:8,袋状,足端柱状。残高8厘米(图三十九,5)。

罐口沿　14件,依据口沿特征不同分为斜沿及直沿二型。

A 型,斜沿。依据唇部不同可分为圆唇及方唇两个亚型。

Aa 型,圆唇斜沿。标本 G1④:13,红陶。圆唇,斜沿,折肩,肩下残。口径44、残高6厘米(图三十九,6)。

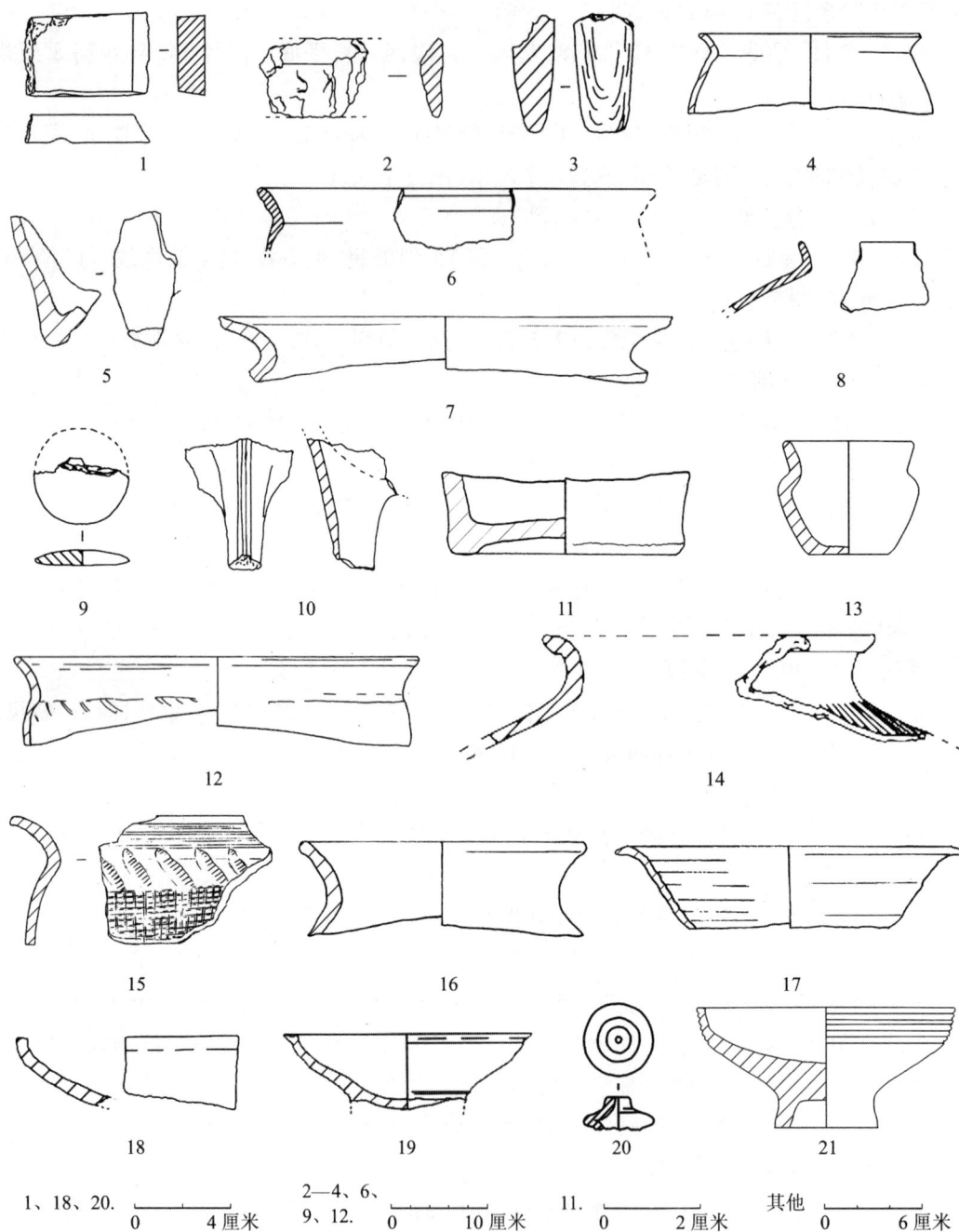

1、18、20. ├─────┤ 0　4厘米　　　2—4、6、9、12. ├─────┤ 0　10 厘米　　　11. ├─────┤ 0　2厘米　　　其他 ├─────┤ 0　6厘米

图三十九　凤凰山遗址 G1 出土器物（四）

1. 石锛（G1④:5）　2. 石刀（G1④:7）　3. 石斧（G1④:1）　4. 鬲口沿（G1④:28）　5. 鬲足（G1④:8）
6—8. 罐口沿（G1④:13、G1④:16、G1④:25）　9. 陶饼（G1④:3）　10. 鼎足（G1④:33）　11. 陶杯（G1④:23）
12. 甗口沿（G1④:24）　13. 罐（G1④:4）　14—16. 罐口沿（G1④:19、G1④:9、G1④:11）　17. 盆（G1④:14）
18、19. 盘（G1④:22、G1④:32）　20. 器盖（G1④:2）　21. 原始瓷豆（G1④:12）

Ab 型,方唇斜沿。标本 G1④:16,方唇,斜沿,束颈,颈下残。口径 29、残高 4 厘米(图三十九,7)。

B 型,直沿。标本 G1④:25,红陶。圆唇,直沿,折肩,肩下残。口径不详。残高 4.4 厘米(图三十九,8)。

陶饼 2 件。标本 G1④:3,灰陶。圆饼状,中部厚,边沿薄,表面粗糙,半残。直径 10.4、最厚 1.6 厘米(图三十九,9)。

鼎足 1 件。标本 G1④:33,红陶。柱状,外侧约四分之一收成鱼鳍状。残高 7.9 厘米(图三十九,10)。

杯 1 件。标本 G1④:23,夹细砂,口残,直腹,平底,底内凹。底径 5.3、残高 1.7 厘米(图三十九,11)。

甗口沿 1 件。标本 G1④:24,圆唇,斜沿,溜肩,肩下残。口径 43、残高 9 厘米(图三十九,12)。

泥质陶 可辨器形有罐、盆、盘、器盖。

罐 1 件。标本 G1④:4,小罐,红陶。黑皮,圆唇敞口,束颈,直溜肩,腹部略弧下收,平底。口径 7.8、底径 4.9、高 6.9 厘米(图三十九,13)。

罐口沿 18 件。依据口沿不同分为卷沿及斜沿二型。

A 型,卷沿。标本 G1④:19,灰陶。圆唇,卷沿,束颈,斜肩,肩部饰绳纹。口径 17.6、残高 6 厘米(图三十九,14)。

B 型,斜沿。依据唇部特征可分为方唇及圆唇两个亚型。

Ba 型,方唇斜折沿。标本 G1④:9,红陶。方唇,斜折沿,溜肩,肩下残,沿部饰凹弦纹,下接梯格纹。残高 7.8 厘米(图三十九,15)。

Bb 型,圆唇斜沿。标本 G1④:11,灰陶。圆唇,斜沿,束颈,颈下残。口径 18、残高 5.7 厘米(图三十九,16)。

盆 4 件。形制相似。口微敛,方唇,宽平沿,斜腹。标本 G1④:14,灰陶。方唇宽沿外侈,斜腹,腹下残,器身饰凹弦纹,器内饰凹弦纹。口径 22、残高 5 厘米(图三十九,17)。

盘 2 件。标本 G1④:22,灰陶。方唇,斜鼓腹,腹下残。口径约 20、残高 3 厘米(图三十九,18)。标本 G1④:32,灰陶,方唇平口,折沿,斜腹,腹下残。口径 18、残高 4.5 厘米(图三十九,19)。

器盖 1 件。标本 G1④:2,灰陶。平面呈圆形,顶部有圆形钮,中部有圆孔,圆肩折腹,余残形状不明,肩部靠近钮部有一凸棱。器身直径 3、高 2.2、孔径 0.4 厘米(图三十九,20)。

原始瓷器

豆 1 件。标本 G1④:12,灰白胎,釉层已经剥落,方唇侈口,稍深盘,豆盘口沿外突,下壁斜收至底,下有喇叭状矮圈足,厚底,豆盘上部有数周凹弦纹。口径 16、底径 6.4、高 7.3 厘米(图三十九,21)。

石器 均为小型磨制石器,主要有石锛、石刀、石斧等。

石锛 1 件。标本 G1④:5,灰白色,表面均磨光,平顶,顶残,单面斜刃,刃部残。顶宽 3.4、长 5.6、厚 1.2 厘米(图三十九,1)。

石刀　1件。标本 G1④:7,灰白色,刃部有打磨痕迹,其余地方均残,顶部平直,单锋,斜刃。长 11.6、宽 8、厚 2.4 厘米(图三十九,2)。

石斧　1件。标本 G1④:1,青灰色,顶部残,杵状,器身磨光,下端有刃已残。最宽 6.4、长 12.4、最厚 4.4 厘米(图三十九,3)。

G1 第⑤层　深 70~110,0~45 厘米。土质疏松,土色黄色,杂有红烧土颗粒。包含较多陶片。陶片以夹砂陶为主,泥质灰陶次之,另有泥质红陶及少量的硬陶、白陶。纹饰以方格纹及绳纹为主,另外有填线纹、凹弦纹、回纹、刻划纹等。可辨器形有鬲、罐、釜、豆及钵等。

G1 第⑤层出土遗物有夹砂陶、泥质陶、硬淘、青铜器。

夹砂陶　可辨器形有鬲、罐、釜、甗等。

鬲口沿　22 件。多残碎严重,难以拣选标本。

鬲足　12 件。袋状,足内有烟袋痕迹,较完整的少见,拣选标本 1 件。标本 G1⑤:6,红陶。袋状,足端柱状。残高 8.8 厘米(图四十,1)。

罐口沿　30 件。残碎严重,拣选标本 1 件。标本 G1⑤:26,红陶。圆唇,斜沿,溜肩。残高 9 厘米(图四十,2)。

罐底　9 件。多为厚平底,夹粗大沙砾。标本 G1⑤:16,红陶。口残,斜腹,平底。底径 10、残高 4.8 厘米(图四十,3)。

甗口沿　2 件。标本 G1⑤:22,圆唇,斜沿,折肩,弧腹,腹下残。口径 38、残高 13 厘米(图二十九,4)。标本 G1⑤:52,方唇,斜沿,折肩,肩下残。口径 43、残高 8.6 厘米(图四十,5)。

甗腰　1 件。标本 G1⑤:66,斜腹,束腰,腰部饰圆形掐印纹。腰直径 11.5、残高 7.6 厘米(图四十,6)。

腰檐釜　1 件。标本 G1⑤:4,红陶。口残,腰部有一錾状把手,余皆残。残高 5 厘米(图四十,7)。

泥质陶　可辨器形有罐、盆、钵、豆、碗、纺轮等。

罐口沿　12 件,依唇部特征可分二型。

A 型,圆唇。依据口沿不同,可分为斜沿及卷沿两个亚型。

Aa 型,侈口,圆唇斜沿。标本 G1⑤:14,灰陶。圆唇,斜沿外翻,束颈,溜肩,肩下残,肩部饰绳纹,接两道凹弦纹,下接斜线刻划纹。口径 16.8、残高 6 厘米(图四十,8)。

Ab 型,圆唇卷沿。标本 G1⑤:7,红陶。圆唇,卷沿,束颈,溜肩,鼓腹,腹下残,器身饰方格纹。口径 31.2、残高 8 厘米(图四十,9)。

B 型,方唇。依据口沿不同,可分为卷沿及折沿两个亚型。

Ba 型,方唇卷沿。标本 G1⑤:8,灰陶。方唇,卷沿外翻,束颈,溜肩,肩部饰小方格纹。口径 16、残高 5.6 厘米(图四十,10)。

Bb 型,方唇斜折沿。标本 G1⑤:42,红陶,夹细砂。方唇,斜折沿,弧腹,腹下残,器身隐约见绳纹。口径 21、残高 11.4 厘米(图四十,11)。

圈足罐底　4 件。形制类同。标本 G1⑤:15,灰陶,喇叭形圈足,圈足外撇。圈足径 9.6、残高 6.2 厘米(图四十,12)。

盆口沿　7件。形制相似,均为方唇宽沿,敛口,斜弧腹。标本 G1⑤:17,灰陶。方唇宽沿,斜弧腹,腹下残,器身饰方格纹。口径 40、残高 7.8 厘米(图四十,13)。

刻槽盆　1件。标本 G1⑤:12,灰陶。方唇,鼓肩,斜腹,腹下残,口及肩内饰凹弦纹,腹内饰 4 道一组交叉凹弦纹,器表上部饰凹弦纹,腹下部饰方格纹。口径 33、残高 10 厘米(图四十,14)。

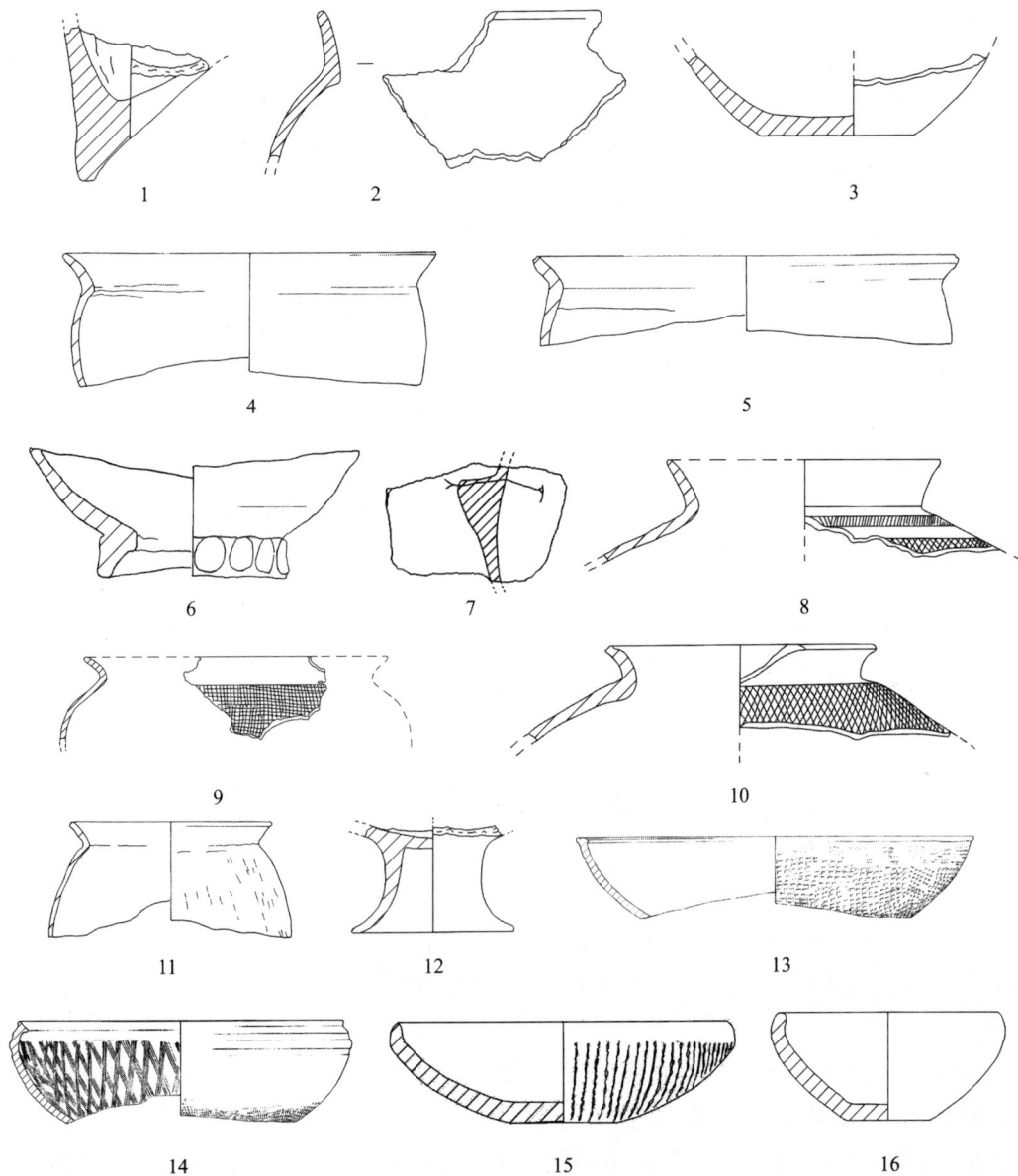

图四十　凤凰山遗址 G1 出土器物(五)

1. 鬲足(G1⑤:6)　2. 罐口沿(G1⑤:26)　3. 罐底(G1⑤:16)　4、5. 瓿口沿(G1⑤:22、G1⑤:52)
6. 瓿腰(G1⑤:66)　7. 腰檐釜(G1⑤:4)　8—11. 罐口沿(G1⑤:14、G1⑤:7、G1⑤:8、G1⑤:42)
12. 圈足(G1⑤:15)　13. 盆口沿(G1⑤:17)　14. 刻槽盆(G1⑤:12)　15. 盆(G1⑤:2)　16. 钵(G1⑤:5)

盆 修复1件,标本G1⑤:2,黑皮灰陶。尖圆唇,敛口,浅腹,腹部略弧下收至底,小平底微凹,腹部及底部饰细绳纹。口径19.7、底径6.4、高5.8厘米(图四十,15)。

钵 5件,修复2件。标本G1⑤:5,灰陶。圆唇,口沿微敛,腹稍深,腹微鼓,腹部略弧斜急下收至底,平底。口径8.3、底径5.2、高6.3厘米(图四十,16)。标本G1⑤:9,黑皮灰陶。整器较高大,圆唇敛口,腹较深,腹部略鼓,弧下收至底,平底。口径12、底径6.2、高12.6厘米(图四十一,1)。

豆 1件。标本G1⑤:10,黑皮红陶。方唇敞口,深盘,豆盘外壁上部斜直下收,下部微弧下收,上下部之间有一道折痕,内底微凹,下有稍高喇叭状圈足。口径17、底径10.3、高9.6厘米(图四十一,2)。

豆盘 1件。标本G1⑤:3,灰陶。方唇,斜沿,盘口微侈,盘较深,盘外有5个等距分布的乳钉。口径13.8、残高5.1厘米(图四十一,3)。

豆柄 1件。标本G1⑤:62,黑皮红陶。上下皆残,柄部有三道凹痕。残高6.2厘米(图四十一,4)。

碗 1件。标本G1⑤:11,红陶。整器稍小,圆唇敛口,上腹鼓腹,下腹弧形下收至底,小平底。口径14.6、底径5.5、高7厘米(图四十一,5)。

纺轮 1件。标本G1⑤:1,红陶。圆饼状,中穿一孔。直径5.2、孔径1.2、厚1.2厘米(图四十一,6)。

硬陶

硬陶罐 1件。标本G1⑤:61,印纹硬陶。方唇侈口,卷沿,束颈,矮领,鼓肩,上腹圆鼓,下腹垂收至底,大平底,颈上有数周凹弦纹,上腹部饰重回纹,下腹部饰方格加折线纹。口径9.6、底径10.2、高7.8厘米(图四十一,7)。

青铜器

铜镞 1件。标本G1⑤:13,三角形,双翼较宽,起中脊,较厚大,后有铤,铤后端残。残长3.2、最宽1.8、铤最厚0.6厘米(图四十一,8)。

G1 第⑥层 深15~110、0~50厘米。土质致密,灰色土,杂有黄色细小颗粒。包含较多陶片。陶片以夹砂陶为主,泥质灰陶次之,泥质红陶少许,还有少量的硬陶。纹饰以方格纹为主,另外有绳纹、回纹、折线纹、梯格纹、云雷纹加回纹等。可辨器形有鬲、罐、釜、豆、盆、钵等。

G1第⑥层出土遗物有夹砂陶、泥质陶、硬陶和石器。

夹砂陶 可辨器形有鬲、罐、鼎。

鬲 2件。标本G1⑥:2,红陶。方唇敞口,折沿,束颈,直弧腹,腹中部略鼓,最大腹径不大于口径,袋足,锥状足尖。口径17.6、通高18、最大腹径17.5厘米(图四十一,11)。标本G1⑥:8,红陶。尖圆唇侈口,折沿,深直腹,裆稍低,在整器三分之一处,袋足稍外撇,稍超出口径,袋足下有锥状足尖,足尖残。口径14.4、残高16、最大腹径15.6厘米(图四十一,12)。

鬲口沿 3件。标本G1⑥:19,圆唇,斜沿,折肩,肩下残。口径48、残高10厘米(图四十一,13)。标本G1⑥:14,方唇,斜沿,束颈,鼓腹,腹下残,其内壁有裆线。口径20、残高15.6厘米(图四十一,14)。标本G1⑥:33,方唇,斜沿,折肩,弧腹,腹下残。口径20、残高10

厘米(图四十一,15)。

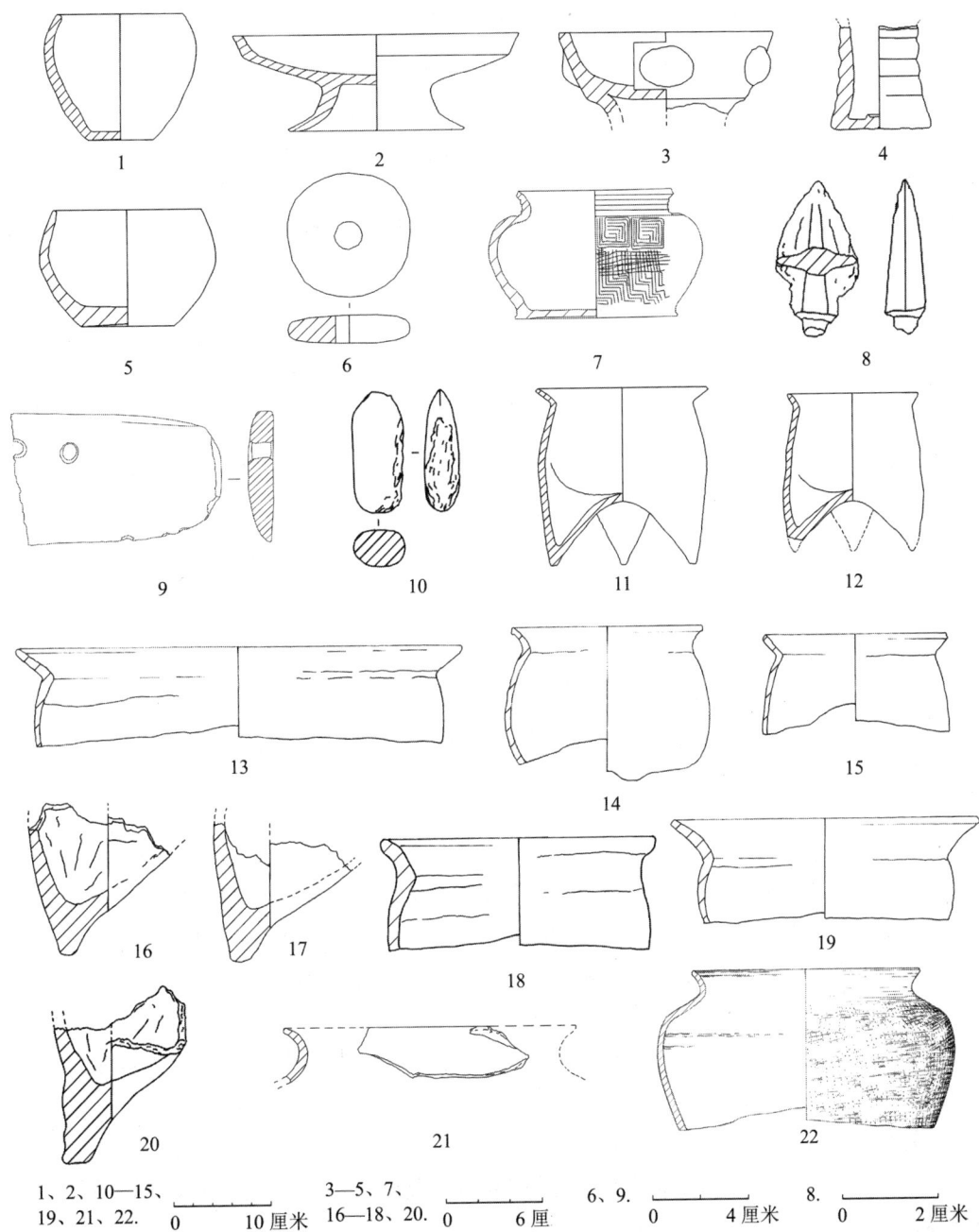

图四十一　凤凰山遗址 G1 出土器物(六)

1. 钵(G1⑤:9)　2. 豆(G1⑤:10)　3. 豆盘(G1⑤:3)　4. 豆柄(G1⑤:62)　5. 碗(G1⑤:11)
6. 纺轮(G1⑤:1)　7. 罐(G1⑤:61)　8. 铜镞(G1⑤:13)　9. 穿孔石刀(G1⑥:1)　10. 石斧(G1⑥:3)
11、12. 鬲(G1⑥:2、G1⑥:8)　13—15. 鬲口沿(G1⑥:19、G1⑥:14、G1⑥:33)　16、17. 鬲足(G1⑥:9、
G1⑥:11)　18、19. 罐口沿(G1⑥:27、G1⑥:21)　20. 鼎足(G1⑥:7)　21、22. 罐口沿(G1⑥:24、G1⑥:12)

鬲足　9件。袋状,依据足尖特征,可分柱状足和锥状足。标本 G1⑥:9,红陶。袋状,足端尖锥状。残高9.3厘米(图四十一,16)。标本 G1⑥:11,红陶。袋状,足端柱状。残高8.5厘米(图四十一,17)。

罐口沿　6件。可分二型。

A 型,圆唇斜沿。标本 G1⑥:27,圆唇,斜沿,溜肩,肩下残。口径17、残高6.8厘米(图四十一,18)。

B 型,方唇斜沿。标本 G1⑥:21,夹细砂红陶。方唇,斜折沿,弧腹,腹下残,口大于腹。口径31、残高10.2厘米(图四十一,19)。

鼎足　1件。标本 G1⑥:7,灰陶。柱状。残高10.8厘米(图四十一,20)。

泥质陶　可辨器形有罐、豆、盘等。

罐口沿　7件。依据唇部特征可分为圆唇及方唇二型。

A 型,圆唇。依据口沿特征可分为沿特征可分为卷沿、斜沿及有沿三个亚型。

Aa 型,圆唇卷沿。标本 G1⑥:24,灰陶。圆唇,卷沿,束颈,颈下残。口径28.8、残高5.2厘米(图四十一,21)。

Ab 型,圆唇斜沿。标本 G1⑥:12,灰陶。圆唇,斜沿,束颈,溜肩,鼓腹,腹下残,器身饰横梯格纹。口径25、残高16.8厘米(图四十一,22)。

Ac 型,圆唇直沿。标本 G1⑥:18,黑皮红陶。圆唇,直沿,斜肩,肩下残,肩部饰绳纹,下接两道凹弦纹,器身饰绳纹。口径16、残高4.4厘米(图四十二,1)。

B 型,方唇。标本 G1⑥:31,灰陶。方唇,斜沿,束颈,颈下残,颈部饰带状绳纹。口径30.4、残高5.2厘米(图四十二,2)。

罐底　3件,均为平底。标本 G1⑥:15,灰陶。口残,斜腹,平底,器身饰绳纹。底径16、残高7.6厘米(图四十二,3)。

圈足盘　1件。标本 G1⑥:4,红陶。圆唇,口微敞,浅盘,盘壁略斜直下收至底,平底,下有圈足,盘壁饰四周凹弦纹。口径20、圈足径16、高6.2厘米(图四十二,4)。

豆圈足　1件。标本 G1⑥:5,灰陶。豆盘残,盘下接圈足,圈足喇叭形。圈足径9.9、残高6.9厘米(图四十二,5)。

豆柄　1件。标本 G1⑥:26,灰陶。上下皆残,柄部有一圈凸棱。残高6.4厘米(图四十二,6)。

盆口沿　3件,可分三型。

A 型,方唇,直口,斜腹。标本 G1⑥:20,灰陶。方唇,束颈,直口,斜腹,腹下残。口径28、残高3.6厘米(图四十二,7)。

B 型,圆唇,侈口,斜鼓腹。标本 G1⑥:16,灰陶。圆唇,斜鼓腹,腹下残。口径19.5、残高4.8厘米(图四十二,8)。

C 型,方唇,斜沿,折腹。标本 G1⑥:23,灰陶。方唇,斜沿,折腹,腹下残。口径20.6、残高5.2厘米(图四十二,9)。

硬陶　器形均为罐,口沿标本两件。标本 G1⑥:10,方唇,唇部饰凹弦纹,斜沿,折肩,颈部饰凹弦纹,肩部饰回纹。残高6.8厘米(图四十二,10)。标本 G1⑥:17,口残,卷沿外翻,束颈,斜肩,肩下残。颈部饰凹弦纹,上肩部饰云纹,下肩部饰回纹。口径不详,残高5.6厘米(图四十二,11)。

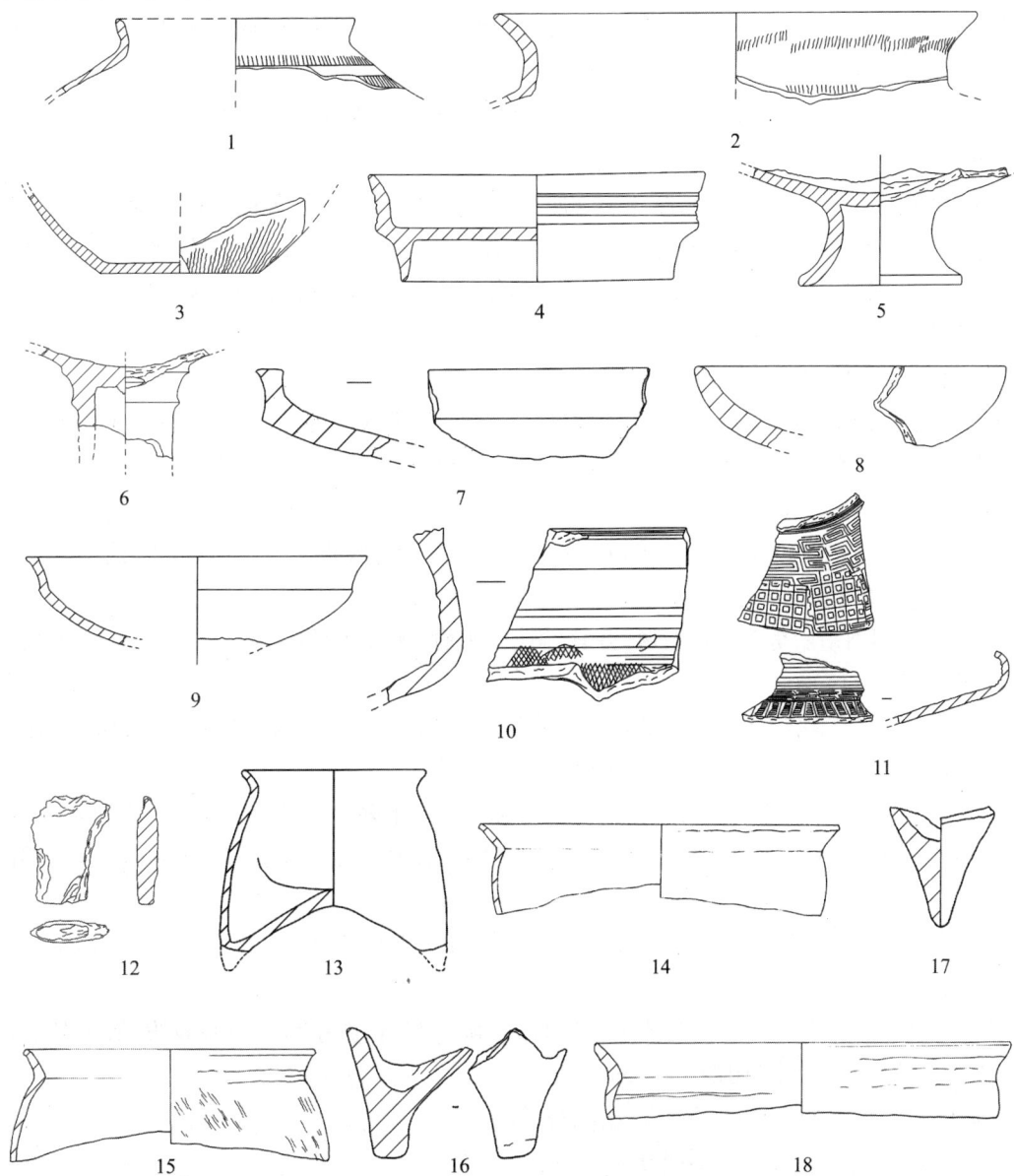

图四十二　凤凰山遗址 G1 出土器物(七)

1、2. 罐口沿(G1⑥:18、G1⑥:31)　3. 罐底(G1⑥:15)　4. 圈足盘(G1⑥:4)　5. 豆圈足(G1⑥:5)
6. 豆柄(G1⑥:26)　7—9. 盆口沿(G1⑥:20、G1⑥:16、G1⑥:23)　10、11. 口沿(G1⑥:10、G1⑥:17)
12. 石器(G1⑦:2)　13. 鬲(G1⑦:4)　14、15. 鬲口沿(G1⑦:60、G1⑦:14)　16、17. 鬲足(G1⑦:51、
G1⑦:54)　18. 甗口沿(G1⑦:36)

石器 2件。

穿孔石刀 1件。标本G1⑥:1,黄褐色,表面均磨光,半残,可见一个完整穿孔及一半残穿孔,穿孔为两边对钻而成,顶部平直,半月形,单锋,弧刃。残长8、宽5.3、厚1厘米(图四十一,9)。

石斧 1件。标本G1⑥:3,青灰色,表面磨光,杵状,双面弧刃。长12、宽5.2、厚4厘米(图四十一,10)。

G1 第⑦层 深80~165、厚0~20厘米。土质较致密,土色黄色。包含少量陶片。陶片以夹砂陶及泥质灰陶为主,泥质红陶次之,还有少量硬陶。纹饰以方格纹、绳纹为主,另外有云雷纹、凹弦纹、梯格纹、刻划纹、云雷纹加回纹等。可辨器形有鬲、罐、盆、钵等。

G1 第⑦层出土遗物有夹砂陶、泥质陶、石器。

夹砂陶 主要有鬲、罐、甗等。

鬲 1件。标本G1⑦:4,红陶。圆唇侈口,圆折沿,弧鼓腹外伸,最大径在袋足位置。分裆较低,袋状足较鼓,锥状足尖。口径18.6、高20、最大径24厘米(图四十二,13)。

鬲口沿 6件。可分二型。

A型,圆唇斜沿。标本G1⑦:60,圆唇,斜沿,折肩,弧腹,腹下残。口径35、残高8.5厘米(图四十二,14)。

B型,方唇斜沿。标本G1⑦:14,方唇,斜沿,折肩,弧鼓腹,腹下残。口径30、残高11.1厘米(图四十二,15)。

鬲足 7件,标本G1⑦:51,袋状,足端柱状。残高7.5厘米(图四十二,16)。标本G1⑦:54,袋状,足端锥状。残高7厘米(图四十二,17)。

甗口沿 2件。标本G1⑦:36,圆唇,斜沿,溜肩,肩下残。口径42、残高7.3厘米(图四十二,18)。标本G1⑦:53,圆唇,斜沿,折肩,弧腹微鼓,腹下残。口径41、残高13厘米(图四十三,1)。

甗腰 3件。标本G1⑦:47,斜腹,束腰,腰部饰椭圆形掐印纹。腰直径15、残高7.8厘米(图四十三,2)。

罐口沿 6件,标本1件。标本G1⑦:13,红陶。圆唇,微卷沿,束颈,鼓腹,腹下残。口径32.8、残高10.4厘米(图四十三,3)。

泥质陶 可辨器形有罐、盆、钵、豆、纺轮等。

罐口沿 21件。依唇部不同分为二型。

A型,圆唇。依据口沿不同可分为卷沿和折沿两个亚型。

Aa型,圆唇卷沿。标本T5G1⑦:43,灰陶。圆唇卷沿,束颈,鼓肩,肩下残,器身饰间断绳纹。口径17、残高7.6厘米(图四十三,4)。

Ab型,圆唇斜折沿。标本G1⑦:34,灰陶。圆唇,斜折沿,溜肩,肩下残,器身见绳纹。口径40、残高7.2厘米(图四十三,5)。

B型,方唇。依据口沿不同可分为斜折沿及卷沿两个亚型。

Ba型,方唇斜折沿。标本G1⑦:7,灰陶。方唇,斜折沿,束颈,微鼓肩,肩下残,器身饰篮纹。口径20、残高7.2厘米(图四十三,6)。

Bb 型,方唇卷沿。标本 G1⑦:24,灰陶。方唇,卷沿,束颈,颈下残,饰绳纹。口径20、残高5.2厘米(图四十三,7)。

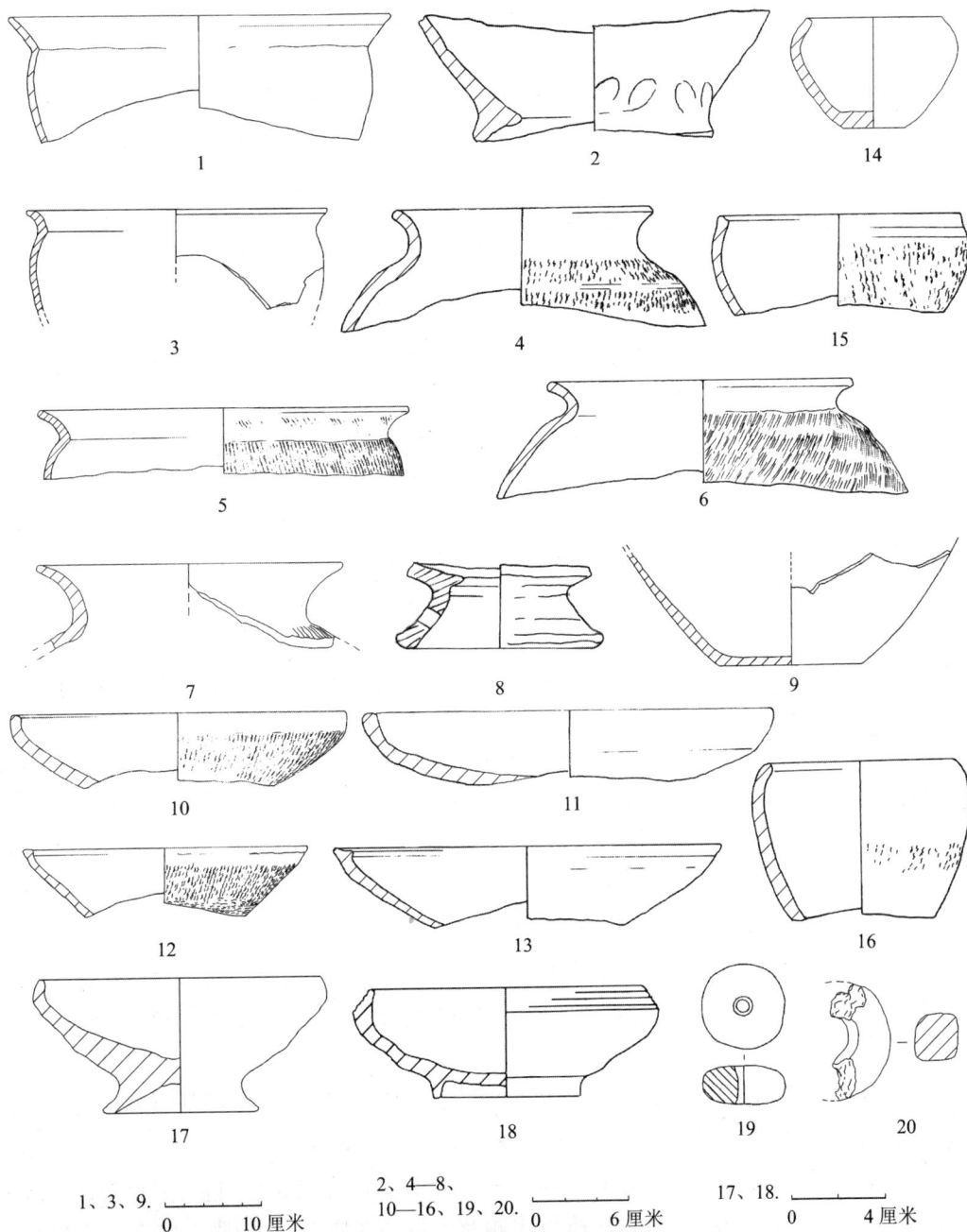

图四十三　凤凰山遗址 G1 出土器物(八)

1. 甂口沿(G1⑦:53) 2. 甂腰(G1⑦:47) 3. 罐口沿(G1⑦:13) 4—7. 罐口沿(G1⑦:43、G1⑦:34、G1⑦:7、G1⑦:34) 8、9. 罐底(G1⑦:28、G1⑦:5) 10—13. 盆口沿(G1⑦:39、G1⑦:58、G1⑦:20、G1⑦:49) 14—16. 钵(G1⑦:8、G1⑦:52、G1⑦:17) 17. 豆(G1⑦:10) 18. 盘(G1⑦:3) 19、20. 纺轮(G1⑦:1、G1⑦:9)

罐底　18 件。圈足底和平底两种。标本 G1⑦:28,灰陶。平底带圈足,喇叭形外撇,圈足上有一圆形孔。底径 13.4、残高 5.3 厘米(图四十三,8)。标本 G1⑦:5,灰陶。口残,斜腹,平底,器身饰绳纹。底径 16、残高 11.6 厘米(图四十三,9)。

盆口沿　12 件。依唇部不同分为二型。

A 型,圆唇。依口沿不同可分为直沿及斜沿两个亚型。

Aa 型,圆唇直沿。标本 G1⑦:39,灰陶。圆唇直沿,斜腹,腹下残,器身饰绳纹。口径 22、残高 4.6 厘米(图四十三,10)。

Ab 型,圆唇斜沿。标本 G1⑦:58,灰陶。圆唇,斜沿,弧腹,腹下残。口径 24、残高 4.5 厘米(图四十三,11)。

B 型,方唇。依口沿不同可分为折沿及斜沿两个亚型。

Ba 型,方唇宽折沿。标本 G1⑦:20,灰陶。方唇宽沿,斜腹,腹下残,器身饰绳纹。口径 30、残高 7 厘米(图四十三,12)。

Bb 型,方唇斜沿。标本 G1⑦:49,灰陶。方唇斜沿,斜腹,腹下残。口径 27、残高 5 厘米(图四十三,13)。

钵　修复 2 件。口沿 4 件。标本 G1⑦:8,质黑皮灰陶。整器较小,圆唇敛口,腹稍深,腹部略鼓,弧下收至底,平底。口径 8.8、底径 4、高 6.9 厘米(图四十三,14)。标本 G1⑦:52,红陶。方唇内敛,鼓腹,器身饰绳纹。口径 16、残高 6.2 厘米(图四十三,15)。标本 G1⑦:17,灰陶。圆唇内敛,鼓腹,腹下残,器身饰绳纹。口径 12、残高 9.8 厘米(图四十三,16)。

豆　1 件。标本 G1⑦:10,灰陶。圆唇敛口,豆盘稍深,内底下凹,豆盘外壁下部斜直下收至圈足,矮圈足下张。口径 11.7、底径 6.2、高 5.5 厘米(图四十三,17)。

盘　2 件。标本 G1⑦:3,灰陶。圆唇,口内敛,口部有 4 道凹弦纹,折沿,斜腹,腹下接圈足,圈足残。口径 12、最大径 13.2、残高 4.6 厘米(图四十三,18)。

纺轮　2 件。标本 G1⑦:1,红陶。圆饼状,表面光滑,中穿一孔,器体较厚。直径 5.2、内孔径 0.8 ~ 1.2、厚 2.4 厘米(图四十三,19)。标本 G1⑦:9,红陶。半残,圆柱状,中穿一孔,表面较光滑。直径约 7、内孔径约 2.6、厚 2.6 厘米(图四十三,20)。

硬陶　器型为罐,1 件。标本 G1⑦:6,印纹硬陶。尖唇侈口,圆折沿,束颈,矮领,平肩,垂鼓腹弧形下收至底,平底,矮圈足,颈上有三周凹弦纹,腹部饰套菱纹。口径 15.2、底径 14.7、高 8.4 厘米(图四十四,1)。

石器　1 件。标本 G1⑦:2,石斧,青灰色,亚腰形,表面较光滑,有打制痕迹,单面斜刃,刃部稍残。长 10.8 厘米,最宽为刃部,宽 8、厚 2.4 厘米(图四十二,12)。

G1 第⑧层　深 160 ~ 180、厚 0 ~ 30 厘米。土质疏松,土色黑色,包含大量陶片。陶片以夹砂陶为主,泥质灰陶次之,另有泥质黑皮陶及少量的泥质红陶、硬陶。纹饰以方格纹及绳纹为主,另外有刻划纹、折线纹、云雷纹、方格填线纹、刻划纹加附加堆纹等。可辨器形有鬲、罐、豆、盆、钵等。

G1 第⑧层出土遗物有夹砂陶、泥质陶、硬陶。

夹砂陶　可辨器形有鬲、罐、甗、釜等。

鬲口沿　20 件。多数残碎严重,拣选标本 3 件。标本 G1⑧:39,圆唇,斜沿,束颈,溜肩,肩下残。口径 41、残高 7 厘米（图四十四,2）。标本 G1⑧:50,圆唇,斜沿,折肩,肩下残。口径 24、残高 7.5 厘米（图四十四,3）。标本 G1⑧:36,圆唇,斜沿,束颈,弧腹,腹下残。口径 18、残高 10 厘米（图四十四,4）。

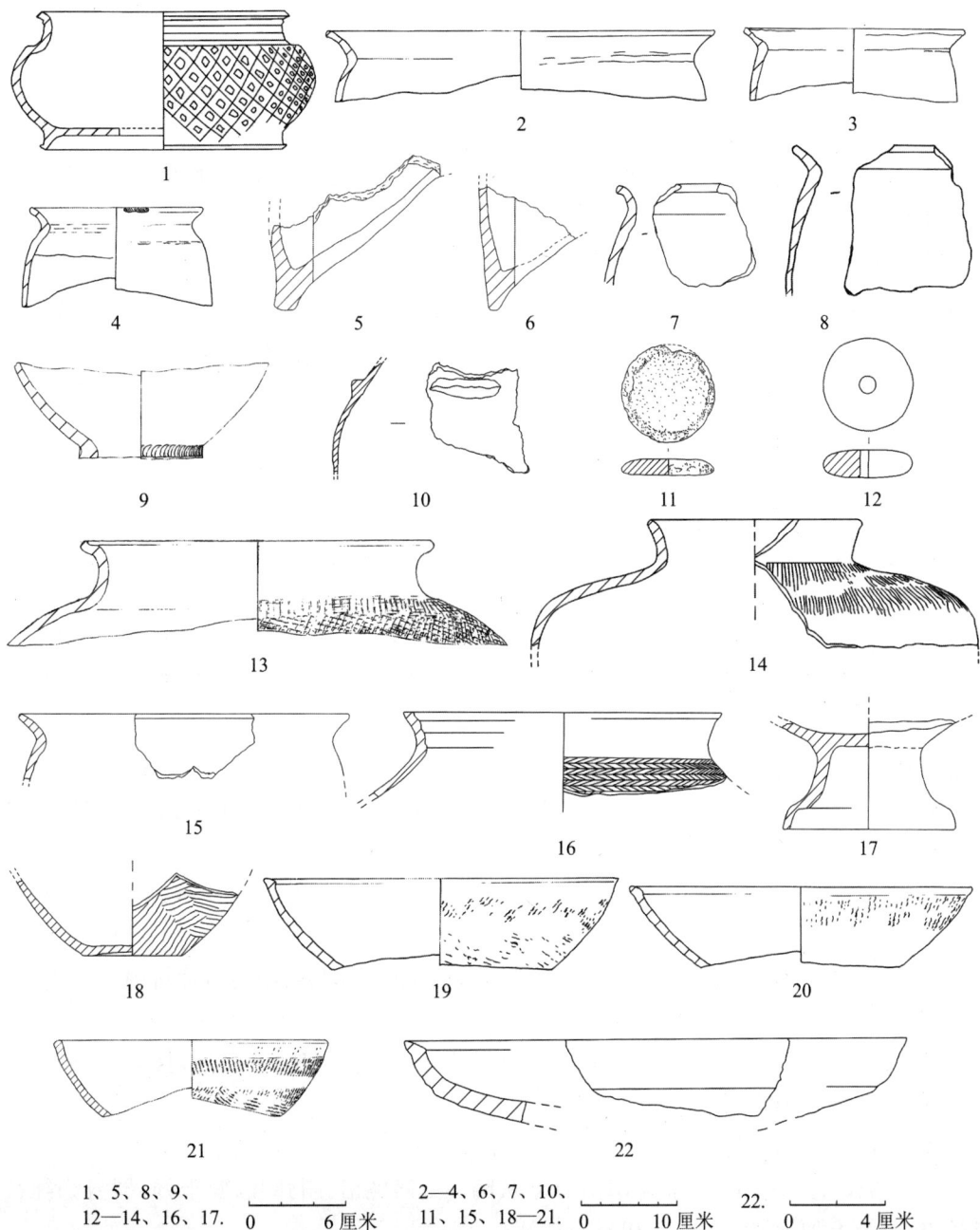

1、5、8、9、
12—14、16、17.　　0　　　6 厘米

2—4、6、7、10、
11、15、18—21.　　0　　　10 厘米

22.　　0　　　4 厘米

图四十四　凤凰山遗址 G1 出土器物（九）

1. 罐(G1⑦:6)　2—4. 鬲口沿(G1⑧:39、G1⑧:50、G1⑧:36)　5、6. 鬲足(G1⑧:58、G1⑧:5)　7、8. 罐口沿(G1⑧:43、G1⑧:53)　9. 甗腰(G1⑧:16)　10. 腰檐釜片(G1⑧:7)　11. 陶饼(G1⑧:3)　12. 陶纺轮(G1⑧:1)　13—16. 罐口沿(G1⑧:30、G1⑧:12、G1⑧:22、G1⑧:28)　17. 圈足(G1⑧:19)　18. 罐底(G1⑧:59)　19—21. 盆口沿(G1⑧:18、G1⑧:15、G1⑧:55)　22. 盘(G1⑧:25)

鬲足　21件。分柱状足尖和锥状足尖两种。标本 G1⑧:58,红陶。袋状,足端柱状。残高 9.4 厘米(图四十四,5)。标本 G1⑧:5,红陶。袋状,足端尖锥状。残高 12.3 厘米(图四十四,6)。

罐口沿　10件。分二型。

A 型,圆唇卷沿。标本 G1⑧:43,圆唇,卷沿,溜肩,肩下残。残高 10.4 厘米(图四十四,7)。

B 型,圆唇斜折沿。标本 G1⑧:53,圆唇,斜折沿,弧腹,腹下残。残高 9 厘米(图四十四,8)。

瓵腰　3件。标本 G1⑧:16,斜弧腹,束腰,腰部饰半月形掐印纹。腰直径 13、残高 9.7 厘米(图四十四,9)。

腰釜檐片　1件。标本 G1⑧:7,红陶。口残,腹部有一凸起腰檐。残高 10.8 厘米(图四十四,10)。

陶饼　1件。标本 G1⑧:3,圆饼状,边沿薄。直径 10、厚 1.7 厘米(图四十四,11)。

陶纺轮　1件。标本 G1⑧:1,圆饼状,表面粗糙,中穿一孔。直径 5.6、内孔径 1、厚 1.6 厘米(图四十四,12)。

泥质陶　主要器形为罐、盆、钵、盘、豆。

罐口沿　33件。依据唇部不同分为二型。

A 型,圆唇。依据口沿不同,可分为卷沿及斜沿两个亚型。

Aa 型,圆唇卷沿。标本 G1⑧:30,红陶。圆唇,卷沿,侈口,沿内有凹槽,束颈,鼓肩,肩下残,器身饰方格纹。口径 22、残高 6.2 厘米(图四十四,13)。

Ab 型,圆唇斜沿。标本 G1⑧:12,灰陶。圆唇,斜沿,束颈,溜肩,肩下残,肩部饰绳纹。口径 15.2、残高 8 厘米(图四十四,14)。

B 型,方唇。依据口沿不同可分为卷沿及斜沿两个亚型。

Ba 型,方唇卷沿。标本 G1⑧:22,灰陶。方唇,卷沿,束颈,溜肩,肩下残。口径 29.6、残高 6 厘米(图四十四,15)。

Bb 型,方唇斜沿。标本 G1⑧:28,红陶。方唇,斜沿,束颈,溜肩,肩下残,肩部饰折线纹。口径 24、残高 5 厘米(图四十四,16)。

圈足　7件。标本 G1⑧:19,灰陶。盘残,斜腹,喇叭形圈足,圈足口微折内收。圈足径 11.2、残高 6.6 厘米(图四十四,17)。

罐底　23件。均为平底。标本 G1⑧:59,灰陶。口残,斜腹,平底,器身饰绳纹。底径 11.2、残高 8 厘米(图四十四,18)。

盆口沿　9件,分三型。

A 型,敛口,方唇宽沿。标本 G1⑧:18,灰陶。方唇宽沿,斜弧腹,腹下残,器身饰绳纹。口径 36、残高 9 厘米(图四十四,19)。

B 型,侈口,方唇斜沿。标本 G1⑧:15,灰陶。方唇斜沿微外侈,斜弧腹,腹下残,器身饰绳纹。口径 38、残高 8.4 厘米(图四十四,20)。

C 型,侈口,圆唇卷沿。标本 G1⑧:55,灰陶。圆唇,斜弧腹,腹下残,器身饰绳纹。口径 29、残高 7.8 厘米(图四十四,21)。

　　盘　2件。标本 G1⑧:25,灰陶。方唇平口,斜弧腹,腹下残。口径 22.4、残高 3.2 厘米
(图四十四,22)。标本 G1⑧:32,灰陶。方唇,直沿,斜腹,腹下残。口径 10、残高 4 厘米(图
四十五,1)。

　　豆　1件。标本 G1⑧:4,灰陶。方唇敞口,盘稍深,盘壁弧形下收,内底凹,下有喇叭状
高柄圈足。豆盘外壁有绳纹。口径 17.3、底径 9.5、高 10.8 厘米(图四十五,2)。

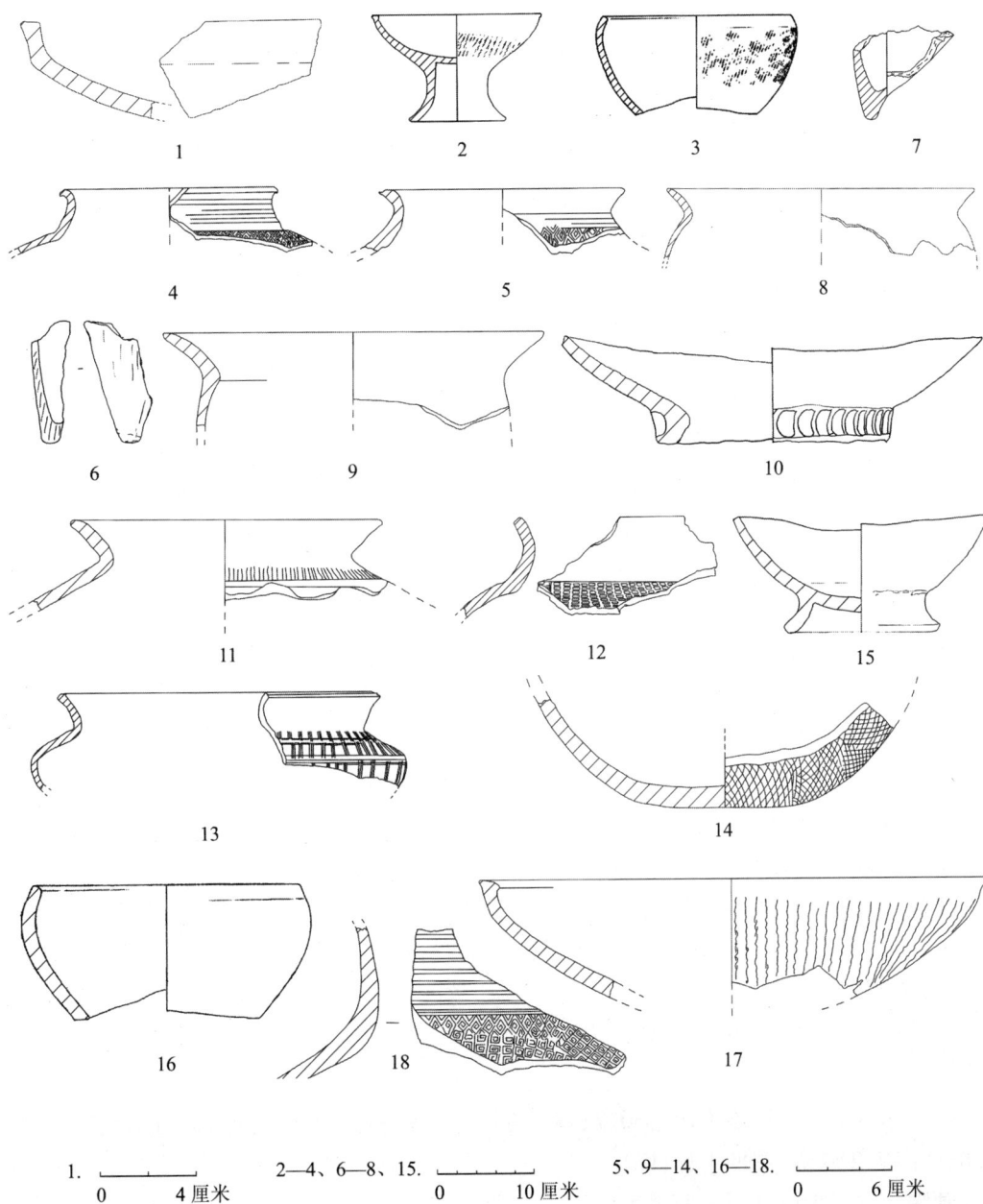

图四十五　凤凰山遗址 G1 出土器物(十)

1. 盘(G1⑧:32) 2. 豆(G1⑧:4) 3. 钵(G1⑧:51) 4、5. 罐口沿(G1⑧:23、G1⑧:52) 6、7. 鬲足(G1⑨:13、
G1⑨:32) 8、9. 罐口沿(G1⑨:29、G1⑨:3) 10. 甗腰(G1⑨:12) 11—13. 罐口沿(G1⑨:1、G1⑨:9、G1⑨:4)
14、15. 罐底(G1⑨:36、G1⑨:22) 16. 钵(G1⑨:2) 17. 盆(G1⑨:30) 18. 罐(G1⑨:7)

钵　1件。标本G1⑧:51，灰陶。方唇内敛，腹微鼓，腹下残，器身饰绳纹。口径19、残高9.6厘米(图四十五,3)。

硬陶　器形均为罐，拣选罐口沿标本2件。标本G1⑧:23，方唇，卷沿，束颈，沿部有凹弦纹，颈部饰凹弦纹，溜肩，肩部饰回纹。口径23.2、残高6.4厘米(图四十五,4)。标本G1⑧:52，尖圆唇，卷沿外翻，沿部有凹弦纹，束颈，溜肩，肩下残，颈部有凹弦纹，肩部饰回纹。口径17.6、残高4厘米(图四十五,5)。

G1 第⑨层　深15~120、厚0~50厘米。土质致密，土色黑色，杂有红色细小颗粒。包含许多陶片。陶片以夹砂陶为主，泥质灰陶次之，另有泥质红陶、泥质黑皮陶及少量硬陶。纹饰以绳纹及方格纹为主，另外有云雷纹、凹弦纹、梯格纹、回纹等。可辨器形有鬲、罐、豆、盆、钵等。

G1 第⑨层出土遗物有夹砂陶、泥质陶、硬陶。

夹砂陶　器形有鬲、罐、甗。

鬲口沿　多残碎严重，难以拣选标本，仅选鬲足两件作为标本。标本G1⑨:13，袋状，足端柱状。残高11.4厘米(图四十五,6)。标本G1⑨:32，红陶。袋状，足端尖锥状。残高9.5厘米(图四十五,7)。

罐口沿　2件。标本G1⑨:29，红陶。夹细砂，尖圆唇，斜沿，束颈，溜肩，肩下残。口径32、残高6.8厘米(图四十五,8)。标本G1⑨:3，红陶。夹细砂，圆唇，斜沿，折肩，肩下残。口径22.4、残高5.6厘米(图四十五,9)。

甗腰　1件。标本G1⑨:12，斜腹，束腰，腰部饰半月形掐印纹。腰直径15.5、残高6.8厘米(图四十五,10)。

泥质陶　可辨器形有罐、盆、钵。

罐口沿　8件。拣选不同标本3件。标本G1⑨:1，灰陶，圆唇，卷沿外翻，束颈，斜肩，肩下残，肩部饰带状刻划竖线纹。口径19.6、残高5.2厘米(图四十五,11)。标本G1⑨:9，红陶。方唇，卷沿，束颈，溜肩，肩部饰方格纹。残高5.8厘米(图四十五,12)。标本G1⑨:4，灰陶。方唇，唇部饰凹弦纹，斜沿，束颈，斜肩，鼓腹，腹下残，器身饰方格纹间隔凹弦纹。口径20、腹径23.2、残高5.8厘米(图四十五,13)。

罐底　4件。平底和圈足两种。标本G1⑨:36，红陶。口残，斜腹，平底，器身饰方格纹。底径10、残高6厘米(图四十五,14)。标本G1⑨:22，灰陶。圜底带圈足，喇叭形圈足外撇。底径16.8、残高12厘米(图四十五,15)。

钵　1件。标本G1⑨:2，灰陶。方唇内敛，鼓腹，腹下残。口径17、残高8.2厘米(图四十五,16)。

盆　标本1件。标本G1⑨:30，灰陶。方唇，直沿，斜弧腹，腹下残，器身饰绳纹。口径32.8、残高7.2厘米(图四十五,17)。

硬陶　器形为罐，1件。标本G1⑨:7，口残，束颈，溜肩，颈部饰凹弦纹，肩部饰回纹。残高9厘米(图四十五,18)。

G2:平面呈长方形，梯形剖面，口大底小，分布于T5及T6内，开口于第⑧层下，沟口距地表约2米，向下打破早期文化层及生土，部分被G1打破，近南北向(图四十六)。根据填土

土质、土色及包含物情况,可以将 G2 内部堆积分为三层:

G2 第①层 厚 0～45 厘米,距地表 2.15米。深灰色土,土质松软细腻,内含草木灰,有绿锈点;出土陶片有磨光黑陶、灰白陶、夹砂红陶及灰陶片,纹饰有绳纹、弦纹、附加堆纹、波折纹等,可辨器形有鬲、罐、豆等。

G2 第①层出土遗物有夹砂陶、泥质灰陶。

夹砂陶 器形有鬲、鼎、甗等。

鬲 1件。标本 G2①:52,方唇,斜沿,折肩,肩下残。口径 23、残高 7.4 厘米(图四十七,1)。

罐口沿 2件。标本 G2①:9,圆唇,斜沿,折肩,肩下残。口径 30、残高 6 厘米(图四十七,2)。

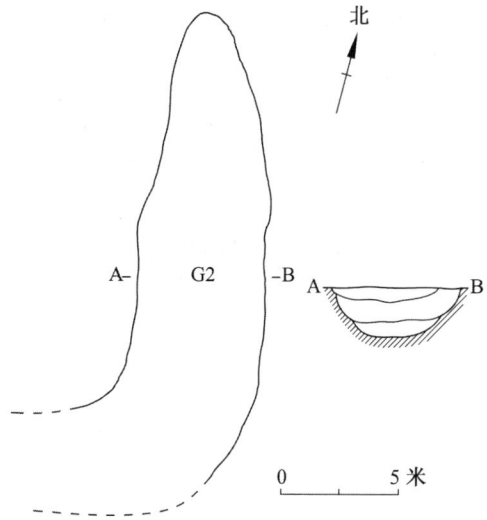

图四十六 G2 平、剖面图

标本 G2①:10,圆唇,斜沿,束颈,鼓腹,腹下残,口径大于腹径。口径 32.8、腹径 30.4、残高 8.8厘米(图四十七,3)。

鼎足 1件。标本 G2①:20,柱状。残高 7 厘米(图四十七,4)。

鬲足 1件。标本 G2①:14,袋状,足端尖锥状。残高 9.2 厘米(图四十七,5)。

甗腰 1件。标本 G2①:36,斜腹,束腰,腰部饰圆形掐印纹。腰直径 12、残高 5.7 厘米(图四十七,6)。

泥质陶 可辨器形有罐、盆、豆、钵。

罐口沿 13件,分三型。

A 型,侈口,圆唇卷沿。标本 G2①:11,灰陶。圆唇,卷沿,束颈,颈下残,器身饰绳纹。口径 21、残高 5.6 厘米(图四十七,7)。

B 型,圆唇折沿。标本 G2①:7,黑皮红陶。圆唇,折沿,溜肩,鼓腹,腹下残,肩部饰环带菱形刻划纹,沿部饰浅绳纹。残高 7.8 厘米(图四十七,8)。

C 型,侈口,方唇斜折沿。标本 G2①:31,灰陶。方唇,斜折沿,束颈,鼓肩,肩下残,器身饰带状波折纹。口径 22、残高 11.4 厘米(图四十七,9)。

罐底 分圈足和平底两种。标本 G2①:17,灰陶。喇叭形圈足,圈足外撇,重唇内收。圈足径 15、残高 8 厘米(图四十七,10)。标本 G2①:6,泥质灰陶,弧腹。平底内凹,器身饰绳纹,口残。底径 7.5、残高 7.8 厘米(图四十七,11)。

盆口沿 标本 3件。标本 G2①:33,灰陶。方唇宽沿,斜腹,腹下残,器身饰绳纹。口径 34、残高 8 厘米(图四十七,12)。标本 G2①:12,灰陶。圆唇宽沿,斜腹,腹下残,器身饰绳纹。口径 33、残高 5.8 厘米(图四十七,13)。标本 G2①:15,灰陶。方唇,斜弧腹,腹下残,器身饰绳纹。口径 30.4、残高 6 厘米(图四十七,14)。

钵 1件。标本 G2①:5,灰陶。方唇,口沿微敛,腹稍深,鼓腹,腹部弧下收至底,底微凹。口径 11、底径 6.8、高 5.6 厘米(图四十七,15)。

豆盘 1件。标本 G2①:2,灰陶。柄及圈足皆残,方唇,直沿,盘口微敛,浅盘。口径

11.2、残高3.8厘米(图四十七,16)。

纺轮　1件。标本 G2①:4,红陶。圆饼状,表面较光滑,边沿处有较短向心形斜线纹,中穿一孔,一面残。直径5.2、内孔径0.4、厚1.3厘米(图四十七,17)。

G2 第②层　厚0~65厘米,距地表1.75~2.5米。浅灰色土,土质松软细腻,内含草木灰、黄土块等,出土陶片有夹砂红陶、夹砂灰陶、灰白陶及磨光灰陶片,可辨器型有罐、鬲、甗等。

G2 第②层出土遗物有夹砂陶、泥质陶、石器。

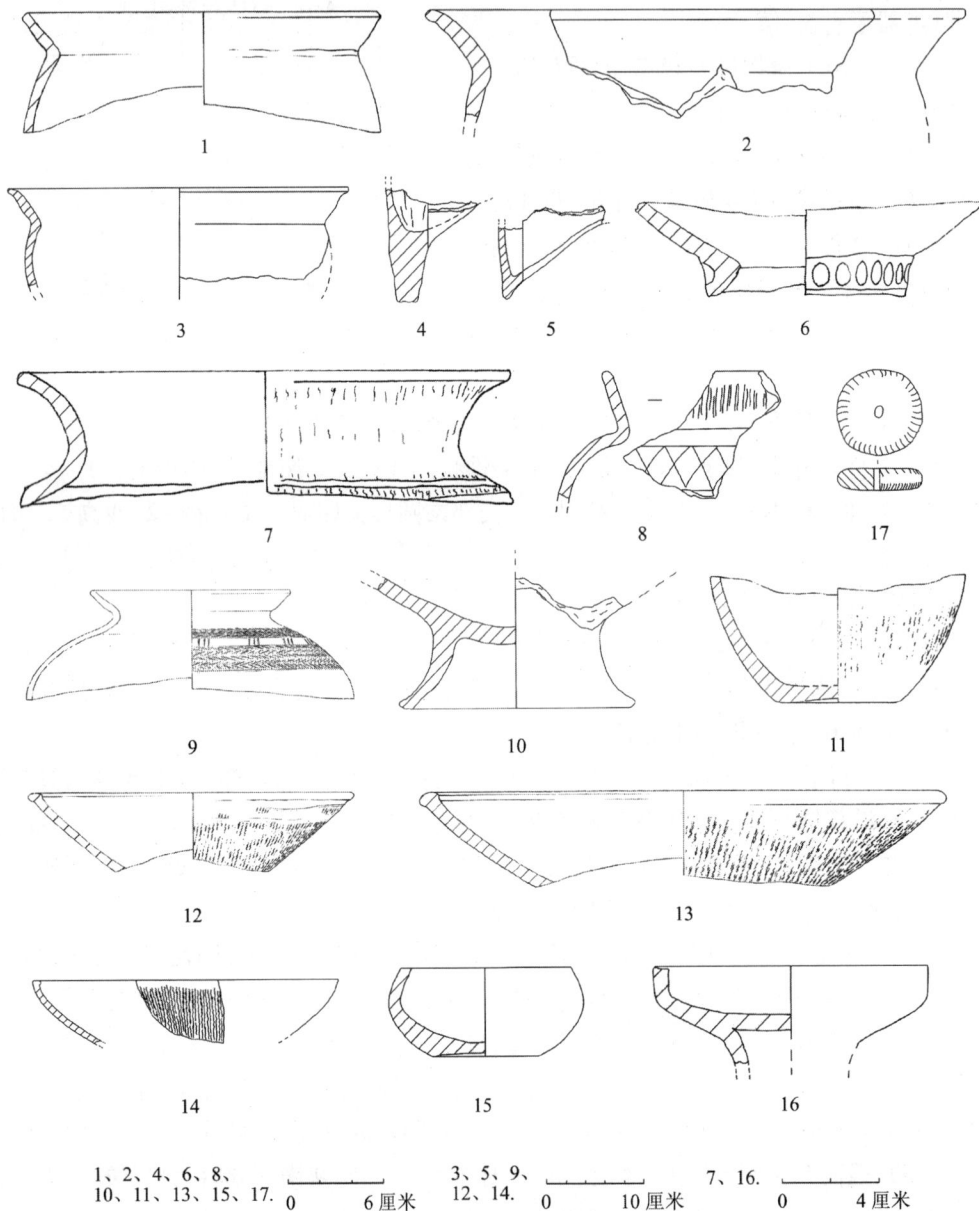

图四十七　凤凰山遗址 G2 出土器物(一)

1. 鬲(G2①:52)　2、3. 罐口沿(G2①:9、G2①:10)　4. 鼎足(G2①:20)　5. 鬲足(G2①:14)
6. 甗腰(G2①:36)　7—9. 陶罐口沿(G2①:11、G2①:7、G2①:31)　10、11. 罐底(G2①:17、G2①:6)
12—14. 盆口沿(G2①:33、G2①:12、G2①:15)　15. 钵(G2①:5)　16. 豆盘(G2①:2)　17. 纺轮(G2①:4)

夹砂陶 可辨器形主要有鬲、罐、甗等。

鬲口沿 标本2件。标本G2②:11,圆唇,斜沿,束颈,溜肩,鼓腹,腹下残。口径14、残高12.6厘米(图四十八,1)。标本G2②:6,方唇,斜沿,溜肩,肩下残,肩部饰竖线刻划纹。口径44、残高11.5厘米(图四十八,2)。

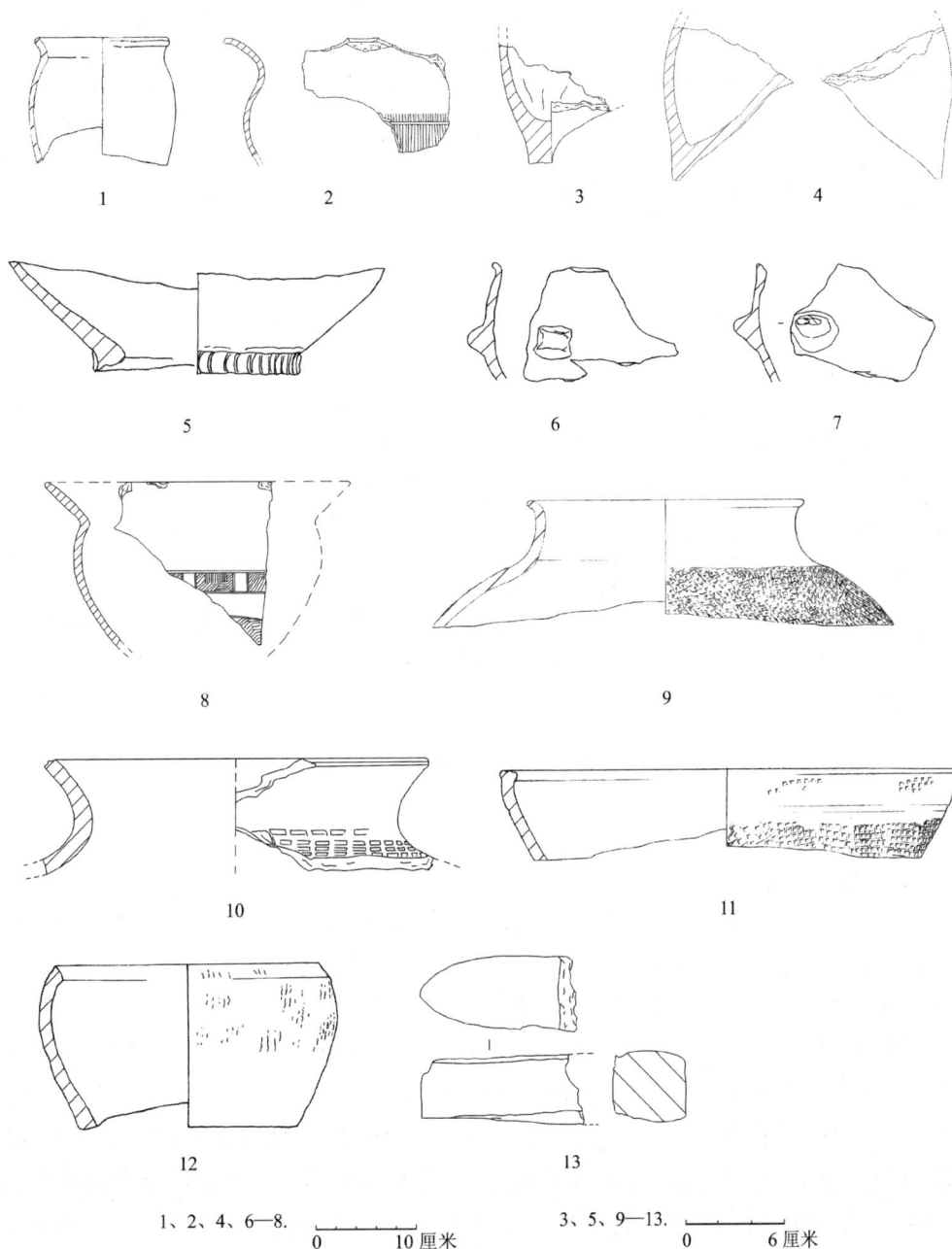

图四十八　凤凰山遗址 G2 出土器物(二)

1、2. 鬲口沿(G2②:11、G2②:6)　3、4. 鬲足(G2②:59、G2②:26)　5. 甗腰(G2②:28)
6、7. 器鋬(G2②:25、G2②:27)　8—10. 罐口沿(G2②:18、G2②:9、G2②:15)
11. 盆口沿(G2②:35)　12. 钵(G2②:19)　13. 石锛(G2②:1)

鬲足 标本 2 件。标本 G2②:59,红陶。袋状,足端柱状。残高 7 厘米(图四十八,3)。标本 G2②:26,红陶。袋状,足端尖锥状。残高 15.5 厘米(图四十八,4)。

甗腰 5 件。标本 1 件。标本 G2②:28,斜腹,束腰,腰部饰半月形掐印纹。腰直径 14、残高 7 厘米(图四十八,5)。

器錾 标本 2 件。标本 G2②:25,平面方形,截面近三角形,附加在器身上。陶片残高 11.3 厘米(图四十八,6)。标本 G2②:27,乳钉状,附加在器身上。陶片残高 11.8 厘米(图四十八,7)。

泥质陶 器形有罐、盆、钵。

罐口沿 10 件。拣选标本 3 件。标本 G2②:18,灰陶。圆唇,斜沿,侈口,鼓腹,腹下残,口径大于器身最大径,器身饰带状间断绳纹。口径 31.2、残高 16 厘米(图四十八,8)。标本 G2②:9,红陶。圆唇,直沿,鼓肩,肩下残,器身饰方格纹。口径 17、残高 7.4 厘米(图四十八,9)。标本 G2②:15,灰陶。方唇,唇部饰一道凹弦纹,斜沿,束颈,颈下残,颈下饰方格纹。口径 22.4、残高 6.4 厘米(图四十八,10)。

盆口沿 1 件。标本 G2②:35,灰陶。方唇,斜弧腹,腹下残,唇部饰凹弦纹,器身饰方格纹。口径 29、残高 5.4 厘米(图四十八,11)。

钵 标本 1 件。标本 G2②:19,红陶。方唇内敛,腹微鼓,腹下残,器身饰绳纹。口径 16、残高 9.6 厘米(图四十八,12)。

石器 器形为石锛。

石锛 1 件。标本 G2②:1,青灰色,顶部残,器身有打制痕迹,刃部为磨制,单面斜刃,刃部残。顶宽 4、残长 9.6、厚 4 厘米(图四十八,13)。

G2 第③层:红褐色土,厚 0~40 厘米。该层较纯净,除少量红烧土颗粒和炭屑外,未见其他遗物。

(四) 房址

共发现房址四处,编号为 F1—F4,下面逐一介绍。

F1 位于 T4 东部,部分延伸至东隔梁内,开口于第⑥层下,是一处地面台基与柱墩组合的房址,柱础和台基向下打破第⑧层。F1 平面形状大致呈长圆形,中间略高,边缘缓坡,整体呈馒首形,南北长 5.9、东西长 4.2 米(发掘部分)(图四十九)。

F1 堆积分为三个部分:(1) 废弃堆积。黑灰土,含较多的草木灰和木炭颗粒,厚 10 厘米左右。(2) 柱础。在废弃堆积下的活动面上,规则分布有 4 个圆形柱墩(编号 F1D1—F1D4),D1 直径 48、深 42 厘米;D2 直径 40、深 38 厘米;D3 直径 46、深 42 厘米;D4 直径 38、深 60 厘米。柱墩内填纯净黄土,土质坚硬致密,均不见柱芯。4 个柱墩组成一个长方形,南北间距 2 米,东西间距 0.8 米。(3) 台形基础。基础高出周边近 0.4 米,由两层垫土夯成,第一层灰褐土,土质较硬,结构紧密,表面平整,厚 14~18 厘米。第二层黄褐土,土质较纯净,厚 18~20 厘米。

F2 位于 T6 中部,开口于第①层下,向下打破 G1。F2 是一处由纯净黄土夯垫起来的建筑台基,平面形状呈椭圆形,南北长 440、东西宽 220、厚 84 厘米(图五十)。夯土可分为三层,第一层土为黄褐色土,致密坚硬,中间夹有较多的红土块,厚约 24~40 厘米。第二层土为红褐色硬土,厚 10～38 厘米。第三层为灰褐色黏土,含有较多的红烧土颗粒和碎陶片,厚 6～24 厘米。F2 表面平整,上面未见柱洞等遗迹,不排除后期被破坏的可能,笔者倾向认为是一处房屋建筑基址。

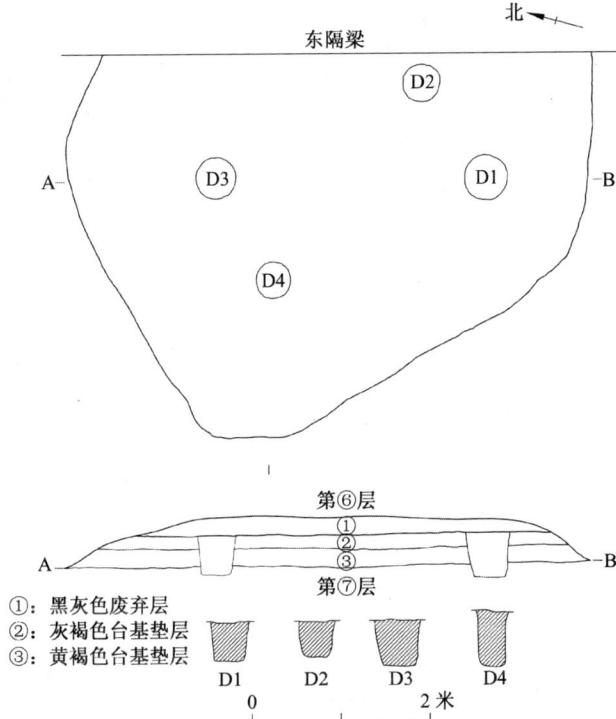

图四十九　F1 平、剖面图

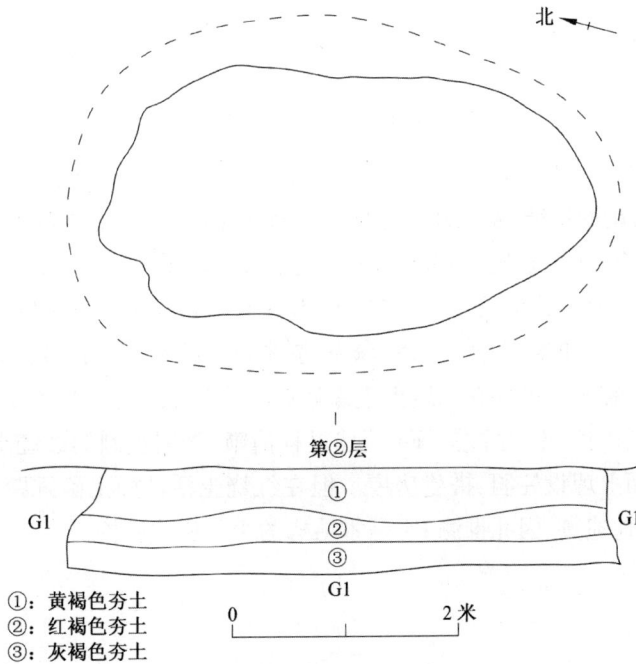

图五十　F2 平、剖面图

F3 位于 T4 东南,开口于第⑧层下,其上被 F1 叠压,F3 仅见活动面和 F1 类似的柱础,活动面表层为灰白色土,含少量沙,有踩踏痕迹,但保存状况不佳,间断情况严重,范围为不规则形,南北长约 4、东西宽 3.5 米,厚度不均,最厚 5 厘米(图五十一)。在活动面中间位置分布有 4 个圆形柱墩(编号 F3D1—F3D4),D1 直径 90、深 46 厘米;D2 直径 96、深 47 厘米;D3 直径 95、深 44 厘米;D4 直径 105、深 51 厘米。柱墩内均夯填较为纯净黄褐色土,土质致密,中间未见分层现象,4 个柱墩基本呈正方形,中间间距 1 米左右,F3 没有单独的台基垫层,柱墩直接开挖于地层之上。

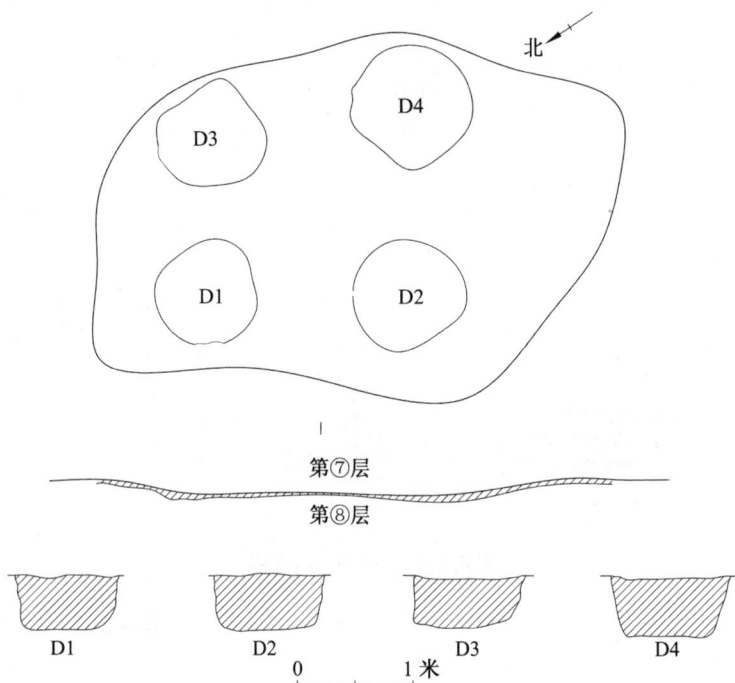

图五十一　F3 平、剖面图

F4 位于 T4 西北角,部分延伸至隔梁内,部分发掘,开口于第⑩层下,向下打破第⑪层。F4 是一处红烧土活动面房址,发掘部分形状为不规则半圆形,红烧土范围长 5.75、发掘宽度 2.5 米,由专门烧制的细小红烧土颗粒垫成,红烧土表面较平整,踩踏板结明显(图五十二)。在红烧土层面上分布有大致呈长方形的 4 个圆形柱洞(编号 F4Z1—F4Z4),Z1 直径 30、深 60 厘米;Z2 直径 26、深 55 厘米;Z3 直径 25、深 46 厘米;Z4 直径 24、深 38 厘米。4 个柱洞内未见柱芯,填土均为红烧土。另外在红烧土边缘还有一个柱洞(编号 F4Z5),直径 25、深 42 厘米,柱洞内填土为黑褐色,未见柱芯。F4 营建过程清晰,先用烧制的红烧土颗粒夯垫一个区域,然后在红烧土面上埋设柱洞,搭建房屋。但在红烧土活动面上除踩踏的痕迹明显外,未见与房屋相关的其他遗迹,因此推测 F4 是木结构的半干栏式结构。

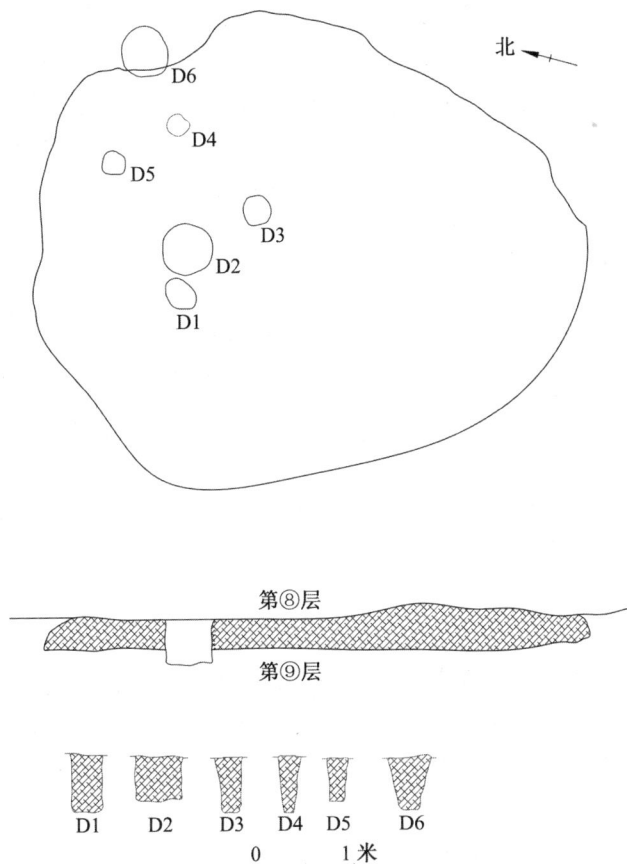

图五十二　F4 平、剖面图

四、结　语

考古部门于 1988 年和 2000 年对凤凰山遗址进行过两次发掘,特别是第一次发掘收获最大,基本确定了凤凰山遗址的年代序列。遗址堆积分为新石器和商周两个时期,并且对出土遗物与土墩墓中的随葬品进行比较,把商周时期堆积分为 4 期,分别对应的时代为西周早中期、西周晚期、春秋早期和春秋中晚期。第二次发掘也印证了凤凰山遗址的堆积分为新石器和商周两个阶段。此次发掘区域位于遗址边缘,而且后期遭严重扰乱,发掘区有大量的晚期墓葬,但是仍然有较大的收获。

1. 遗址的堆积情况与前两次发掘一致

第⑧、⑨层及相应遗迹单位内的遗物与上层遗物有着明显的区别。从炊器类型来看,基本不见夹砂红陶鬲和甗,而是以腰檐釜和鼎为主,且釜的形式呈现多样化;印纹硬陶和原始瓷基本不见,大喇叭形圈足豆数量明显增多;陶器纹饰种类减少,以素面为主,部分陶器外表施红色陶衣。陶器特征与长江下游马家浜新石器文化相似度较高,第一次发掘把这类堆积类型归为这一文化序列。本次发掘再次印证了这一判断,明确了凤凰山遗址是目前该类文化的最东缘。第①至第⑦层的青铜文化堆积内容丰富,其文化内涵与宁镇地区典型的湖熟文化遗址与土墩墓没有本质区别,都是以鬲、甗、盆、圈足盘、豆为核心的陶器组合,对比第一次发掘的材料,本次的发掘相当于第一次发掘的第一至三期,即西周早期至春秋早中期,也许是发掘区域的不同,本次未发现春秋晚期的堆积内容。

2. 发现了湖熟文化新的建筑类型

在以往零星的湖熟遗址发掘中,对房址遗存发现较少,局限于发掘面积的限制,近见有少量规律性不强的柱洞遗迹,对于房屋形制、面积、结构等问题都不甚清楚。本次发掘发现了两组以4个柱础为特征的房址类型,并且揭示了其营建、使用和废弃的过程。参考西南民族的部分建筑形制可以判断,4个柱础组成一个建筑单元,柱础用于支撑承重木桩,其上搭建木构房屋,平时活动在地面之上,是比较常见的一种干栏式房屋。这种房屋是与江南潮湿多雨的环境相适应的,反映的是以单个家庭为单元的聚落形态。

3. 存在问题及本报告思路

关于湖熟文化的分期问题尚无标准的答案,最主要的问题在于湖熟遗址的发掘面积有限,遗址中均没有发现墓葬,导致了完整标本的数量较少,不能系统地对各型器物进行类型学研究,在以往的报告中多选取少量的完整器进行分期研究,从而导致结论并不一致。本次属于凤凰山遗址第三次发掘,前面的发掘已经解决了遗址的分期等问题,因此本报告实无必要再进行重复性的工作,而本报告主要公布了本次发掘的全部资料,所有的遗物和遗迹都是按照层位关系进行介绍,目的是为后续的研究提供一个较为客观可信的资料。

执笔:李永军　刘　敏　居法荣

附：

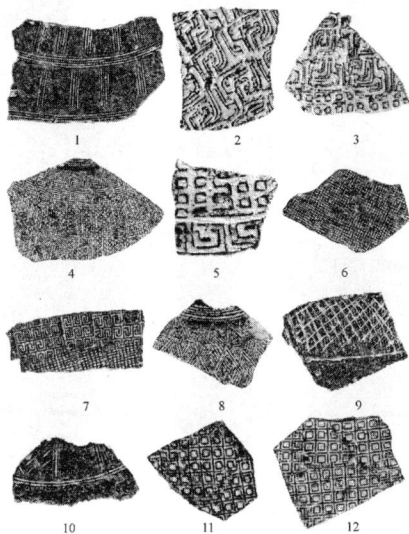

拓片一　①层陶片纹饰（一）

1. 重线纹　2. 雷纹　3. 雷纹加回纹
4. 折线 加回纹　5. 雷纹加回纹　6. 小方格纹
7. 方格加云纹　8. 弦纹菱形内填席纹
9、10. 刻划纹　11、12. 回纹

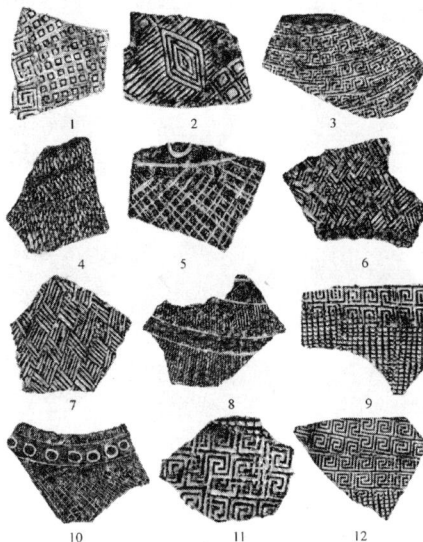

拓片二　①层陶片纹饰（二）

1. 雷纹加回纹　2. 套菱加回纹篮纹　3. 灰胎勾连雷纹
4. 间断绳纹　5. 刻划纹　6、7. 席纹　8. 弦断绳纹
9. 小方格加云纹　10. 斜方格圆圈纹加细绳纹
11. 云纹　12. 云纹加方格纹

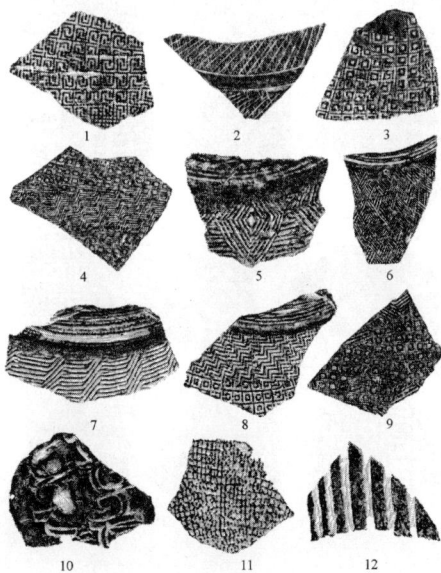

拓片三　①层陶片纹饰（三）

1. 云纹加小方格纹　2. 斜方格加弦纹
3. 回纹　4. 回纹加折线纹　5. 套菱加篮纹
6. 席纹　7. 弦纹加折线　8、9 折线加回纹
10. 云雷纹　11. 小方格纹　12. 凹弦纹

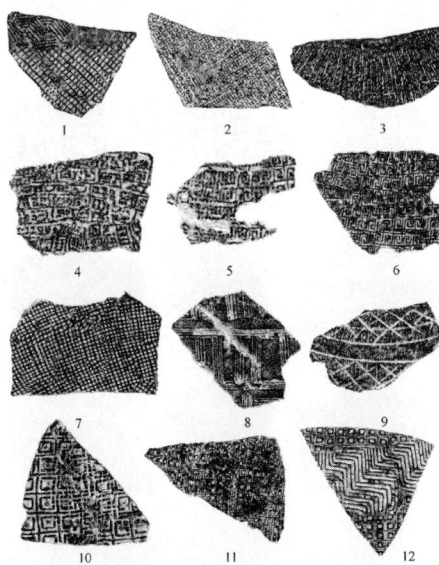

拓片四　①层、②层陶片纹饰

1. 方格加席纹　2. 回纹　3. 细绳纹
4~6. 勾连雷纹　7. 小方格纹　8. 梯格纹加
重线纹　9. 斜方格纹填细绳纹　10、11. 回纹
12. 回纹加折线纹（1、2.①层　3~12.②层）

143

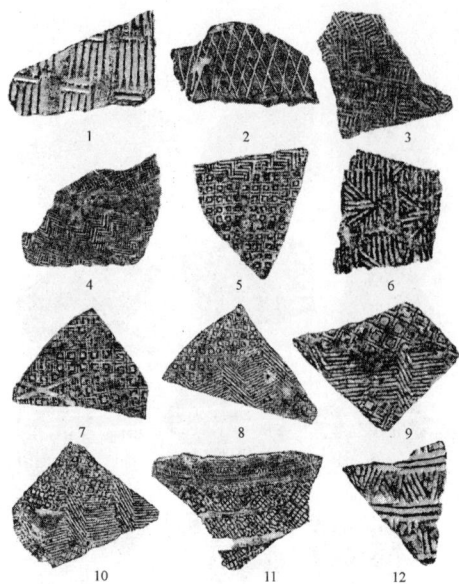

拓片五　②层陶片纹饰

1. 弦断篮纹　2. 刻划纹　3. 梯格纹　4. 折线纹
5. 回纹加折线纹　6. 篮纹　7. 回纹
8~10. 回纹加折线　11. 间断方格纹　12. 斜线纹

拓片六　③层陶片纹饰

1. 回纹　2. 小方格纹　3. 重线纹
4. 重方格纹　5. 席纹　6~11. 细绳纹
12. 细绳纹加弦纹加斜线纹

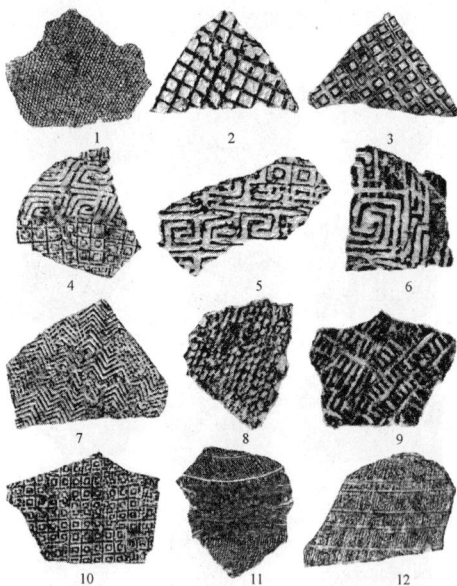

拓片七　③层、④层陶片纹饰

1. 小斜方格纹　2. 方格纹　3. 回纹　4. 回纹加
雷纹　5. 雷纹　6. 云雷纹　7. 折线纹　8. 绳纹
9. 梯格纹　10. 回纹　11. 弦断绳纹
12. 间断绳纹（1~7. ③层　8~12. ④层）

拓片八　④层陶片纹饰

1. 方格纹　2. 细绳纹加斜方格纹　3. 小方格纹
4. 间断细绳纹　5. 折线纹弦断绳纹　6. 回纹
7. 重方格纹　8. 方格纹　9、10. 方格纹加雷纹
11、12. 方格纹加席纹

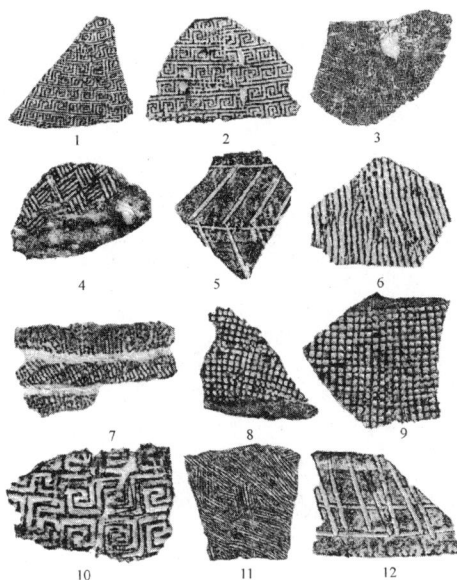

拓片九　④层陶片纹饰

1~3. 勾连雷纹　4. 席纹　5. 刻划纹
6. 绳纹　7. 绳纹加附加堆纹
8、9. 小方格纹　10. 云纹
11. 交错绳纹　12. 刻划纹

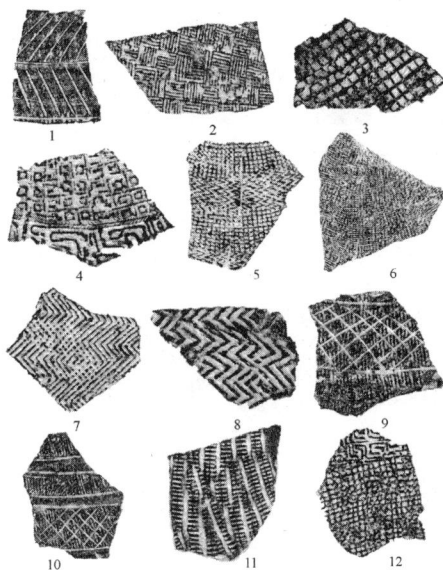

拓片十　④层、⑤层陶片纹饰

1. 刻划纹　2. 席纹　3. 方格纹　4. 雷纹加叶脉纹加回纹
5. 方格纹加折线纹　6. 小方格纹　7、8. 折线纹
9. 绳纹底加斜方格纹　10. 弦纹加细绳纹加斜线纹
11. 梯格纹　12. 方格纹加雷纹
（1~10. ④层　11、12. ⑤层）

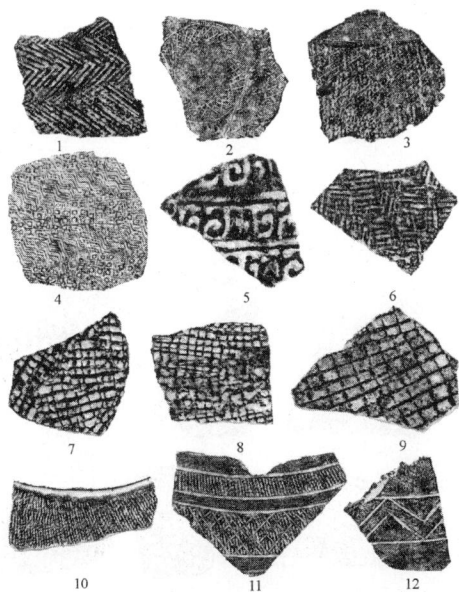

拓片十一　⑤层、⑥层陶片纹饰

1. 叶脉纹　2、3. 斜方格纹　4. 回纹加折线纹
5. 云纹　6. 交错篮纹　7~9. 方格纹　10. 细绳纹
11. 弦断绳纹加斜方格纹填绳纹　12. 折线纹加弦纹
（1~5. ⑤层　6~12. ⑥层）

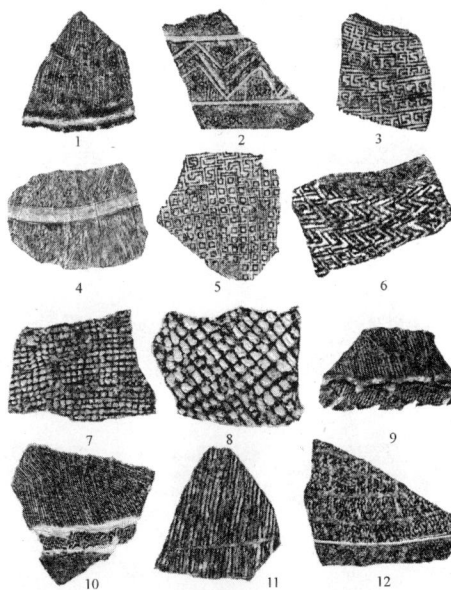

拓片十二　⑥层、⑦层陶片纹饰

1. 绳纹　2. 折线填绳纹　3. 勾连雷纹　4. 斜方格纹
5. 回纹　6. 折线纹　7、8. 方格纹　9、10. 附加堆
纹加绳纹　11. 间断绳纹　12. 间断细绳纹
（1~5. ⑥层　6~12. ⑦层）

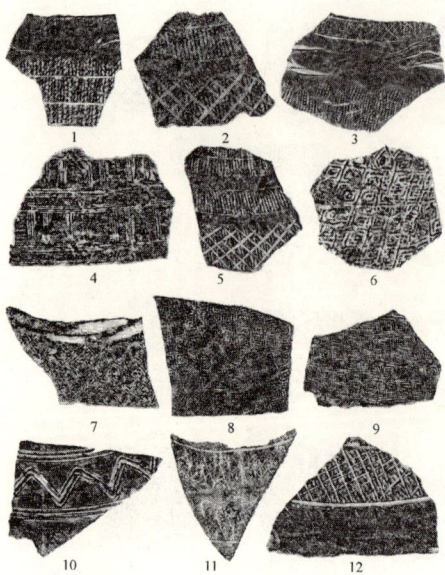

拓片十三　⑦层陶片纹饰

1. 弦断绳纹　2. 弦断绳纹加斜方格填绳纹
3. 斜方格纹加绳纹　4. 重线纹
5. 弦断绳纹加斜方格纹填绳纹　6~9. 回纹
10. 折线纹　11. 弦纹加斜方格纹
12. 弦纹加斜方格纹填细绳纹

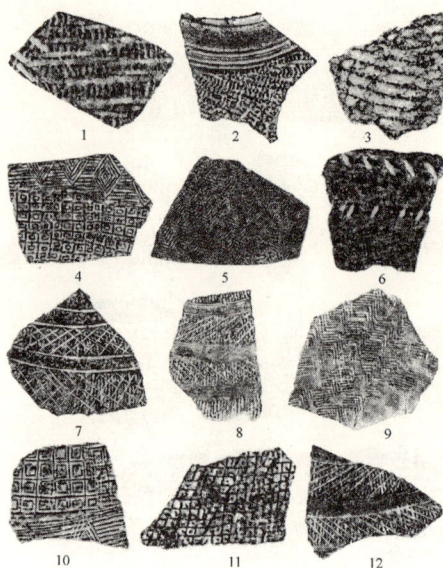

拓片十四　⑦层、⑧层、H2 陶片纹饰

1. 梯格纹　2. 梯格纹加弦纹　3. 篮纹　4. 回纹加套菱纹加篮纹　5. 折线纹　6. 戳印纹　7. 弦断斜方格填绳纹　8. 弦断斜刻划纹填绳纹　9. 折线纹
10. 回纹　11. 方格填点纹　12. 弦断绳纹加斜线纹
（1、2. ⑦层　3~6. ⑧层　7~12. H2）

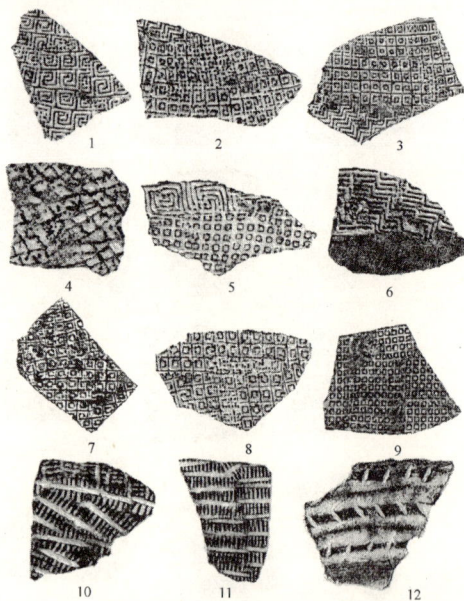

拓片十五　H13、F2、G1①层及 G1②层陶片纹饰

1. 勾连雷纹　2. 回纹　3. 回纹加折线纹
4. 斜方格纹　5. 回纹加云雷纹　6. 折线纹
7~9. 回纹　10、11. 梯格纹　12. 附加堆纹上戳印
（1~3. H13　4、5. F2　6~9. G1①层　10~12. G1②层）

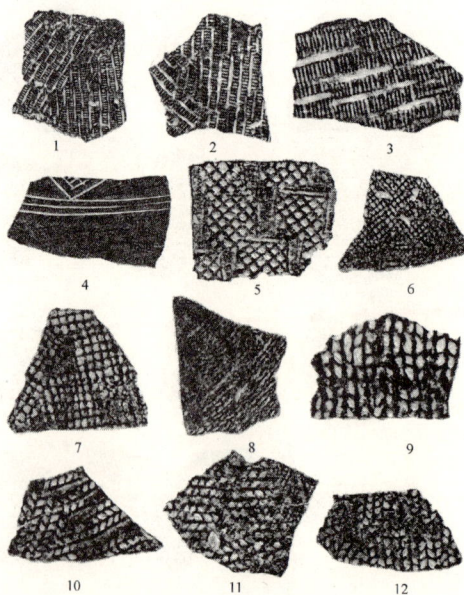

拓片十六　G1②层陶片纹饰

1~3. 梯格纹　4. 刻划纹
5~7. 方格纹　8. 细绳纹
9~12. 斜方格纹

146

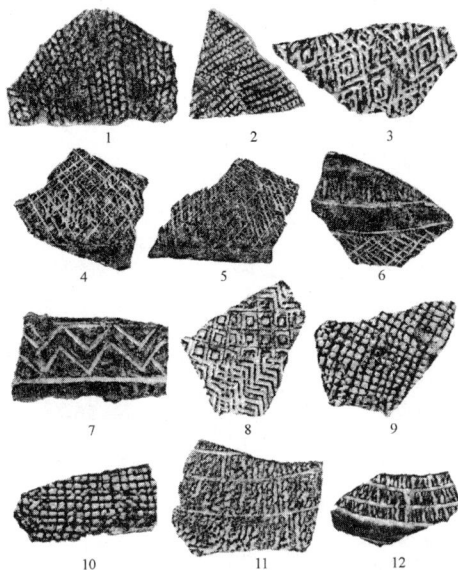

拓片十七　G1②层、G1③层陶片纹饰

1. 斜方格纹　2. 小方格纹　3. 云纹
4. 细绳纹　5. 斜方格填细绳纹　6. 刻划纹
7. 折线纹　8. 回纹加折线纹　9、10. 方格纹
11、12. 弦断绳纹
（1~5. G1②层　6~12. G1③层）

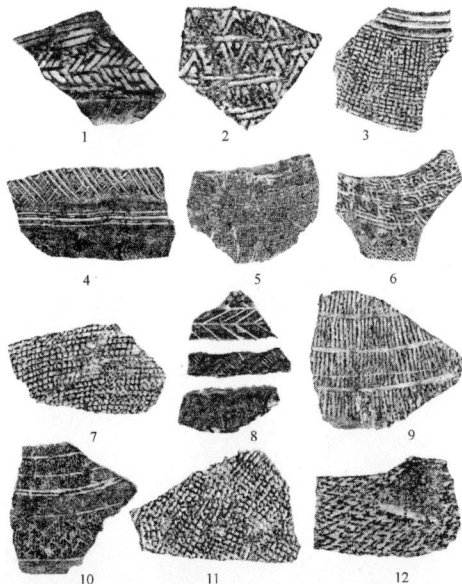

拓片十八　G1③层、G1④层及G1⑤层陶片纹饰

1. 弦纹加斜方格纹填绳纹　2. 弦断绳纹　3. 梯格纹
4、5. 折线纹　6. 方格纹　7. 弦纹加绳纹
8. 斜方格加弦断绳纹　9. 回纹　10. 陶套菱纹
11. 刻划纹　12. 方格纹
（1. G1③层　2~7. G1④层　8~12. G1⑤层）

拓片十九　G1⑤层、G1⑦层及G1⑧层陶片纹饰

1. 叶脉纹　2. 折线纹　3. 方格纹　4. 刻划纹
5. 小方格纹　6. 云雷纹加回纹　7. 方格纹
8. 叶脉纹加附加堆填绳纹　9. 弦断绳纹
10. 弦断绳纹加斜方格填绳纹　11、12. 斜方格纹
（1~4. G1⑤层　5、6. G1⑦层　7~12. G1⑧层）

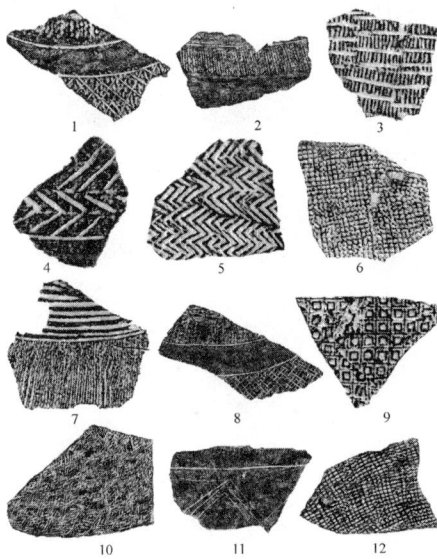

拓片二十　G1⑧、G1⑨层及G2陶片纹饰

1. 方格纹加折线纹　2. 小方格纹　3. 折线纹
4. 折线纹加方格纹　5、6. 回纹　7. 梯格纹
8. 刻划填线纹　9. 重回纹　10. 叶脉填细绳纹
11. 斜方格纹　12. 斜方格纹
（1~6. G1⑧层　7~9. G1⑨层　10~12. G2）

147

拓片二十一　G2 陶片纹饰（一）

1. 梯格纹　2. 方格纹　3、4. 交错方格纹
5. 皮红胎叶脉纹加附加堆纹　6、7. 绳纹
8、9. 细绳纹　10. 弦断绳纹
11. 叶脉纹加细绳纹　12. 篮纹加竖线纹

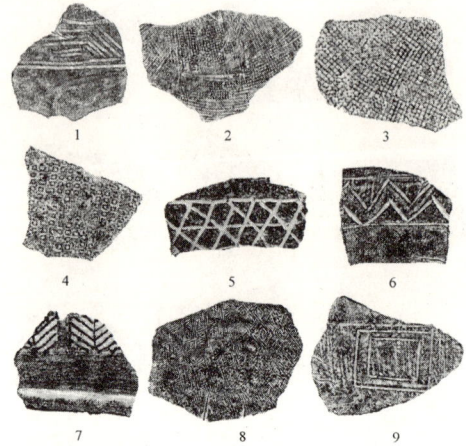

拓片二十二　G2 陶片纹饰（二）

1. 篮纹　2～4. 方格纹　5. 刻划纹
6. 折线纹　7. 叶脉纹　8. 回纹
9. 重回纹

镇江马迹山遗址发掘报告

一、自然地理概述

马迹山遗址位于镇江市区东南部,东临丁卯桥路与苗家湾路交叉口,西接戴家巷,北临运河,中心地理坐标为北纬32°11′08″、东经119°28′13″,海拔14米左右(图一)。

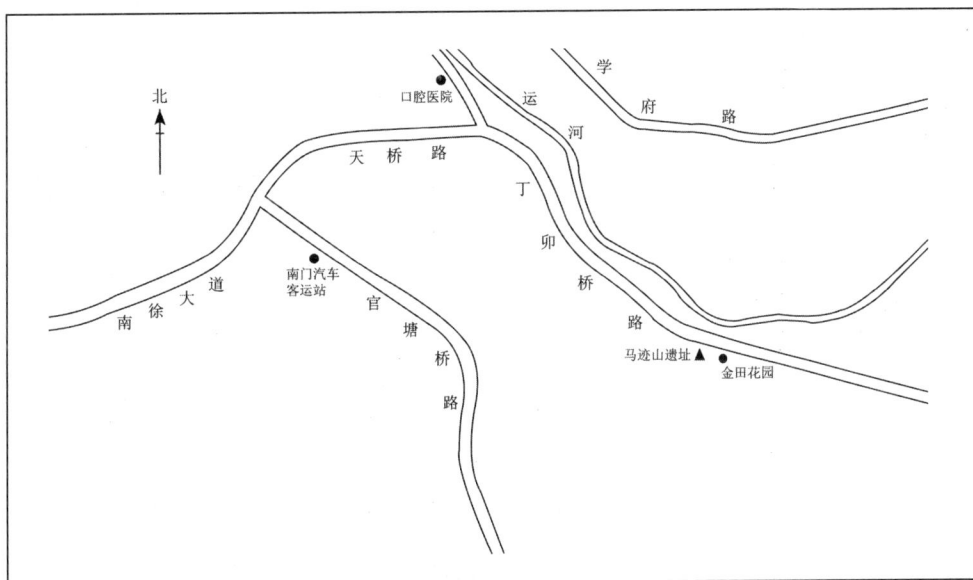

图一　马迹山遗址位置图

镇江市位于江苏省南部,北与扬州隔江相望,西接南京,南邻常州,东接泰州,是长三角地区重要的港口和旅游城市。镇江气候属亚热带季风气候,气候温暖,降水量充沛,光、热、水资源丰富,适宜人类居住。镇江市地貌可分为平原、低山丘陵、岗地三大类。

二、考古工作概述

马迹山遗址为一处高于周围地面的台形遗址,四周地形平坦。遗址遭破坏严重,现存遗址平面形状大致呈长方形,高出现地表3米多。1980年,镇江博物馆曾对该遗址进行了第一次发掘,发掘面积共 50 平方米,出土了一批器物。①

2014 年 4—9 月,镇江博物馆对马迹山遗址进行了第二次发掘,发掘区主要位于遗址北部,为了能够与未来可能的对该遗址南部的第三次发掘形成统一的布方编号,此次发掘采用象限法布方,此次发掘的区域为第一象限和第二象限,探方编号分别前缀Ⅰ、Ⅱ,ⅠT0101 的西南点为整个遗址的原点。共布 5 米×5 米探方 18 个(由于 ⅠT0102 东隔梁向东 0.5 米处为一处未拆迁房屋的墙,所以 ⅠT0103 东移 1 米),2 米×5 米探沟一条(TG1),发掘面积总计 460 平方米(图二)。本报告便是第二次发掘的成果。

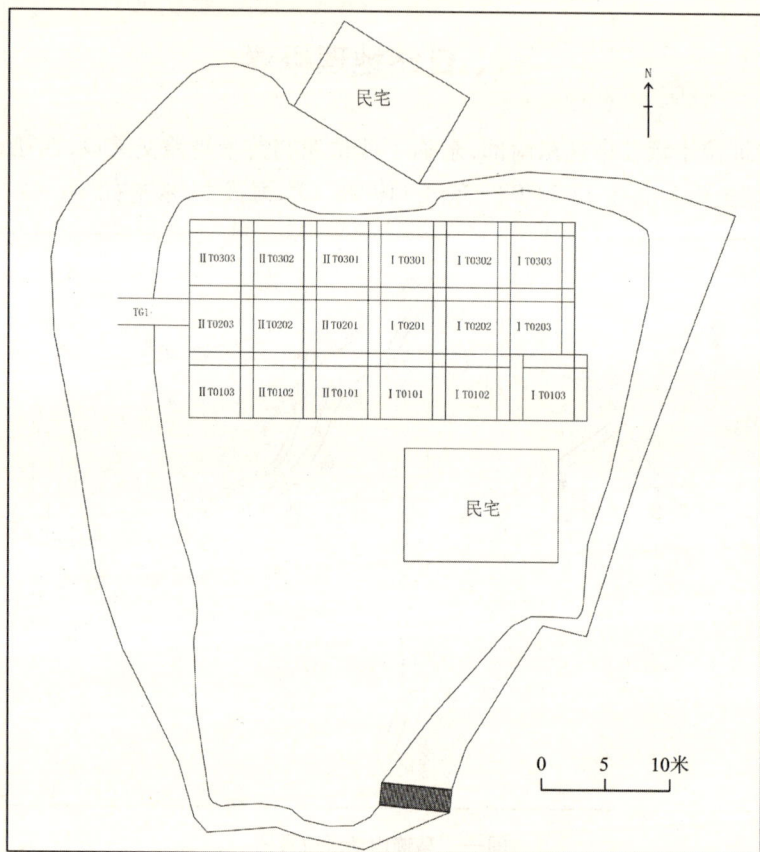

图二　马迹山遗址第二次发掘布方图

三、遗址概述

(一)地层关系

马迹山遗址文化层堆积的厚度一般在 2 米左右,按照土质土色的不同,共可分为 7 层,现以 ⅠT0101、ⅠT0201、ⅠT0301 西壁为例进行介绍(图三):

---

① 镇江博物馆:《镇江市马迹山遗址的发掘》,《文物》,1983 年第 11 期。

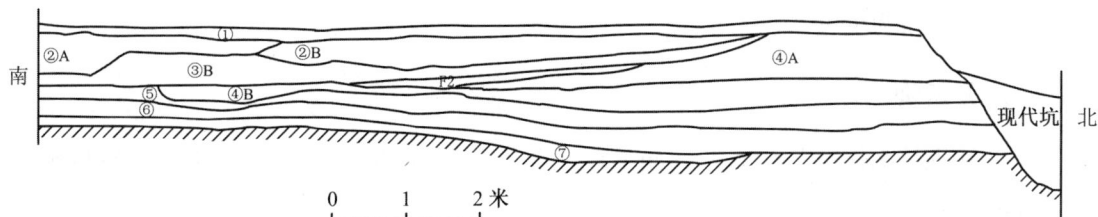

图三　IT0101、IT0201、IT0301 西壁剖面图

第①层:耕土层,土质为沙质,土色浅黄色。包含有少量青砖、大量植物根系及现代瓷片等。厚约0.2米。

第②层:分为②A、②B层。

第②A层:黄褐色,土质较硬,颗粒细,含少量红烧土。陶片以夹砂陶为主,少量泥质陶、少量印纹硬陶,陶片以素面为主,纹饰有绳纹、间断绳纹、席纹等,可辨器形有鬲、釜等。深0.2、厚0~0.6米。

第②B层:黄褐色,颜色相对第②A层浅一点。土质较硬,颗粒细。包含物、陶系与第②A层相同。深0.2、厚0~0.45米。H1、H25等灰坑开口于此层下。

第③层:分为③A、③B层。

第③A层:灰黄色,土质较黏,有较多的烧土颗粒。陶片以夹砂陶为主,泥质红陶次之,多素面,纹饰有绳纹、叶脉纹、方格纹、刻划纹等,可辨器形有鼎、鬲、罐、钵等。发现少量印纹硬陶,以叶脉纹、方格纹为主。此剖面不见此层。

第③B层:褐黄土层,土质较黏,包含物、陶系与③A层基本相同。深0.2~0.65、厚0.15~0.45米。H2、H3等灰坑开口于此层下。

第④层:分为④A层和④B层。

第④A层:黄土层,土质硬。陶片以夹砂红陶为主,泥质红陶次之,纹饰有绳纹、间断绳纹、方格纹、梯格纹、弦纹等,可辨器形有鼎、鬲、罐、钵等。深0.2~0.75、厚0~0.55米。

第④B层:深黄土层,土质硬。陶系等特点与第④A层相同。深约0.7、厚0.1~0.4米。H4、H11等灰坑开口于此层下。

第⑤层:灰褐色土,土质较细腻。陶片以夹砂红陶、泥质红陶为主,夹砂灰陶和泥质灰陶次之,还发现一些泥质黑陶。发现了较多的鼎足、釜形口沿、少量的鬲足;多绳纹,还有梯格纹、间断绳纹、叶脉纹、云雷纹等。发现少量印纹硬陶,以叶脉纹、云雷纹为主。深0.65~1.15、厚0.05~0.35米。F5、F6等房屋,以及H15、H29、H31、H38、H44等灰坑开口于此层下。

第⑥层:褐色土,土质较细腻。陶片以夹砂红陶为主,夹砂灰陶次之,还有较多的泥质灰陶和泥质红陶,有相当数量的泥质黑陶片。陶片以绳纹为主,纹饰有间断绳纹、弦纹、叶脉纹、方格纹等,可辨器形有鼎、鬲、钵、罐等。深0.95~1.35、厚0.15~0.45米。H35、H41、H47等灰坑开口于此层下。

第⑦层:黄色土,土质湿黏,颗粒略细。出土遗物多为夹砂红陶,夹砂灰陶次之,部分为泥质红陶和泥质灰陶,小部分为泥质黑陶。可辨器形有鼎、豆、钵、罐等。深1.2~1.95、厚0~0.25米。

第⑦层以下为生土层。

(二) 遗迹

马迹山遗址文化层堆积较厚,内涵丰富。此次发掘共发现房址 13 座、灰坑 42 个、墓葬 1 个、沟 3 条等。

1. 房址

本次发掘共发现房址 13 座,第②层下有 1 座,第④层下有 7 座,第⑤层下有 3 座,第⑥层下有 2 座。从建筑形式上,分为土台式、干栏式和地面建筑等。平面形状有圆角方形、圆角长方形和圆形等。从空间分割来看均为单间。

F1

位于 IT0201 的西部,被现代坑及 F2 打破,由居住面、柱础、土墙等三部分组成,居住面叠压于第②层下,平面形状大致为正方形,南北长 2.5 米。建筑过程如下:先整体下挖一深约 0.1 米的基坑,再用红胶泥在基坑内的边缘堆筑房屋的土墙,然后在基坑内填上黄色垫土,形成了房屋的建造堆积,之后在建造堆积上垫土,平整后形成房屋居住面,并且不断地在房屋内用白色土、黄色土互相叠筑向上建造居住层,居住层大约有 13 层,每一层厚约 0.02 米,形成了房屋的使用堆积。F1 的北侧有一个圆形柱础,编号为 ZC10,直径 0.4 米;北侧有一个椭圆形柱础,编号为 ZC11,长径不详,短径 0.3 米。未发现门道(图四)。

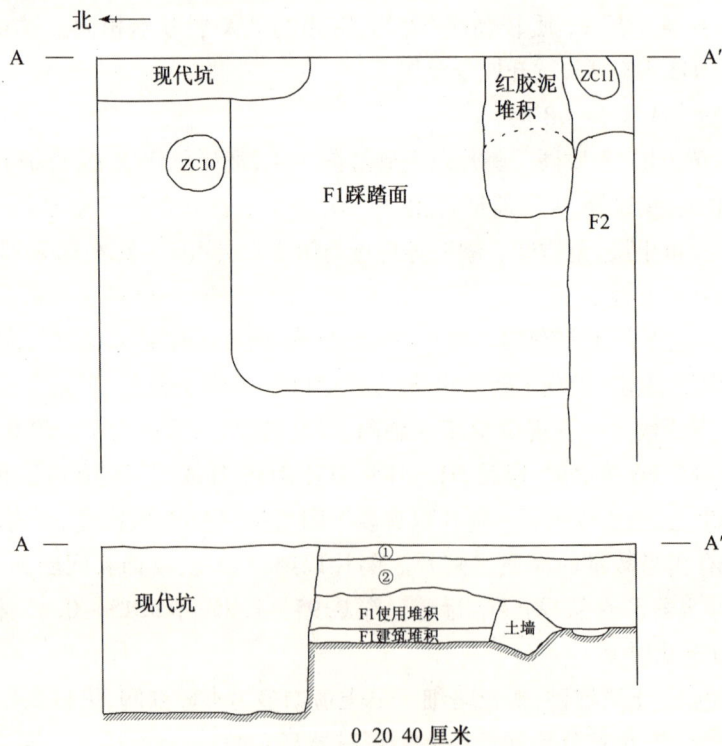

图四 F1 平、剖面图

F2

位于ⅠT0201南部和ⅠT0101北部，部分在ⅠT0101北隔梁下，未完全揭露。房屋叠压于第②层下，推测房屋平面呈圆角方形，仅发现黄绿色的踩踏面，较硬，未发现柱洞。揭露部分东西最长3.65、南北宽3.35米（图五）。

F3

位于ⅠT0301东北部和ⅠT0302西北部，横跨ⅠT0301和ⅠT0302两个探方，被现代坑打破，由居住面、基槽、柱础等三部分组成，叠压于第④层下。房屋平面呈圆形，外径3.5、内径3.2米，总面积约9.6、室内面积约8平方米。房屋为地面建筑，居住面厚13厘米，十分坚硬，较平整，基槽宽15、深10厘米，房子外东侧发现黄白相间彩色花土地面，很硬。柱础一个，编号为ZC13，被现代坑打破，平面呈圆形，直径55厘米，填土为黄土。建造过程如下：先整体下挖一条宽15、深10厘米的基槽，然后使用红胶泥填土形成房屋的土墙，形成建筑堆积。然后在建筑堆积的基础上垫上黄白相间的纯净花土，平整后形成居住面（图六）。

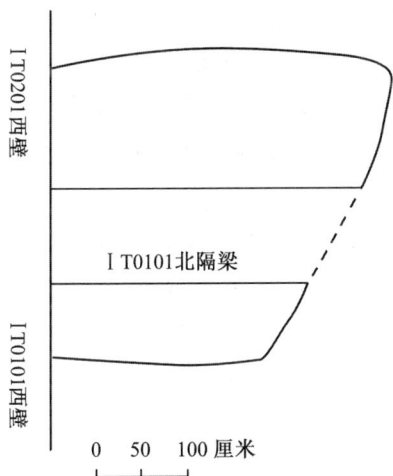

图五　F2平面图

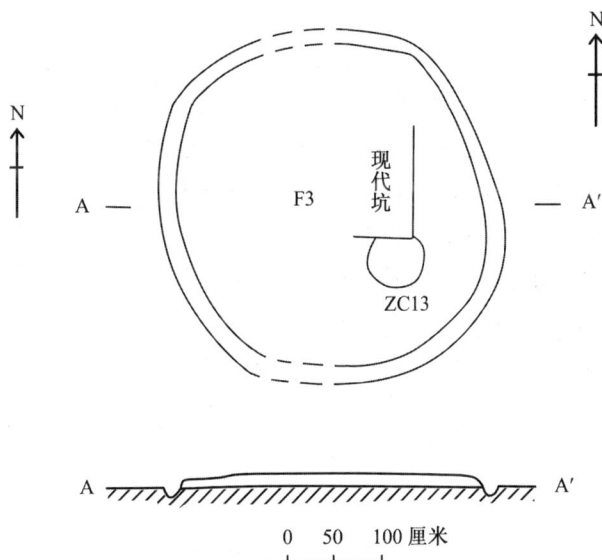

图六　F3平、剖面图

F4

位于ⅡT0102北部，由柱洞、灶组成，柱洞及灶均于第⑤层下开口，柱洞共11个，编号分别为ZD5—ZD15，柱洞内填土为黑灰色，含杂质较少，直径大小不一，0.18～0.3米，深度约0.15米，估计ⅡT0102北隔梁内仍会有F4的柱洞。根据柱洞形成的形状，判断房址为圆形，东西直径约3.5米。房屋中间有一灶，编号Z2，土坑式灶，椭圆形，灶壁口沿处有火烧形成的黑灰边，长径0.85、短径0.6米。未发现踩踏或者人工堆筑的居住硬面（图七）。

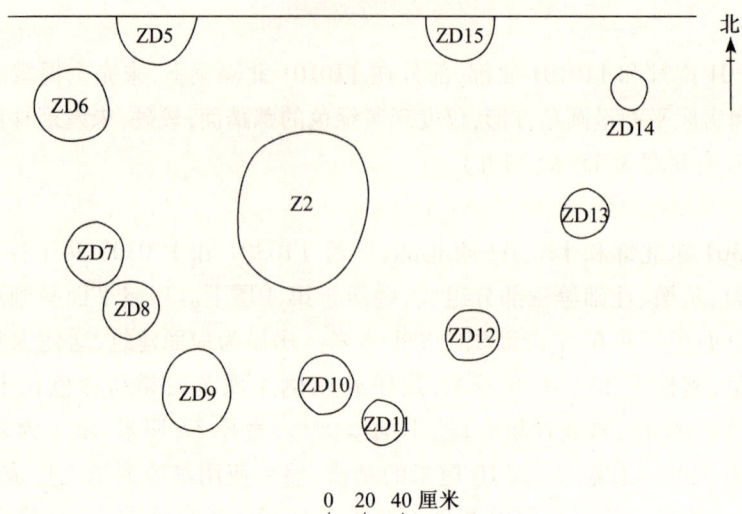

图七　F4 平面图

F5

位于 IT0103 西北部和 IT0203 西南部，由居住面和柱础、柱洞、灶等组成，叠压于第④层下。房屋平面近圆角方形，南北最长 4.4、东西宽约 4.3 米。房屋为地面建筑，建造过程如下：先平整地面，然后在地面上铺一层厚约 10 厘米的白、绿混合花土，形成居住面，花土细腻、紧致，十分纯净，没有杂质。未发现门道。房屋居住面明显高于当时的地面，应是土台式房屋。白、绿混合花土应该也是经过人工特殊的处理。在房屋北部发现一椭圆形灶，编号为Z3。灶平面呈椭圆形，长 1.07、宽 0.7、深 0.36 厘米。揭露柱础 3 个、柱洞 1 个，编号分别为ZC16、ZC22、ZC23、ZD23。ZC16 平面呈半圆形，最长径为 43、深 23 厘米；ZC22 平面呈圆形，直径 57、深 24 厘米；ZC23 被现代坑打破，平面呈圆形，直径 30、深 18 厘米；ZD23 平面呈圆形，直径 35、深 25 厘米（图八）。

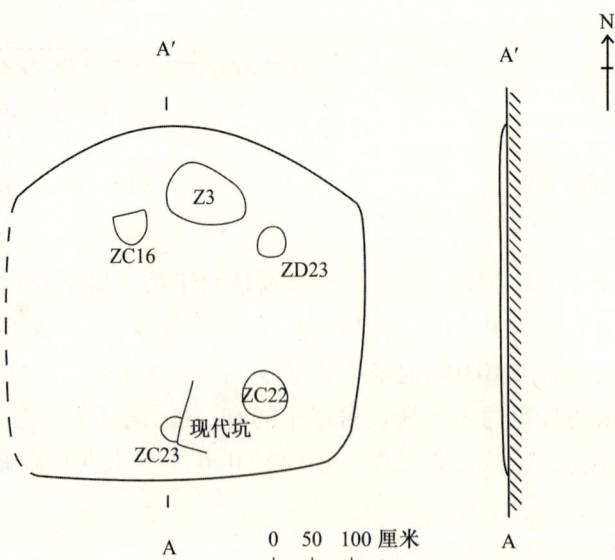

图八　F5 平、剖面图

154

F6

位于 IT0203 西部和 IT0202 东部,由居住面和柱础等组成,叠压于第④层下,被 F5 打破。房屋平面近圆形,最大直径 3.5 米。房屋为地面建筑,建造过程如下:先在地面上垫一层厚 15～20 厘米的紧致黄土,形成房屋的垫层,并平整后形成房屋的居住面。居住面高于当时的地面,应该是土台式房屋。在居住面上为房屋的废弃堆积,灰色土,厚 8 厘米。发现一柱础,编号为 ZC15,平面呈圆形,直径 40、深 30 厘米(图九)。

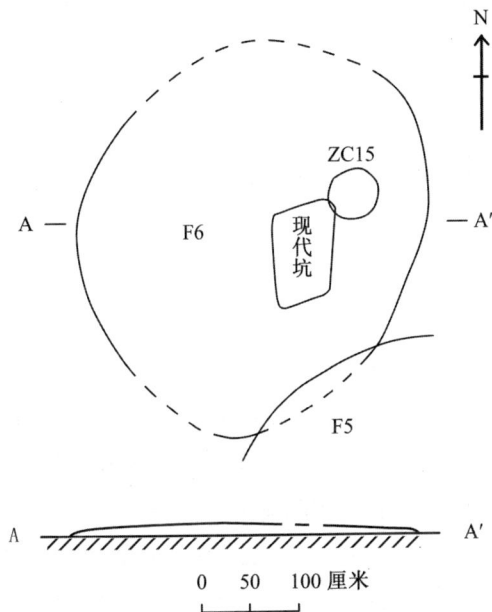

图九 F6 平、剖面图

F7

横跨 IT0301 及 IT0302 两个探方,由居住面、沟槽、柱础、柱洞、门道等 5 部分组成,叠压于第④层下,房屋方向 10°,长方形,长 6.7、宽 4.3 米,总面积达 28.8 平方米。建造过程如下:先整体下挖一深约 0.06 米的基坑,填上红胶泥,红胶泥四周略高,中间略低,进行过夯实,比较坚硬,形成了建造堆积。而后用几种不同颜色的土混拌铺垫成地面,主要以白色土、红褐色土及黄灰土混拌,三种土的混拌不是非常均匀,但房址的东南部地面的三色土形成的彩色图案比较美观。地面厚 0.03～0.07 米,并且经过人为夯实,地面比较坚硬,形成了使用堆积。除 F7 西北部位于隔梁内未被发掘外,其余三个角落均发现有柱洞,编号为 ZD87、ZD88、ZD90。房子内东半部中间有一较大的柱础,编号 ZC14,圆形,夯筑而成,土质坚硬,土色为黄褐色胶泥土,直径约 0.45 米。地面外四周有沟槽,宽 0.15～0.22 米,沟槽内的填土为灰色杂土,土质较松软。F7 门道位于房址南侧偏西位置,此处沟槽不见,门道旁边有一柱洞,编号 ZD89,门道外有铺垫的花土面。门宽约 0.75 米(图十)。

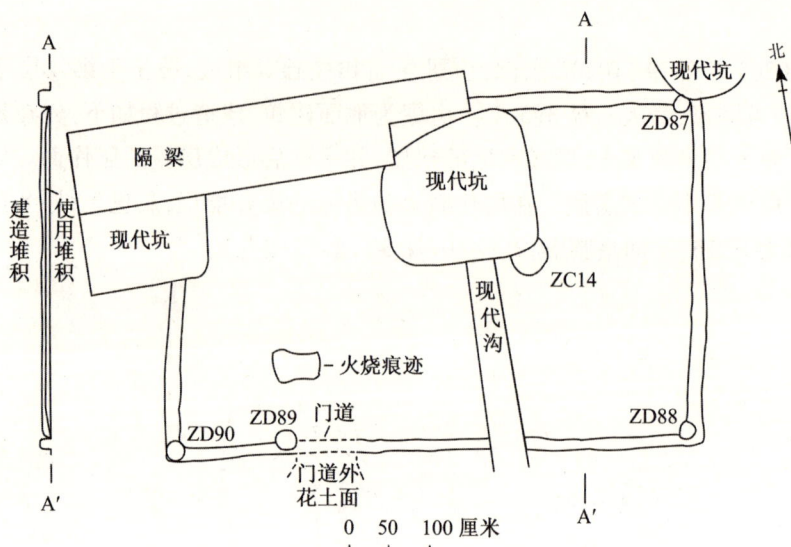

图十　F7 平、剖面图

F8

位于 IT0202 和 IT0201 东部,由门道、基槽、垫土层、居住面、柱洞等组成,叠压于第④层下,被 F6 打破。房屋平面近圆形,最大直径 5.1 米。房屋建造过程如下:先整体下挖一条宽18、深 12 厘米的基槽,基槽内填充灰白相间花土。然后在居住区域垫一层 5～8 厘米厚红胶泥土,形成房屋垫土层,以使地面平整。垫土层,中间稍厚,稍高,周边稍薄,土质坚硬,有夯打迹象。垫土层上为房屋居住面,黄、灰色土,有踩踏硬面,厚 10～20 厘米。柱洞 3 个,分别为 ZD22、ZD16 和 ZD19。ZD22 平面呈圆形,直径 43、深 38 厘米;ZD16 平面呈圆形,直径 40、深 40 厘米;ZD19 平面呈圆形,直径 44、深 48 厘米(图十一)。

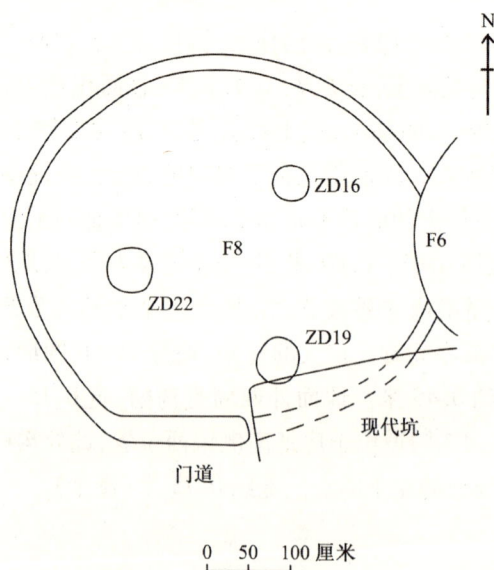

图十一　F8 平面图

F9

位于ⅠT0103,仅发现柱洞,共10个,编号为ZD71—ZD80。ZD71—ZD79均为圆形,直径25～50、深15～27厘米。ZD80平面近三角形,长62、深24厘米。柱洞于第⑤层下开口,从柱洞分布情况推测房屋为圆形建筑。在房屋东北部发现一片红烧土层,由红烧土颗粒和黑土混合而成,可能是房屋的倒塌堆积而成(图十二)。

F10

位于ⅡT0102北部,由柱洞组成,未发现居住面。共发现柱洞15个,均为第⑥层下开口,叠压在F4下,编号为ZD49—ZD63。柱洞内填土为黑灰色,直径大小不一,20～45厘米,深15～32厘米。根据柱洞分布情况判断房屋平面呈圆形(图十三)。

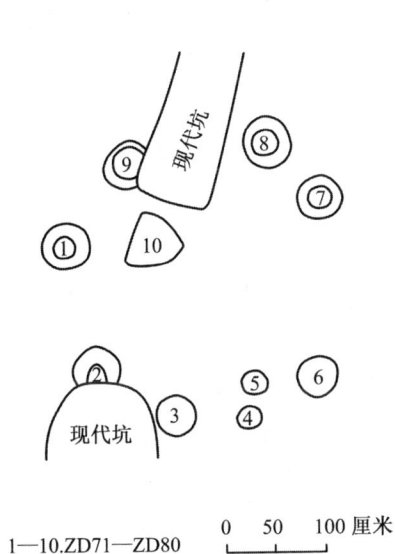

1—10.ZD71—ZD80

图十二　F9平面图

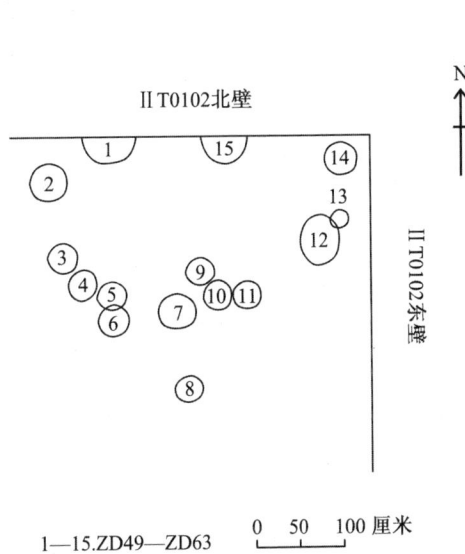

1—15.ZD49—ZD63

图十三　F10平面图

F11

位于ⅡT0201西南部,被现代坑打破,存柱础。柱础共有4个,编号分别为ZC18—ZC21,第④层下开口。柱础土色为黄色,较纯净,夹杂少量灰白土,土质很硬。经过解剖发现,这4个柱础均是先挖坑再填土夯打,其中ZC18柱础坑较深,深约0.45米,其余三个柱础深度在0.3米左右。现存一非常薄的土层,厚度不到0.01米,且土质很软,似乎不是居住面。此房屋极可能为干栏式建筑,4个柱础为房屋的悬空梁及承重柱(图十四)。

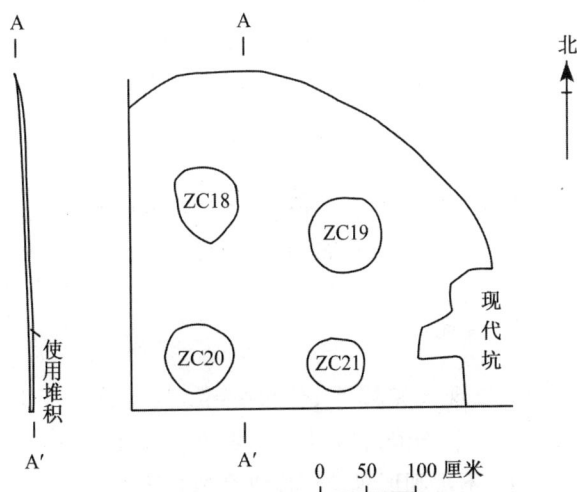

图十四　F11平、剖面图

F12

位于ⅠT0203东北部，发现柱洞和柱础，均开口于第⑥层下。F12被现代坑和H17打破。根据发掘部分推断房屋平面形状为圆角方形。只发现房屋的废弃堆积，土质为灰色土，较疏松，夹杂有白色土和大量红烧土块。发现柱础两个，分别编号为ZC24和ZC25。ZC24平面呈椭圆形，部分在ⅠT0203北壁，长径80、短径71、深18厘米，填土为灰色土，夹杂红烧土块，柱础填土为白色和黄色花土；ZC25平面呈圆形，部分在ⅠT0203东壁，直径102、深30厘米，填土为灰、白色花土，夹杂红烧土块。柱洞4个，分别编号为ZD96、ZD97、ZD98和ZD99。ZD96平面呈圆形，直径34、深40厘米，填土为灰土，夹杂红烧土块；ZD97平面呈圆形，直径34、深40厘米，填土为灰、白花土，夹杂少量红烧土块；ZD98平面呈圆形，被现代坑打破，直径32、深37厘米，填土为灰、白花土，夹杂少量红烧土块；ZD99被ZD98打破，平面呈圆形，直径44、深45厘米，填土为灰、白花土，夹杂红烧土块（图十五）。

F13

位于ⅡT0201东北部，被H36、H37、H38打破。发现柱洞12个，柱洞均开口于第⑤层下，编号ZD104—ZD113，柱洞平面均为圆形，直径30～48、深30～45厘米，柱洞填土为灰色土，夹杂较多红烧土块。从柱洞分布情况推测房屋平面形状为圆形。建造过程为：先挖一圈圆形柱洞，然后立柱建造房屋。F13有一层10～20厘米不等的灰土堆积，夹杂很多红烧土块，或为房屋的废弃堆积（图十六）。

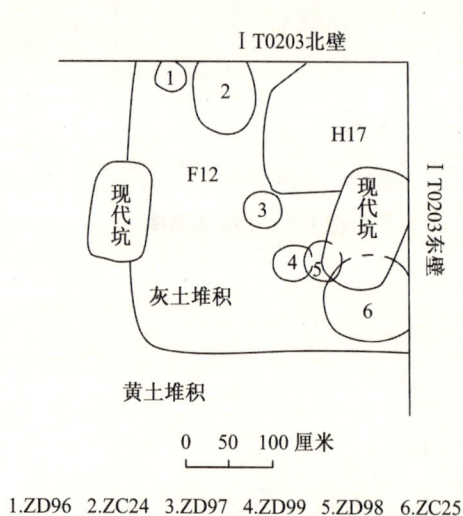

1.ZD96 2.ZC24 3.ZD97 4.ZD99 5.ZD98 6.ZC25

图十五　F12平面图

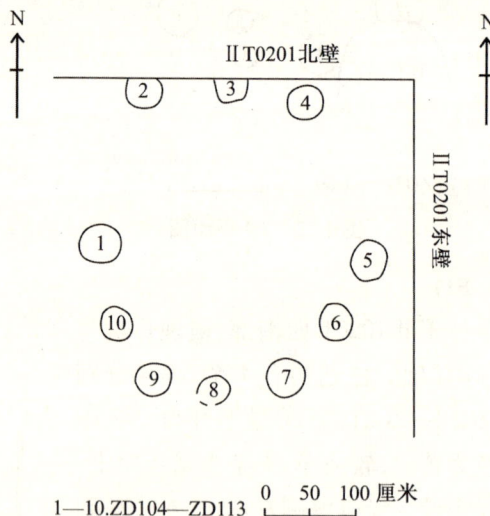

1—10.ZD104—ZD113

图十六　F13平面图

2. 灰坑

共发现灰坑42个，分布在第②层至第⑦层下。其中，第②层下2个，第③层下2个，第④层下5个，第⑤层下17个，第⑥层下14个，第⑦层下2个。平面形状有圆形、椭圆形、圆角方形、不规则形等。现详细介绍如下：

H1

位于 ⅠT0102 东北部,第②层下开口,被现代坑打破,打破第③—⑤层。平面形状为椭圆形,弧壁,平底。长 3.25、宽 2.3、深 0.5 米。坑内填土黑灰色,土质疏松,未出遗物(图十七)。

H2

位于 ⅠT0102 西北部,开口于第③层下,打破第④层。平面大致呈圆形,直壁,不规则底。直径约为 0.82、深 0.8 米。坑内填土黄灰色,土质疏松,未出遗物(图十八)。

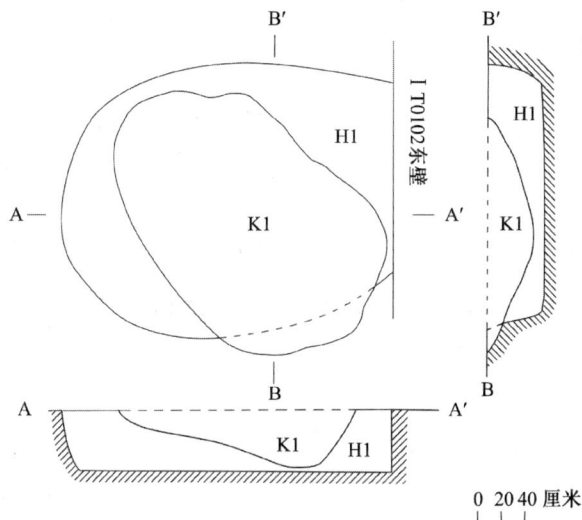

图十七　**H1 平、剖面图**

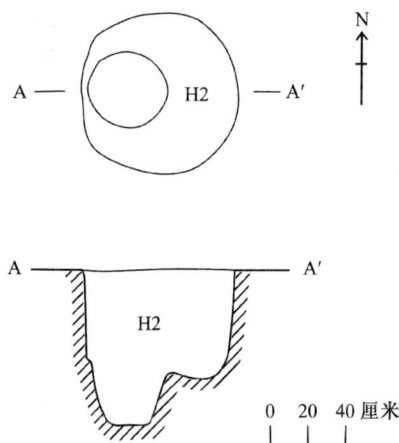

图十八　**H2 平、剖面图**

H3

位于 ⅠT0102 南部,开口于第③层下,打破第④层。平面呈椭圆形,直壁,平底。长径约 1.27、短径约 0.92、深 0.55 米。坑内填土黄灰色,土质较紧密,未出遗物(图十九)。

H4

位于 ⅠT0102 西南部,开口于第④层下,打破第⑤、⑥层。平面呈半椭圆形,弧壁,近平底。长径 0.95、短径残长 0.4、深 0.27 米。坑内填土黄灰色,土质较紧密,未出遗物(图二十)。

H5

位于 ⅠT0102 北部,开口于第⑤层下,打破第⑥层及 G1。平面大致呈圆形,弧壁,圜底。半径约 1.3、深 0.6 米。坑内填土黑灰色,土质较紧密,未出遗物(图二十一)。

H7

位于 ⅡT0301 西部,第⑤层下开口,打破第⑥层和 H23。部分在 ⅡT0302 东隔梁下,揭露部分平面呈 1/2 椭圆形,斜壁,平底。东西径长 2、南北径长 1.4 米。填土为灰黄色,土质较紧密,未发现遗物(图二十二)。

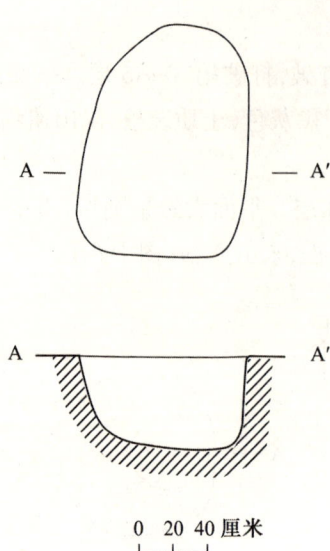

图十九　**H3** 平、剖面图

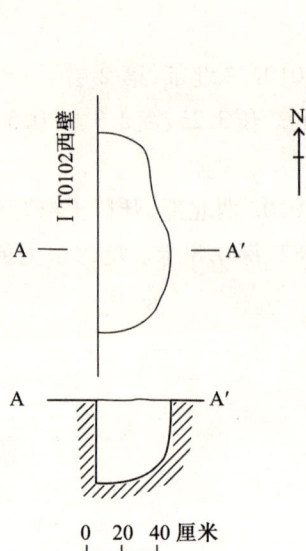

图二十　**H4** 平、剖面图

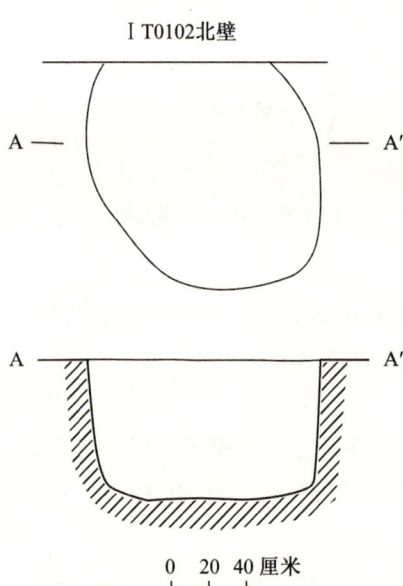

图二十一　**H5** 平、剖面图

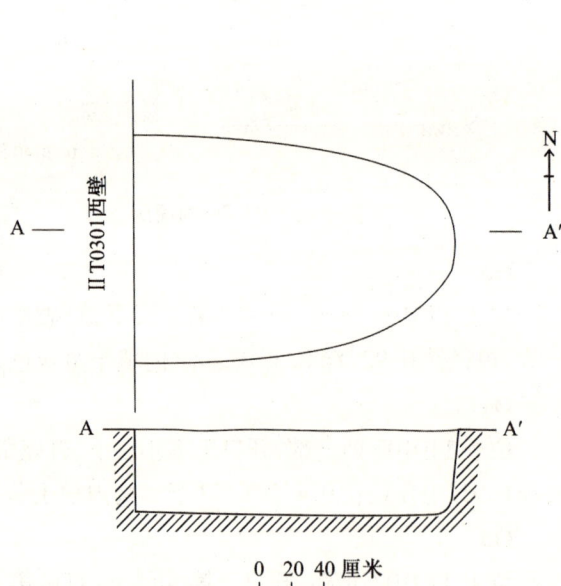

图二十二　**H7** 平、剖面图

H8

位于ⅡT0102南部,于第⑤层下开口,打破第⑥层,距地表1.20～1.25米。平面大致为半圆形,弧壁,近平底。直径大约为1.55、深0.75米。坑内填土黑灰色,土质较紧密,未出遗物(图二十三)。

H10

ⅠT0101北部,于第⑥层下开口,部分压在ⅠT0101北隔梁下,仅揭露一部分,平面呈1/2圆形,弧壁,平底。填土为黑灰色灰土,土质略紧致,含少量红烧土颗粒,发现少量陶片。揭露部分东西径长1.37、南北径长0.77、深0.5米(图二十四)。

160

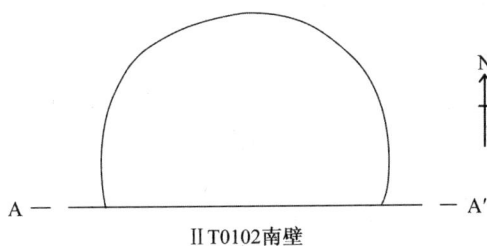

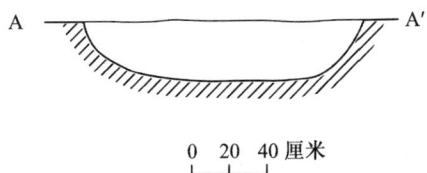

图二十三　**H8平、剖面图**

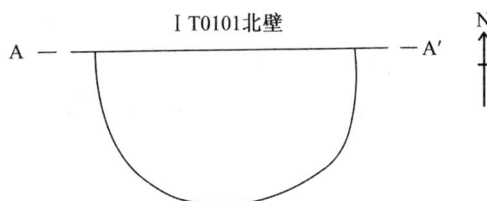

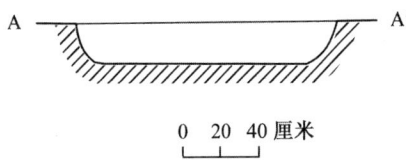

图二十四　**H10平、剖面图**

H11

位于Ⅱ T0302中部,第④层下开口,打破第⑤层。平面大致为圆形,斜壁,平底。半径大致为1.75、深0.4米。坑内填土黑灰色,土质较疏松,未出遗物(图二十五)。

H12

位于Ⅰ T0102东北部,第⑥层下开口,被G1打破,打破生土。平面为1/4椭圆形,斜壁,近平底。长径1.5、短径1、深0.65米。坑内填土黄灰色,土质较疏松,未出遗物(图二十六)。

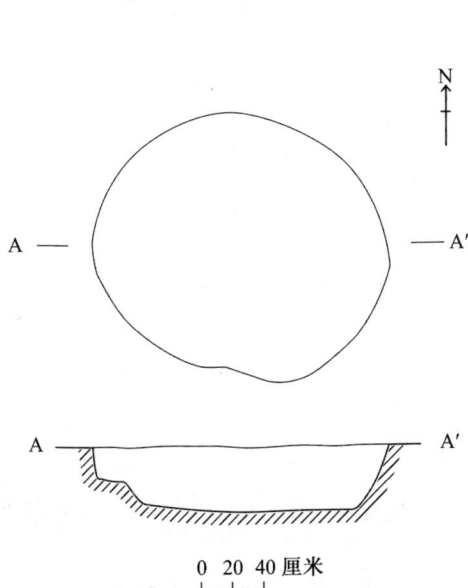

图二十五　**H11平、剖面图**

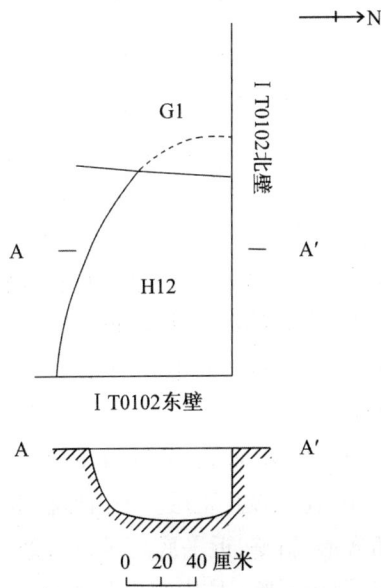

图二十六　**H12平、剖面图**

H13

位于Ⅰ T0102东部,第⑥层下开口,打破生土,1/3椭圆形,弧壁,圜底。长径2.55、短径

0.7、深 0.35 米。坑内填土黄灰色,土质较疏松,未出遗物(图二十七)。

H14

位于ⅠT0102 西北部,第⑥层下开口,被 G1 打破,打破生土,可能为长方形,斜弧壁,平底。长 0.9、宽 0.6、深 0.55 米。坑内填土灰色,土质较疏松,未出遗物(图二十八)。

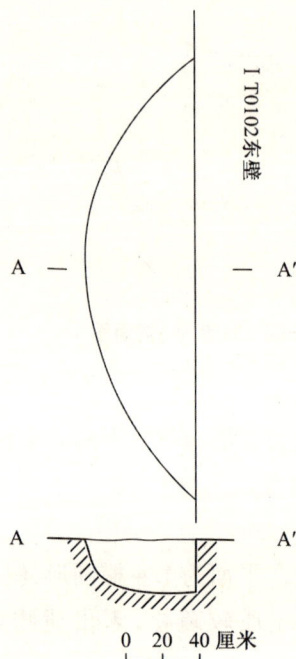

图二十七　**H13 平、剖面图**

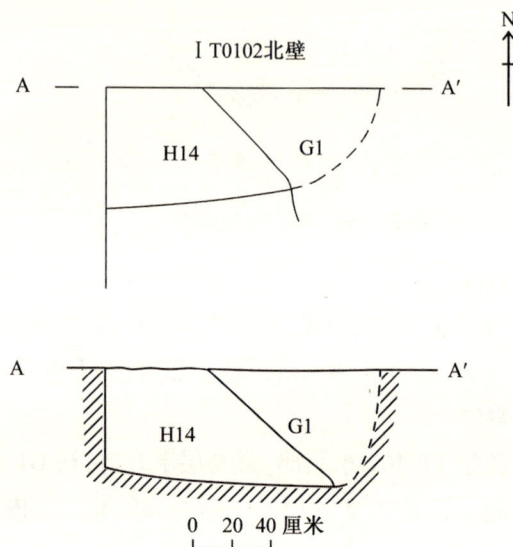

图二十八　**H14 平、剖面图**

H15

位于ⅡT0302 东部,第⑤层下开口,打破第⑥层,被 H11 打破。在探方内的平面形状呈半圆形,弧壁、阶梯状平底,半径 2.44、深 0.4～0.54 米。坑内堆积呈黑灰色,夹杂少量红烧土颗粒及炭粒,出土遗物主要为陶片,数量较少,可辨器形有罐、钵等(图二十九)。

H16

位于ⅠT0101 东北部,开口于第⑤层,打破第⑥、⑦层及生土层。平面形状为 1/4 圆角方形,斜壁,近平底。残长 1.25、残宽 0.8、深 0.5 米。坑内填土灰黄色,土质较疏松,未出遗物(图三十)。

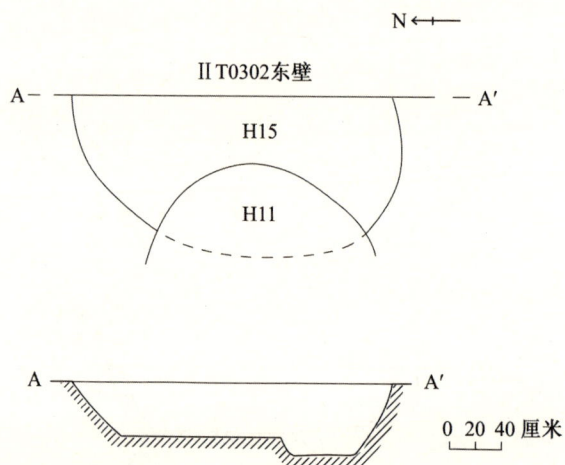

图二十九　**H15 平、剖面图**

H17

位于ⅠT0203西北部,开口于第②层下,打破第③—⑦层。平面为圆角长方形,直壁,近平底。长1.6、宽1.3、深1.35米。坑内填土黑灰色,土质较疏松,未出遗物(图三十一)。

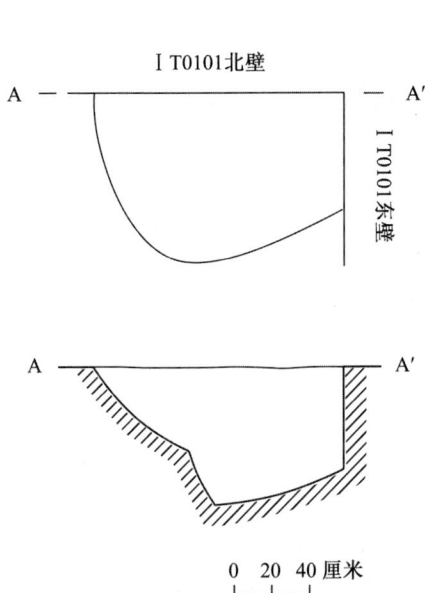

图三十 H16平、剖面图

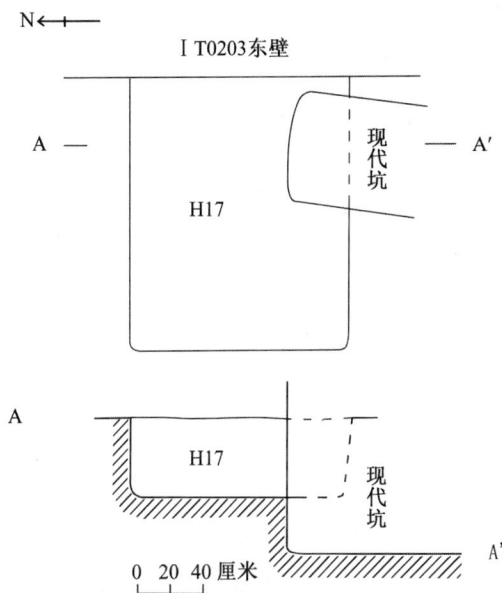

图三十一 H17平、剖面图

H18

位于位于ⅡT0101北部,开口于第⑤层下,打破第⑥层。1/2椭圆形,直壁,平底。长径1、短径0.4、深约0.6米。坑内填土黑灰色,土质较致密,未出遗物(图三十二)。

H20

位于ⅠT0202南部,开口于第④层下,打破第⑤层,不规则长方形,斜壁,平底。长0.85、宽0.82、深0.48米。坑内填土黑灰色,土质较疏松,未出遗物(图三十三)。

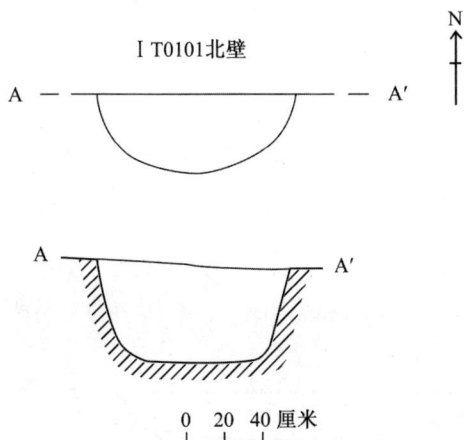

图三十二 H18平、剖面图

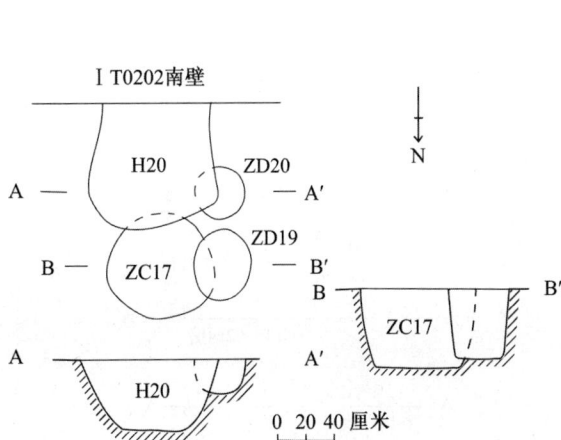

图三十三 H20平、剖面图

H21

位于ⅡT0102西南部,开口于第⑥层下,打破第⑦层。圆角长方形,直壁,平底。长1、宽0.8、深0.4米。坑内填土黑灰色,土质较致密,未出遗物(图三十四)。

H22

位于ⅠT0101东部,第⑥层下开口,打破第⑦层及生土层。平面呈半圆形,斜壁,平底。直径约为1、深0.4米。坑内填土灰黄色,土质较疏松,未出遗物(图三十五)。

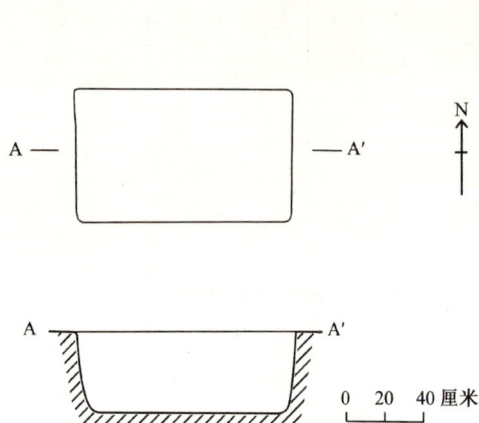

图三十四　H21平、剖面图

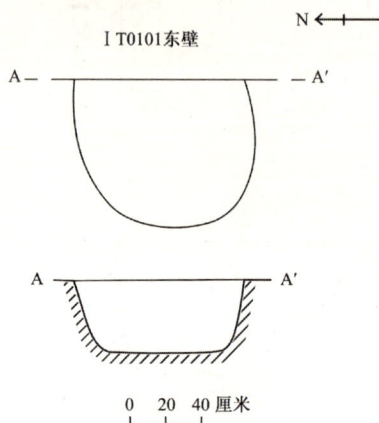

图三十五　H22平、剖面图

H23

位于ⅡT0302西南部,开口于第⑥层下,被H15打破,打破生土层。平面形状为不规则形,弧壁,平底。长3、宽1.75、深0.4米。坑内填土灰黄色,土质较紧密,未出遗物(图三十六)。

H24

位于ⅠT0303南部,开口于第⑥层下,打破第⑦层。平面形状为不规则形,弧壁,近平底。长2.5、最宽处1、深0.3米。坑内填土褐黄色,土质较疏松,未出遗物(图三十七)。

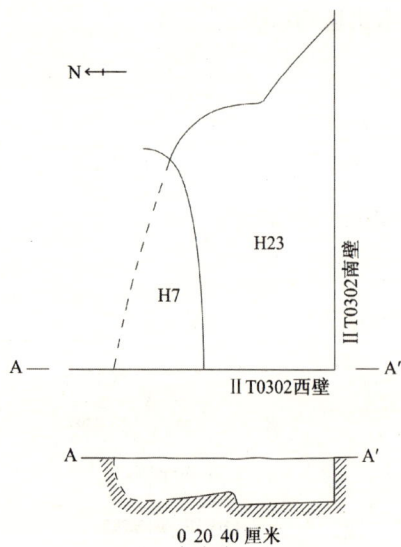

图三十六　H23平、剖面图

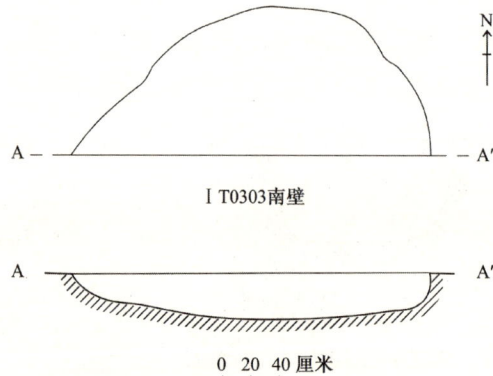

图三十七　H24平、剖面图

164

H26

位于ⅡT0103东北部,开口于第⑤层下,打破第⑥层。平面为不规则半圆形,弧壁,平底。长径0.7、短径0.3、深0.2米。坑内填土黑灰色,土质较致密,未出遗物(图三十八)。

H27

位于ⅡT0201北部,开口于第④层下,打破第⑤层。平面形状为不规则三角形,弧壁,圜底。高1.76、底长1.3、深0.41米。坑内填土黑灰色,土质较疏松,未出遗物(图三十九)。

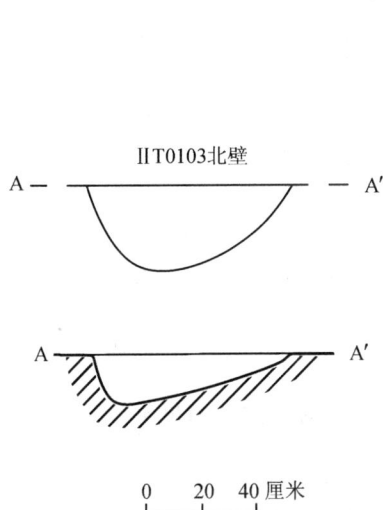

图三十八 H26平、剖面图

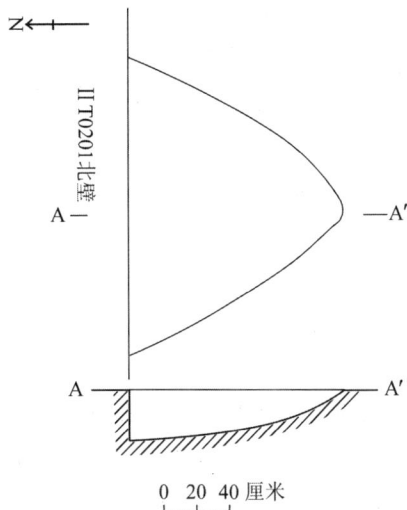

图三十九 H27平、剖面图

H28

位于ⅡT0201东北部,开口于第④层下,被现代坑打破,打破第⑤层。平面形状为半圆形,弧壁,近平底。半径约为1.34、深0.41米。坑内填土黑色,土质较致密,未出遗物(图四十)。

H29

横跨ⅠT0102、ⅠT0103、ⅠT0202、ⅠT0203四个探方,第⑤层下开口,打破第⑥层。平面形状呈椭圆形,弧壁,圜底,长径4.25、短径2.6、最深处0.35米。坑内堆积为黑灰土,土质较疏松,夹杂较多的红烧土颗粒和炭粒,出土遗物主要为陶片和动物骨骼。可辨器形有鬲、罐等(图四十一)。

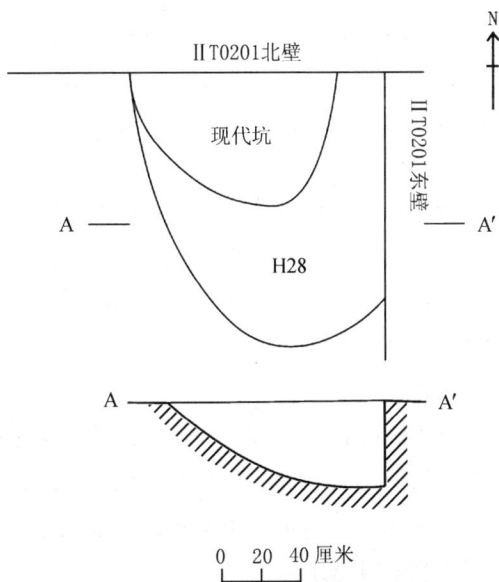

图四十 H28平、剖面图

H30

位于ⅡT0202南部,第⑤层下开口,打破第⑥层。平面形状为不规则形,弧壁,平底。长1.15、宽0.95、深0.15米。坑内填土黑灰色,土质较疏松,未出遗物(图四十二)。

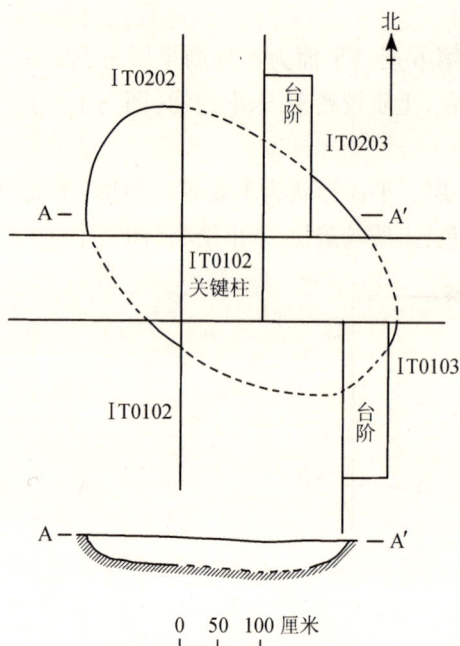

图四十一　H29 平、剖面图

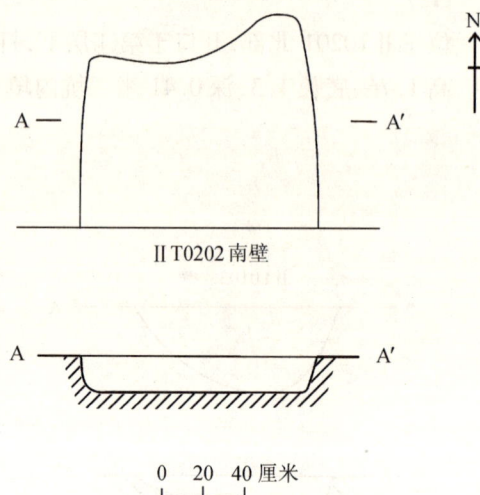

图四十二　H30 平、剖面图

H31

位于ⅡT0202西南部,第⑤层下开口,打破第⑥层,被H30打破。平面形状为不规则三角形,直壁,坡状平底。底残长0.96、残高1.2,深0.21～0.28米。坑内堆积呈黑色。出土的陶片较少(图四十三)。

H32

位于ⅠT0103北部,第⑥层下开口,打破第⑦层。平面形状为圆形,弧壁,圜底。半径约0.9、深0.62米。坑内填土灰黄色,土质较疏松,未出遗物(图四十四)。

H33

位于ⅠT0103南部,第⑥层下开口,打破第⑦层。平面形状为半圆形,斜壁,平底。半径0.55、深0.26米。坑内填土黑褐色,土质较疏松,未出遗物(图四十五)。

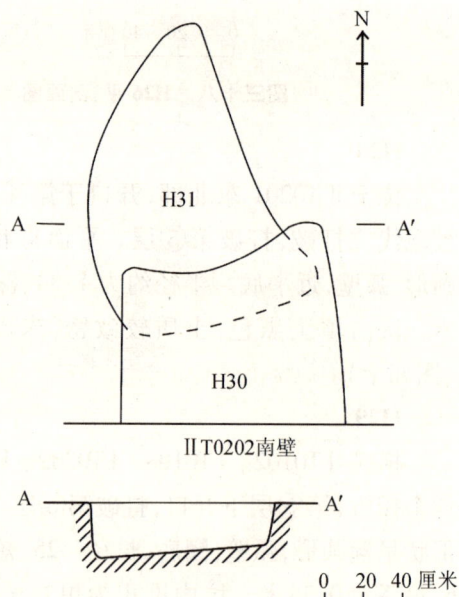

图四十三　H31 平、剖面图

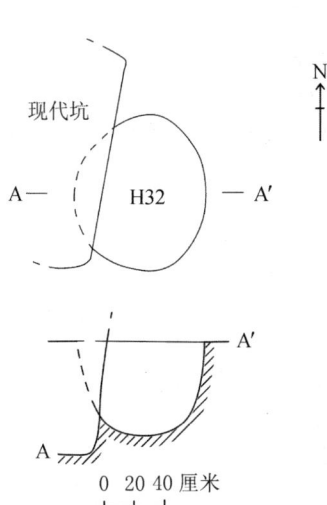

图四十四　**H32** 平、剖面图

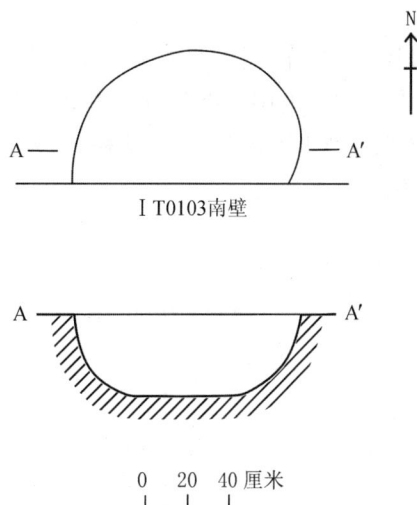

图四十五　**H33** 平、剖面图

H34

位于 I T0302 东北部,开口于第⑤层下。平面形状为半圆形,斜壁,平底。长2.5、宽1.3、深 0.3 米。坑内填土灰黄色,土质较疏松,未出遗物(图四十六)。

H35

位于 I T0302 东南,第⑥层下开口,打破第⑦层及生土层。平面形状为圆角方形,斜壁,平底。揭露部分东西长 1.7、南北宽 0.8、深 0.3 米。坑内填土灰黄色,土质较疏松,未出遗物(图四十七)。

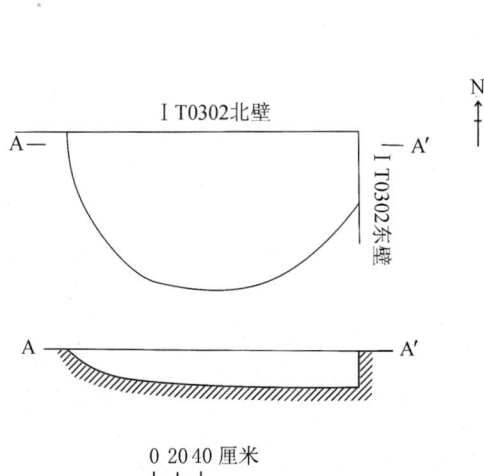

图四十六　**H34** 平、剖面图

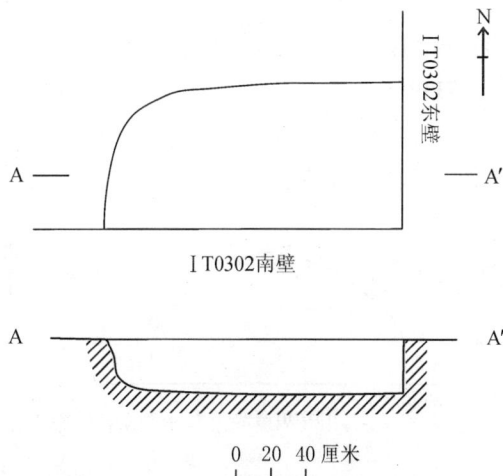

图四十七　**H35** 平、剖面图

H36

位于 II T0201 西北部,第⑤层下开口,打破第⑥层。平面形状为方形,弧壁,圜底。长 1.3、宽1.2、深 0.3 米。坑内填土灰黄色,土质较疏松,未出遗物(图四十八)。

H37

位于ⅠT0203东北部,第⑥层下开口,部分在探方隔梁下,故未能完全揭露。被H17打破,打破第⑦层和生土层。揭露部分平面呈圆角方形,弧壁,近平底。东西长3.3、南北宽3.3、深0.7米。填土为灰土,土质疏松,未发现遗物。笔者推测此灰坑可能为F12的垫层,即建造层(图四十九)。

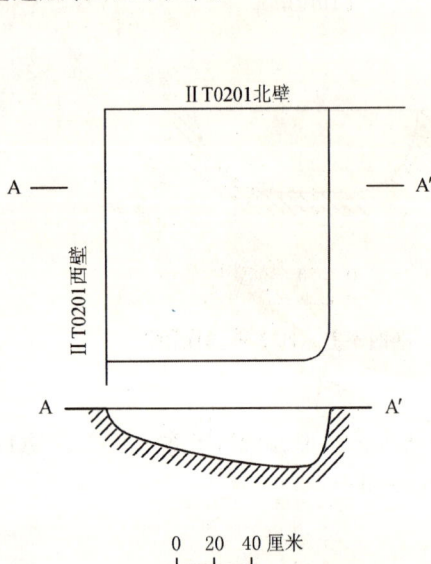

图四十八　**H36平、剖面图**

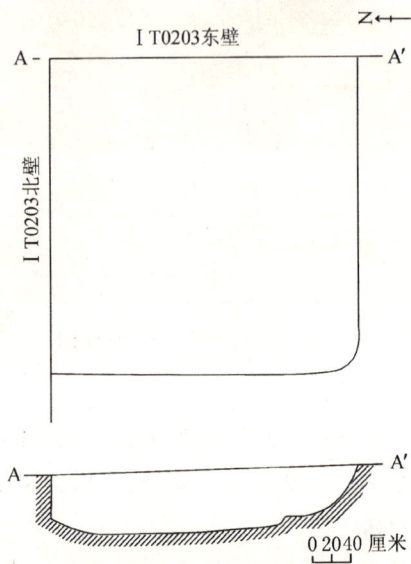

图四十九　**H37平、剖面图**

H38

位于ⅡT0201南部,第⑤层下开口,打破第⑥层。平面形状为半圆形,直壁,平底。半径约0.66、深0.4米。坑内填土灰黄色,土质较疏松,未出遗物(图五十)。

H39

位于ⅠT0301中部,第⑥层下开口,打破第⑦层及生土。平面形状为椭圆形,弧壁,平底。长径2.9、短径2.1、深0.28米。坑内填土灰黄色,土质较疏松,未出遗物(图五十一)。

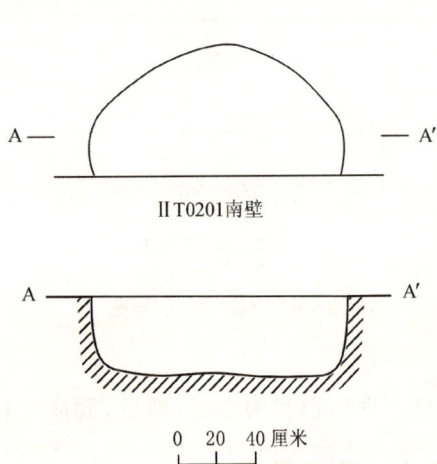

图五十　**H38平、剖面图**

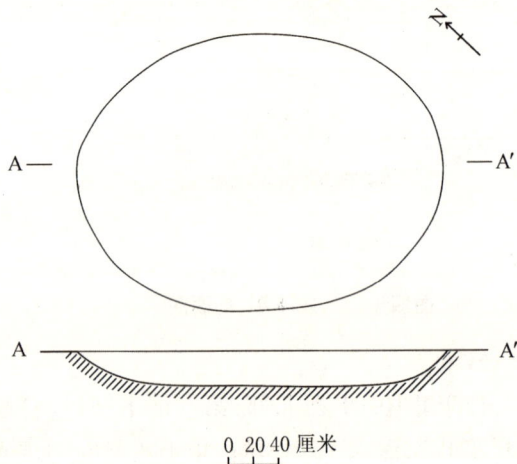

图五十一　**H39平、剖面图**

H40

位于ⅠT0203东北部,第⑦层下开口,打破生土。平面形状近圆形,直壁,平底。直径0.8、深0.48米。坑内填土黑灰色,土质较疏松,未出遗物(图五十二)。

H42

位于ⅠT0203东南部,第⑦层下开口,打破生土。平面形状为圆角方形,弧壁,近平底。长1.17、宽0.92、深0.23米。坑内填土灰黄色,土质较疏松,未出遗物(图五十三)。

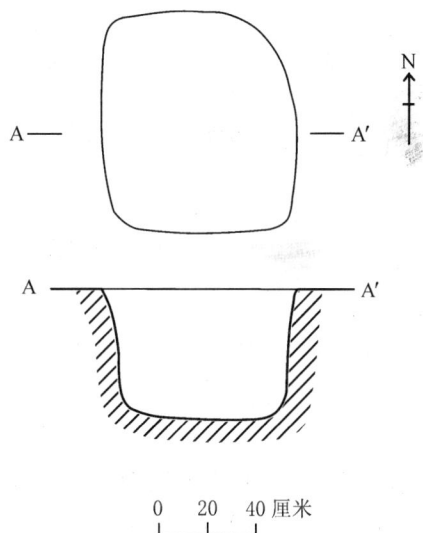

图五十二　H40平、剖面图

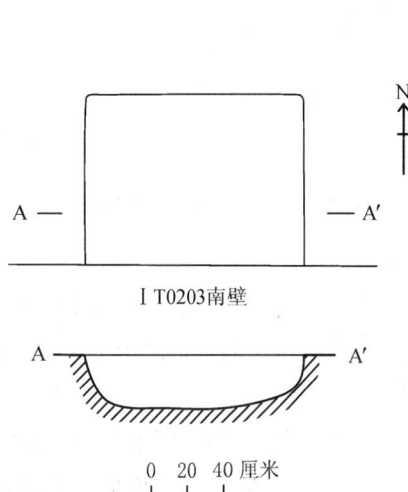

ⅠT0203南壁

图五十三　H42平、剖面图

H43

位于ⅡT0202东部,开口于第⑤层下,打破第⑥层。平面形状为半圆形,弧壁,平底。半径为0.4、深0.3米。坑内填土黑灰色,土质较疏松,未出遗物(图五十四)。

H44

位于ⅡT0202北部,开口于第⑤层下,打破第⑥层。平面形状为半圆形,斜壁,弧底。直径约为0.9、深0.5米。此坑分为三层,每层分别用a、b、c来表示,a层为废弃堆积层,灰土,填于H44内,深约0.2米;b层为黑土层,内含大量的炭及部分红烧土,是火烧而形成的一层堆积,厚约0.1米;c层为黄土层,为H44的建造堆积,厚0.1~0.2米;c层下,即H44底部由一层黄土块和红烧土块夹杂铺垫而成,亦为建造堆积,厚约0.1米。出土一残陶钵,H44可能为祭祀坑(图五十五)。

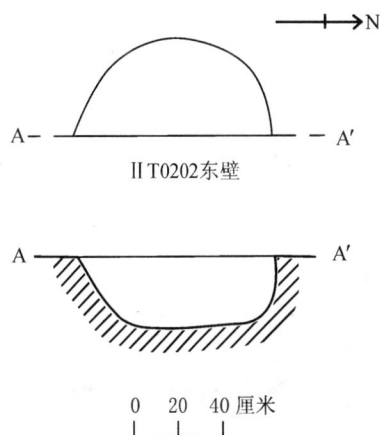

ⅡT0202东壁

图五十四　H43平、剖面图

H45

位于ⅡT0302西南部,第⑤层下开口,打破第⑥层。平面形状为圆形,斜壁,平底。半径约1.1、深0.5米。坑内填土黑灰色,土质较疏松,未出遗物(图五十六)。

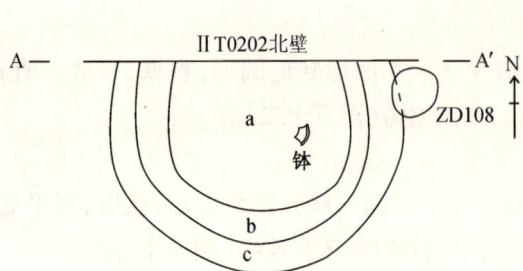

图五十五　H44 平、剖面图

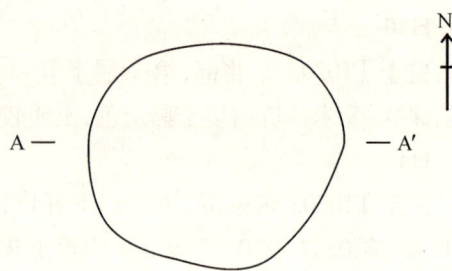

图五十六　H45 平、剖面图

H46

位于ⅡT0202 东北部,开口于第⑤层下,打破第⑥层。平面形状为 1/4 椭圆,弧壁,平底。长 2.8、宽 1.3、深 0.6 米。坑内填土黑灰色,土质较紧密,未出遗物(图五十七)。

H47

位于ⅠT0201 东部,第⑥层下开口,打破第⑦层及生土层。形状不规则,弧壁,平底。南北长 3.14、东西最长处 3、深 0.9 米。坑内堆积为黑土,夹杂大量的炭粒,出土遗物主要为陶片,数量较多,可辨器形有豆、罐、钵等。此外还发现少量动物骨头和牙齿(图五十八)。

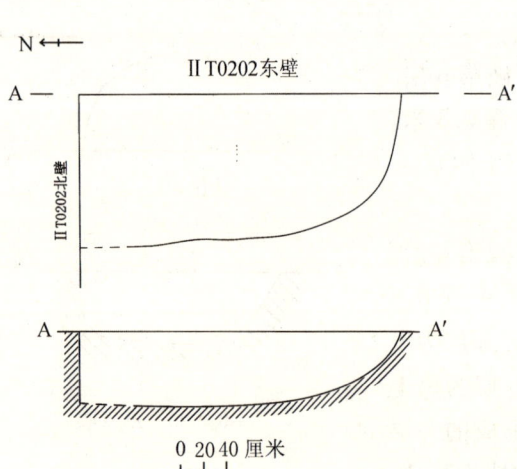

图五十七　H46 平、剖面图

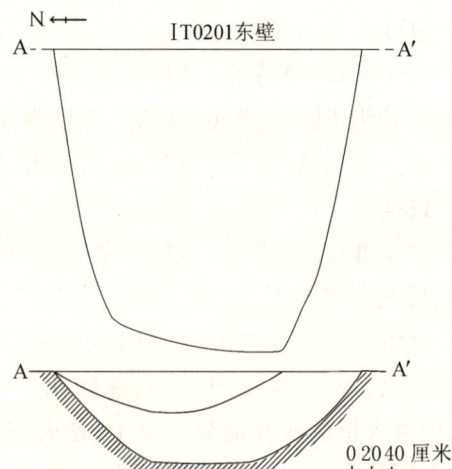

图五十八　H47 平、剖面图

3. 墓葬

M1

横跨ⅡT0202 和ⅡT0302 两个探方,主体位于ⅡT0202 北隔梁中。长方形竖穴土坑墓,第⑤层下开口,打破第⑥层,被 H45 打破,小部分墓坑位于ⅡT0203 东隔梁及关键柱内,未全部发掘。方向0度。残长2.32、东西长约1.26、深0.2~0.3米。人骨位于墓坑的东北部,基本腐蚀殆尽,仅剩部分头骨和残破严重的四肢骨,头骨叠压四肢骨,M1为二次葬。在墓坑中部发现一残破的陶豆,还发现一骨器,上有刻划纹饰,腐蚀过于严重,无法提取(图五十九)。

4.其他遗迹

沟

本次发掘共发现3条沟。总体来看,均为南北走向。

G1 位于ⅠT0102中部,第⑥层下开口,打破第⑦层,G1的走向为南北走向,南高北低,从南向北逐渐加宽,两边壁为弧壁,沟内填土以灰色杂土为主,夹杂有少量红烧土颗粒,土质上部较硬,下部含灰量较多,稍有疏松,红烧土减少。发现少量陶片,可辨器形有陶盆、鬲足、鼎足等。揭露部分平面呈不规则形,南北长3.5、东西宽2.7、深0.73米(图六十)。

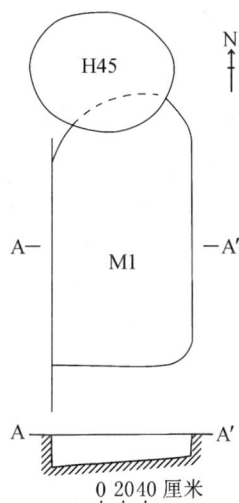

图五十九 M1平、剖面图

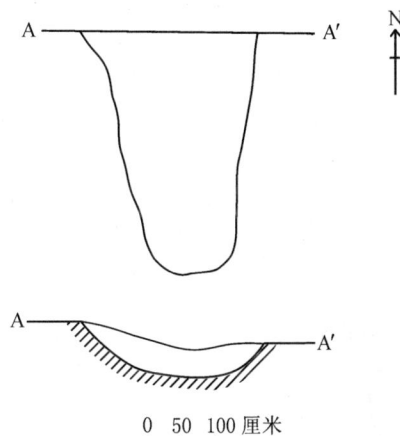

图六十 G1平、剖面图

G2 位于ⅠT0303西部,第④层下开口,打破第⑤层,东北—西南走向,南部稍高,未完全揭露,部分在ⅠT0303北隔梁和ⅠT0302东隔梁下。揭露部分平面呈长条形,弧壁,平底。沟底土呈黑灰色,似流水冲积形成。推测G2可能与F5或F6有关,或是一条排水沟。南北长4、东西宽0.6~1.05、深0.25米(图六十一)。

G3 跨ⅡT0103、ⅡT0102、ⅡT0202、ⅡT0202等探方,第②层下开口,打破第④、⑤层。东北—西南走向,南部稍高。填土为纯净的黄土,土质紧密。平面呈长条形,斜直壁,平底。南北长9.5、东西宽2.03、深0.92米(图六十二)。

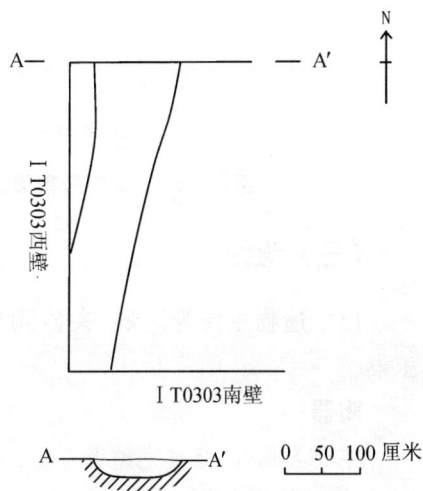

图六十一 G2平、剖面图

土堆

在马迹山遗址中,发现了一类特殊的遗存,此类遗存叠压于某个地层之上,有一定的厚度及形状,似"土堆",对于这种遗迹现象,目前还不能确定其性质,暂时命名为"土堆"(简称 TD)。

TD1,位于 I T0202 中部,被现代坑打破,叠压于第③层上,平面形状不规则,南北长约 1.4、东西长约 1.82 米,从剖面上看西薄东厚,其中东北部最厚,厚约 0.1 米,最薄处厚 0.02 米。黑灰土堆积,夹杂少量的陶片(图六十三)。

TD2,位于 I T0102 的西部,被 H1 打破,叠压于第④层上,平面形状为不规则椭圆形,南北长 1.25、东西残长 0.9、厚 0.04 ~ 0.1 米。黄色土堆积,无包含物(图六十四)。

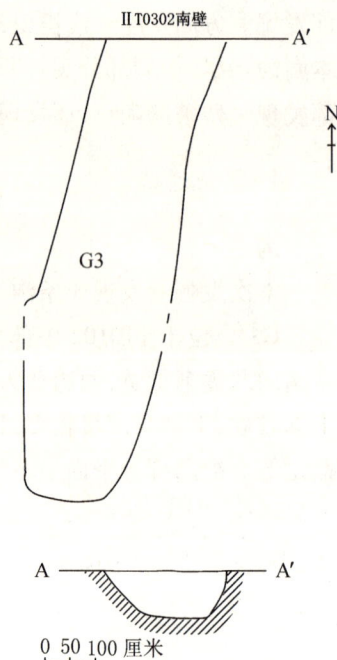

图六十二　**G3** 平、剖面图

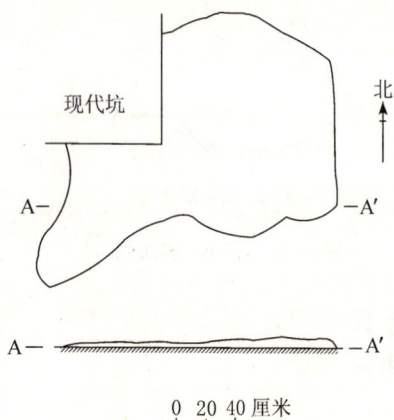

图六十三　**TD1** 平、剖面图

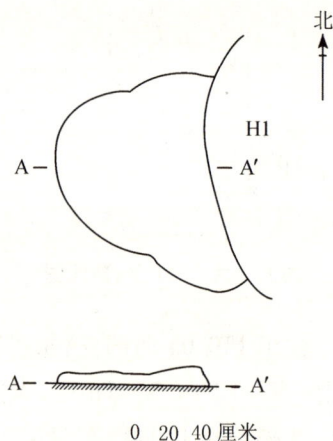

图六十四　**TD2** 平、剖面图

(三)遗物

出土遗物主要为陶器,夹砂陶最多,泥质陶次之,另有少量硬陶器、石器、青铜器和玉器。

陶器

主要为陶片,修复完整者不多,可辨器形主要有鬲、鼎、甗、豆、钵、罐、刻槽盆、盆、盘、碗、器盖等。器表以素面为主,纹饰以绳纹、梯格纹为主,另外还有回纹、方格纹、叶脉纹等(图六十五—图六十七)。

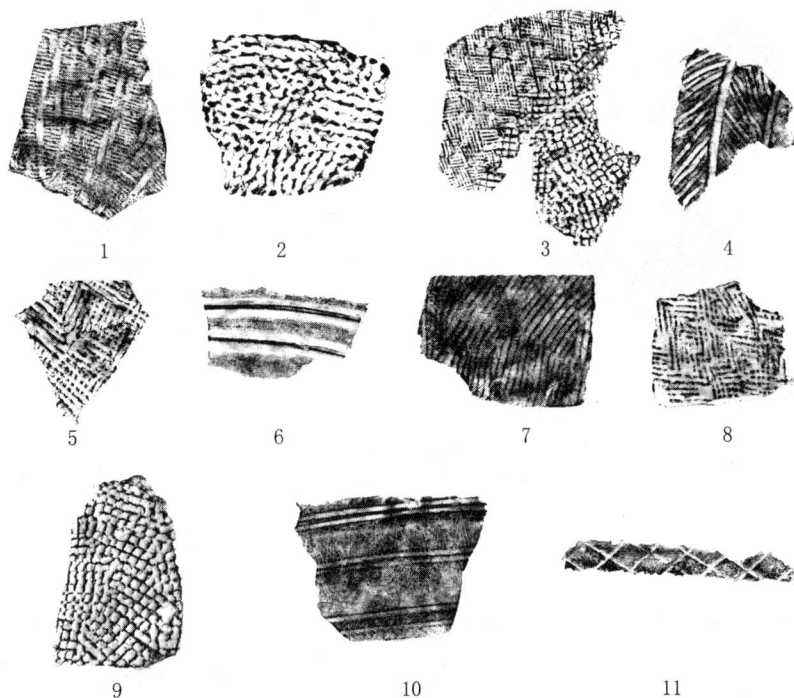

图六十五　普通陶片拓片（一）

1. 梯格纹（ⅡT0301④:1）　2、7. 绳纹（IT0102②:7、ⅡT0103⑥:1）　3. 方格纹＋席纹（IT0102③:3）
4. 叶脉纹（IT0301⑤:4）　5. 折线纹＋绳纹（IT0102⑤:3）　6. 凸弦纹（ⅡT0103⑦:6）
8. 折线纹（ⅡT0301⑤:7）　9. 方格纹（ⅡT0202⑤:18）　10. 凹弦纹（G1:2）
11. 附加堆刻划纹（IT0102⑤:5）

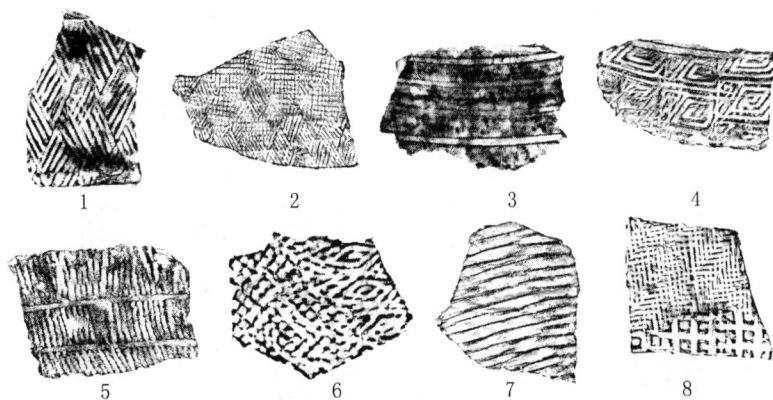

图六十六　普通陶片拓片（二）

1. 菱形填线纹（IT0102③:7）　2. 菱形填线纹＋小方格纹（IT0103②:5）　3. 凹弦纹（ⅡT0202⑥:5）
4. 云雷纹（IT0201⑤:7）　5. 间断绳纹（IT0201⑤:10）　6. 复线菱形纹＋方格纹（IT0301⑤:5）
7. 篮纹（IT0202⑥:7）　8. 小方格纹＋绳纹（IT0102②:3）

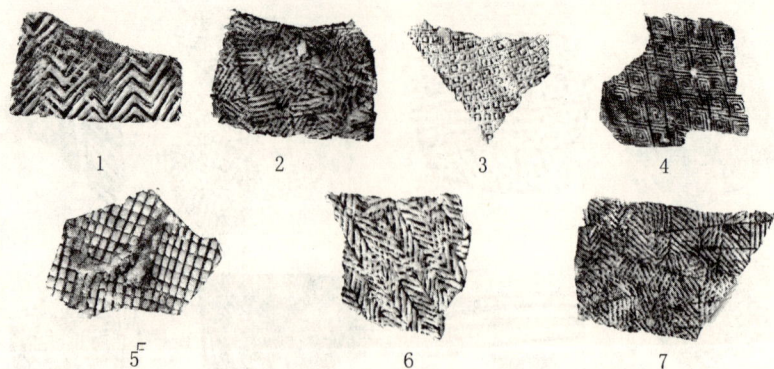

图六十七　硬陶纹饰拓片

1. 折线纹(ⅡT0302⑤:6)　7. 菱形填线纹＋刻划纹(H5:3)　2. 刻划纹(H5:2)
3. 回纹(ⅡT0201⑤:8)　4. 云雷纹(ⅡT0103⑤:4)　5. 方格纹(ⅡT0201②:2)　6. 叶脉纹(ⅡT0202⑤:6)

鬲　数量较多,大多为夹砂红、褐陶,极少量夹砂灰陶。修复后可辨器形者 3 件,根据裆的不同,可分为二型。

A 型,2 件。裆弧度较大、较高。标本 H29:1,夹砂红陶。侈口,圆唇,束颈,肩微鼓,弧腹,弧裆,袋足残。口径 22.8、残高 19 厘米(图六十八,1)。标本 H29:2,夹砂红陶。残,素面,仅存腹部和底部,弧腹,弧裆。残高 19 厘米(图六十八,2)。

B 型,1 件。裆弧度较小、较矮,垂腹。标本ⅡT0202⑤:4,夹砂红陶。侈口,方唇,沿微卷,束颈,斜弧腹,腹下垂、腹较深、瘪裆,有柱状实足根。口径 18.8、高 20.4 厘米(图六十八,3)。

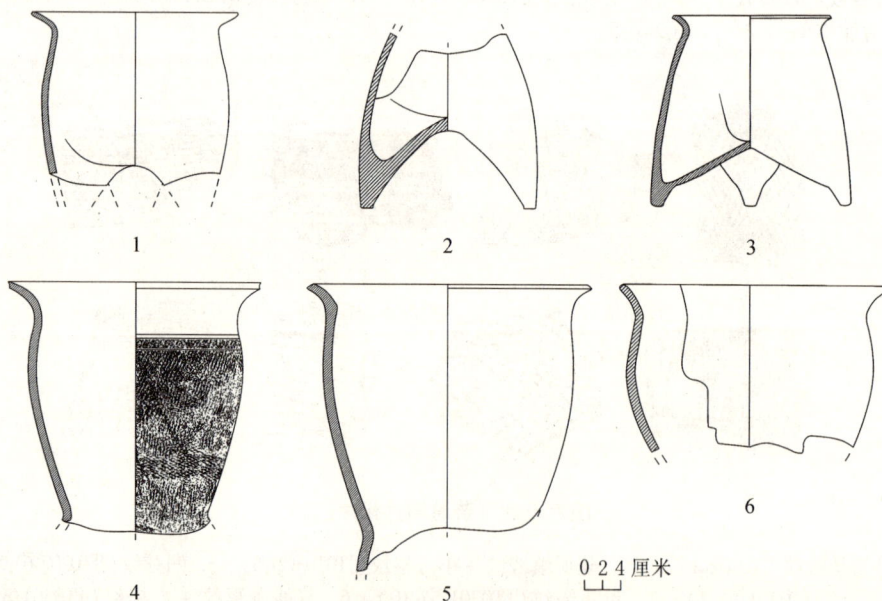

图六十八　出土鬲、甗

1—2. A 型鬲(H29:1、H29:2)　3. B 型鬲(ⅡT0202⑤:4)
4—6. 甗(ⅡT0203⑤:1、ⅠT0102②B:1、ⅡT0102⑤:1)

甗　数量较少,多夹砂红陶,可辨器形者 3 件。标本ⅡT0203⑤:1,夹砂红陶。残,敞口,方唇,束颈,深腹,束腰,肩部饰两道凹弦纹,颈部往下饰绳纹。口径28、残高25.4厘米(图六十八,4)。标本ⅠT0102②B:1,夹砂红陶。残,素面,侈口,圆唇,束颈,深腹,束腰。口径32、残高30.8厘米(图六十八,5)。标本ⅡT0102⑤:1,仅存口沿部分,夹砂红陶。素面,侈口,圆唇,束颈,弧腹。口径29.5、残高18.2厘米(图六十八,6)。

罐　数量较多。修复后可辨器形者9件。依据器物大小可分为二类。

甲类,体型较大,共7件。根据器物形态可分为4型。

A型,2件。小口。标本ⅡT0101⑥:12,小口罐,夹砂红陶。直口,方唇,溜肩,饰绳纹及凹弦纹。口径8.6、残高12.8厘米(图六十九,1)。标本H47:6,小口罐,夹砂红陶。敛口,方唇,溜肩,饰杂乱刻划纹和密集凹弦纹。口径10、残高17厘米(图六十九,4)。

B型,3件。标本ⅠT0101⑤:1,夹砂红陶。残,侈口,方唇,束颈,溜肩。口径17、残高14.3厘米(图六十九,2)。标本H47:11,陶罐口沿,夹砂黑陶。方唇,束颈,溜肩,口沿上有一条凹弦纹,肩部有两条凹弦纹。口径16.6、残高7.4厘米(图六十九,3)。标本ⅡT0303⑥:10,夹砂红陶。残,素面,侈口,圆唇,肩微鼓。口径17.2、残高21.6厘米(图六十九,5)。

C型,1件。标本H15:2,夹砂灰陶。侈口,方唇,束颈,肩微鼓,弧腹,底残,从口部向下到肩部饰以较浅的竖绳纹。口径22.2、底径14.4、高19厘米(图六十九,6)。

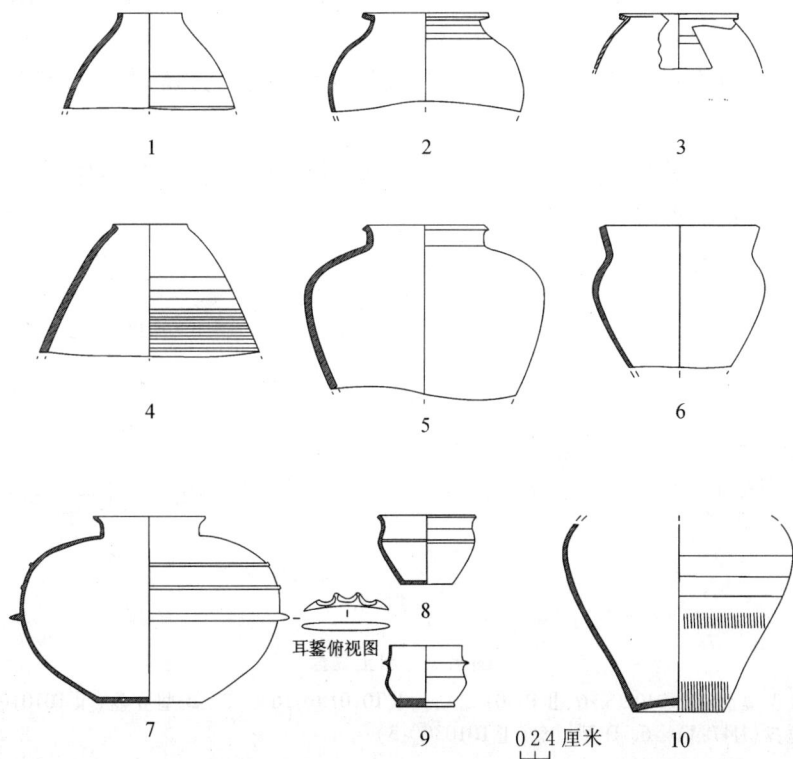

图六十九　出土罐、坛

1、4. 甲类A型罐(ⅡT0101⑥:12、H47:6)　2、3、5. 甲类B型罐(ⅠT0101⑤:1、ⅡT0303⑥:10、H47:11)　6. 甲类C型罐(H15:2)　7. 甲类D型罐(H47:10)　8. 乙类A型罐(ⅡT0201⑥:1)　9. 乙类B型罐(ⅠT0202⑥:2)　10. 坛(ⅡT0101⑥:13)

D 型,1 件。标本 H47:10,泥质灰陶。侈口,尖圆唇,束颈,鼓肩,鼓腹,平底,肩到腹部饰三条凸弦纹,在腹部有两个錾手。口径 15.2、底径 14.4、高 24.9 厘米(图六十九,7)。

乙类,体型较小,2 件,可分为二型。

A 型,1 件。标本 ⅡT0201⑥:1,侈口,圆唇,束颈,鼓肩,弧腹,平底。口径 7.6、底径 7.2、高 9.2 厘米(图六十九,8)。

B 型,1 件。标本 ⅠT0202⑥:2,泥质灰陶。直口,方唇,直颈,弧腹,平底,颈上有一圈凸棱,鼓腹上有一条细小凹弦纹,平底。口径 10、底径 8、高 8.2 厘米(图六十九,9)。

坛 1 件。标本 ⅡT0101⑥:13,残,鼓腹。下腹内收,凹平底,腹部饰弦纹和刻划纹。底径 12.8、残高 25 厘米(图六十九,10)。

豆 数量很多,且有很多泥质黑陶豆。均不完整,故分豆盘和豆柄分别描述。

豆盘,6 件。可分为 4 型。

A 型,3 件。标本 ⅠT0102⑤:6,残,仅剩豆盘,口微敛,方唇,弧腹。口径 18、残高 3.6 厘米(图七十,1)。标本 ⅡT0301②A:1,泥质灰陶,残,仅剩豆盘,侈口,圆唇,弧腹。口径 18、高 4.6 厘米(图七十,2)。标本 ⅡT0101⑥:16,泥质灰陶,残,仅剩豆盘,素面。残高 5 厘米(图七十,4)。

B 型,1 件。标本 ⅡT0101⑥:20,泥质红陶。残,仅剩豆盘,敛口,圆唇,弧腹、圜底近平,圈足残。口径 17.2、残高 6 厘米(图七十,3)。

C 型,1 件。标本 H47:4,泥质黑陶。残,仅剩豆盘,侈口,方唇,弧腹。口径 20.4、残高 4.7 厘米(图七十,5)。

D 型,1 件。标本 ⅡT0103⑦:3,泥质红陶。残,仅剩豆盘,敛口,斜弧腹,腹部饰一条凸弦纹。口径 20、残高 5 厘米(图七十,6)。

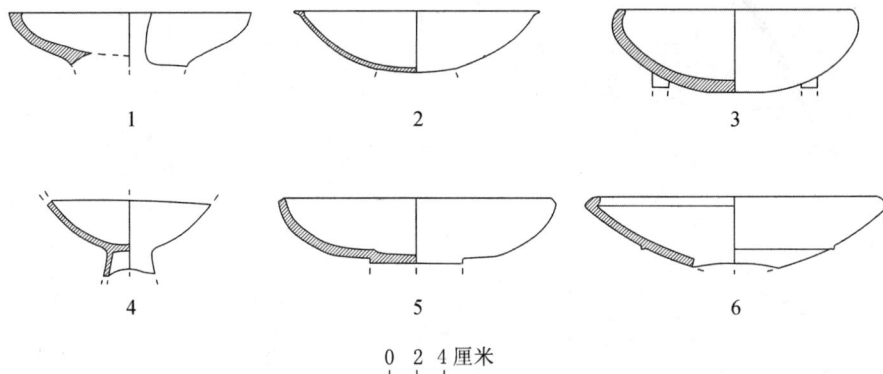

0 2 4 厘米

图七十　出土豆盘

1、2、4. A 型豆盘(ⅠT0102⑤:6、ⅡT0301②A:1、ⅡT0101⑥:16)　3. B 型豆盘(ⅡT0101⑥:20)
5. C 型豆盘(H47:4)　6. D 型豆盘(ⅡT0103⑦:3)

豆柄,8 件。可分为三型。

A 型,3 件。细高柄,饰凸弦纹。标本 ⅠT0201⑥:1,泥质黑陶,残,仅剩豆柄,细高柄,豆柄下部有一道凸弦纹。残高 22 厘米(图七十一,1)。标本 ⅠT0202⑥:1,泥质黑陶,残,仅剩豆柄,细高柄,豆柄上部有两道凸弦纹,喇叭形底座,底座残。残高 20 厘米(图七十一,2)。

标本 H47:1,泥质黑陶。残,仅剩豆柄,细高柄,豆柄上部有一道凸弦纹。残高 22 厘米(图七十一,3)。

B 型,2 件。细柄,装饰很少。标本ⅡT0202⑦:1,泥质黑陶。细柄。残高 12.8、粗 4.2 厘米(图七十一,4)。标本ⅠT0103⑥:3,泥质黑陶,细柄,上饰两道凹弦纹。残高 9.5、粗 3.5 厘米(图七十一,5)。

C 型,3 件。喇叭形圈足。标本ⅡT0201⑤:3,泥质黑陶。残,仅剩豆柄,喇叭状圈足,柄上有一枣核形鼓起,豆柄上饰 5 道凸弦纹。残高 12.6 厘米(图七十一,6)。标本ⅡT0301⑤:20,泥质黑陶。残,仅剩豆柄,喇叭状圈足,柄上有一枣核形鼓起,豆柄上饰 5 道凸弦纹。残高 11 厘米(图七十一,7)。标本ⅡT0201⑤:2,泥质黑陶。残,仅剩豆柄,细高柄,豆柄上部鼓起,饰有数道凸弦纹。圈足直径 12.6、残高 14.7 厘米(图七十一,8)。

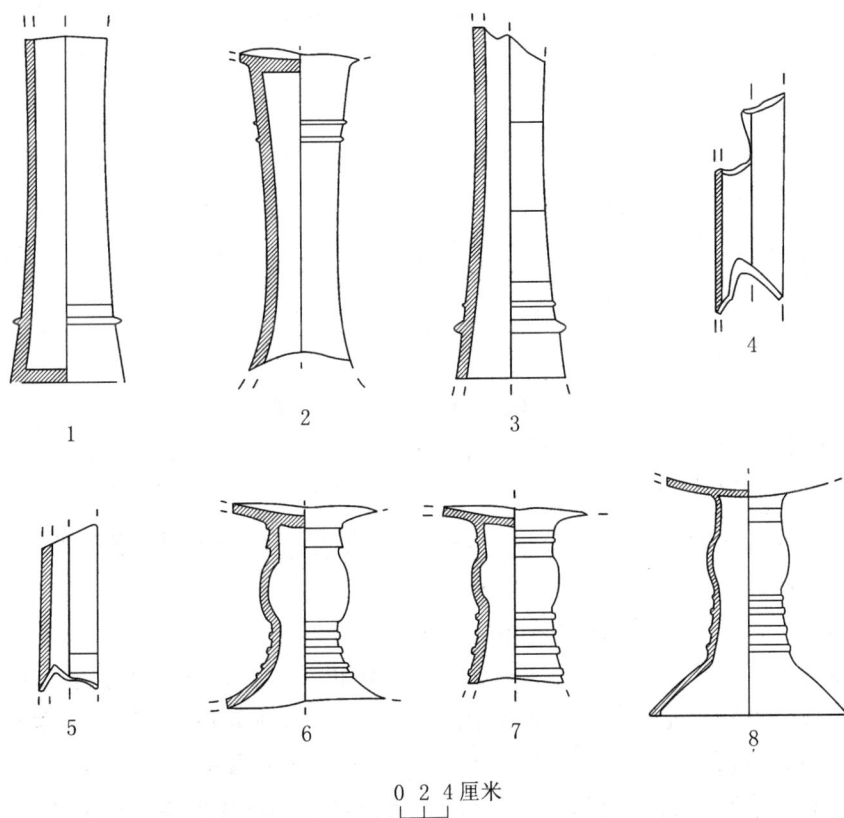

0 2 4厘米

图七十一 出土豆柄

1—3. A 型豆柄(ⅠT0201⑥:1、ⅠT0202⑥:1、H47:1) 4、5. B 型豆柄(ⅡT0202⑦:1、ⅠT0103⑥:3)
6—8. C 型豆柄(ⅡT0201⑤:3、ⅡT0301⑤:20、ⅡT0201⑤:2)

圈足盘 4 件。可分为 4 型。

A 型,1 件。标本ⅡT0201⑤:4,泥质灰陶。敞口,圆唇,斜弧腹,矮圈足,圈足上饰有一圈凸弦纹。口径 24、底径 7.2、高 8.2 厘米(图七十二,1)。

B 型,1 件。标本ⅡT0202⑤:3,夹砂红陶。素面,口残,斜直腹,略弧,圈足。残高 9.4、圈足底径 9.2 厘米(图七十二,2)。

C 型,1 件。标本 I T0201⑥:3,泥质灰陶。残,宽平沿,圆唇,弧腹,圈足,圈足残。口径 32.8、残高 5.4 厘米(图七十二,3)。

D 型,1 件。标本 II T0103⑦:1,残,仅剩圈足,泥质灰陶。折腹,圈足底部外撇。圈足上有 3 个镂空圆孔。底径 15.4、残高 7 厘米(图七十二,4)。

三足盘 数量较少。修复完整者两件,根据器物形态特征可分为二型。

A 型,1 件。标本 II T0101⑥:22,泥质黑陶。敛口,方唇,口沿处有一道凹槽,弧腹,圜底,蹄形足。口径 20.8、高 7.2 厘米。(图七十二,5)。

B 型,1 件。标本 F6:1,泥质灰陶。侈口,方唇,弧腹,实足,足较高,足跟外撇。口径 22.2、高 14.8 厘米(图七十二,6)。

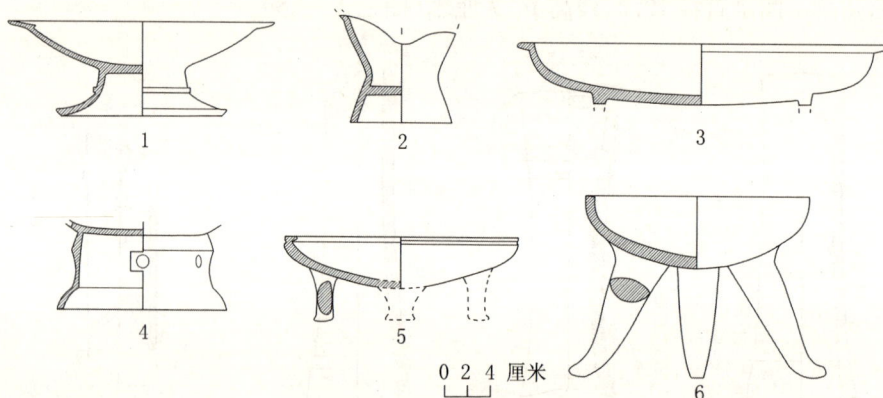

图七十二 出土圈足盘、三足盘

1. A 型圈足盘(II T0201⑤:4) 2. B 型圈足盘(II T0202⑤:3) 3. C 型圈足盘(I T0201⑥:3)
4. D 型圈足盘(II T0103⑦:1) 5. A 型三足盘(II T0101⑥:22) 6. B 型三足盘(F6:1)

器盖 数量较多,修复后可辨器形者 19 件。根据有无子母口,可分为二类。

甲类,无子母口,共 14 件,可分为三型。

A 型,11 件。覆碗型,根据捉手不同可分为二式。

I 式,6 件。标本 II T0101⑥:4,夹砂红陶。覆碗状,侈口,尖圆唇,斜弧腹,饼状捉手,捉手矮。口径 13、高 5.3、捉手直径 5 厘米(图七十三,1)。标本 II T0101⑥:9,夹砂红陶。覆碗状,侈口,圆唇,斜直腹,实心饼状捉手。口径 18、捉手直径 9、高 8.1 厘米(图七十三,2)。标本 II T0101⑥:11,夹砂红陶。覆碗状,侈口,方唇,斜弧腹,饼状捉手。口径 8.8、捉手直径 6.3、高 8.2 厘米(图七十三,3)。标本 II T0101⑥:5,夹砂红陶。覆碗状,侈口,圆唇,斜弧腹,实心饼状捉手。口径 9.8、捉手直径 3.8、高 5.2 厘米(图七十三,4)。标本 I T0203⑥:1,夹砂红陶。素面,通体呈覆碗形,斜直腹,实心饼状捉手,口径 8.4、高 3.6、捉手直径 2.8 厘米(图七十三,5)。标本 H15:3,泥质红陶。覆碗状,敞口,圆唇,斜弧腹,实心捉手,圆钮。口径 11.6、高 5.4、捉手直径 4 厘米(图七十三,6)。

II 式,5 件。标本 II T0101⑥:3,夹砂红陶。覆碗状,侈口,尖圆唇,斜弧腹,饼状捉手,捉手矮。口径 13.1、高 6.6、捉手直径 5.9 厘米(图七十三,7)。标本 II T0103④B:1,夹砂红陶。覆碗状,侈口外撇,圆唇,斜直腹,微弧,实心饼状捉手,素面。口径 14.8、捉手直径 8、高 7.2

厘米(图七十三,8)。标本 I T0201⑤:1,夹砂红陶。覆碗型,侈口,尖圆唇,斜直腹,略弧,饼状捉手,捉手矮。口径8、高2.6、捉手直径2.8厘米(图七十三,9)。标本 II T0101⑥:1,夹砂红陶。覆碗型,侈口,尖圆唇,斜直腹,饼状捉手,捉手矮。口径13.6、高5.8、捉手直径6厘米(图七十三,10)。标本 II T0101⑥:2,夹砂红陶。覆碗型,侈口,圆唇,斜直腹微弧,饼状捉手,捉手矮。口径14、高6.2、捉手直径5.3厘米(图七十三,11)。

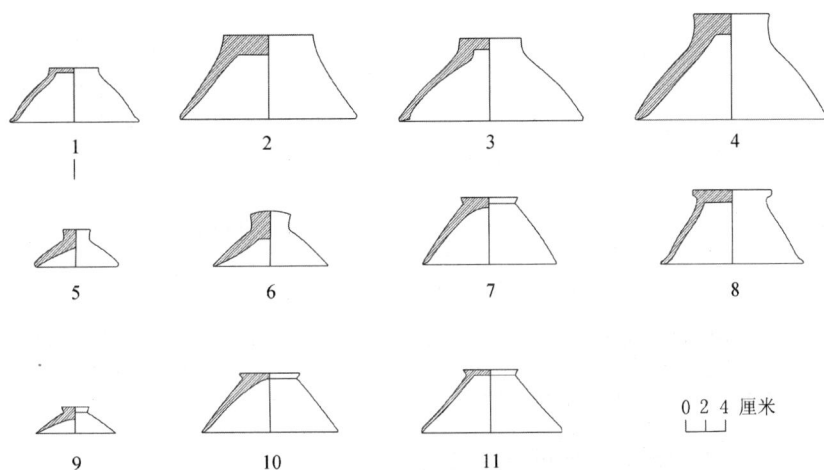

图七十三　出土甲类 A 型器盖

1—6. A 型 I 式器盖(II T0101⑥:4、II T0101⑥:9、II T0101⑥:11、II T0101⑥:5、I T0203⑥:1、H15:3)　7—11. A 型II式器盖(II T0101⑥:3、II T0103④B:1、I T0201⑤:1、II T0101⑥:1、II T0101⑥:2)

B 型,2件。可分为二式。

I 式,1件。标本 II T0101⑥:10,泥质红陶。覆盘状,侈口,平沿,弧腹,腹稍浅,腹部饰一圈镂空几何纹、戳窝纹和凹弦纹。圈足状捉手,捉手较高,且捉手与口相通。口径19.2、通高10.4厘米(图七十四,1)。

II 式,1件。标本 H31:1,泥质灰陶。覆盘型,敞口,方唇,斜弧腹,上附圈足状捉手。口径14.3、捉手直径4.2、高5.6厘米(图七十四,2)。

C 型,1件。标本 II T0303⑥:1,夹砂红陶。侈口,方唇,折肩,斜直腹,上附圈足捉手。口径12、捉手直径5.6、高7厘米(图七十四,3)。

乙类,5件。有子母口,可分为二型。

A 型,4件。根据捉手不同可分为二式。

I 式,2件。标本 H31:3,泥质黑陶。残,仅剩捉手,上饰三道凸弦纹,实心。残高2.8厘米(图七十四,5)。标本 II T0202⑤:6,泥质黑陶。残,仅剩捉手,上饰两道凹弦纹,实心。残高4.3厘米(图七十四,6)。

II 式,2件。标本 H31:4,泥质黑陶。残,仅剩捉手,上饰一条凸弦纹,实心。残高3.6厘米(图七十四,7)。标本 II T0202⑤:7,泥质黑陶。残,仅剩捉手,上饰两道凸弦纹,实心。残高3.2厘米(图七十四,8)。

B 型,1件。标本 I T0301⑤:1,泥质灰陶。残,直口,尖圆唇,弧腹,捉手不见。口径12、残高3.6厘米(图七十四,4)。

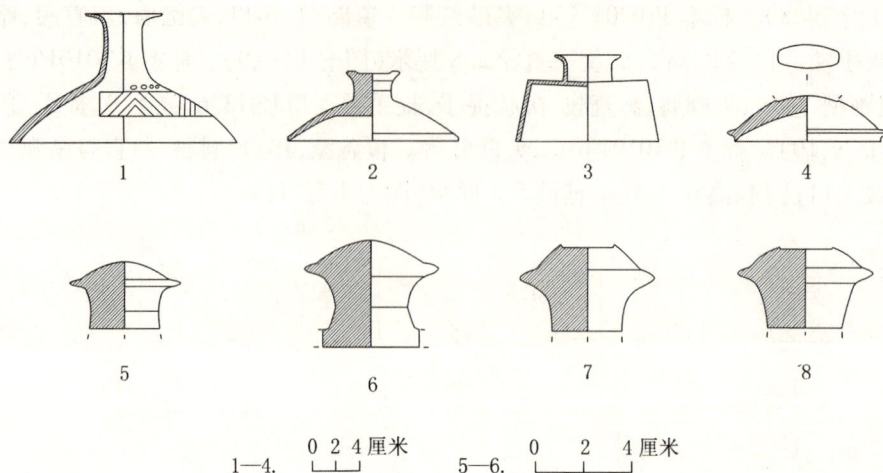

图七十四　出土器盖

1. 甲类B型I式器盖（ⅡT0101⑥:10）　2. 甲类B型Ⅱ式器盖（H31:1）　3. 甲类C型器盖（ⅡT0303⑥:1）
4. 乙类B型器盖（ⅠT0301⑤:1）　5、6. 乙类A型I式器盖（H31:3、ⅡT0202⑤:6）
7、8. 乙类A型Ⅱ式器盖（H31:4、ⅡT0202⑤:7）

碗　2件。根据器物形态特征可分为二型。

A型，1件。标本ⅡT0103④B:3，夹砂红陶。略残，素面，敞口，圆唇，斜弧腹，平底内凹。口径15.8、高7、底径9.6厘米（图七十五,8）。

B型，1件。标本ⅠT0103②:2，泥质灰陶。侈口，方唇，弧腹，圈足。口径13.6、高4.7、底径7.4厘米（图七十五,9）。

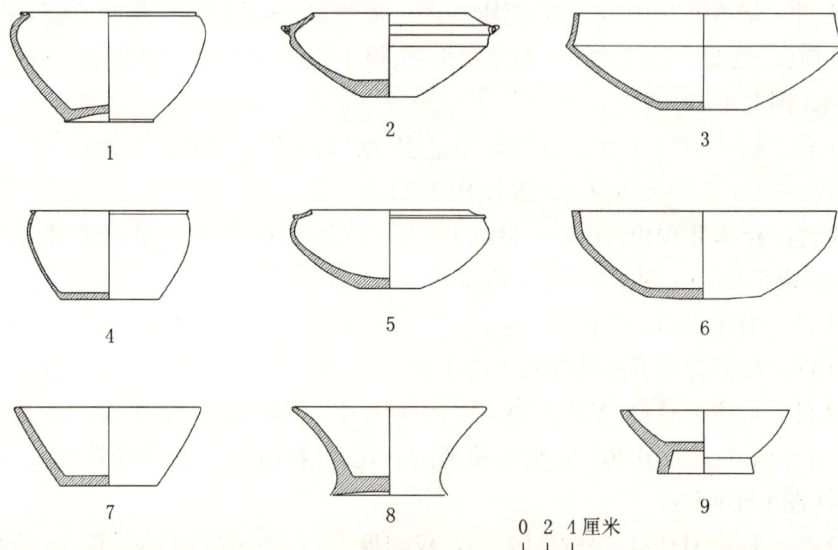

图七十五　出土碗、钵

1、4. A型钵（H47:3、ⅡT0101⑥:6）　2、5. B型钵（H15:1、H35:2）　3. C型钵（ⅡT0103⑦:2）
6. D型钵（H47:9）　7. E型钵（H44:1）　8. A型碗（ⅡT0103④B:3）　9. B型碗（ⅠT0103②:2）

钵　数量较少,修复完整者7件,可分为5型。

A型,2件。标本H47:3,侈口,槽口,鼓肩,弧腹,平底内凹。口径14.4、底径7.2、高8.6厘米(图七十五,1)。标本ⅡT0101⑥:6,泥质灰陶。侈口,方唇,鼓肩,弧腹,平底。口径12.8、底径8、高7.2厘米(图七十五,4)。

B型,2件。标本H15:1,泥质灰陶。敛口,方唇,折肩,斜弧腹,饰有两个鋬耳。口径12、底径4.4、高6.6厘米(图七十五,2)。标本H35:2,泥质灰陶。敛口,方唇,鼓肩,肩部饰一道凸棱,平底。口径12.8、底径5.2、高6.2厘米(图七十五,5)。

C型,1件。标本ⅡT0103⑦:2,泥质黑陶。敛口,方唇,折腹,平底。口径21、底径6.8、高7.6厘米(图七十五,3)。

D型,1件。标本H47:9,泥质灰陶。侈口,方唇,弧腹,平底。口径21.4、底径4.3、高7厘米(图七十五,6)。

E型,1件。标本H44:1,夹砂红陶。侈口,圆唇,斜直腹,平底。口径15.2、底径8、高6.2厘米(图七十五,7)。

杯　数量较少,4件,可分为三型。

A型,1件。标本H47:5,泥质红陶。口微侈,圆唇,垂腹,高饼足。口径8、底径7.9、高11.7厘米(图七十六,1)。

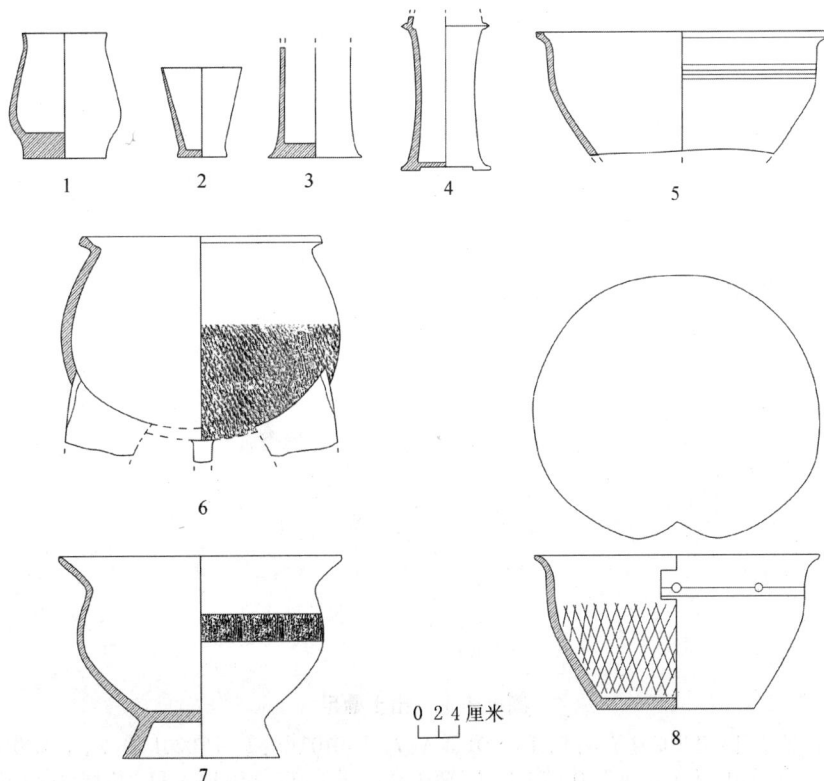

图七十六　出土杯、盆、刻槽盆、簋、鼎

1. A型杯(H47:5)　2. B型杯(ⅠT0202⑥:3)　3、4. C型杯(ⅡT0302④B:1、ⅠT0303⑥:1)
5. 盆(ⅡT0101⑥:7)　6. 鼎(ⅡT0301⑥:3)　7. 簋(ⅠT0303②B:1)　8. 刻槽盆(ⅡT0101⑥:8)

B 型,1 件。标本 ⅠT0202⑥:3,侈口,尖圆唇,直腹微斜,平底。口径 7.6、底径 4.6、高 8.4厘米(图七十六,2)。

C 型,2 件。标本 ⅡT0302④B:1,泥质灰陶。残,略束腰,平底。底直径9、残高10.5 厘米 (图七十六,3)。标本 ⅠT0303⑥:1,泥质灰陶。束腰,上部有一圈凸棱,杯底有 3 个小支脚, 支脚平面呈长方形。底径8.6、残高14.3 厘米(图七十六,4)。

盆　数量较少,修复完整者 1 件。标本 ⅡT0101⑥:7,夹砂红陶。侈口,方唇,折沿,弧 腹,无底。腹部饰有三道凹弦纹。口径 28.4、底径 18、高 11.7 厘米(图七十六,5)。

刻槽盆　数量极少,修复完整者 1 件。标本 ⅡT0101⑥:8,夹砂红陶。侈口,圆唇,鼓腹, 下腹内收,平底,内折式流,上腹部处饰有两道凹弦纹,凹弦纹上还饰有 3 个凸起的钮钉,内 壁刻槽。口径 28、底径15.6、高 14.4 厘米(图七十六,8)。

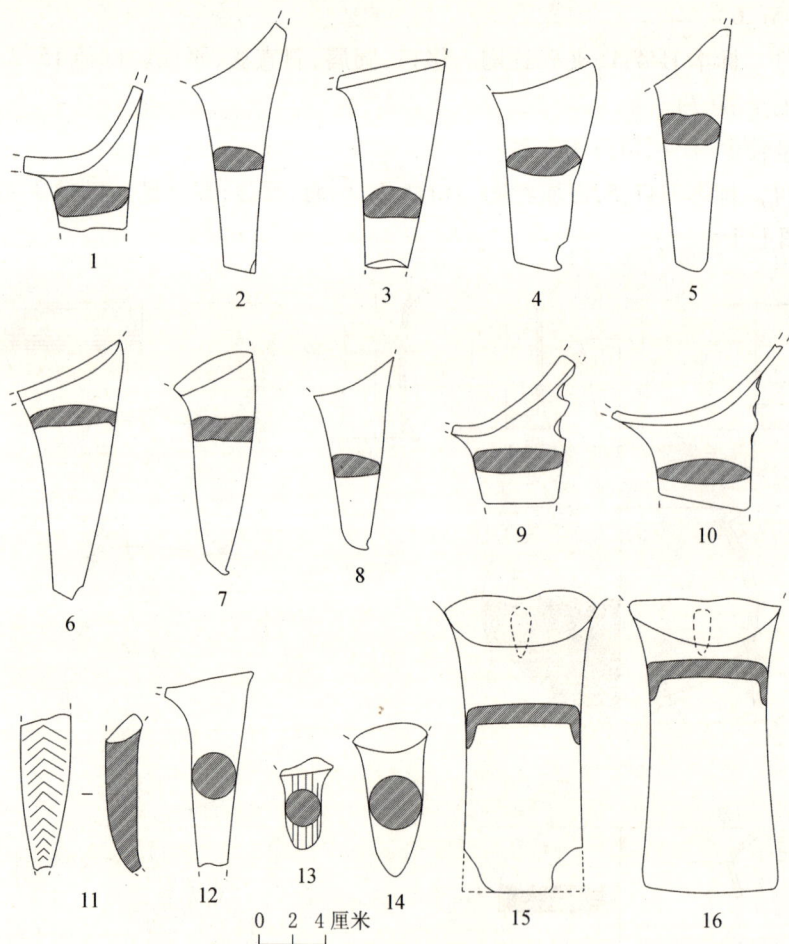

图七十七　出土鼎足

1—10. A 型鼎足(ⅡT0202③B:1、ⅠT0201③A:7、ⅠT0103⑤:2、ⅠT0201⑦:3、ⅠT0201⑥:5、 ⅡT0302⑥:3、ⅠT0203⑥:3、ⅡT0101⑤:1、ⅠT0203⑤:1、ⅡT0102③B:1)　11. B 型鼎足(H38:1) 12—14. C 型鼎足(ⅠT0101⑥:2、ⅠT0103⑤:3、ⅡT0301⑤:16)　15、16. D 型鼎足(ⅠT0302⑥:6、 ⅠT0302⑥:7)

簋　数量很少，修复完整者1件。标本ⅠT0303②B:1，泥质灰陶。侈口，束颈，尖圆唇，鼓肩，鼓腹，平底。口径30.8、底径15、高19厘米(图七十六,7)。

鼎　数量较多，均为鼎足，修复较完整者1件，标本ⅡT0301⑥:3，夹砂红陶。残，侈口，扁鼓腹，浅圜底，鱼鳍形足，腹部饰绳纹。口径23.2、残高21.2厘米(图七十六,6)。

此外，在地层中发现了大量的鼎足，主要分布在第③—⑦层，以第⑤、⑥层居多。鼎足几乎全是夹砂红陶，也有少量泥质红陶、夹砂灰陶等。依据形态差异可分为4型。

A型，侧扁足，数量最多，除极个别为夹砂灰陶外，基本为夹砂红陶。ⅡT0202③B:1，截面扁圆，残高8.3、厚1.2厘米(图七十七,1)。标本ⅠT0201③A:7，截面扁圆，高14.3、厚1.4厘米(图七十七,2)。标本ⅠT0103⑤:2，截面扁圆，一侧略内凹，残高11.8、厚1.7厘米(图七十七,3)。标本ⅠT0201⑦:3，截面扁圆，高12、厚1.7厘米(图七十七,4)。标本ⅠT0201⑥:5，一侧凹弧状，一侧略平，高13.8、厚1.7厘米(图七十七,5)。标本ⅡT0302⑥:3，夹砂红陶。宽扁，一侧凹弧状，高14.7、厚1.2厘米(图七十七,6)。标本ⅠT0203⑥:3，截面为长条形，高12.8、厚1.3厘米(图七十七,7)。标本ⅡT0101⑤:1，截面扁圆，高11、厚1.2厘米(图七十七,8)。标本ⅠT0203⑤:1，截面扁圆，一侧有2个按窝，残高8.3、厚0.9厘米(图七十七,9)。标本ⅡT0102③B:1，截面扁圆，一侧有3个按窝，残高9.3、厚1.3厘米(图七十七,10)。

B型，羊角形鼎足，仅发现1件。标本H38:1，泥质红陶。外侧有数道刻线，足跟外撇。残高8.9、厚0.6~1.9厘米(图七十七,11)。

C型，圆锥足，皆为夹砂红陶。标本ⅠT0101⑥:2，截面正圆，残高10.5、直径2.7厘米(图七十七,12)。标本ⅠT0103⑤:3，截面正圆，有数道纵向刻槽，高5.2、直径2厘米(图七十七,13)。标本ⅡT0301⑤:16，截面正圆，高8.8、直径2厘米(图七十七,14)。

D型，凹槽鼎足，发现2件。皆为夹砂红陶，外侧平整，内侧凹陷，截面呈凹槽状。标本ⅠT0302⑥:6，高17.1、厚0.2~1.1厘米(图七十七,15)。标本ⅠT0302⑥:7，高16.8、厚0.2~1.1厘米(图七十七,16)。

纺轮　4件。根据器物形态可分为二型。

A型，2件。算珠形，器表素面光滑，侧缘外凸起。标本ⅡT0203⑤:2，泥质灰陶。直径2.4、孔径0.4、厚1.3厘米(图七十八,1)。标本ⅡT0303⑤:2，泥质灰陶。直径3.6、孔径0.6、厚1.7厘米(图七十八,2)。

B型，2件。圆饼形，标本ⅡT0201⑥:2，夹砂红陶。上、下两面平直，两面各有一圈弦纹，圆圈里边戳印圆点，侧缘平直。直径4、孔径0.5、厚0.8厘米(图七十八,3)。标本ⅠT0301⑥:2，夹砂红陶。上、下面均凸起，在中间孔径处有5条垂直直线，直径3.2、孔径0.4、厚1.1厘米(图七十八,4)。

盉把　1件。羊角形，尾端卷涡状。标本H47:8，夹砂灰陶。截面呈不规则形，素面。残长8.6厘米(图七十八,5)。

陶球　1件。标本ⅠT0201③:1，泥质红陶。通体较光滑，直径2.4厘米(图七十八,7)。

陶饼　3件。标本ⅠT0102③:1，夹砂红陶。不规则圆饼，一面略凹，一面凸起略弧。直径3.8、厚0.6厘米(图七十八,8)。标本ⅠT0301⑥:5，夹砂红陶。圆饼形，上、下两面平直。直径7.7、厚1.2厘米(图七十八,9)。标本ⅠT0201③:2，夹砂红陶。圆形，上、下面均弧形凸起。直径9.1、厚1.9厘米(图七十八,10)。

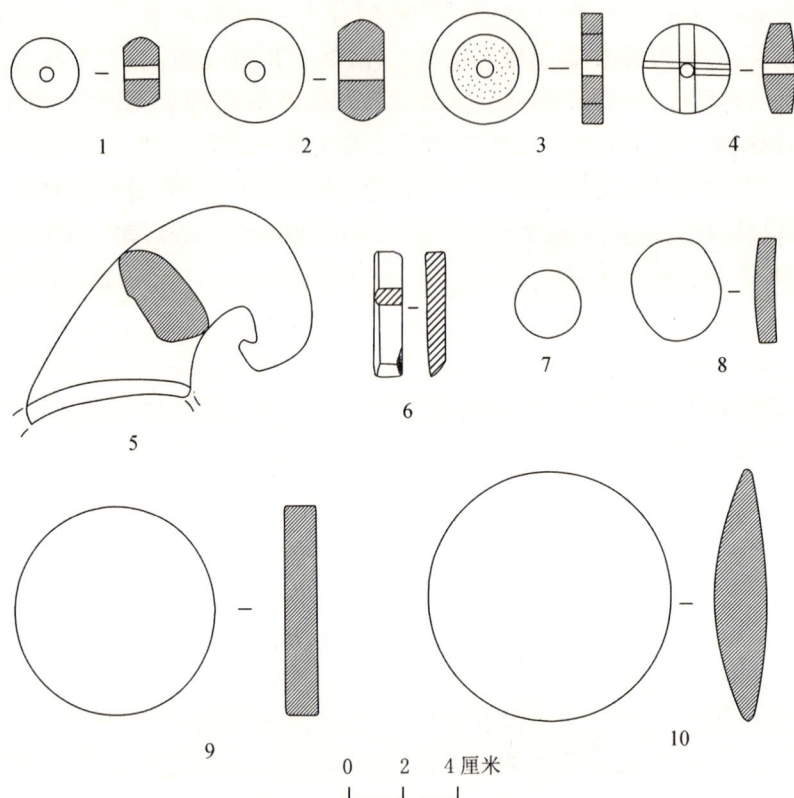

图七十八　出土纺轮、陶饼、陶球、盉把、玉凿

1、2. A型纺轮(ⅡT0203⑤:2、ⅡT0303⑤:2)　3、4. B型纺轮(ⅡT0201⑥:2、ⅠT0301⑥:2)
5. 盉把(H47:8)　6. 玉凿(ⅠT0303⑥:4)　7. 陶球(ⅡT0201③:1)　8—10. 陶饼(ⅠT0102③:1、
ⅠT0301⑥:5、ⅠT0201③:2)

玉器

仅发现1件,玉凿。标本ⅠT0303⑥:4,长条形,两面磨制平整光滑,顶端略厚,刃部附近
略薄;左侧面整体呈弧状,中间有一道小实棱;单面平刃。长5.8、宽1.1、厚0.8厘米(图七
十八,6)。

石器

全部为实用器,器形主要有锛、刀、斧、镞、钺等,大多磨制,多有使用痕迹,还有少部分石
器为打制后未加工的半成品。

石锛　18件。根据有无段,可分为有段石锛和无段石锛二型。

A型,1件,有段石锛。标本ⅠT0303⑤:2,平面近正方形,两面磨制平整,单面弧刃。长
2.7、宽2.5、厚7.5厘米(图七十九,1)。

B型,17件。无段石锛,根据石锛的厚薄程度可分为二式。

Ⅰ式,厚体石锛,共6件。标本H15:2,残,平面呈长方形,通体磨光,顶部较平整,左、右
两侧修整,正面平直,背面略弧,两面均有疤痕,单面平刃,刃部有使用疤痕。长6.8、宽3.5、
厚2.6厘米(图七十九,2)。标本ⅠT0302⑦:1,残,平面呈不规则长方形,通体磨光,顶部平

整,左、右两面平直,正面平整,背面呈弧形,单面弧刃,刃部残破。长6.4、宽3.3、最厚2.2厘米(图七十九,3)。标本ⅠT0203⑥:2,平面为长方形,正面弧状,背面平整,双面平刃,刃部有使用疤痕。长9.8、宽3.5、厚3.1厘米(图七十九,4)。标本ⅡT0303⑤:5,平面呈长方形,正、反两面平整,左、右两侧磨制较光滑,双面弧刃,正面有较多使用疤痕。长14.3、宽3.7、厚4.2厘米(图七十九,5)。标本ⅠT0301⑤:2,残,平面呈不规则长方形,正面略弧,背面平直。长7.8、宽4.7、最厚2.5厘米(图七十九,6)。标本H35:3,平面呈长方形,通体磨光,顶部残断,左、右两侧平直,正面为弧面,背面较平整,单面弧刃。残长4.5、宽6.3、厚2.6厘米(图七十九,7)。

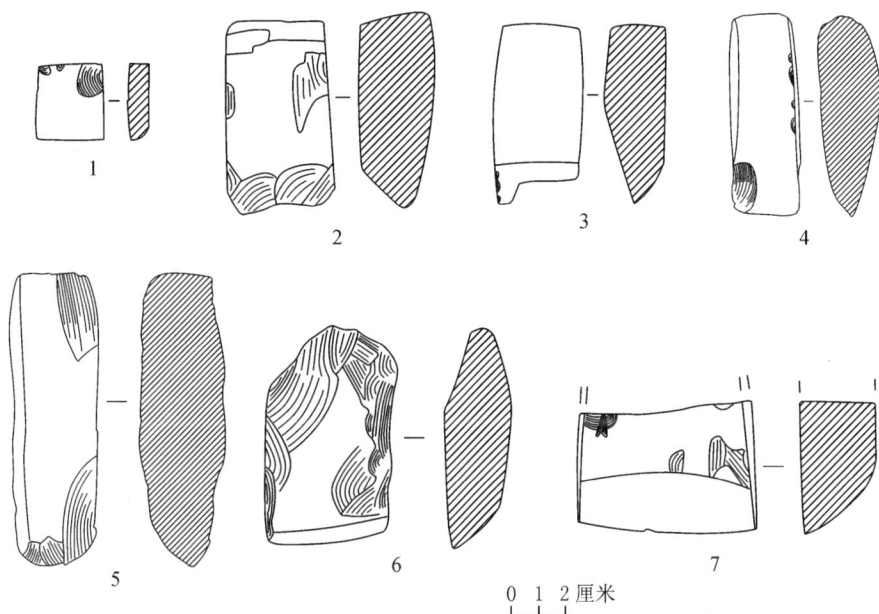

图七十九　出土石锛(一)

1. A 型石锛(ⅠT0303⑤:2)　2—7. B 型Ⅰ式石锛(H15:2、ⅠT0302⑦:1、ⅠT0203⑥:2、
ⅡT0303⑤:5、ⅠT0301⑤:2、H35:3)

Ⅱ式,常体石锛,11 件。标本ⅡT0303⑤:4,平面呈长方形,顶部残,正、反两面磨制较平整。其中,正面平整,背面略呈弧状。双面弧刃。长7.8、宽4.8、厚1.7厘米(图八十,1)。标本ⅠT0101⑤:4,长条形,顶部残,正、反两面磨制较平整,单面平刃。长6、宽2.1、厚1.3厘米(图八十,2)。标本ⅠT0201⑤:5,平面呈长方形,顶部破损,正面略呈弧状,背面平整,其他地方磨制光滑,单面平刃。长2.9、宽2.1、最厚0.6厘米(图八十,3)。标本ⅡT0202⑥:2,平面近正方形,两面磨制较平整,正面有较多的疤痕,单面平刃。长5.3、宽4.6、最厚1.5厘米(图八十,4)。标本ⅡT0303⑥:6,残,平面呈不规则长方形,除左面外,通体磨光,顶部平整,正面平整,背面略弧,单面弧刃,刃部有使用疤痕。长6.5、宽3.5、最厚1.3厘米(图八十,5)。标本ⅡT0101⑥:21,平面呈长方形,正面略呈弧状,上有较多使用疤痕,背面较平整,亦有疤痕,单面弧刃。长7.5、宽4.1、厚1.1厘米(图八十,6)。标本ⅠT0303⑤:1,平面呈长方形,正面弧状,背面平整,单面弧刃。长5.1、宽3.2、厚1.7厘米(图八十,7)。标本

Ⅱ T0201④:1,平面呈长方形,顶部残缺,正面弧状,背面平整,单面弧刃,正面有较多使用疤痕。长6.2、宽3.7、厚2.2厘米(图八十,8)。标本Ⅱ T0201④:2,残,通体磨光,顶部残段,仅存刃部和刃部以上部分。左侧较平整,右侧略弧,正、反两面均较平整,双面弧刃,刃部有使用疤痕。残长6.2、宽8、厚2.4厘米(图八十,9)。标本ⅠT0102④:1,略残,平面呈长方形,双面刃,刃部略弧。长9.8、宽6.1、最厚1.4厘米(图八十,10)。标本ⅠT0102③:2,通体残破严重,可确认未残破前通体磨光,左、右两侧平整,正面略弧,背面平直,单面弧刃。长6.6、宽4、厚2厘米(图八十,11)。

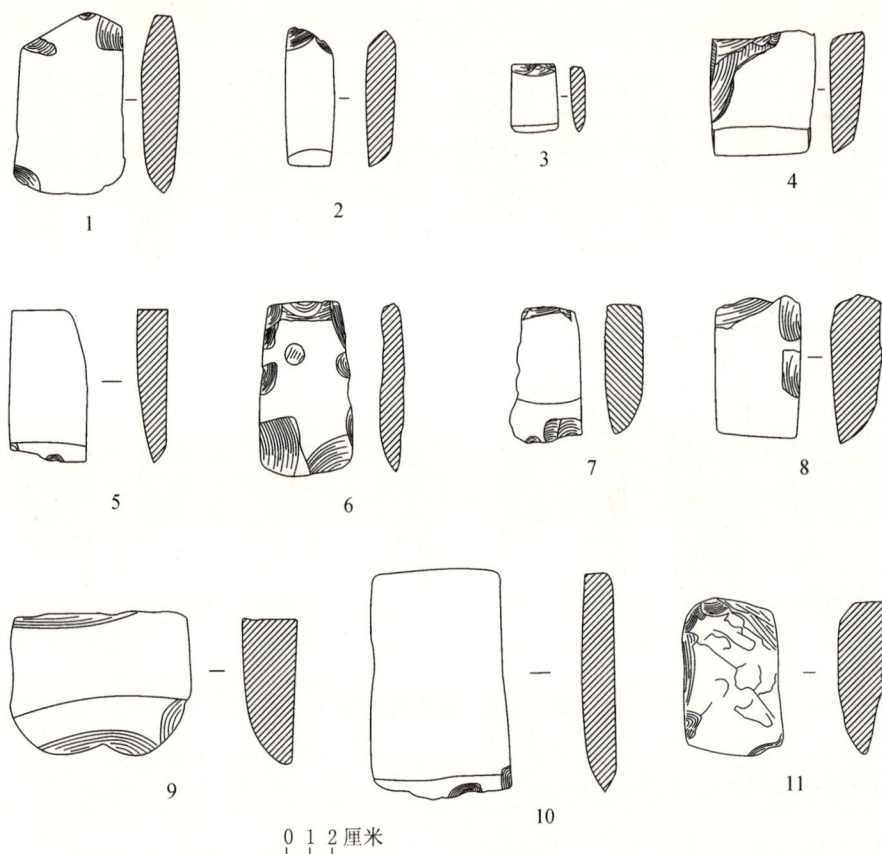

图八十 出土石锛(二)

1—11. B型Ⅱ式石锛(Ⅱ T0303⑤:4、ⅠT0101⑤:4、Ⅱ T0201⑤:5、Ⅱ T0202⑥:2、Ⅱ T0303⑥:6、Ⅱ T0101⑥:21、ⅠT0303⑤:1、Ⅱ T0201④:1、Ⅱ T0201④:2、ⅠT0102④:1、ⅠT0102③:2)

石刀 12件。根据有无穿孔,可分为有孔石刀和无孔石刀二型。

A型,有孔石刀,6件。标本ⅠT0202⑥:5,半月形双孔石刀,正面弧状,背面平整,弧顶,弧刃,靠顶部对钻一对圆孔,刃部有轻微损毁现象。长14.1、宽4.9、厚5.5厘米(图八十一,1)。标本Ⅱ T0302⑤:3,半月形石刀,残,有两孔,两面平整,弧顶,单面平刃,靠近顶部对钻一对圆孔。残长6.9、宽4.25、厚0.65厘米(图八十一,2)。标本Ⅱ T0301⑤:15,半月形单孔石刀,两面平整,弧顶,弧刃,起刃处不明显,靠顶部对钻一圆孔。长11.1、宽4.15、厚0.7厘米(图八十一,3)。标本Ⅱ T0301⑤:7,半月形单孔石刀,正面弧状,背面平整,单面弧刃,有一两面对琢的小孔。残破严重。残长 4.7、残宽约 3.4、厚 0.7 厘米（图八十一，4）。标本 ⅠT0303⑤:3，石刀，残，平面形状呈不规则形，正、反两面磨制较平整，单面弧刃。残长 6.6、宽 4.2、厚 0.6 厘米（图八十一，5）。标本 ⅡT0303④:1，石刀，残，平面呈长方形，磨制，正、反两面平整，顶部和底部有规整的单面弧刃，刃部残破，右侧中间位置有一圆孔，残。推测此石刀经过二次加工。长 9、宽 4、厚 0.7 厘米（图八十一，6）。

B 型，无孔石刀，6 件。标本 ⅡT0301⑤:8，不规则半月形，正面弧状，背面平整，四周损坏严重，已不见刃部。残长 8.3、残宽 3.3、最厚处 0.8 厘米（图八十一，7）。标本 ⅠT0201③:5，石刀坯料，平面呈不规则形，打制，未进一步加工。长 9.7、宽 5.7、厚 1.2 厘米（图八十一，8）。标本 ⅡT0301⑤:6，残，应为半月形，两面磨制平整，单面弧刃。残长 4.4、宽 3.8、厚 4 厘米（图八十一，9）。标本 H15:5，不规则半月形，两面磨制平整，双面弧刃。长 8.1、宽约 5、厚 0.7 厘米（图八十一，10）。标本 ⅠT0303⑥:5，石刀，平面呈三角形，正、反两面呈弧状，磨制光滑，两侧刃部比较锐利，上下两端均残。长 3.9、宽 2.4、厚 0.4 厘米（图八十一，11）。标本 ⅡT0202⑤:14，石刀，平面呈不规则长条形，正、反两面磨制较平整，双面平刃。长 7.3、宽 1.9、厚 0.5 厘米（图八十一，12）。

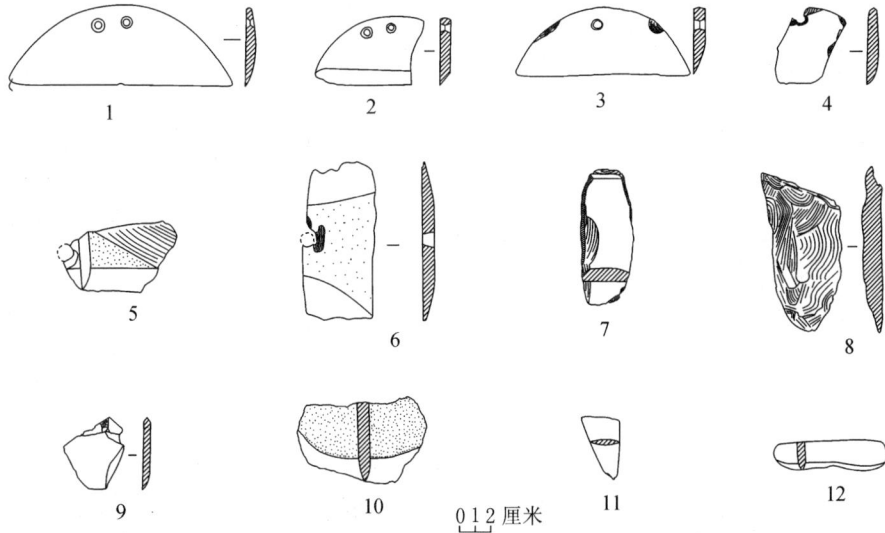

图八十一　出土石刀

1—6. A 型石刀（ⅠT0202⑥:5、ⅡT0302⑤:3、ⅡT0301⑤:15、ⅡT0301⑤:7、ⅠT0303⑤:3、ⅡT0303④:1）

7—12. B 型石刀（ⅡT0301⑤:8、ⅠT0201③:5、ⅡT0301⑤:6、H15:5、ⅠT0303⑥:5、ⅡT0202⑤:14）

石铲　4 件。根据有无穿孔可分为二型。

A 型，有孔石铲，1 件。标本 ⅠT0302⑥:1，有段石铲，平面形状呈"风"字形，正面弧状，背面较平整，单面平刃，刃部较粗糙，近顶部有对琢圆孔，圆孔向下的正反两面中心线处为一凹槽。石铲四周有较多疤痕。长 8.2、宽 6.2、最厚 1.3 厘米（图八十二，1）。

B 型，无孔石铲，3 件。标本 H47:7，残，平面呈不规则形，通体磨制，较光滑，正、反两面平直，单面弧刃，刃部有使用疤痕。残长 6.5、最宽 8.8、厚 0.5 厘米（图八十二，2）。标本 ⅡT0301⑤:9，平面为不规则的左侧窄右侧宽的梯形，顶部有疤痕，两面磨制平整，单面弧刃。

长 7.5、最宽处 7.5、最厚处 1 厘米(图八十二,3)。标本ⅡT0201⑤:5,平面呈梯形,磨制较粗糙,正、反两面有疤痕,单面平刃。长 9.1、宽 6.8、厚 1.5 厘米(图八十二,4)。

石犁 2 件。标本ⅠT0103⑥:2,石犁,残,通体磨光,平面呈"V"型,截面呈等腰三角形,尾部残断,可辨有一残缺对琢圆孔,正面中间有一条脊,脊两侧为斜直平面,背面平整,在头部有一单面的平刃。残长 4.5、最宽 4.3、厚 1.1 厘米(图八十二,5)。标本ⅡT0302⑤:2,残,平面呈不规则三角形,正面弧状,背面平整,刃部有较多使用疤痕,顶部有一残缺的对琢圆孔。残长 9.9、最宽处 7.3、厚 0.7 厘米(图八十二,6)。

磨石 1 件。标本ⅠT0103②:5,磨石,平面呈扇形,残,正面为磨制石器部位,较光滑,背面平整,扇形半径约 6.5、最厚处厚 1.9 厘米(图八十二,7)。

石凿 4 件。根据有无段分为二型。

A 型,1 件。有段石凿。标本ⅡT0201⑤:6,平面形状不规则,正面磨制平整,背面磨制较差,左、右两侧平整,刃部为两侧内收而成。长 8.4、宽 3、厚 1.2 厘米(图八十二,8)。

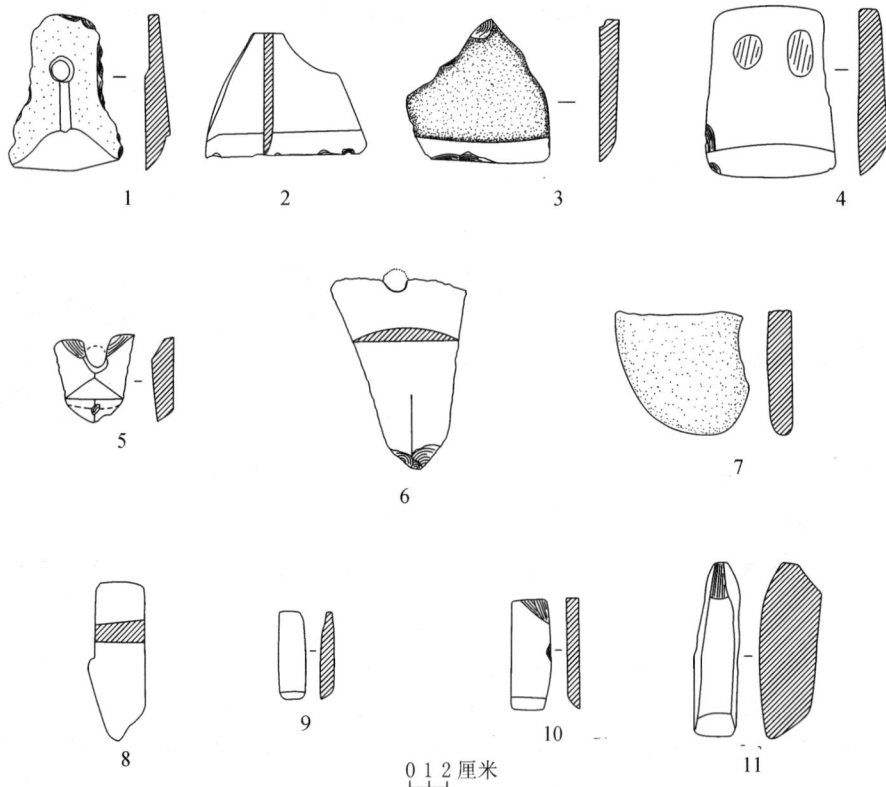

图八十二 出土石铲、石凿、石犁、磨石

1. A 型石铲(ⅠT0302⑥:1) 2—4. B 型石铲(H47:7、ⅡT0301⑤:9、ⅡT0201⑤:5)
5、6. 石犁(ⅠT0103⑥:2、ⅡT0302⑤:2) 7. 磨石(ⅠT0103②:5) 8. A 型石凿(ⅡT0201⑤:6)
9、10. B 型Ⅰ式石凿(ⅡT0202⑤:12、ⅡT0201⑤:3) 11. B 型Ⅱ式石凿(ⅠT0302⑦:2)

B 型,3 件。无段石凿,可分为二式。

Ⅰ式,常体石凿,2 件。标本ⅡT0202⑤:12,平面呈长条形,正、反两面磨制平整,单面平刃。长 4.6、宽 1.5、厚 0.7 厘米(图八十二,9)。标本ⅠT0201⑤:3,平面呈长方形,磨制,正、反两面修整平整,其他部位磨制光滑,顶部微残,单面平刃,刃上有较多使用疤痕。长6、宽2、厚0.7厘米(图八十二,10)。

Ⅱ式,厚体石凿,1件。标本ⅠT0302⑦:2,平面呈长方形,通体磨制,顶部呈弧形,残,左侧斜直略弧,右侧斜直,正面磨制,但不平整,背面磨制光滑,单面平刃,刃部有使用疤痕。长9.5、宽2.2、厚3厘米(图八十二,11)。

石斧　5件。根据体型肥瘦不同,可分为二型。

A型,1件。体型较宽。标本G1:1,石斧,残破,平面略呈长方形,正、反两面磨制,其他部位未经加工,双面弧刃,上有使用疤痕。长13.2、宽8.5、最厚3.2厘米(图八十三,1)。

B型,4件。体型瘦长。标本ⅡT0301⑤:4,通体磨光,顶部有损坏,长方形。长8.5、宽5.3、厚2.9厘米(图八十三,2)。标本ⅠT0301③B:1,平面呈长方形,四面磨制比较平整,顶部有使用疤痕,单面弧刃,刃部较钝。长10.4、宽4、厚4.2厘米(图八十三,3)。标本ⅡT0303⑤:3,通体磨光,长方形。长17、宽6.3、厚4厘米(图八十三,4)。标本ⅡT0202⑤:13,平面呈长方形,除顶部外,通体磨制较平整,弧刃。长9.6、宽约3.5、厚3.5厘米(图八十三,5)。

石钺　2件。根据体型肥瘦不同可分二型。

A型,1件。瘦长型。标本ⅡT0102⑥:2,残,直边,弧顶,弧刃,刃部两角缺失较严重,两面对钻一孔。长12.2、最宽处5、最厚处1厘米(图八十三,7)。

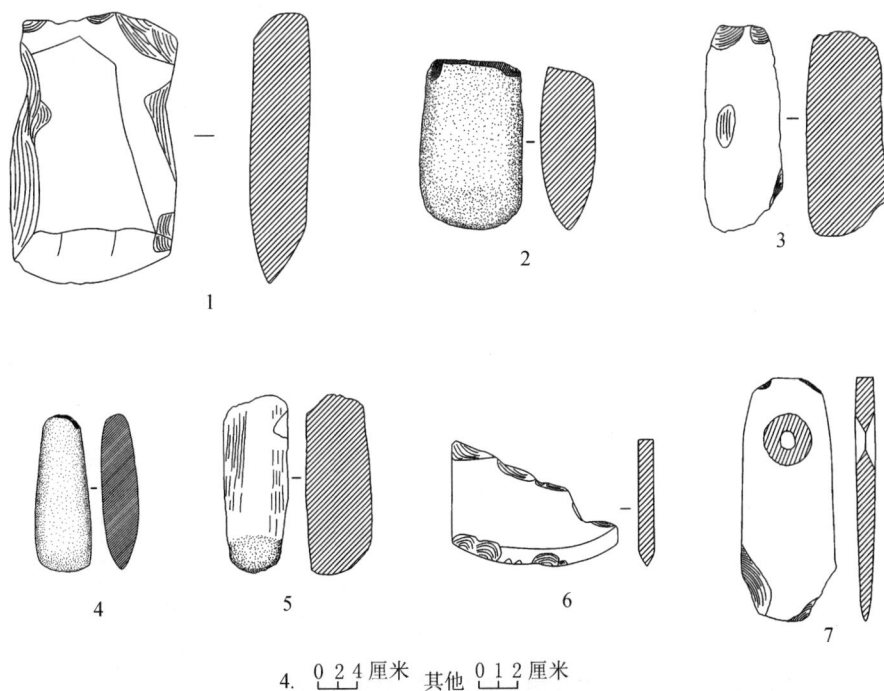

4. |0 2 4厘米　其他 |0 1 2厘米

图八十三　出土石斧、石钺

1. A型石斧(G1:1)　2—5. B型石斧(ⅡT0301⑤:4、ⅠT0301③B:1、ⅡT0303⑤:3、ⅡT0202⑤:13)

6. B型石钺(ⅡT0301⑤:3)　7. A型石钺(ⅡT0102⑥:2)

B型,1件。体型相对较宽。标本ⅡT0301⑤:3,残,平面呈不规则形,通体磨制光滑,顶部残缺,左、右两侧微弧,正、反两面平直,双面弧刃,刃部残破,有较多疤痕。残长6.5、宽8.7、厚0.8厘米(图八十三,6)。

石镞　9件。根据整体形状和截面不同可分为三型。

A型,6件。柳叶形,根据截面不同可分为二式。

I式,5件。截面呈菱形,标本H15:8,平面呈柳叶形,截面呈菱形,尾部削尖为铤。长4.7、宽2、厚0.7厘米(图八十四,1)。标本ⅡT0202⑥:1,平面呈柳叶形,截面呈菱形,镞尖和铤部均残。残长5.5、宽2.2、厚0.7厘米(图八十四,2)。标本ⅠT0202⑥:6,柳叶形,截面菱形,尾部削薄为铤。长6.5、宽2.9、厚0.6厘米(图八十四,3)。标本ⅠT0101⑥:1,柳叶形,截面呈菱形,铤部截面呈椭圆形。长6.9、最宽处1.8、厚7.5厘米(图八十四,4)。标本ⅡT0201⑥:3,残,柳叶形,截面呈菱形,铤呈锥形,略扁。通体长8.8、最宽2.4、最厚0.6厘米(图八十四,5)。

Ⅱ式,1件。截面呈多边形。标本ⅡT0303⑥:5,脊扁平,截面多边形,尾部削薄为铤。长6.6、宽2.2、厚0.5厘米(图八十四,6)。

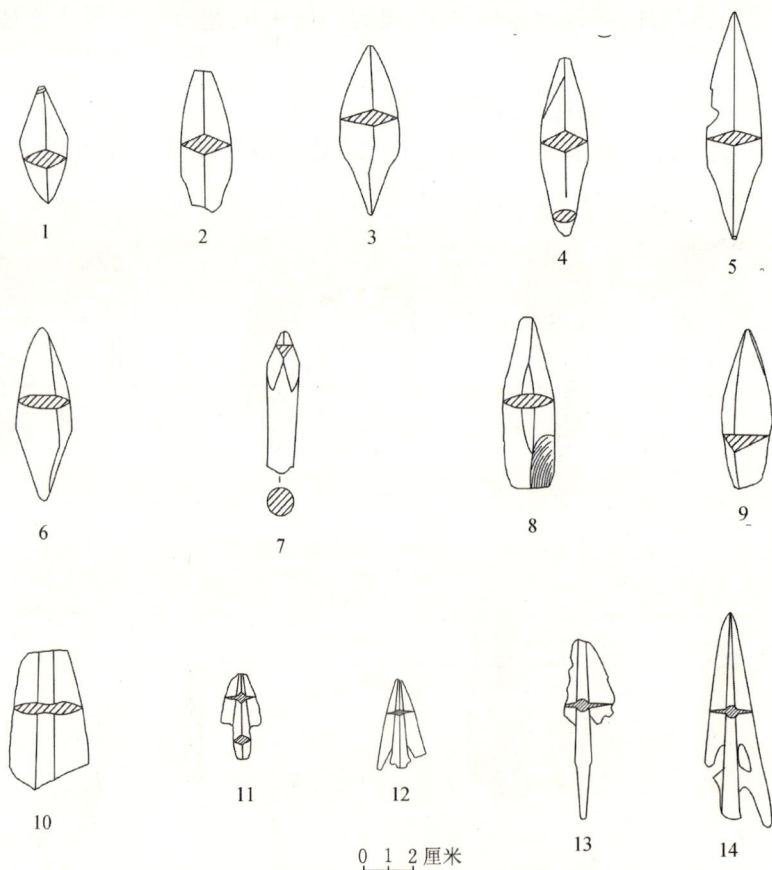

图八十四　出土石镞、石矛、铜镞

1—5. A型I式石镞(H15:8、ⅡT0202⑥:1、ⅠT0202⑥:6、ⅠT0101⑥:1、ⅡT0201⑥:3)

6. A型Ⅱ式石镞(ⅡT0303⑥:5)　7. B型石镞(ⅡT0303⑥:3)　8、9. C型石镞(ⅡT0301⑤:13、ⅡT0301⑤:2)　10. 石矛(ⅠT0201③A:6)　11、12. A型I式铜镞(ⅠT0202⑤:4、ⅠT0202⑤:3)

13. A型Ⅱ式铜镞(ⅠT0202⑤:1)　14. B型铜镞(ⅡT0102⑤:2)

B 型,1 件。标本 ⅡT0303⑥:3,镞尖三棱状,镞身圆柱状,铤残。残长 5.5、直径约 1.3 厘米(图八十四,7)。

C 型,2 件。桂叶形,根据截面不同可分为二式。

Ⅰ式,1 件。标本 ⅡT0301⑤:13,桂叶形,脊扁平,截面近椭圆,尾部削薄为铤。长 6.6、宽 2、厚 0.5 厘米(图八十四,8)。

Ⅱ式,1 件。标本 ⅡT0301⑤:2,桂叶形,截面呈三角形,铤残缺。长 6.15、宽 2、厚 0.7 厘米(图八十四,9)。

石矛 1 件。标本 ⅠT0201③A:6,残,仅剩一段,平面近似梯形,横截面类似亚腰柳叶形,双面带血槽,磨制光滑。最长处 5.3、最宽处 3.2、最厚处 0.5 厘米(图八十四,10)。

铜器

数量很少,全是铜镞,4 件。可分为二型。

A 型,3 件。没有镂空,根据镞脊截面不同可分为二式。

Ⅰ式,2 件。镞脊截面为菱形,标本 ⅠT0202⑤:4,两翼略窄,镞脊与铤截面呈菱形,镞尖及翼尾残。残长 3.3、宽 1.6、厚 0.4 厘米(图八十四,11)。标本 ⅠT0202⑤:3,两翼略窄,双翼外斜,镞脊截面为菱形。残长 6.8、宽 1.7、厚 0.8 厘米(图八十四,12)。

Ⅱ式,1 件。镞脊截面为椭圆形,标本 ⅠT0202⑤:1,双翼外斜,三角形翼,镞脊截面为椭圆形。残长 6.8、宽 2.7、厚 0.6 厘米(图八十四,13)。

B 型,1 件。镂空铜镞,标本 ⅡT0102⑤:2,两翼略窄,双翼外斜,微内弧,镞脊截面为椭圆形,锋两侧各有一镂空三角形孔。残长 8.2、宽 3.4、厚 1 厘米(图八十四,14)。

四、结 语

马迹山遗址属于宁镇地区典型的台形遗址,经过我们对整个台地的勘探,发现高台的范围就是遗址的分布范围,台下不见文化层。

从遗物的特点看,马迹山遗址第⑥层下开口的单位和第⑦层文化面貌相近,可归为马迹山第一期遗存。该期遗存以 H47 为代表,出土遗物较少,以夹砂红陶、泥质灰陶、泥质黑陶为主,器类主要为鼎、豆、罐、杯等。年代方面,H47:1 泥质黑陶高柄豆的豆柄在广富林遗址中也有发现,且在形制上与广富林 H115:1 比较接近①,这件陶豆很可能受环太湖地区广富林文化的影响或者是文化交流的产物。那么,马迹山第一期遗存的时代当与广富林文化时期接近,可能处于龙山时代末期。

除此之外,H47:10 泥质灰陶罐则与崧泽遗址 M18:6 陶罐的陶系、形制几乎一致②,H47:10 就是一件典型的崧泽文化器物。另外,第⑦层中还出土了数量较多的陶鼎,皆是侧扁足鼎足,这种鼎足在文家山遗址中也有大量出土,为良渚文化末期比较典型的器物③。此期

---

① 上海博物馆考古研究部:《上海松江区广富林遗址 2001～2005 年发掘简报》,《考古》,2008 年第 8 期。
② 上海市文物保管委员会:《崧泽——新石器时代遗址发掘报告》,文物出版社,1987 年,第 62 页。
③ 浙江省文物考古研究所:《文家山》,文物出版社,2011 年,第 95 页。

文化遗物较少,未发现其他文化的典型器物。由此可以看出,马迹山第一期文化遗存受到了环太湖地区文化的强烈影响,更有一种可能,即马迹山遗址第一期文化遗存属于环太湖地区新石器时代诸考古学文化范畴。

马迹山遗址第⑥层可归为马迹山第二期遗存。该期遗存出土陶片数量较多,但可修复器物很少,以夹砂红陶、泥质灰陶、泥质黑陶为主,器类以鼎、豆、罐、杯为主,还发现极少量的鬲足。年代方面,ⅡT0301⑥:3鼎与城头山H3:3鼎均是侈口、鼓腹、圜底,形制基本一致①。张敏先生认为城头山H3:3鼎为点将台文化的典型器物,同时,马迹山第二期遗存中的ⅡT0101⑥:7盆、ⅡT0101⑥:20豆盘也与点将台文化的同类器形态、风格相近②。那么马迹山第二期遗存极可能为点将台文化遗存。

另外,马迹山第一期遗存中的泥质黑陶高柄豆在第二期遗存中继续存在,如ⅠT0201⑥:1和ⅠT0202⑥:1,其中ⅠT0201⑥:1豆与H47:1形制如出一辙,这种高柄豆可能是第二期文化遗存继承了第一期遗存的文化因素。在马迹山第一期文化遗存中就已存在的侧扁足鼎足在第二期遗存中继续使用。马迹山第二期文化遗存新出现了以往点将台文化未发现的文化因素,如凹槽鼎足。在此期间还出现了个别非实用性质的陶器,如ⅡT0101⑥:10器盖,上有大量几何形条状镂空,可能与祭祀有关。

在马迹山第二期文化遗存中,仍可见到环太湖地区考古学文化对宁镇地区的持续影响,宁镇地区周边的考古学文化中,马桥文化中存有相当数量的三足盘,马迹山ⅡT0101⑥:22三足盘很可能是受马桥遗址ⅡH106:2等三足盘的影响发展而来③。

马迹山第一次发掘简报中提到的岳石文化对宁镇地区的影响,在第二次发掘中仍能见到,如ⅠT0202⑥:5半月形双孔石刀,与泗水尹家城H437:17石刀形态几乎一致④,马迹山的这件双孔石刀极可能为岳石文化器物。

马迹山第⑤层下开口的单位、马迹山第⑤层及其以上的文化层的出土遗物面貌非常接近,可归为马迹山遗址第三期文化遗存。该期遗存出土陶片数量较多,但可修复的器物数量却非常少。年代方面,ⅡT0202⑤:4鬲与团山T605(2B):12鬲的形态基本相同⑤,团山2B层已经属于吴文化的第三期遗存,年代处在西周晚期至春秋前期⑥,那么马迹山第三期文化遗存的年代可能也到了这个时期,可能也为吴文化遗存。

马迹山遗址的发掘,丰富了宁镇地区商周时期考古学文化的内涵,使我们对宁镇地区与周边的考古学文化的交流有了新的认识。马迹山第一期文化遗存的新发现,为讨论龙山时代末期或者夏纪年时期宁镇地区文化遗存的面貌、点将台文化的起源等课题提供了新的材料。

执笔:李西东　许鹏飞

① 镇江博物馆:《江苏句容城头山遗址试掘简报》,《考古》,1985年第4期。
② 张敏:《试论点将台文化》,《东南文化》,1989年第3期。
③ 上海市文物管理委员会:《马桥——1993—1997年发掘报告》,上海书画出版社,2002年,第192页。
④ 山东大学历史系考古专业教研室:《泗水尹家城》,文物出版社,1990年,第184页。
⑤ 团山考古队:《江苏丹徒赵家窑团山遗址》,《东南文化》,1989年第1期。
⑥ 张敏:《宁镇地区青铜文化研究》,《长江流域青铜文化研究》,科学出版社,2002年,第282-286页。

附表一　马迹山房址登记表

房号	所在探方	层位关系	方向	形状	尺寸	结构			
						基槽	居住面	灶址	室内柱
F1	ITO201西部	②→F1	0°	圆角正方形	南北长2.5米	不详	白色土和黄色土相叠筑向上建造居住层,居住层大约有13层,每一层厚约0.02米。	不详	未发现
F2	ITO201南部和ITO101北部	②→F2	不详	圆角方形	揭露部分东西最长3.65、南北宽3.35米	不详	黄绿色的踩踏面,较硬	不详	未发现
F3	ITO301东北部和ITO302西北部	④→F3	不详	圆形	外径3.5、内径3.2米,总面积约9.6、室内面积约8.0平方米	弧壁,圜底,宽15、深10厘米	居住面厚13厘米,十分坚硬	不详	ZC13,平面呈圆形,直径55厘米
F4	II TO102北部	⑤→F4	不详	圆形	直径约3.5米	不详	不详	房室中间有一灶,编号Z2,土坑式灶,椭圆形,长径0.85,短径0.6米。	无
F5	ITO103西北部和I TO203西南部	④→F5	不详	近圆角方形	南北最长4.4、东西宽约4.3米	不详	白绿混合花土,厚约10厘米,花土细腻,紧致,十分纯净,没有杂质。	房室北部发现一椭圆形灶,编号为Z3。灶平面呈椭圆形,长1.07,宽0.7,深0.36米	揭露柱础3个,柱洞1个,编号分别为ZC16、ZC22、ZC23、ZD23。ZC16平面呈半圆形,最长径为43,深23厘米;ZC22平面呈圆形,直径57,深24厘米;ZC23被现代坑打破,平面呈半圆形,直径18厘米;ZD23平面呈圆形,直径30,深25厘米。

续表

房号	所在探方	层位关系	方向	形状	尺寸	门道	基槽	居住面	灶址	室内柱
							结 构			
F6	ITO203西部和ITO202东部	④→F6	不详	平面近圆形	最大直径3.5米	不详	无	紧致黄土,厚15~20厘米	不详	柱础,编号为ZC15,平面呈圆形,直径40,深30厘米。
F7	横跨ITO301及ITO302	④→F7	10°	长方形	长6.7,宽4.3米,总面积达28.8平方米	门道位于房址南侧偏西位置	宽约0.15~0.22米,填土为灰色杂色土,土质较松软。	白色土,红褐色土及黄灰土混拌铺垫成地面	不详	无
F8	ITO202和ITO201东部	④→F8	不详	圆形	最大直径5.1米	位于房屋南部	弧壁,圜底,宽18,深12厘米	黄、灰色土,有踩踏硬面,厚10~20厘米	不详	柱洞3个,分别为ZD22、ZD16和ZD19。ZD22平面呈圆形,直径43,深38厘米;ZD16平面呈圆形,直径40、深40厘米;ZD19平面呈圆形,直径44,深48厘米。
F9	ITO103	⑤→F9	不详	推测为圆形	不详	不详	不详	残,不存	不详	无
F10	IITO102北部	⑥→F10	不详	推测为圆形	不详	不详	不详	残,不存	不详	无
F11	IITO201西南部	④→F11	不详	推测为圆形	不详	不详	不详	不详	不详	柱础4个,柱础土色为黄色,较纯净,夹杂少量灰白土,土质很硬,经过解剖发现,这4个柱础均是先挖坑再填土夯打,其中ZC18柱础坑较深,深约0.45米,其余3个柱础深度在0.3米左右。

续表

房号	所在探方	层位关系	方向	结构							
				形状	尺寸	门道	基槽	居住面	灶址	室内柱
F12	ⅠT0203 东北部	⑥→F12	不详	推断房屋平面形状为角圆方形	不详	不详	不详	不详	不详	柱础2个、柱洞4个
F13	ⅡT0201 东北部	⑤→F13	不详	推测房屋平面形状为圆形	不详	不详	不详	残,不存	不详	无

附表二 马迹山遗址灰坑登记表

编号	位置	层位关系	形状结构	尺寸(米)长×宽-高	出土遗物
H1	IT0102 东北部	②→(叠压)H1→(打破)③、④、⑤	椭圆形,弧壁,平底	3.25×2.3-0.5	无
H2	IT0102 西北部	③→(叠压)H2→(打破)④	圆形,直壁,不规则底	0.84×0.82-0.8	无
H3	IT0102 南部	③→(叠压)H3→(打破)④	椭圆形,直壁,平底	1.27×0.92-0.55	无
H4	IT0102 西南部	④→(叠压)H4→(打破)⑤、⑥	1/2椭圆,弧壁,近平底	0.95×0.4-0.27	无
H5	IT0102 北部	⑤→(叠压)H5→(打破)⑥、G1	圆形,弧壁,圜底	1.3×1.1-0.6	无
H7	ⅡT0301 西部	⑤→(叠压)H7→(打破)⑥、H23	平面呈1/2椭圆形,斜壁,平底	2×1.4-0.48	无
H8	ⅡT0102 南部	⑤→(叠压)H8→(打破)⑥	1/2圆,弧壁,近平底	1.55×1.05-0.75	无
H10	IT0101 北部	⑥→(叠压)H10→(打破)⑦、生土	平面呈1/2圆,弧壁,平底	1.37×0.77-0.5	无
H11	ⅡT0302 中部	④→(叠压)H11→(打破)⑤	圆形,斜壁,平底	1.86×1.65-0.4	无
H12	IT0102 东北部	⑥→(叠压)H12→(打破)生土	1/4椭圆,斜壁,近平底	1.5×1-0.65	无
H13	IT0102 东部	⑥→(叠压)H13→(打破)生土	1/3椭圆,弧壁,圜底	2.55×0.7-0.35	无
H14	IT0102 西北部	⑥→(叠压)H14→(打破)生土	不详,斜弧腹,平底	0.9×0.6-0.55	无
H15	ⅡT0302 东部	⑤→(叠压)H15→(打破)⑥	1/2圆,直壁,平底	2.4×1.12-0.5	罐、钵、器盖、石刀
H16	IT0101 东北部	⑤→(叠压)H16→(打破)⑥、⑦、生土	1/4圆角方形,斜壁,近平底	1.25×0.8-0.5	无
H17	IT0203 东北部	③→(叠压)H17→(打破)④、F5、⑤、⑥、⑦	圆角长方形,直壁,近平底	1.6×1.3-1.35	无
H18	ⅡT0101 北部	⑤→(叠压)H18→(打破)⑥	1/2椭圆形,直壁、平底	1.0×0.4-0.6	无
H20	IT0202 南部	④→(叠压)H20→(打破)⑤	不规则长方形	0.85×0.82-0.48	无

编号	位置	层位关系	形状结构	尺寸(米)长×宽-高	出土遗物
H21	ⅡT0102 西南部	⑥→(叠压)H21→(打破)⑦	圆角长方形,直壁,平底	1.12×0.65-0.4	无
H22	ⅠT0101 东部	⑥→(叠压)H22→(打破)⑦、生土	1/2圆,斜壁,平底	1×0.8-0.4	无
H23	ⅡT0302 西南部	⑥→(叠压)H23→(打破)生土	不规则形,弧壁,平底	3×1.75-0.4	无
H24	ⅠT0303 南部	⑥→(叠压)H24→(打破)⑦、生土	大致为半圆形,弧壁,近平底	2.5×1-0.3	无
H26	ⅡT0103 东北部	⑤→(叠压)H26→(打破)⑥	1/2圆,弧壁,圜底	0.7×0.3-0.2	无
H27	ⅡT0201 北部	④→(叠压)H27→(打破)⑤	三角形,弧壁,圜底	1.76×1.3-0.32	少量陶片
H28	ⅡT0201 东北部	④→(叠压)H28→(打破)⑤	不规则形,弧壁,近平底	1.34×1.3-0.41	少量陶片
H29	ⅠT0202 东南,ⅠT0102 东北,ⅠT0103 西北,ⅠT0203 西南	⑤→(叠压)H29→(打破)⑥	椭圆,弧壁,近平底	4.15×2.5-0.35	鬲、鬲足、动物骨骼等
H30	ⅡT0202 南部	⑤B→(叠压)H30→(打破)⑥	不规则形,弧壁,平底	1.15×0.95-0.15	无
H31	ⅡT0202 南部	⑤B→(叠压)H31→(打破)⑥	不规则三角形,直壁,近平底	1.5×1.2-0.27	器盖、陶片
H32	ⅠT0103 北部	⑥→(叠压)H32→(打破)⑦	圆形,弧壁,圜底	0.9×0.7-0.62	无
H33	ⅠT0103 南部	⑥→(叠压)H33→(打破)⑦、生土	1/2圆,斜壁,平底	1×0.56-0.26	无
H34	ⅠT0302 东北部	⑤→(叠压)H34→(打破)⑥	1/2圆,斜壁,平底	2.5×1.3-0.3	无
H35	ⅠT0302 东南	⑥→(叠压)H35→(打破)⑦、生土	圆角方形,斜壁,平底	1.7×0.8-0.3	钵
H36	ⅡT0201 西北部	⑤→(叠压)H36→(打破)⑥	圆角方形,弧壁,圜底	1.3×1.2-0.3	无
H37	ⅠT0203 东北部	⑥→(叠压)H37→(打破)⑦、生土	圆角方形,弧壁,近平底	3.3×3.3-0.7	无
H38	ⅡT0201 南部	⑤→(叠压)H38→(打破)⑥	1/2圆,直壁,平底	1.3×0.66-0.4	无

编号	位置	层位关系	形状结构	尺寸(米)长×宽-高	出土遗物
H39	ⅠT0301 中部	⑥→(叠压)H39→(打破)⑦、生土	椭圆形,弧壁,平底	2.9×2.1-0.28	无
H40	ⅠT0203 东北部	⑦→(叠压)H40→(打破)生土	近方形,直壁,平底	0.85×0.8-0.48	无
H42	ⅠT0203 东南部	⑦→(叠压)H42→(打破)生土	圆角方形,弧壁,近平底	1.17×0.92-0.23	无
H43	ⅡT0202 东部	⑤B→(叠压)H43→(打破)⑥	半圆形,弧壁,平底	0.8×0.4-0.3	无
H44	ⅡT0202 北部	⑤B→(叠压)H44→(打破)⑥	2/3圆,斜壁,平底	1.85×1.3-0.5	钵等
H45	ⅡT0302 西南部	⑤→(叠压)H45→(打破)⑥	圆,斜壁,平底	1.3×1.1-0.5	无
H46	ⅡT0202 东北部	⑤B→(叠压)H46→(打破)⑥	1/4椭圆,弧壁,平底	2.8×1.3-0.6	无
H47	ⅠT0201 东部	⑥→(叠压)H47→(打破)⑦、生土	不规则形,斜壁,平底	3.2×2.95-1	罐、壶、豆、钵、角状盉把手、石刀、兽骨等

镇江松子头遗址试掘报告

　　松子头遗址位于江苏省镇江市润州区袁家檀山村西,是 20 世纪 50 年代南京博物院在对宁镇山脉及秦淮河地区进行考古普查时发现的。周围山脉起伏,河湖交错,形成有山有水的丘陵地带,气候适宜,区域环境非常适合人类生活,周边有数个同类遗址分布于此(图一)。遗址为一处高出周围数米的台地,台地最高处高出地面 5 米左右。形状不规则,东西长约 120、南北宽约 60 米,顶部平坦,北边呈坡状向下倾斜。

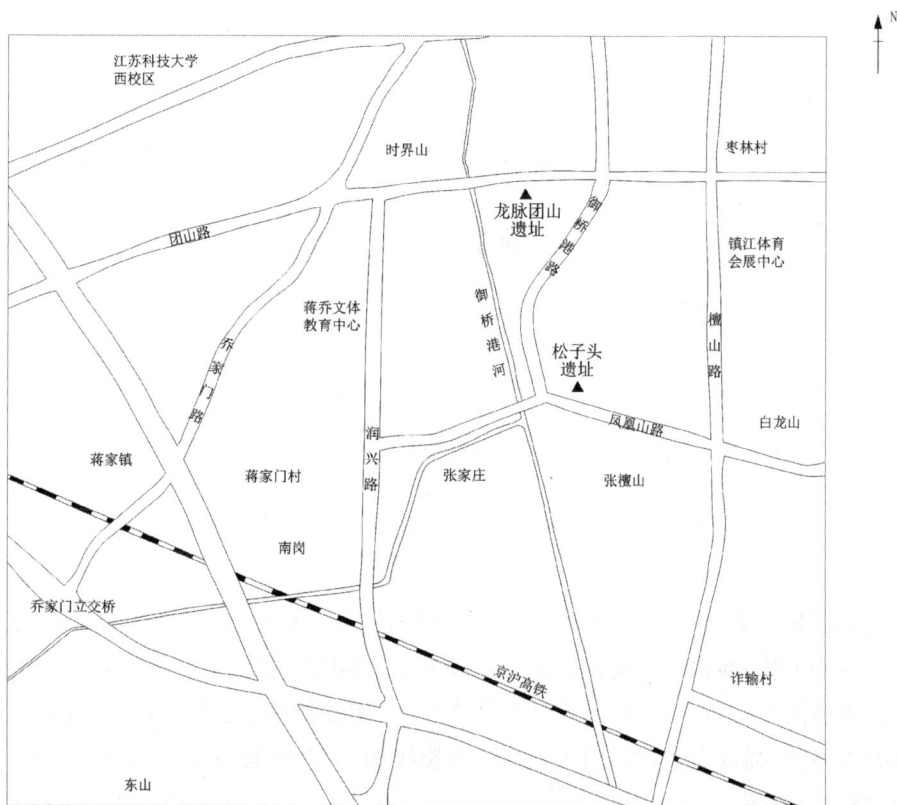

图一　松子头遗址位置示意图

　　2009 年万科房地产项目建设涉及松子头遗址,为进一步探查该遗址的文化性质和面貌,并为今后考古发掘或者保护提供必要的资料,镇江博物馆于 2009 年 4 月至 11 月,对该遗址进行勘探和试掘。试掘面积 450 平方米,在遗址南、西、北部三个区域布探方,南部 I 区布探方 9 个,除 T107 为 10 米×10 米外,其余均为 5 米×5 米;北部 II 区布 5 米×5 米方两个,编号为 T201、T202;西部 III 区布 5 米×5 米方 4 个,编号为 T301—T304(图二)。通过试掘确认了松子头遗址为一处商周时期湖熟文化遗存,并发现了一批房址、窑址、灶塘等遗迹,出土了较多的湖熟文化遗物,现将此次试掘情况分述如下。

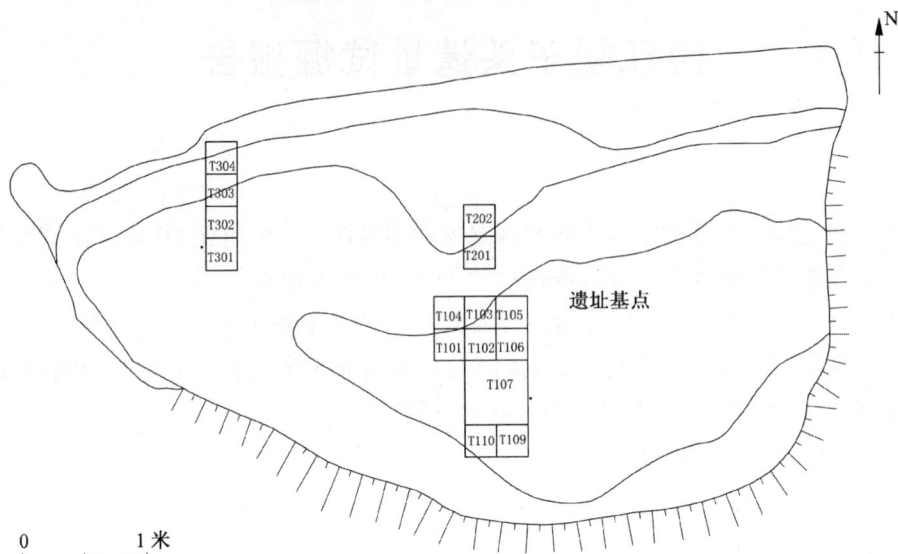

图二 探方位置图

一、地层堆积情况

1. I区

I区以T107东壁为例。

第①层:耕土层,厚7~22厘米。土色为灰褐色,土质疏松。包含物有少量红烧土颗粒、少量碎陶片、炭粒、植物根茎等。

第②层:扰土层,深7~12、厚0~12厘米。土色为黄褐色,土质稍疏松,略沙,较纯,包含物有少量红烧土颗粒等。

第③层:深8~22、厚0~32厘米。土色为灰褐色,土质稍硬,包含物有陶片、石块、骨头、红烧土块、红烧土粒、炭粒等。陶片以夹砂红陶为主,其次为泥质红陶、泥质灰陶、印纹硬陶、泥质黑陶、夹砂灰黑陶等。纹饰多装饰于泥质红陶、印纹硬陶、泥质灰陶上,陶片以素面为主,纹饰有方格纹、绳纹、云雷纹、回纹、弦纹、方格纹加云雷纹、套菱纹、叶脉纹等。可辨器形有钵、甗、鬲、盘、豆等。

第④层:深13~44、厚0~28厘米。土色为黄褐色,土质较硬,包含物有少量陶片、铁锈色土粒等。

第⑤层:深31~54、厚0~17厘米。土色为灰黑色,土质稍软,包含物有陶片、红烧土块、石块、红烧土粒、炭粒等。陶片以夹砂红陶为主,其次为泥质灰陶、夹砂灰黑陶、泥质红陶,另有少量泥质黑陶、印纹硬陶、原始青瓷。纹饰主要装饰于印纹硬陶、泥质灰陶上,陶片以素面为主,纹饰有绳纹、网纹、折线纹、折线纹加叶脉纹、云雷纹、方格纹等。可辨器形有罐、豆、钵、鬲、甑等。

第⑥层:深37～69、厚0～50厘米。土色为黄褐色,土质较硬,较纯,根据黄土层中间所夹的灰土痕迹,将黄土层分为三亚层,从晚到早编为⑥a、⑥b、⑥c。包含少量陶片、灰土粒等。陶片以夹砂红陶为主,其次有泥质灰陶、泥质红陶。陶片多为素面,纹饰以绳纹为主,其次有方格纹。可辨器形有钵、豆。

第⑦层:深33～69、厚0～50厘米。深青灰褐色,包含有陶片、红烧土粒、炭粒、石块、水锈土粒等。陶片以夹砂红陶为主,其次为泥质灰陶、夹砂灰黑陶、泥质红陶、泥质黑陶、印纹硬陶。纹饰主要装饰于印纹硬陶、泥质灰陶、泥质红陶上,陶片以素面为主,纹饰有绳纹、回纹、折线纹、折线纹加回纹、云雷纹加回纹、方格纹、梯格纹、附加堆纹等。可辨器形有鬲、盘、罐、豆、钵、甑等。

第⑧层:深95～138、厚0～35厘米。土色为褐色泛红,含红褐色水锈土,土质稍硬,包含陶片、石块、动物骨骼、红烧土块、红烧土粒、炭粒等。

第⑨层:深62～148、厚6～60厘米。土色为深灰褐色,略泛红,土质稍硬,包含物有陶片、石块、动物骨骼、红烧土块、红烧土粒、炭粒等,其中红烧土较多。

第⑨层下为生土。

2. Ⅱ区

Ⅱ区以T202东壁为例。

第①层:耕土层,厚5～15厘米。土色为灰褐色,土质疏松。包含物有少量红烧土颗粒、少量碎陶片、炭粒、植物根茎等。

第②层:扰土层,深5～15、厚6～18厘米。土色为灰褐色,土质稍疏松。包含物有少量陶片、红烧土颗粒等。陶片以夹砂红陶为主,其次是泥质红陶,另外夹砂灰黑陶、泥质灰陶、泥质黑陶和硬陶也有发现,但数量较少。纹饰多见于泥质陶器上,纹饰以绳纹为主,其次有方格纹和席纹。可辨器形有罐和鬲。

第③层:深22～30、厚0～12厘米。包含物有少量红烧土颗粒,无出土遗物。

第④层:深20～28、厚0～15厘米。土色为黄褐色,土质较硬,包含物有少量陶片、铁锈色土粒等。陶片以夹砂红陶和泥质红陶为主,其次为夹砂灰黑陶和泥质灰陶,数量较少。纹饰仅见于泥质陶器上,以方格纹和席纹为主,其次为梯格纹、绳纹和绳纹加方格纹。可辨器形有罐和鬲。

第⑤层:深15～50、厚0～37厘米。土色为灰黑色,土质稍软,包含物有陶片、红烧土块、石块、红烧土粒、炭粒、玉器等。陶片以夹砂红陶为主,其次为泥质灰陶,兼有夹砂灰黑陶和泥质红陶,泥质黑陶和硬陶数量较少。夹砂陶以素面为主,发现少量绳纹陶片,泥质陶多素面无纹,少量陶片带有绳纹、梯格纹和弦纹加绳纹。可辨器形有罐、豆和鬲。

第⑥层:深65～75、厚0～25厘米。土色为青灰褐色,杂水锈色,土质松软,含水分较多,包含有陶片、红烧土粒、炭粒、石块、水锈土粒等。陶片以夹砂红陶为主,其次为泥质红陶、泥质灰陶和夹砂灰黑陶,泥质黑陶和硬陶数量较少。夹砂陶素面无纹,泥质陶纹饰以绳纹为主,其次为绳纹加弦纹,另外梯格纹、弦纹和云雷纹也有发现,素面陶片也占一定数量。可辨器形有罐、豆和鬲。

第⑥层下为生土。

3. Ⅲ区

Ⅲ区以 T304 东壁为例。

第①层:耕土层,厚 8～14 厘米。土色为灰褐色,土质疏松。包含物有少量红烧土颗粒、少量碎陶片、炭粒、植物根茎等。

第②层:扰土层,深 8～14、厚 8～16 厘米。土色为灰褐色,土质稍疏松。包含物有少量碎陶片及红烧土颗粒等。陶片以夹砂红陶为主,其次为夹砂灰黑陶、泥质红陶和泥质灰陶。陶片多素面无纹,纹饰有弦纹和席纹。可辨器形有鬲。

第③层:东壁无分布。

第④层:深 15～20、厚 0～20 厘米。土色为黄褐色,土质较硬,包含物有少量陶片、铁锈色土粒等。陶片较少,为夹砂红陶。器形不可辨。

第⑤层:深 20～35、厚 45～66 厘米。土色为深灰褐色略泛红,土质稍硬,包含物有陶片、红烧土块、石块、红烧土粒、炭粒等。陶片以夹砂红陶为主,其次为泥质灰陶、泥质红陶和硬陶。陶片多素面无纹,纹饰以绳纹和梯格纹为主,其次为弦纹、云雷纹、方格纹和波浪纹。可辨器形有罐、豆、鬲和鼎。

第⑤层下为生土。

二、遗 迹

三个区域内Ⅰ区内遗迹最为丰富,包括灰坑、房址、窑址、晚期墓葬等,Ⅱ区见有红烧土堆积遗迹、灶、灰坑等,Ⅲ区未发现遗迹。

(一) 晚期墓葬

三座(M1—M3),均为开口于第①层下的近现代墓葬。

M1 位于 T104 西部,开口于第①层下,向下打破 H4,长方形土坑竖穴墓,坑口距地表 10、坑深 20 厘米。一部分被西隔梁下压,发掘部分长 140、宽 48 厘米,直壁平底,方向 92°,头向东,仰身直肢,面向上,坑内骨骼保存较好,墓坑内填灰褐色土,土质较硬,未出陪葬品。

M2 位于 T102 北部,开口于第①层下,向下打破第⑤、⑥层,长方形土坑竖穴,坑口距地表 30、坑深 66 厘米。西北角被 H1 打破,长 196、宽 60 厘米,直壁,平底,方向 110°,头向东,仰身直肢,面向上,坑内残留部分头骨及肱骨,墓坑内填灰褐色土夹烧土颗粒,土质较硬,未见随葬品。

M3 位于 T102 北部,开口于第①层下,向下打破第⑤、⑥层,坑口距地表 30、深 74 厘米,长方形,西北角被 H1 打破,长 210、宽 66 厘米,直壁,平底,方向 124°,头向东,仰身直肢,面向上,残留部分头骨、肱骨、股骨及胫骨,墓坑内填灰褐色土夹烧土颗粒,土质较硬,未出陪葬品。

(二) 灰坑

25 座,多数开口于第①层下(见附表一),基本为浅坑的生活废弃堆积,现拣选有代表性的三座介绍如下。

H14 位于 T103 西部,开口于第①层下,向下打破第③层,口距地表 15、深 20 厘米,圆角长方形,直壁平底,长 204、宽 84 厘米,坑内填黄褐色土,土质较软,无分层现象,除少量陶片外未见其他遗物,用途为生活废弃坑(图三)。

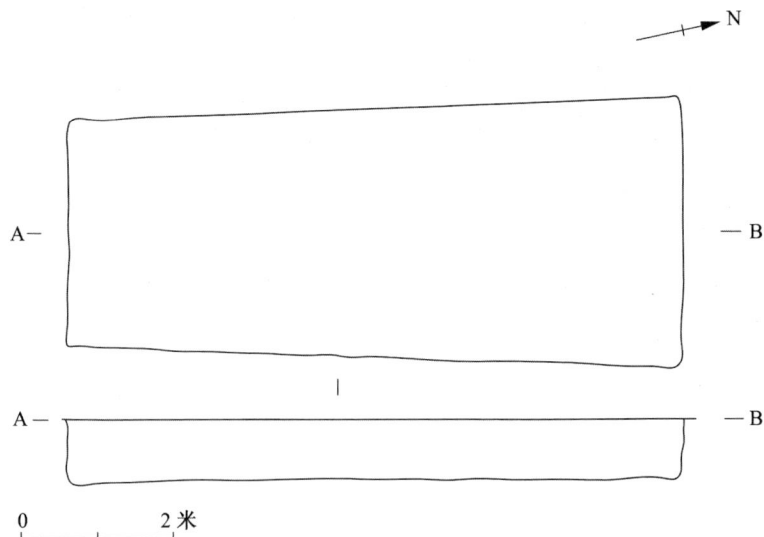

图三 H14 平、剖面图

H15 开口于第②层下,位于 T104 中部偏西,口距地表 30 厘米,平面形状近圆形,直壁平底,坑口、底直径均为 60、深 64 厘米。填土为灰褐色,土质疏松,包含物有少量红烧土粒、炭粒等,出土遗物为 6 块石块,且石块未经过加工。石块的放置没有规则,从石质看,多为灰色砂岩石,这种石头遗址周围很少见到,可能是从其他地方搬运至此的,可能是用来加工石器的,而放置于此坑内备用,H15 功能应为石料坑(图四)。

H28 开口于第⑧层下,位于 T110 南壁下,灰坑开口距地表 170 厘米。平面形状推测为圆形,因仅较少部分分布于探方内,所以其形状不能确定。清理部分坑口东西长52、坑底东西长 60、口宽 12、底宽

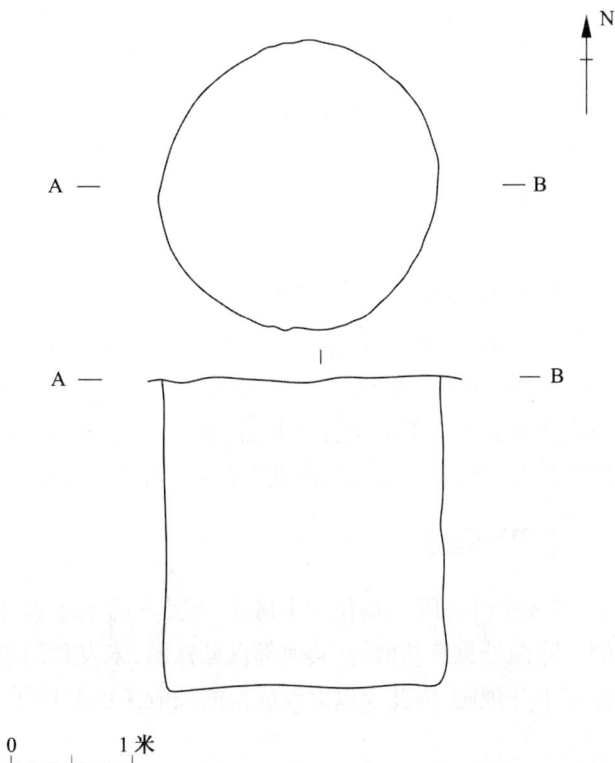

图四 H15 平、剖面图

16、深50厘米。东壁斜直下收,西壁斜直下张,平底。填土为深灰褐色,土质稍疏松,颗粒稍粗,包含物有红烧土粒、炭粒等,为生活废弃坑(图五)。

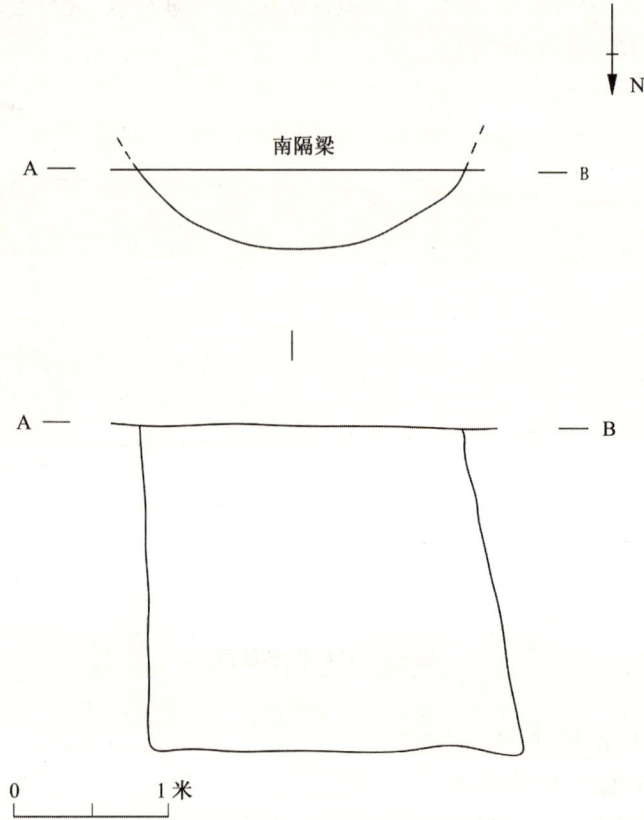

图五　H28 平、剖面图

(三)水沟

1座,编号G1,开口于第⑨层下,直接在生土上开挖。平面形状为不规则长条形,分布在T101—T104的中部偏东,北部伸进隔梁内,未全部发掘。G1发掘长度近10米,口部宽度在1~3.4米,底部宽度近1米,坑壁较陡直。沟壁因长期水浸呈现青绿色,表面有板结现象,沟内堆积主要为上部地层自然下陷,基本与上面地层相连接,但在沟底见有芦苇、水草等亲水植物根茎,沟两侧为房址,因此推测G1为生活用水的蓄水沟。

(四)房址

7处(F1—F7),均位于Ⅰ区第⑨层下的生土面上,分布于G1两侧,主要位于G1的东侧。除两处见有基槽外,其他都仅见柱洞,未发现门道等遗迹,柱洞多成组分布,但平面形状并不十分规则,因此仅以大致成组的柱洞来区分房子之间的界限,参见图六。

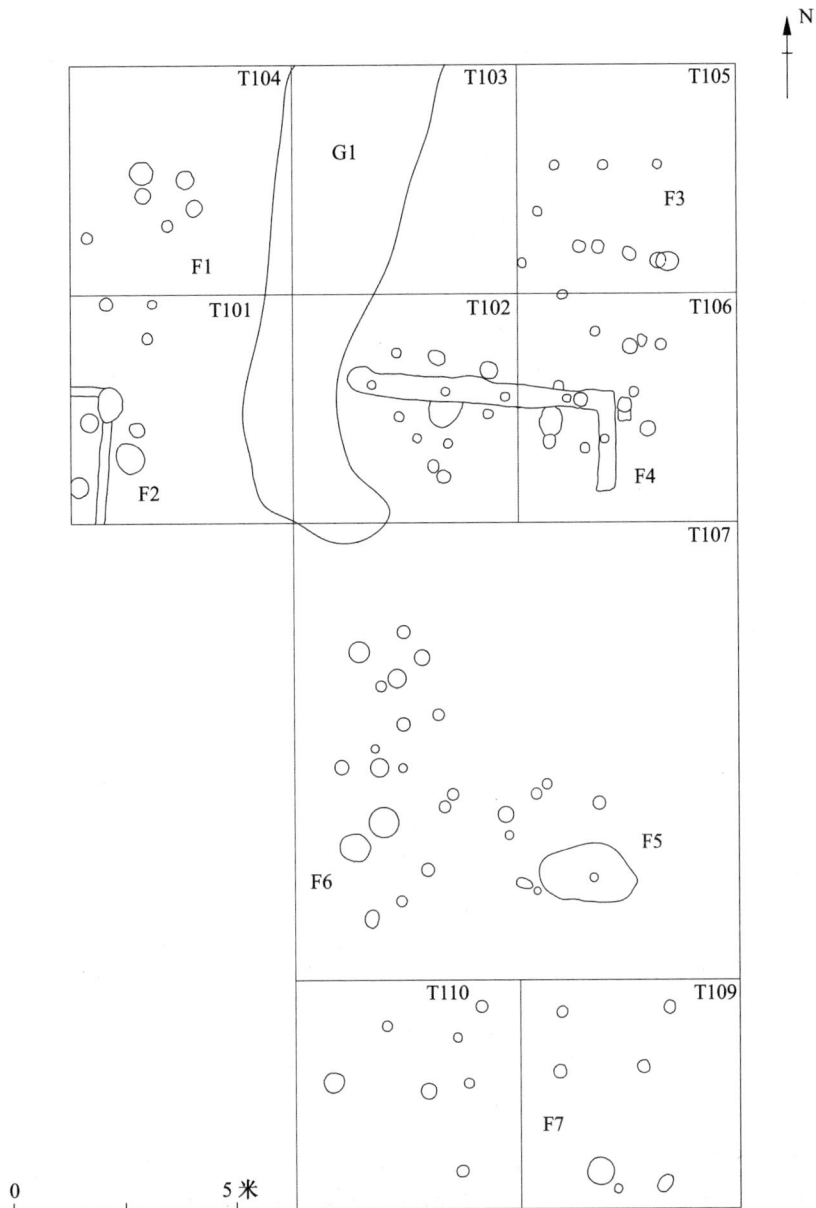

图六　Ⅰ区房址总平面图

F1：位于 T104 内，因发掘面积所限，目前见有 9 个柱洞（D1—D9），其中 5 个柱洞分布比较集中，其余 4 个分布零散，连接外侧柱洞的大致形状为不规则的长圆形，面积近 10 平方米（图七）。9 个柱洞直径 24～55、深度 20 厘米左右（具体数据见附表二）。

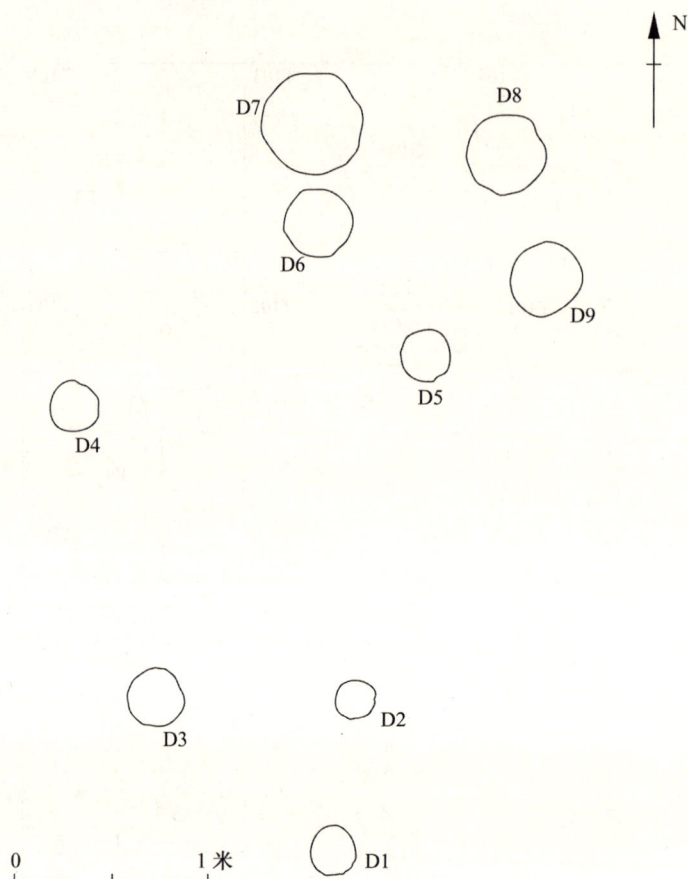

图七　F1 平面图

F2：位于 T101 西部边缘,北面与 F1 距离较近。因发掘面积有限,揭露部分仅见呈曲尺形的基槽和少量柱洞。北面基槽与东面基槽连接,连接处有一直径较大的柱洞,北面基槽揭露长度不足 1 米,东面基槽残剩长度 2 米,基槽宽度 20 厘米左右,深度不足 20 厘米,在东基槽的内外两侧分布有大致对称的两组柱洞(图八)。

F3：位于 T105 和 T106 内,南面为 F4。F3 仅见有柱洞 15 个,柱洞直径大小不一,深度多在 20 厘米上下,柱洞内填土基本为上层黄色夹红烧土颗粒的硬土,均不见有柱芯痕迹。外围柱洞大致呈圆形分布,中间有一排呈直线分布的柱洞,因此推测 F3 的形状大致为圆形,面积近 15 平方米(图九)。

F4：位于 T102、T106 的南部,将上层土清理完毕,可以看到在生土层表面有许多柱洞和长条形墙基槽,在基槽沟内底部有基本等距离分布的柱洞。F4 基槽仅存东、北、南面三部分,东北两道相连形如曲尺,北墙基槽长近 5 米,宽 40、深近 30 厘米;东墙基槽残长 2 米,宽40、深 25 厘米;南面基槽保存较差,仅残剩不足 2 米,深度 10 厘米左右。通过复原基槽 F4的形状应为长方形,长 5、宽近 3.5 米,面积 17.5 平方米,基槽内和两侧都分布有柱洞,房子内部有一排斜向分布的柱洞。因 F4 东、南两面破坏严重,无法判断门道位置,也未发现灶坑等遗迹(图十)。

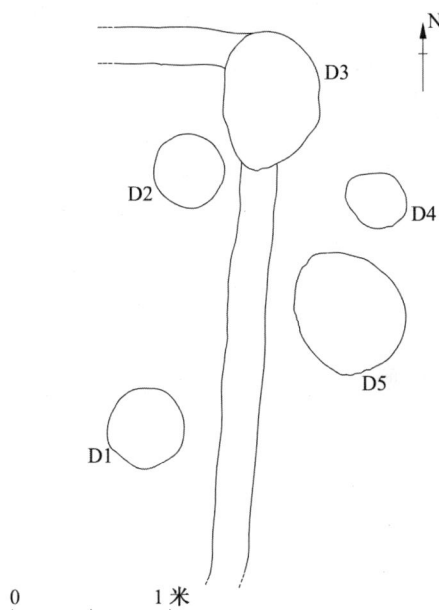

图八　F2 平面图

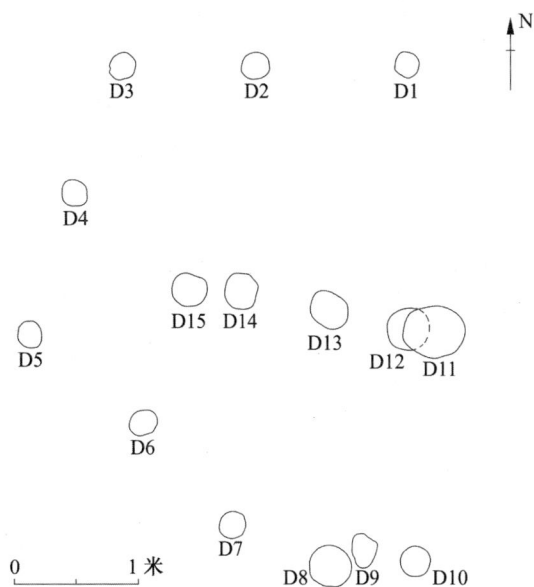

图九　F3 平面图

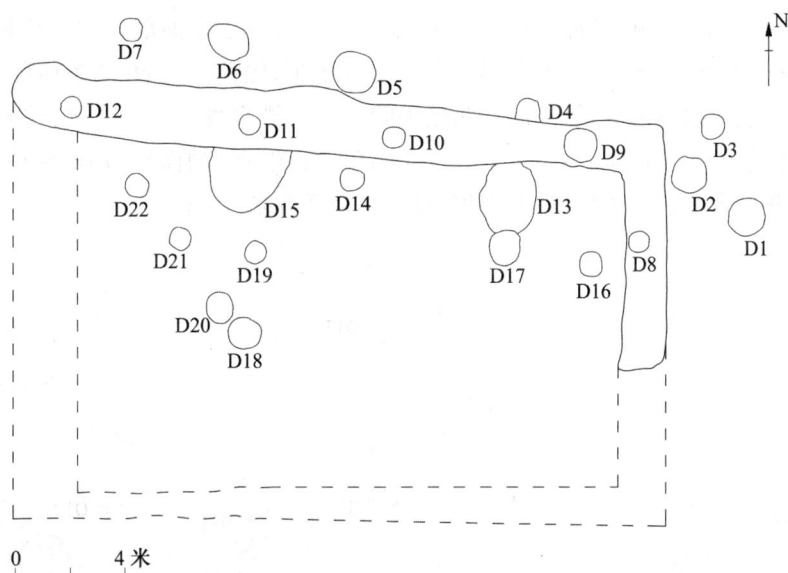

图十　F4 平面图

　　F5:位于 T107 东南部,西侧为 F6,北侧为 F4。F5 是一座疑似半地穴式的房子,8 个柱洞呈多半圆形分布,分布面积 10 平方米左右,在柱洞围绕区域的南侧有一深度 50 厘米的坑穴,坑穴为不规则圆形,面积近 4 平方米,推测为储物坑。因此 F5 的性质可能为仓储用房,而非用于居住(图十一)。

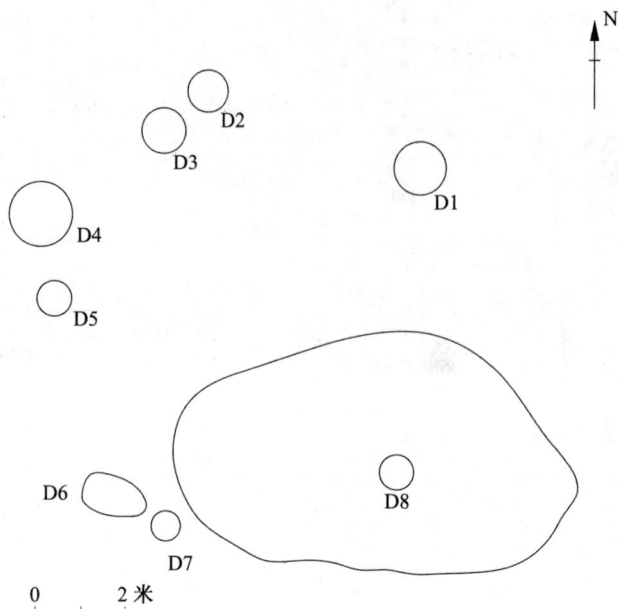

图十一　F5 平面图

　　F6：位于 T107 的西侧，东面与 F5 紧密相邻。F6 仅发掘了东面部分，西面因发掘面积所限未揭示出来。揭示部分的外围柱洞分布形状近长弧形，因此推测 F6 的整体形状为圆形或长圆形。F6 柱洞大致呈两条弧形分布，两弧中间还有一排直线分布的柱洞，柱洞数量较多，发掘部分大致为整个房子的三分之一，共 17 个柱洞，柱洞围绕的面积为 10 余平方米。推测 F6 是一座面积较大的公共用房，整个面积可达 30 余平方米（图十二）。

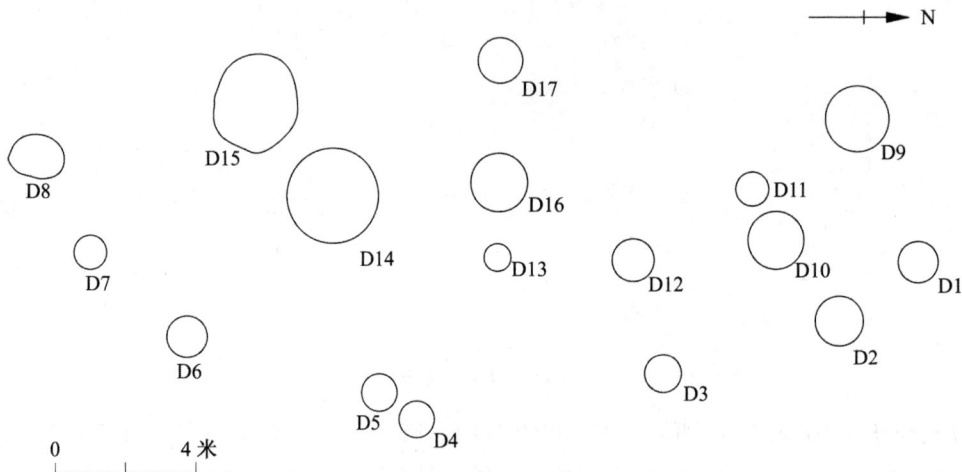

图十二　F6 平面图

　　F7：位于 I 区最南面 T109、T110 两个探方内，北面为 F5 和 F6。F7 柱洞分布比较零散，而且柱洞之间距离较远，13 个柱洞大致分三排斜向分布，柱洞围绕的面积超过 30 平方米，但整体形状难以判断，可能不止一座房子（图十三）。

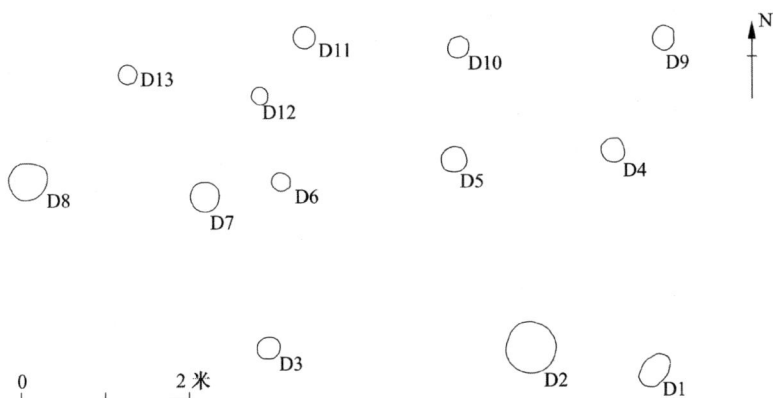

图十三　F7 平面图

（五）红烧土堆积

1 处,编号 D1,红烧土堆积包括柱洞、灶坑等遗迹(图十四)。

红烧土堆积位于 T301 第④层下,几乎满方分布,并延伸到 T302 探方和东、南、西壁中,D1 整体沿地势东高西低呈坡状分布,最浅处 20、最深处 50、最厚处 125、最薄处 35 厘米,其中东部大面积开口在耕土扰土层下,只有偏西部被上层叠压。D1 的主要包含物为大量红烧土,土质土色为致密红褐土,并夹杂少量的黑烧土、木炭。出土遗物为碎陶片和石器,其中陶器多为夹砂红陶片。D1 中的遗迹有柱洞 4 个(编号为 ZD1—ZD4),灶坑两座(编号为 Z2 和 Z3)。其中柱洞分布在堆积的靠外区域,大致呈弧形围绕红烧土,柱洞直径较大,一般在 30 厘米以上,其中 ZD4 打破 Z2(图十五)。

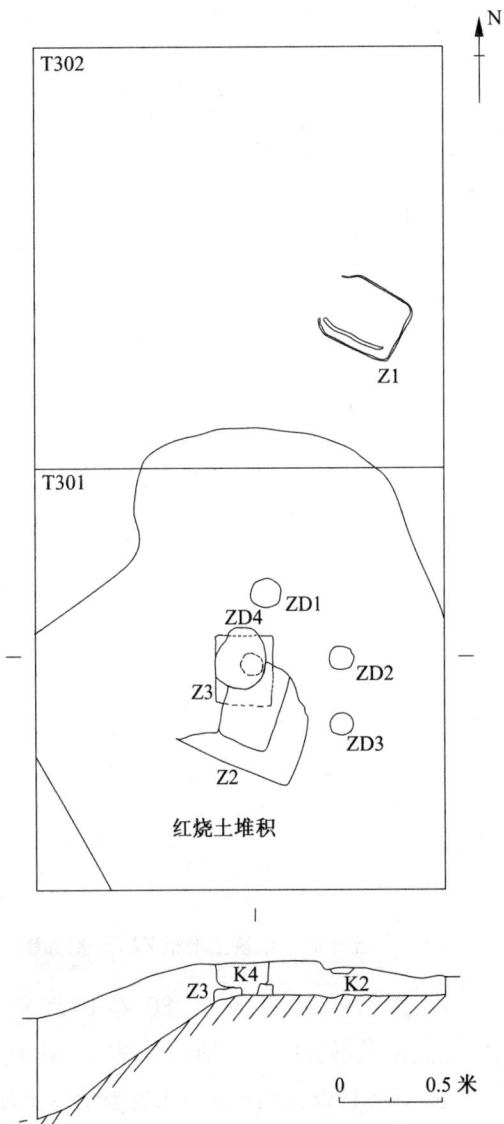

图十四　红烧土堆积平、剖面图

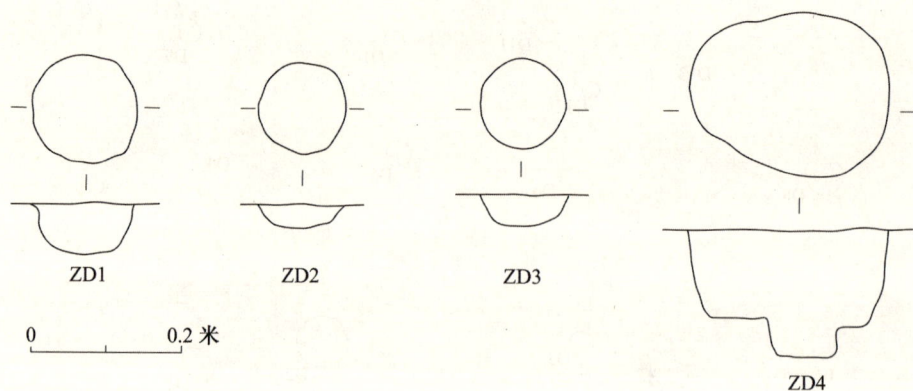

图十五　红烧土堆积柱洞 ZD1—ZD4 平、剖面图

两座灶坑都位于红烧土堆积内,都遭破坏严重,Z2 平面呈长方形,其中西边被打破,北边被 ZD4 打破。Z2 长约 100、宽 65、深 28 厘米,开口距地表深 20 厘米,剖面呈筒形平底,Z2 三边内壁及底部均为黑烧土面,厚 3～4 厘米。在 Z2 东边和南边周围有人为用红烧土块拼接而成较为平整的红烧土烧结面,其层面要略低于 Z2 开口层面约 3～4 厘米,烧结面残长 168、宽 90 厘米。烧结层次可分出三层,第一层为平整的红烧土烧结面,厚为 5 厘米;第二层亦为红烧土烧结面,厚约为 4～5 厘米,两层之间有分离;第三层为黑烧土面,厚约为 3 厘米(图十六)。

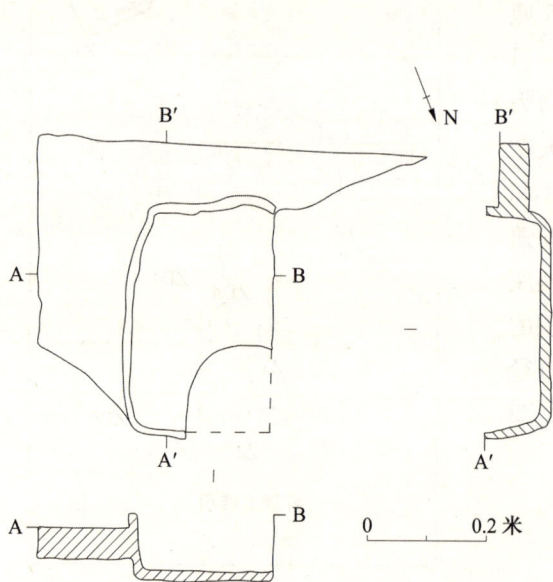

图十六　红烧土堆积 Z2 平、剖面图

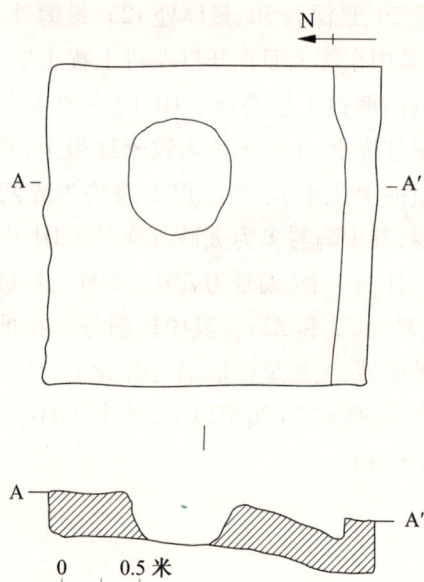

图十七　红烧土堆积 Z3 平、剖面图

Z3 被 Z2 打破,长 85、宽 80、厚 10 厘米,略呈正方形(其北、东面均残),为一红烧土平整面,北高南低斜坡向下。剖面呈睡"L"型,南边有一堵竖立的"残壁",厚 7～8 厘米。Z3 的东北处被 ZD4 打破直到生土,Z3 也坐于生土之上。Z3 可分为两层,上层厚约 3 厘米,下层约 7 厘米。中间有夹一层夹砂红陶碎片(图十七)。

从整体判断,D1可能为多次使用的一处窑址的废弃堆积,Z2打破Z3,Z3的夹陶片层又可以看出多次使用的痕迹。而位于堆积上层的ZD1—ZD4,又打破Z2。由此可以推测:ZD1—ZD4时代最晚,分析可能为窑上一房址,与D1并无直接的联系,而与D1联系密切的可能是下层中的Z2、Z3,Z3被破坏严重,性质无法确定,但从Z2可以看出是一处火膛,再根据Z2周围残存的红烧土块修整的平面和红烧土块中发现的管状痕迹,可以推测此处原为一处剥壳窑,大致是在平地上建立窑室及火膛,然后在窑室外围用植物枝干搭建棚状的骨架,再在外面贴上一层泥巴构成,在烧造过程中形成了红烧土。烧造成功后,便将包围在陶器周边的窑室剥开,取出陶器,于是形成散落在周边的大量碎红烧土块。

(六)灶坑

除红烧土堆积内两座灶外,另有两座长方形灶坑,编号Z1、Z4。

Z1开口于T302第④层下,向下打破生土,灶坑长方形,西面敞开收缩为灶口,坑长98、宽90、深36厘米。西部开口外接一喇叭形沟状出灰区域,火膛内壁及底部均为光滑的黑色烧土结面,厚3~4厘米,底部烧结层较厚,约10厘米。在火膛内侧靠南壁处,有一条隆起,与灶膛壁皆不相连,隆起高度近20、宽度8厘米,隆起与东、南两壁一起形成烟道。灶膛内多为黑色草木灰烬,未见陶片等遗物(图十八)。

Z4开口于T107第⑦层下,向下打破第⑧层,坐于生土之上,南北向。平面长方形,东西宽60、南北长110、深36厘米。直壁平底。灶坑保存状况稍好,仅灶西壁上部烧土有一个缺口,其他部分烧结层保存完好,壁厚约2厘米,底部烧结层厚约4厘米。填土为深灰褐色,土质稍疏松,较粘,包含少量碎红烧土块、炭粒、陶片等,其中陶片仅几片,为夹砂红陶和夹砂灰陶,器形不可辨。

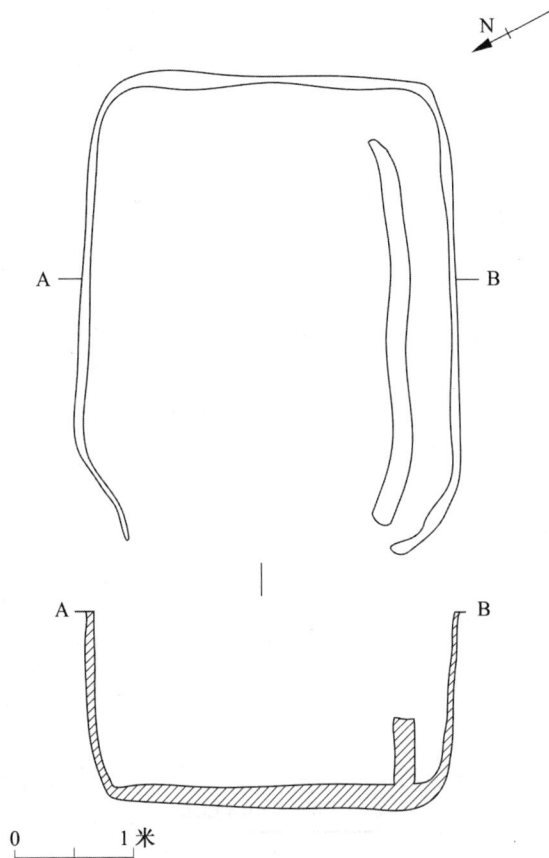

图十八 Z1平、剖面图

(七)窑址

一座,编号Y1。

Y1开口于T110第⑧层下,向下打破第⑨层和生土,距地表165厘米。Y1平面近圆角长方形,保存状况较差,残长106、最宽105、残高36厘米。Y1由长条形两个火道及上面的烧造面组成,火道顶端有出火孔,通向上面的烧造面,Y1 的前部已经被破坏,情况不明。顶大部分已破坏,窑壁也仅存下部,从其残存状况推断窑址有两个烟囱,位于窑的后壁处。火道内填土土色深灰褐色,土质稍硬,包含有大量红烧土块,陶片较少,仅几片为夹砂红陶,器形不可辨,窑前工作面不详(图十九)。

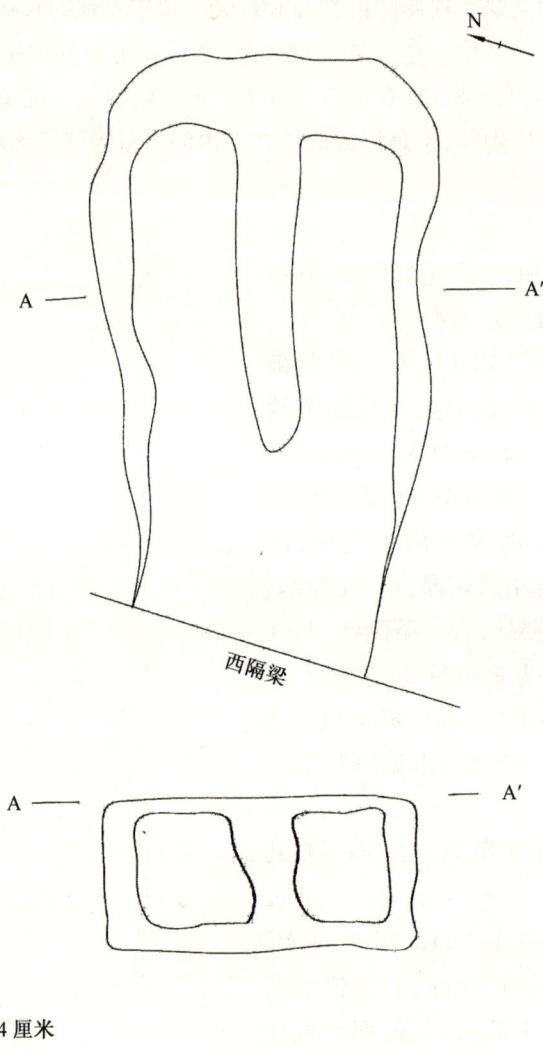

图十九　Y1 平、剖面图

三、遗　物

(一)陶器

鬲　共 18 件,根据器形不同分为三型。

A 型,5 件。方唇无领鬲。标本 T109⑦:2,夹砂红陶。方唇,折沿,敞口,圆肩,肩上饰三个鸡冠錾,三空袋足,口径小于腹径稍多。素面。口径10.8、高13厘米(图二十,1)。标本T107⑦:19,夹砂红陶。方唇,卷沿,沿斜弧外侈,侈度较大,沿面略宽,腹稍鼓,略弧下张。素面。口径14、残高8.6厘米(图二十,2)。标本T201⑦:40,夹砂红陶。方唇,卷沿,沿面斜弧外侈,腹微鼓。素面。口径29、残高12.3厘米(图二十,3)。标本T303③:12,夹砂红陶。斜方唇,折沿,沿面斜弧外侈,腹微鼓。素面。口径30.5、残高8厘米(图二十,4)。标本T303④:5,夹砂红陶。斜方唇,折沿,沿面斜直外撇,腹微鼓。素面。口径32、残高10.4厘米(图二十,5)。

B型,11件。圆唇无领鬲。标本T107⑨:1,夹砂红陶。圆唇,卷沿,敞口,腹微弧,口径稍小于腹径,高分裆,三实锥状截尖足,腹部及足上部饰梯格纹。口径15.2、高7.3、高16.2厘米(图二十,6)。标本T105⑥:3,夹砂灰陶。尖圆唇,敞口,圆折沿,最大径近底部,短分裆,三实锥状内收。腹及裆部饰细绳纹。口径11.5厘米(图二十,7)。标本T303③:1,夹砂灰陶。尖圆唇,敞口,折沿,溜肩腹稍鼓,口径稍小于腹径,三空袋足,分裆稍高,整器短胖。素面。口径9.2、高9.5厘米(图二十,8)。标本T107⑦:26,夹砂红陶。圆唇,折沿,沿斜弧外侈,侈度较大,沿面略宽,腹稍鼓,略弧下张。素面。口径17、残高8厘米(图二十,9)。标本T107⑨:11,夹砂红陶。方唇,圆折沿,沿外撇近平,腹微弧向下。腹部饰细绳纹。口径22、残高10厘米(图二十,10)。标本T201⑤:18,夹砂红陶。圆唇,圆折沿,沿部稍厚,沿斜弧外卷,内外均卷沿,腹部残。素面。口径20、残高4.7厘米(图二十,11)。标本T201⑤:19,夹砂红陶。圆唇,沿部稍薄,沿斜弧外卷,内圆折沿,外为方折沿,腹部弧形下张。素面。口径18、残高6.8厘米(图二十,12)。标本T303③:8,夹砂红陶。圆唇,敞口,折沿,腹微鼓。素面。口径23、高9.2厘米(图二十一,1)。标本T303⑤:13,夹砂红陶。圆唇,折沿,沿面斜弧外撇,腹微鼓。素面。口径28、残高12.4厘米(图二十一,2)。标本T303⑤:12,夹砂红陶。圆唇,折沿,沿面斜弧外撇,腹微鼓。素面。口径20、残高8.2厘米(图二十一,3)。标本T303⑤:20,夹砂红陶。斜方唇,折沿,沿面斜弧外撇,腹微鼓。素面。口径24、残高14.5厘米(图二十一,4)。

C型,2件。有领鬲。标本T107⑦:20,夹砂红陶。方唇,折沿,沿面上微凹,高领,腹微弧向下。腹部饰细绳纹。口径13.6、残高7.2厘米(图二十一,5)。标本T304⑤:20,夹砂红陶。方唇,敞口,方折沿,高领,腹部直向下。腹部饰细绳纹。口径18、残高5.6厘米(图二十一,6)。

甗口沿 2件。标本T201⑤:20,夹砂红陶。圆唇,圆折沿,沿部稍厚,沿斜弧外卷,内圆折沿,外为方折沿,腹部弧形下张。素面。口径24、残高7.2厘米(图二十一,7)。标本T201⑦:41,夹砂红陶。圆唇,卷沿,沿面斜弧外侈,腹微鼓。素面。口径30、残高10.3厘米(图二十一,8)。

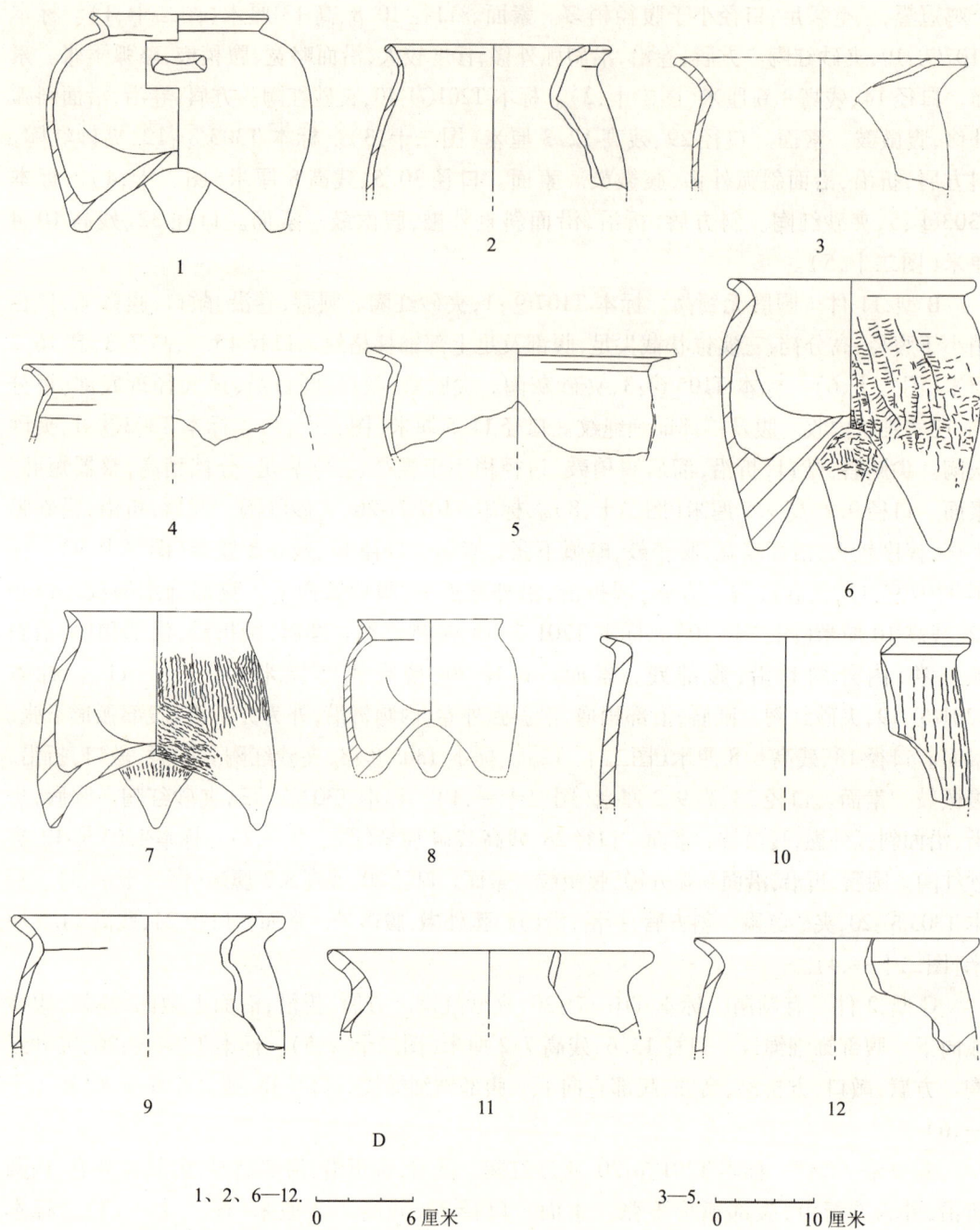

图二十　陶鬲

1—5. A型陶鬲(T109⑦:2、T107⑦:19、T201⑦:40、T303③:12、T303④:5)
6—12. B型陶鬲(T107⑨:1、T105⑥:3、T303③:1、T107⑦:26、T107⑨:11、T201⑤:18、T201⑤:19)

　　甗下部　1件。标本T201⑦:11,夹砂红陶。甗腰,有堆饰,折沿,腰部施月牙形深按窝纹,较密。腹部略鼓,裆略弧,三足外撇,实足,足跟较高。素面。残高25.6厘米(图二十一,9)。

　　甗腰　根据有无堆饰分为二型。

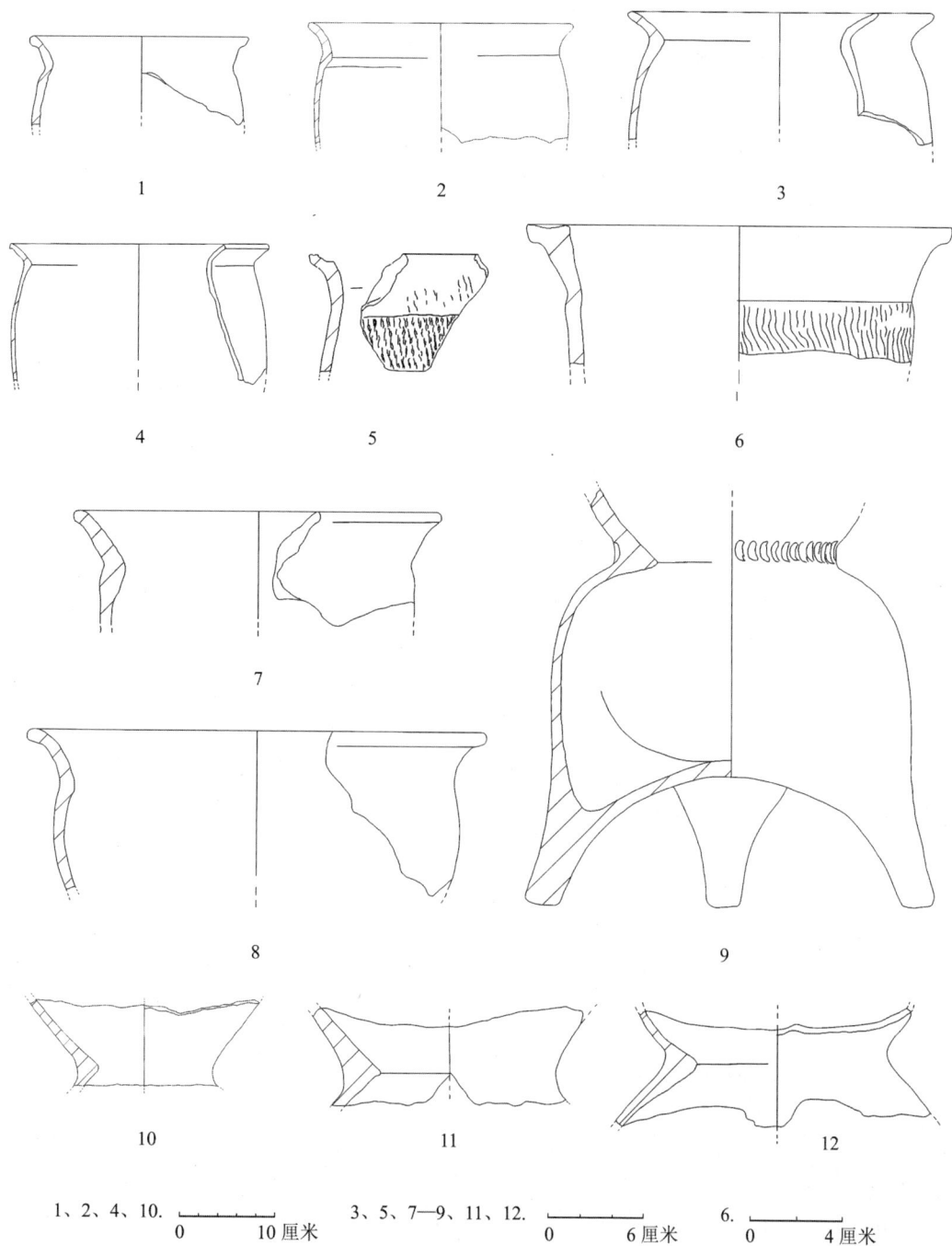

图二十一　松子头遗址出土器物（一）

1—4. B 型陶鬲（T303③:8、T303⑤:13、T303⑤:12、T303⑤:20）　5、6. C 型陶鬲（T107⑦:20、T304⑤:20）
7、8. 甗口沿（T201⑤:20、T201⑦:41）　9. 甗下部（T201⑦:11）　10—12. A 型甗腰（T103⑦:8、T109⑥:9、T201⑧:27）

A 型，无堆饰，11 件。标本 T103⑦:8，夹砂红陶。圆折沿。腰径 14、残高 8.6 厘米（图二十一，10）。标本 T109⑥:9，夹砂红陶。方折沿。腰径 14、残高 6.2 厘米（图二十一，11）。标本 T201⑧:27，夹砂红陶。腰部方折沿。素面。腰径15.4、残高7.2厘米（图二十一，12）。

标本 T303⑤:16，夹砂红陶。腰部方折沿。素面。腰径13.6、残高6.4厘米（图二十二，1）。

标本 T303④:3，夹砂红陶。腰部圆折沿。腰部饰圆形浅窝纹，较疏。残高10厘米（图二十

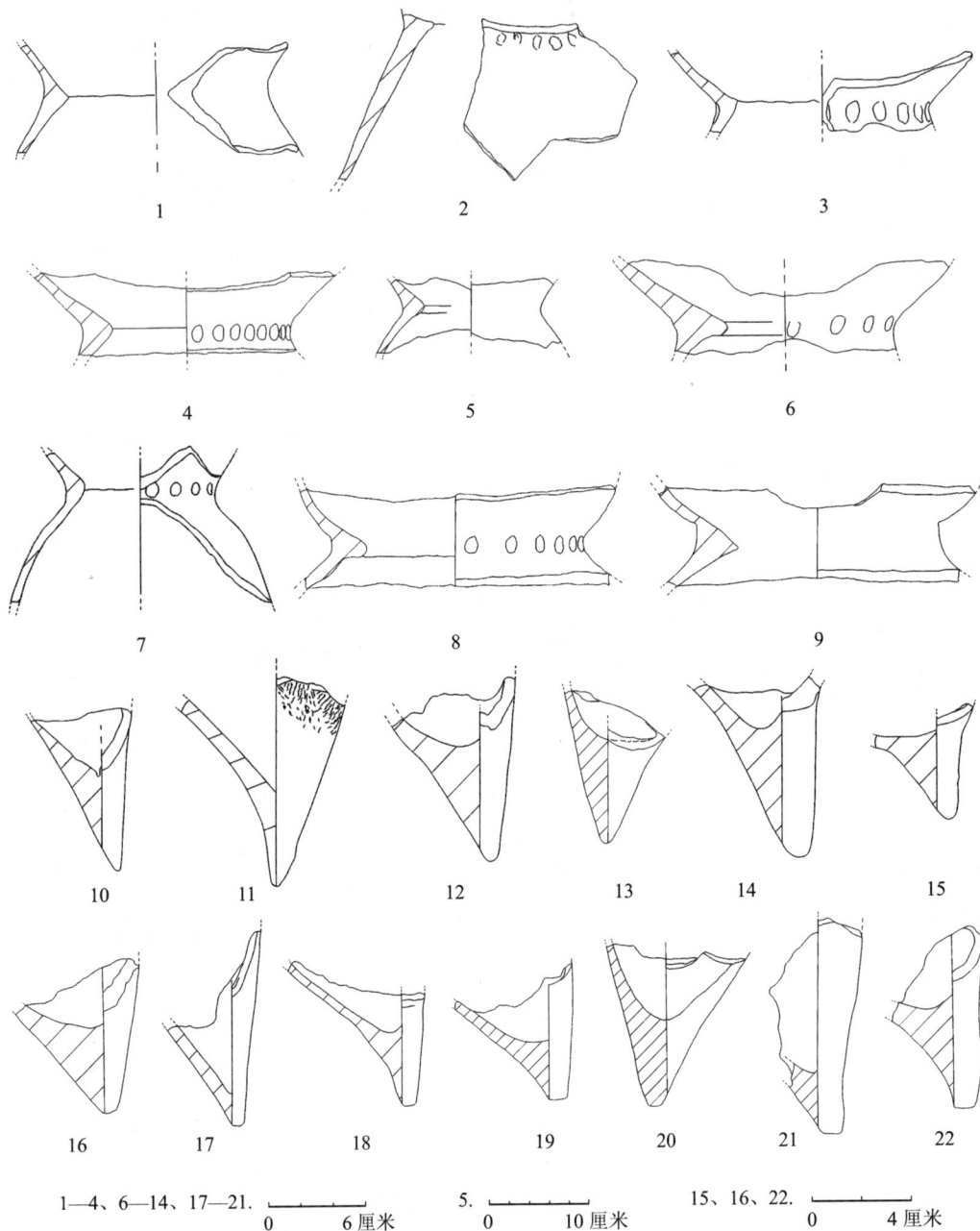

图二十二　松子头遗址出土器物（二）

1—8. A型甂腰（T303⑤:16、T303④:3、T303⑤:15、T103⑦:9、T109⑥:8、T109⑥:10、T303⑤:4、T103⑦:10）　9. B型甂腰（T103⑦:11）　10—16. A型鬲足/甂足（T107⑨:18、T107⑨:20、T201⑦:30、T103⑦:3、T107⑨:19、T107⑨:21、T303⑤:19）　17—22. B型鬲足/甂足（T201⑦:31、T303⑤:18、T303⑤:17、T103⑦:2、T201⑤:34、T201⑦:35）

216

二,2)。标本 T303⑤:15,夹砂红陶。腰部方折沿。腰部饰圆形浅窝纹,稍疏。腰径 13.2、残高 4.8 厘米(图二十二,3)。标本 T103⑦:9,夹砂红陶。圆折沿,腰部施圆形深按窝纹,较密。腰径 13.2、残高 5 厘米(图二十二,4)。标本 T109⑥:8,夹砂红陶。圆折沿,内沿略凸伸。腰径 13.5、残高 7.2 厘米(图二十二,5)。标本 T109⑥:10,夹砂红陶。圆折沿,内沿略凸伸。腰部施圆形浅按窝纹,较疏。腰径 13.4、残高 5.7 厘米(图二十二,6)。标本 T303⑤:4,夹砂红陶。腰部圆折沿。腰部饰圆形浅窝纹,较疏。腰径 9.6、残高 9.4 厘米(图二十二,7)。标本 T103⑦:10,夹砂红陶。圆折沿,腰部施圆形浅按窝纹,较疏。腰径 15.6、残高 6 厘米(图二十二,8)。

B 型,有堆饰,1 件。标本 T103⑦:11,夹砂红陶。方折沿。腰径 14.8、残高 5.8 厘米(图二十二,9)。

鬲足/甗足　根据足型分为 5 型。

A 型,7 件。细小圆锥尖足。标本 T107⑨:18,夹砂红陶。圆锥足尖,较高,足壁斜直下收,内底尖,足跟较高。素面。残高 9.6、跟部高 5.5 厘米(图二十二,10)。标本 T107⑨:20,夹砂红陶。圆锥足,较矮,足壁斜弧下收,内底尖,足跟较矮。足壁上部饰细绳纹。残高 12.6、跟部高 5.3 厘米(图二十二,11)。标本 T201⑦:30,夹砂红陶。整体较大,圆截尖足,空足跟。素面。残高 11、实跟高 2.7 厘米(图二十二,12)。标本 T103⑦:3,夹砂红陶。圆锥尖状,稍高,足壁斜弧下收,足壁较敞,内底圜,足跟稍高。素面。残高 9.1 厘米(图二十二,13)。标本 T107⑨:19,夹砂红陶。圆锥尖足,较高,足壁斜直下收,内底圜,足跟较高。素面。残高 10.8、跟部高 7.6 厘米(图二十二,14)。标本 T107⑨:21,夹砂红陶。圆锥足,较矮,足壁斜直下收,内底圜,足跟较矮。素面。残高 4.6、跟部高 3.3 厘米(图二十二,15)。标本 T303⑤:19,夹砂红陶。圆锥足,稍高,足壁斜弧下收,足壁上部较敞,内底圜,实足跟,足跟稍高。素面。残高 6.2、实足跟高 3.4 厘米(图二十二,16)。

B 型,7 件。圆锥截尖足。标本 T201⑦:31,夹砂红陶。整体较小,空足跟。素面。残高 11.6 厘米、实跟高 2 厘米(图二十二,17)。标本 T303⑤:18,夹砂红陶。稍高,足壁斜弧下收,足壁上部较敞,内底圜,实足跟,足跟稍高。素面。残高 8.6、实足跟高 4.4 厘米(图二十二,18)。标本 T303⑤:17,夹砂红陶。稍高,足壁斜弧下收,足壁上部较敞,内底圜,实足跟,足跟稍高。素面。残高 8.1、实足跟高 3.5 厘米(图二十二,19)。标本 T103⑦:2,夹砂红陶。稍高,足壁斜弧下收,足壁较敞,内底圜,足跟稍高。素面。残高 9.6 厘米(图二十二,20)。标本 T201⑤:34,夹砂红陶。空足跟,弧壁。素面。残高 12.6 厘米(图二十二,21)。标本 T201⑦:35,夹砂红陶。实足跟,足跟略内勾。素面。残高 7.2 厘米、实跟高 4 厘米(图二十二,22)。标本 T201⑦:37,夹砂红陶。实足跟,足壁斜直。素面。残高 8.2 厘米、实跟高 2.8 厘米(图二十三,1)。

C 型,2 件。乳丁状足,标本 T201⑦:34,夹砂红陶。整体较小,乳丁尖袋状足,空足跟。素面。残高 11.6 厘米(图二十三,2)。标本 T107③:8,夹砂红陶。圆锥截尖,较矮,足壁斜弧下收,足壁上部较敞,内底圆尖,足跟较矮。素面。残高 4.4 厘米(图二十三,3)。

D 型,2 件。粗壮圆足尖,标本 T201⑦:33,夹砂红陶。足跟粗,空足跟。素面。残高 10.6 厘米(图二十三,4)。标本 T303⑤:14,夹砂红陶。圆锥足较粗仅柱状,稍矮,足壁斜弧下收,足壁上部较敞,内底圜,实足跟,足跟稍高。素面。残高5.2、实足跟高3.3厘米(图二十三,5)。

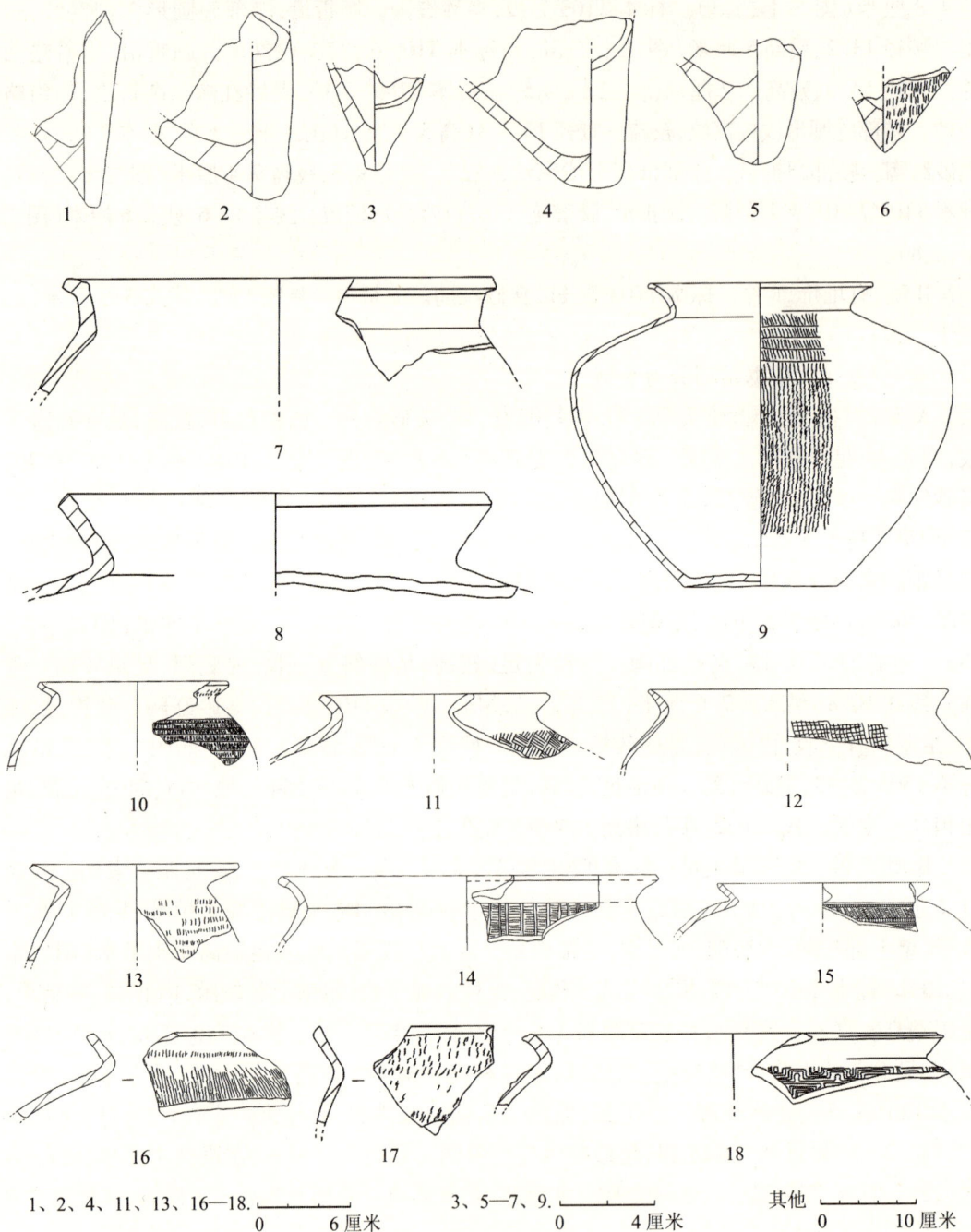

1、2、4、11、13、16—18. ┣━━━━━━┫ 0　6厘米　　　3、5—7、9. ┣━━━━┫ 0　4厘米　　　其他 ┣━━━━━━┫ 0　10厘米

图二十三　松子头遗址出土器物(三)

1. B型鬲足/甗足(T201⑦:37)　2、3. C型鬲足/甗足(T201⑦:34、T107③:8)　4、5. D型鬲足/
甗足(T201⑦:33、T303⑤:14)　6. E型鬲足/甗足(T107③:5)　7. A型Ⅰ式泥质陶罐(T303③:6)
8—18. A型Ⅱ式泥质陶罐(T201⑧:1、T201⑧:23、T201⑧:42、T201⑤:11、T201⑤:36、T303④:7、
T103⑦:12、T103⑦:15、T109⑥:15、T109⑥:16、T201⑦:25)

E型,1件。小尖足,标本T107③:5,夹砂红陶。锥足尖,较矮,足壁斜直下收,足壁上部较敞,内底圜,足跟较矮。足外部满饰细绳纹。残高3.5、跟部高1.75厘米(图二十三,6)。

泥质陶罐　共45件,根据唇部分为二型。

A型,22件。方唇。分为4式。

Ⅰ式,1件。有领。标本T303③:6,夹砂红陶。斜方唇,束颈,高领,沿略弧形外撇,内外均折沿,直溜肩。素面。口径19、残高4.8厘米(图二十三,7)。

Ⅱ式,共11件。沿面折,无领。标本T201⑧:1,泥质红陶,黑皮。方唇,敞口,圆折沿,束颈,溜肩,弧腹下收至底,底微凹。肩上饰4组细绳纹,间以凹弦纹,腹部饰细绳纹。口径24、底径16.6、高31.4厘米(图二十三,8)。标本T201⑧:23,泥质红陶。斜方唇,束颈,宽沿,沿斜直外侈,内外均折沿,直溜肩。口沿外壁饰磨过的细绳纹。口径19、残高4.4厘米(图二十三,9)。标本T201⑧:42,泥质灰陶。方唇,束颈,沿斜直外侈,内外均卷沿,弧溜肩。肩部饰弦断绳纹。口径20、残高8.6厘米(图二十三,10)。标本T201⑤:11,泥质红陶。方唇,束颈,沿斜弧外卷,内外均卷沿,直溜肩。肩部饰席纹。口径15、残高4厘米(图二十三,11)。标本T201⑤:36,泥质红陶。方唇,敞口,沿斜弧外卷,内外均卷沿,直溜肩。肩部饰方格纹。口径31、残高8.2厘米(图二十三,12)。标本T303④:7,泥质红陶,黑皮。斜方唇,束颈,宽沿,沿斜直外撇,内外均折沿,圆溜肩。肩部饰间断戳印纹。口径11、残高6厘米(图二十三,13)。标本T103⑦:12,泥质红陶。方唇,内方折沿,外圆折沿,沿略斜弧形外侈,侈度不大,圆溜肩。肩部饰梯格纹。口径40.8、残高6.8厘米(图二十三,14)。标本T103⑦:15,泥质红陶。方唇,内外方折沿,沿略斜直形外侈,侈度稍大,沿面稍宽,肩圆鼓向下。肩部饰梯格纹。口径22、残高5厘米(图二十三,15)。标本T109⑥:15,泥质灰陶。方唇,口微敞,沿面斜直外侈,内外卷沿,溜肩微弧。口沿外饰磨过的细绳纹,肩部饰细绳纹。残高5.2厘米(图二十三,16)。标本T109⑥:16,泥质灰陶。方唇,口微敞,沿面斜直外侈,侈度不大,内外卷沿,溜肩微弧,肩部较溜。口沿外饰磨过的细绳纹,肩部饰细绳纹。残高6.8厘米(图二十三,17)。标本T201⑦:25,泥质灰陶。方唇,唇部中间微凹,卷沿,沿面斜直外卷,斜弧溜肩。肩部饰间云雷纹。口径26、残高4.5厘米(图二十三,18)。

Ⅲ式,共4件。沿面卷,无领。标本T201⑤:5,泥质红陶。方唇,束颈,沿斜直外卷,内外均卷沿,直溜肩。沿面有一周凹槽。肩部纹饰太少尚不能定性。口径14、残高3.7厘米(图二十四,1)。标本T201⑤:16,泥质红陶。方唇,束颈,沿斜弧外卷,宽沿,内外均卷沿,溜肩,肩部微折。肩部饰席纹。残高5厘米(图二十四,2)。标本T109⑥:7,泥质红陶。方唇,内外均卷沿,沿圆弧形外卷,呈有领状,束颈,肩部残。素面。口径23、残高2.6厘米(图二十四,3)。标本T109⑥:14,泥质红陶。方唇,口微敞,沿面弧形外卷,内外卷沿,圆溜肩。肩部饰方格纹。残高4.6厘米(图二十四,4)。

Ⅳ式,共6件。沿窄近矮领。标本T201⑤:7,泥质红陶。方唇,束颈,沿斜直外卷,内外均卷沿,直溜肩。沿面有一周凹槽。肩部纹饰太少尚不能定性。口径14、残高3.7厘米(图二十四,5)。标本T201⑤:15,泥质红陶。方唇,束颈,窄沿,沿斜弧外卷,内外均卷沿,弧溜肩。肩部饰席纹。口径15.2、残高5.8厘米(图二十四,6)。标本T201⑦:21,泥质灰陶。方唇,卷沿,沿面斜直外侈,沿较窄,斜微弧溜肩。肩部饰席纹。口径16.5、残高5.7厘米(图二十四, 7)。标本 T201⑦:24, 泥质红陶。方唇, 矮直领, 口斜直略外侈, 肩部微折弧, 稍耸肩。肩部饰席纹。口径 16.6、残高 4.5 厘米(图二十四, 8)。标本 T201⑦:49, 泥质红陶。方唇, 束颈, 窄沿, 近矮直领, 沿微斜直外侈, 内外均卷沿, 直溜肩。肩部饰方格纹。口径 18、残高

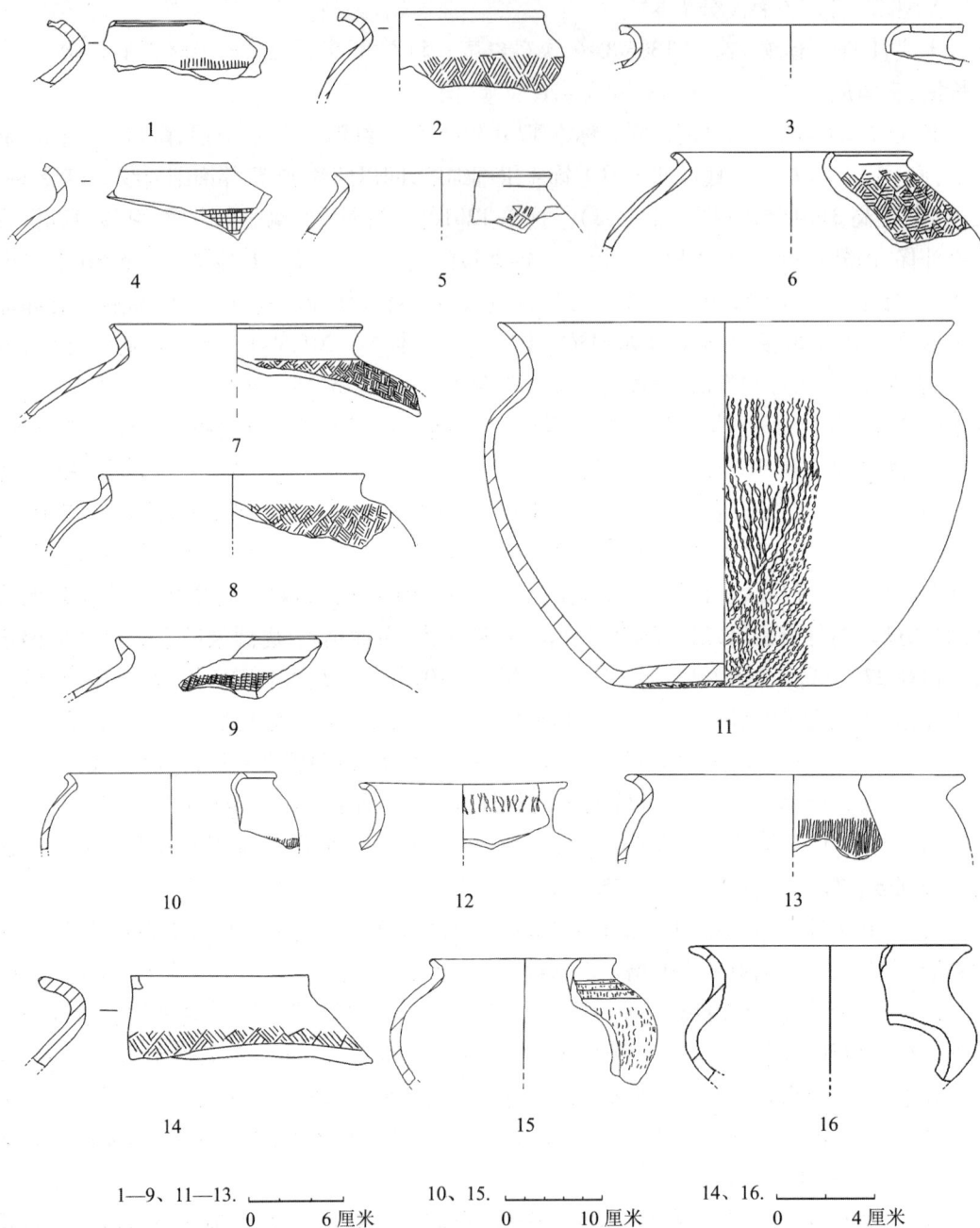

图二十四　松子头遗址出土器物(四)

1—4. A 型Ⅲ式泥质陶罐(T201⑤:5、T201⑤:16、T109⑥:7、T109⑥:14)　5—10. A 型Ⅳ式泥质陶罐(T201⑤:7、T201⑤:15、T201⑦:21、T201⑦:24、T201⑦:49、T201⑧:24)　11—16. B 型Ⅰ式泥质陶罐(T103④:1、T303③:3、T303④:15、T201⑤:17、T201⑧:11、T107⑨:23)

3.8厘米(图二十四,9)。标本T201⑧:24,泥质灰陶。方唇,束颈,窄沿,沿斜弧外侈,内外均卷沿,弧溜肩,圆鼓腹。腹部饰细绳纹。口径22、残高7.7厘米(图二十四,10)。

B型,17件。圆唇。分为4式。

Ⅰ式,6件。沿面弧卷,无领。标本T103④:1,泥质红陶。圆唇,敞口,卷沿,束颈,圆肩,腹弧形下收,最大径在腹上部,底微凹,腹底部饰满细绳纹。口径28、底径13.8、高22厘米(图二十四,11)。标本T303③:3,泥质灰陶。尖圆唇,束颈,高领,沿略弧形外卷,内外均卷沿。领外饰磨过的细绳纹。口径14、残高4.1厘米(图二十四,12)。标本T303④:15,泥质灰陶,黑皮。斜方唇,束颈,宽沿,沿斜弧外卷,内外均卷沿,圆溜肩。肩部饰细绳纹。口径21、残高5.2厘米(图二十四,13)。标本T201⑤:17,泥质红陶。圆唇,束颈,沿斜弧外卷,内外均卷沿,直溜肩。肩部饰席纹。残高3.6厘米(图二十四,14)。标本T201⑧:11,泥质灰陶。圆唇,束颈,矮领,沿斜弧外侈,内外均卷沿,弧溜肩,圆鼓腹。肩部饰弦断绳纹,腹部饰细绳纹。口径12、残高12.8厘米(图二十四,15)。标本T107⑨:23,泥质灰陶。尖圆唇,卷沿,束颈,高领,圆溜肩,腹较鼓,弧形下收。素面。口径12、残高5.5厘米(图二十四,16)。

Ⅱ式,共2件。沿面折,无领。标本T201⑦:20,泥质灰陶。圆唇,卷沿,沿面斜弧外卷,斜直溜肩。肩部饰交错细绳纹。口径20.8、残高4.8厘米(图二十五,1)。标本T201⑦:22,泥质灰陶。圆唇,卷沿,沿面斜弧外卷,斜弧溜肩。肩部饰间断绳纹。口径19、残高8.7厘米(图二十五,2)。

Ⅲ式,共7件。沿窄近有领。标本T201⑤:30,泥质红陶。圆唇,敛口,窄沿,沿斜弧外卷,内外均卷沿,圆溜肩。肩部饰席纹。口径17、残高8.4厘米(图二十五,3)。标本T201⑤:31,泥质红陶。圆唇,敛口,窄沿,矮领近直,沿略斜弧外侈,内卷沿,外折沿,圆溜肩。肩部饰席纹。口径18、残高7.3厘米(图二十五,4)。标本T201⑤:13,泥质红陶,黑皮。尖圆唇,束颈,矮直领,圆溜肩。肩部饰弦断绳纹。残高6厘米(图二十五,5)。标本T201⑤:14,泥质红陶。圆唇,束颈,沿斜弧外卷,内外均卷沿,圆溜肩。肩部饰方格纹。残高3.8厘米(图二十五,6)。标本T201⑦:48,泥质红陶。圆唇,束颈,敛口,矮直领,窄沿,沿斜弧内收,内外均卷沿,弧溜肩。素面。口径10、残高2.4厘米(图二十五,7)。标本T201⑧:22,泥质灰陶。尖圆唇,束颈,矮领,沿面向内突出一周凸棱,内外均卷沿,耸肩。素面。口径22、残高3.9厘米(图二十五,8)。标本T303④:6,泥质红陶,黑皮。尖圆唇,束颈,窄沿,沿略弧形外撇,内外均折沿,圆溜肩,圆鼓腹弧形下收。腹部饰细绳纹。口径11、残高8.8厘米(图二十五,9)。

Ⅳ式,共2件。矮直领。标本T103⑦:16,泥质灰陶。圆唇,矮直领,束口,弧溜肩。肩部饰折线纹。口径17.2、残高5.8厘米(图二十五,10)。标本T109⑧:1,泥质灰陶。圆唇,圆折沿,口微侈,束颈,近矮直领,圆鼓腹,平底,最大径自腹中部。口沿下有二周凹弦纹,腹中部有两个对称的鸡冠折鋬。素面。口径10.5、底径7.8、高14.5厘米(图二十五,11)。

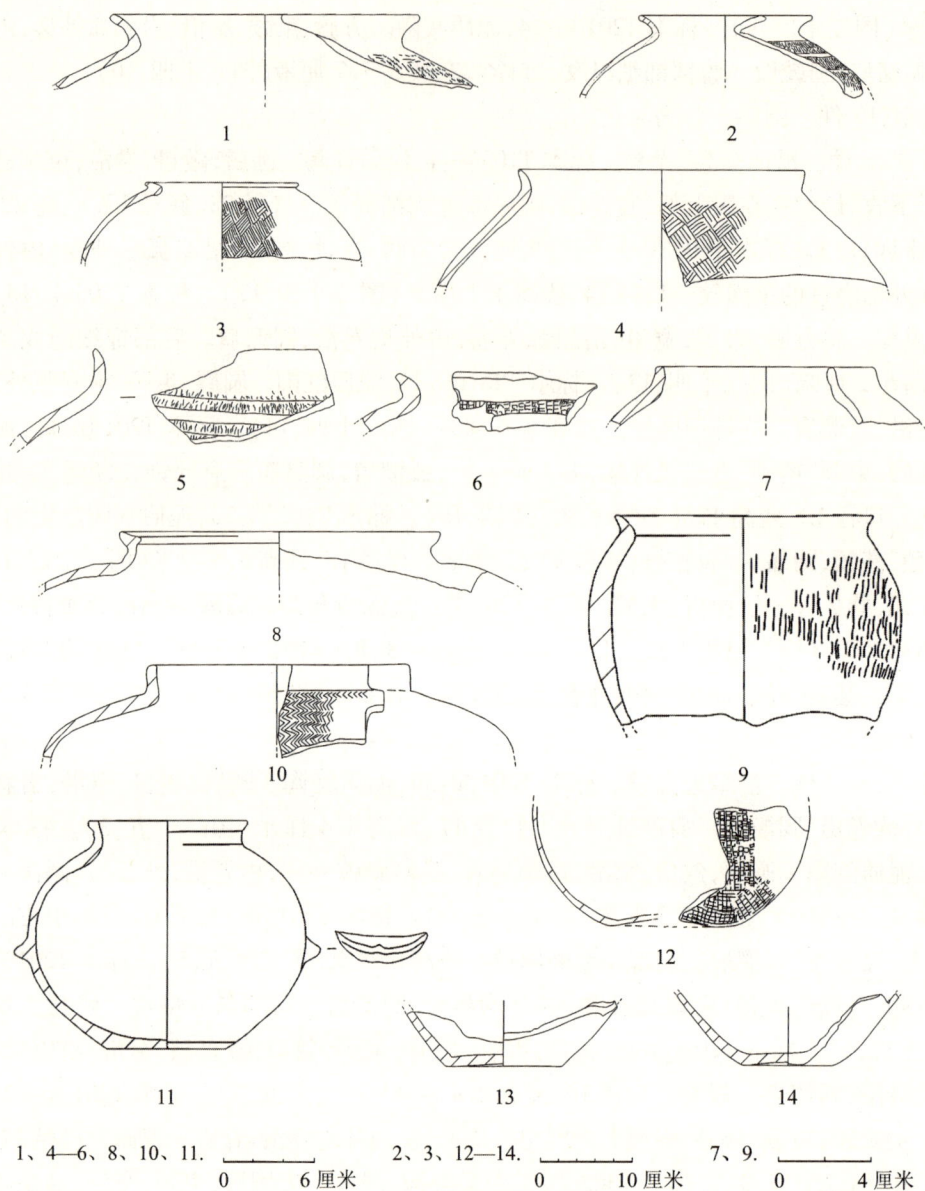

图二十五　松子头遗址出土器物（五）

1、2. B 型Ⅱ式泥质陶罐（T201⑦:20、T201⑦:22）　3—9. B 型Ⅲ式泥质陶罐（T201⑤:30、T201⑤:31、
T201⑤:13、T201⑤:14、T201⑦:48、T201⑧:22、T303④:6）　10、11. B 型Ⅳ式泥质陶罐（T103⑦:16、
T109⑧:1）　12—14. Ⅰ式泥质陶罐底（T201⑦:15、T201⑧:32、T201⑧:33）

罐底,6件,分为二式。

Ⅰ式,5件。凹圜底。标本 T201⑦:15,泥质红陶。圆鼓腹,凹圜底。腹部、底部饰回纹。底径 14、残高 12.8 厘米（图二十五,12）。标本 T201⑧:32,夹砂红陶。腹弧形下收至底,平底微内凹。素面。底径 13、残高 7 厘米（图二十五,13）。标本 T201⑧:33,夹砂红陶。腹斜直下收至底,平底微内凹。素面。底径 10.2、残高 7.7 厘米（图二十五,14）。标本 T201⑧:37,夹砂红陶。腹弧形下收至底,平底微内凹。素面。底径 16、残高 4.6 厘米（图二十六,1）。

标本 T201⑧:35,泥质灰陶。腹弧形下收至底,平底微内凹。素面,内壁有轮制痕迹。底径
10、残高 4.6 厘米(图二十六,2)。

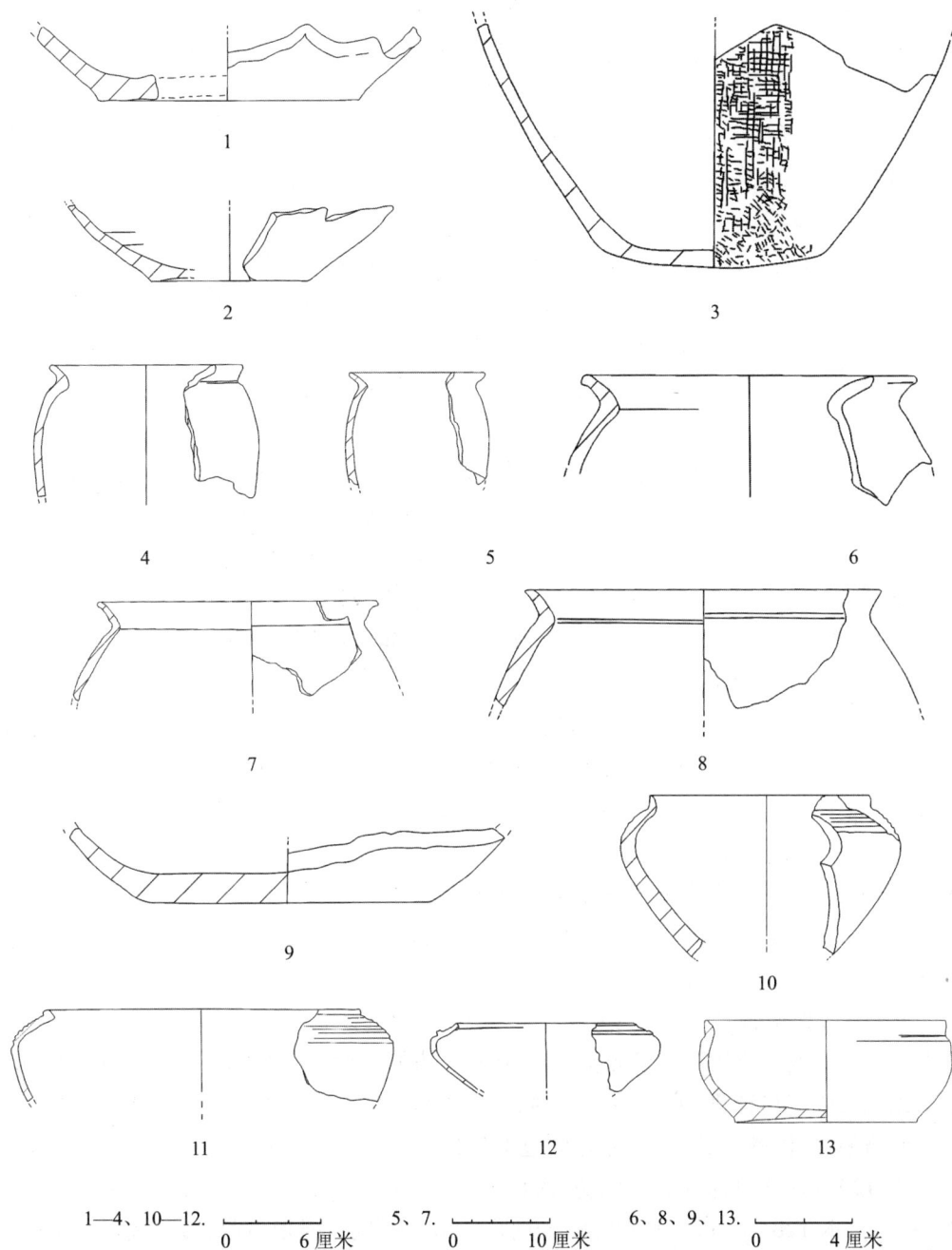

1—4、10—12.　　0　　6厘米　　　　5、7.　　0　　10厘米　　　　6、8、9、13.　　0　　4厘米

图二十六　松子头遗址出土器物(六)

1、2. Ⅰ式泥质陶罐底(T201⑧:37、T201⑧:35)　3. Ⅱ式泥质陶罐底(T201⑦:29)
4—6. A 型夹砂陶罐(T201⑦:38、T201⑦:39、T107⑦:18)　7、8. B 型夹砂陶罐(T303④:9、T303④:14)
9. 夹砂陶罐底(T201⑧:28)　10—12. 泥质陶盂(T201⑤:9、T201⑤:10、T107⑨:24)
13. 泥质陶盏(T201⑧:4)

Ⅱ式，共1件。圜底。标本T201⑦:29，泥质红陶。腹弧形下收至底，圜底。腹部、底部饰方格纹。底径13.6、残高14.7厘米（图二十六，3）。

夹砂陶罐　共6件，根据唇部分为二型。

A型，圆唇，3件。标本T201⑦:38，夹砂红陶。圆唇，卷沿，沿面斜直外侈，腹圆鼓。素面。口径12、残高8厘米（图二十六，4）。标本T201⑦:39，夹砂红陶。圆唇，折沿，沿面斜直外侈，腹圆鼓。素面。口径14、残高11.2厘米（图二十六，5）。标本T107⑦:18，夹砂红陶。圆唇，折沿，沿斜弧外侈，侈度较大，沿面略宽，腹稍鼓，略弧下张。素面。口径14、残高5.2厘米（图二十六，6）。

B型，方唇，2件。标本T303④:9，夹砂红陶。斜方唇，束颈，宽沿，沿斜直外撇，内外均折沿，圆溜肩。素面。口径29、残高9.8厘米（图二十六，7）。标本T303④:14，夹砂红陶。方唇，束颈，宽沿，沿斜直外撇，内外均折沿，圆溜肩。素面。口径15、残高4.8厘米（图二十六，8）。

罐底，1件。标本T201⑧:28，夹砂红陶。腹弧形下收至底，平底。素面。底径12、残高3厘米（图二十六，9）。

盂　共3件。标本T201⑤:9，泥质灰陶。尖唇，矮直领，圆溜肩，圆鼓腹，腹最大径在腹上部，腹下部弧形急收。肩部饰数周凹弦纹。口径14、残高9.6厘米（图二十六，10）。标本T201⑤:10，泥质灰陶。圆唇，矮直领，圆溜肩，圆鼓腹，腹最大径在腹上部，腹下部弧形急收。肩部饰数周凹弦纹。口径20、残高5.5厘米（图二十六，11）。标本T107⑨:24，泥质灰陶。圆唇，敛口，矮直口，圆溜肩，肩部有一周凸棱，腹上部较鼓，腹下部斜直下收。素面。口径11、残高4.1厘米（图二十六，12）。

盏　1件。标本T201⑧:4，泥质红陶。尖圆唇，口微侈，矮直领，折肩，弧腰下收至底，底微凹。素面。口径10.1、底径7.6、高4.1厘米（图二十六，13）。

簋　3件。标本T102②:1，泥质灰陶。尖圆唇，敞口，圆折沿，圆鼓腹，内底下凹，短圈足外撇，腹部饰满波折线纹。口径17.5、底径11.8、高17厘米（图二十七，1）。标本T201⑦:16，泥质灰陶。圆唇稍外突，柄底呈喇叭状。素面。底径18、残高9.8厘米（图二十七，2）。标本T201⑦:17，泥质灰陶。较矮，方唇，柄底稍斜直下张，豆盘为凹圜底。素面。底径9.5、残高6.1厘米（图二十七，3）。

钵　11件，根据唇部不同分为4型。

A型，4件。标本T102③:1，泥质红陶，灰皮。方唇，敛口，弧腹稍深，大平底微凹。口沿下有5道凹弦纹。口径20.4、底径11.4、高8.6厘米（图二十七，4）。标本T201⑧:26，泥质灰陶。斜方唇，口微敛，弧腹。腹部饰磨过的细绳纹。口径16、残高4.8厘米（图二十七，5）。标本T201⑧:13，泥质灰陶。斜方唇，口微敛，弧腹。素面。口径14、残高9厘米（图二十七，6）。标本T201⑦:19，泥质灰陶。方唇，敛口，圆鼓腹，弧形下收，腹最大径在腹中部。器表饰磨平的细绳纹。口径13、残高5.7厘米（图二十七，7）。

B型，3件。标本T201⑦:28，泥质灰陶。圆唇，敛口，弧壁下收。素面。口径15.8、残高5.1厘米（图二十七，8）。标本T201⑧:38，泥质红陶。尖圆唇，弧腹。素面。口径17、残高8.1厘米（图二十七，9）。标本T303⑤:8，泥质灰陶。尖圆唇，敛口，弧壁下收。素面。口径18、残高5.5厘米（图二十七，10）。

　　C 型,2 件。标本 T201⑤:3,泥质灰陶。圆唇,短直口,鼓腹,斜直下收,腹最大径在腹上部,底微凹。腹上部有两对称鋬手,口沿下有三周凹弦纹。口径 22.4、底径 12.5、高 10.5 厘米(图二十七,11)。标本 T201⑦:6,泥质灰陶。敛口,方唇,沿部有两鋬手,折沿内收,斜弧

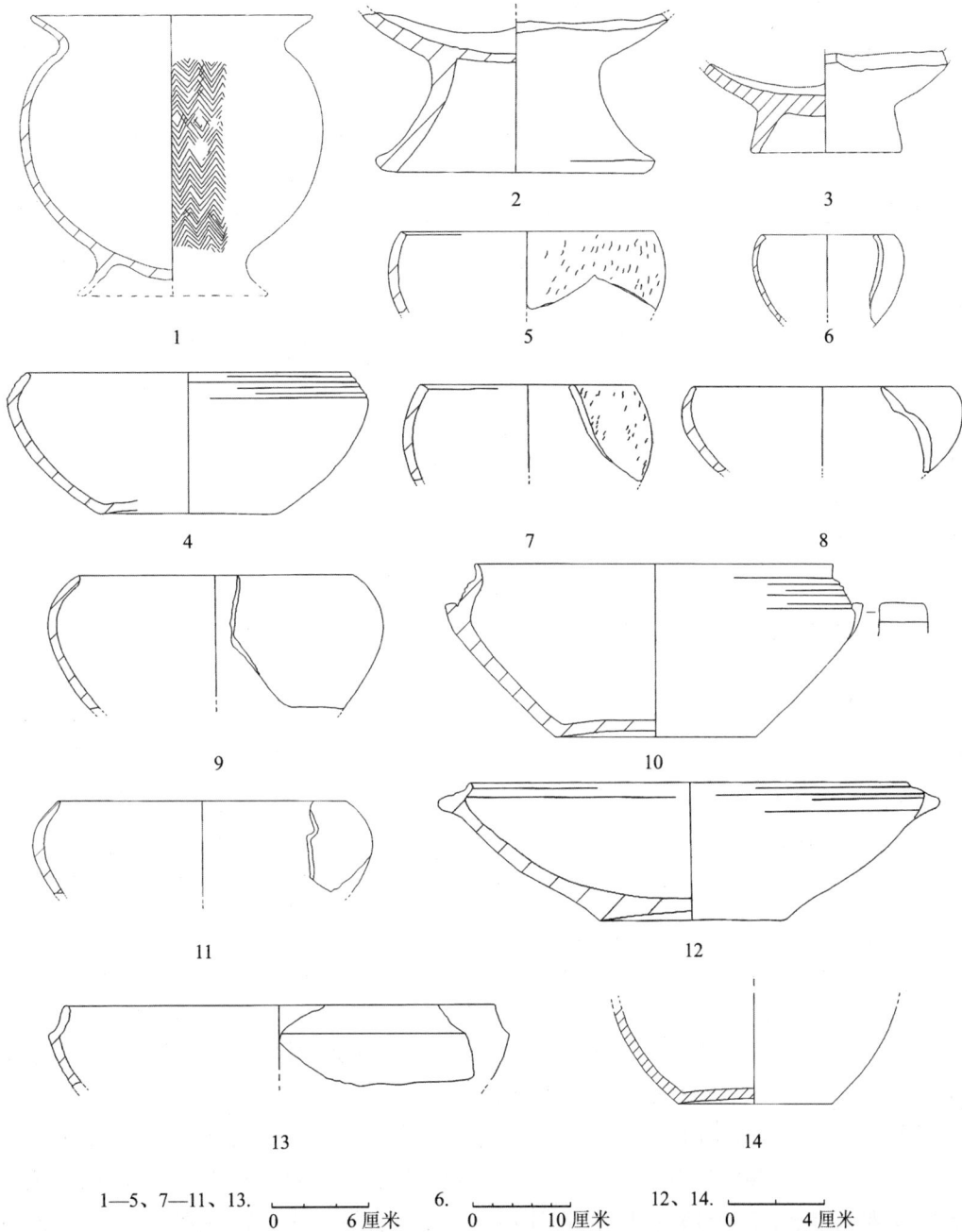

1—5、7—11、13. ┣━━━━┫ 0   6 厘米　　6. ┣━━━━┫ 0   10 厘米　　12、14. ┣━━━━┫ 0   4 厘米

图二十七　松子头遗址出土器物(七)

1—3. 泥质陶簋(T102②:1、T201⑦:16、T201⑦:17)　4—7. A 型泥质陶钵(T102③:1、T201⑧:26、T201⑧:13、T201⑦:19)　8—10. B 型泥质陶钵(T201⑦:28、T201⑧:38、T303⑤:8)　11、12. C 型泥质陶钵(T201⑤:3、T201⑦:6)　13. D 型泥质陶钵(T107③:4)　14. 泥质陶钵底(T201⑧:8)

腹下收至底,底凹。素面。口径 19、底径 8.2、高 5.6 厘米(图二十七,12)。

D 型,1 件。标本 T107③:4,泥质灰陶。圆唇,敛口,上壁内折,下部弧形下收。素面。口径 28、残高 5 厘米(图二十七,13)。

另有钵底 1 件。标本 T201⑧:8,泥质红陶,黑皮。弧腹,底微凹。素面。底径 12.5、残高 4.2 厘米(图二十七,14)。

盆　5 件。根据器形不同分为二型。

A 型,3 件。标本 T201⑧:29,泥质红陶。斜方唇,敞口,腹微弧下收。腹部饰细绳纹,口沿下有一周附加堆纹。口径 35、残高 12.8 厘米(图二十八,1)。标本 T107⑨:14,夹砂红陶。方唇,壁圆弧形下收,壁边沿厚腹部薄。素面。残高 4.6 厘米(图二十八,2)。标本 T107⑨:15,夹砂红陶。方唇,沿略内勾,腹斜直下收,壁厚薄均匀。外壁口沿部分饰浅细绳纹,以一弦纹隔开,腹部饰细绳纹。残高 6.6 厘米(图二十八,3)。

B 型,2 件。标本 T303④:2,夹砂红陶。方唇,敞口,壁斜直下收,平底。素面。口径 19.4、底径 7、高 6.2 厘米(图二十八,4)。标本 T303⑤:1,夹砂红陶。方唇,敞口,腹壁斜直下收,平底。素面。口径 34、底径 12、高 12.6 厘米(图二十八,5)。

器盖　共 12 件。根据器形不同分为 5 型。

A 型,1 件。标本 T105⑦:3,夹砂红陶。圆唇,盖壁斜直下张,平钮,中部微凹,小圆钮。素面。盖径 17.8、钮径 4.4、高 6.1 厘米(图二十八,6)。

B 型,1 件。标本 T201⑧:10,泥质灰陶。盖钮中凹,翘边,方唇,钮为矮直领,盖面弧形下张,圆唇。口径 12、钮径 4.2、高 4.7 厘米(图二十八,7)。

C 型,4 件。标本 T201⑧:9,泥质灰陶。圆唇,敛口,内折沿,盘壁下部斜直下收至底,平底,折沿处有一周凸棱。素面。口径 23.4、残高 5.6 厘米(图二十八,8)。标本 T201⑦:50,泥质灰陶。方唇,子口,壁弧,钮残。素面。底径 20、残高 3 厘米(图二十八,9)。标本 T107⑨:2,泥质灰陶,黑皮。尖圆唇,敞口,折沿,上凸起一周凸棱,盘壁下部弧形下收至底,底微凹,盘内壁有数周凸棱,沿面上有两周凹弦纹。素面。口径 19.2、残高 6.2 厘米(图二十八,10)。标本 T304⑤:4,泥质灰陶,黑皮。方唇,敛口,内折沿,豆盘上部折内收,下部斜直下收,口沿下有两个对称錾手。素面。口径 15、残高 4.5 厘米(图二十八,11)。

D 型,1 件。标本 T304⑤:3,泥质灰陶。圆唇,敞口,沿外部加厚,浅盘,壁斜直下收。素面。口径 15.6、残高 3.5 厘米(图二十八,12)。

E 型,1 件。标本 T201⑤:6,泥质红陶,黑皮。圆唇外突,斜弧腹,上部内收,腹以上残。器表饰两周凹弦纹。口径 21、残高 3 厘米(图二十八,13)。

盖钮,4 件。标本 T201⑤:4,泥质红陶。圆形中空,呈璧形。钮径 7.8、残高 3.3 厘米(图二十八,14)。标本 T201⑧:14,泥质灰陶。圆饼状,顶面微凹,壁弧形下张。素面。钮径 7、残高 3.1 厘米(图二十八,15)。标本 T201⑧:30,泥质灰陶。钮呈圆环状,中空。素面。钮径 4.6、残高 1.5 厘米(图二十九,1)。标本 T103⑧:3,泥质灰陶。圆环形,中空,上顶面略平,下部残。沿面外有一周凹弦纹。钮径 6、残高 1.3 厘米(图二十九,2)。

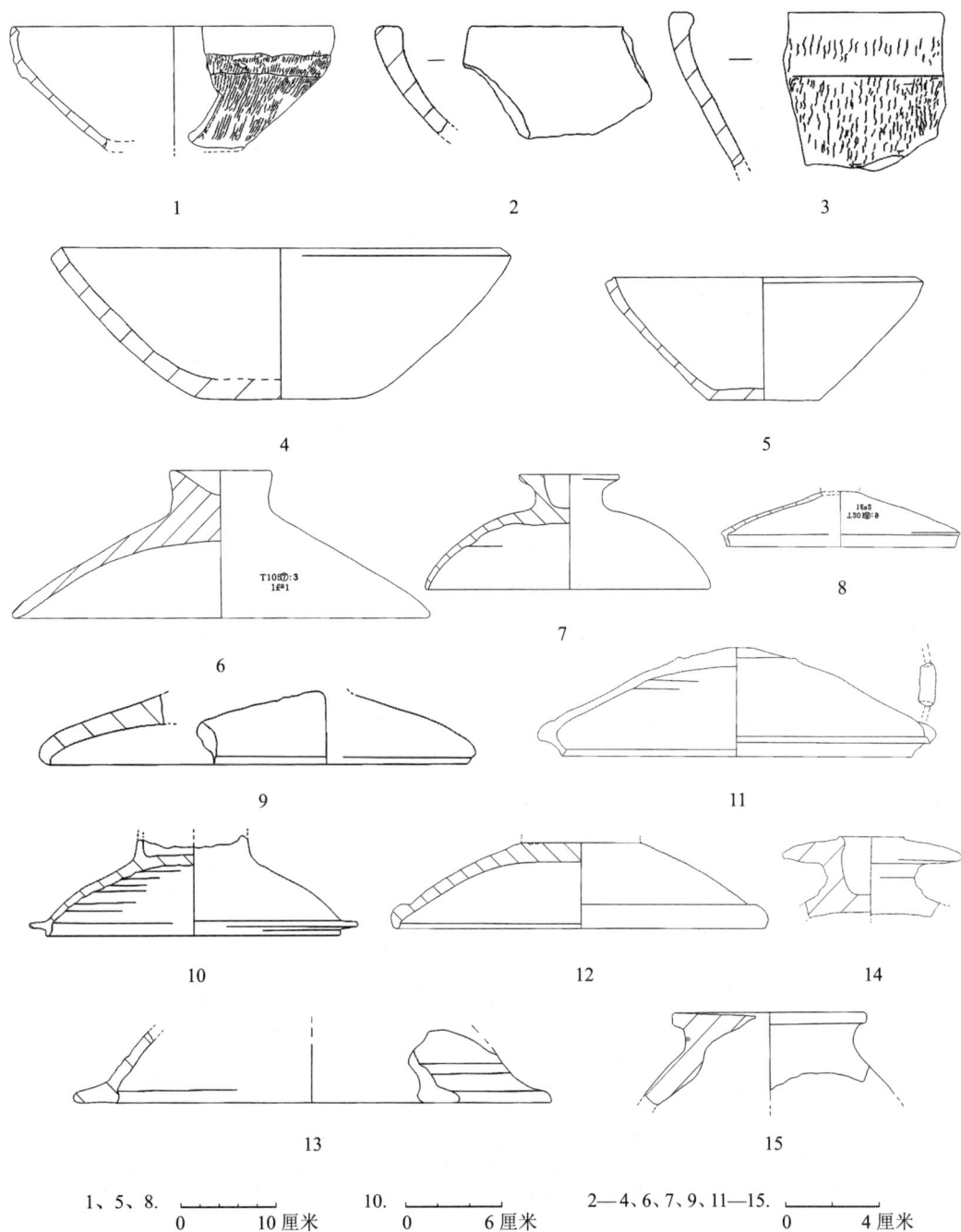

图二十八　松子头遗址出土器物(八)

1—3. A 型泥质陶盆(T201⑧:29、T107⑨:14、T107⑨:15)　4、5. B 型泥质陶盆(T303④:2、T303⑤:1)　6. A 型夹砂陶器盖(T105⑦:3)　7. B 型泥质陶器盖(T201⑧:10)　8—11. C 型泥质陶器盖(T201⑧:9、T201⑦:50、T107⑨:2、T304⑤:4)　12. D 型泥质陶器盖(T304⑤:3)　13. E 型泥质陶器盖(T201⑤:6)　14、15. 盖钮(T201⑤:4、T201⑧:14)

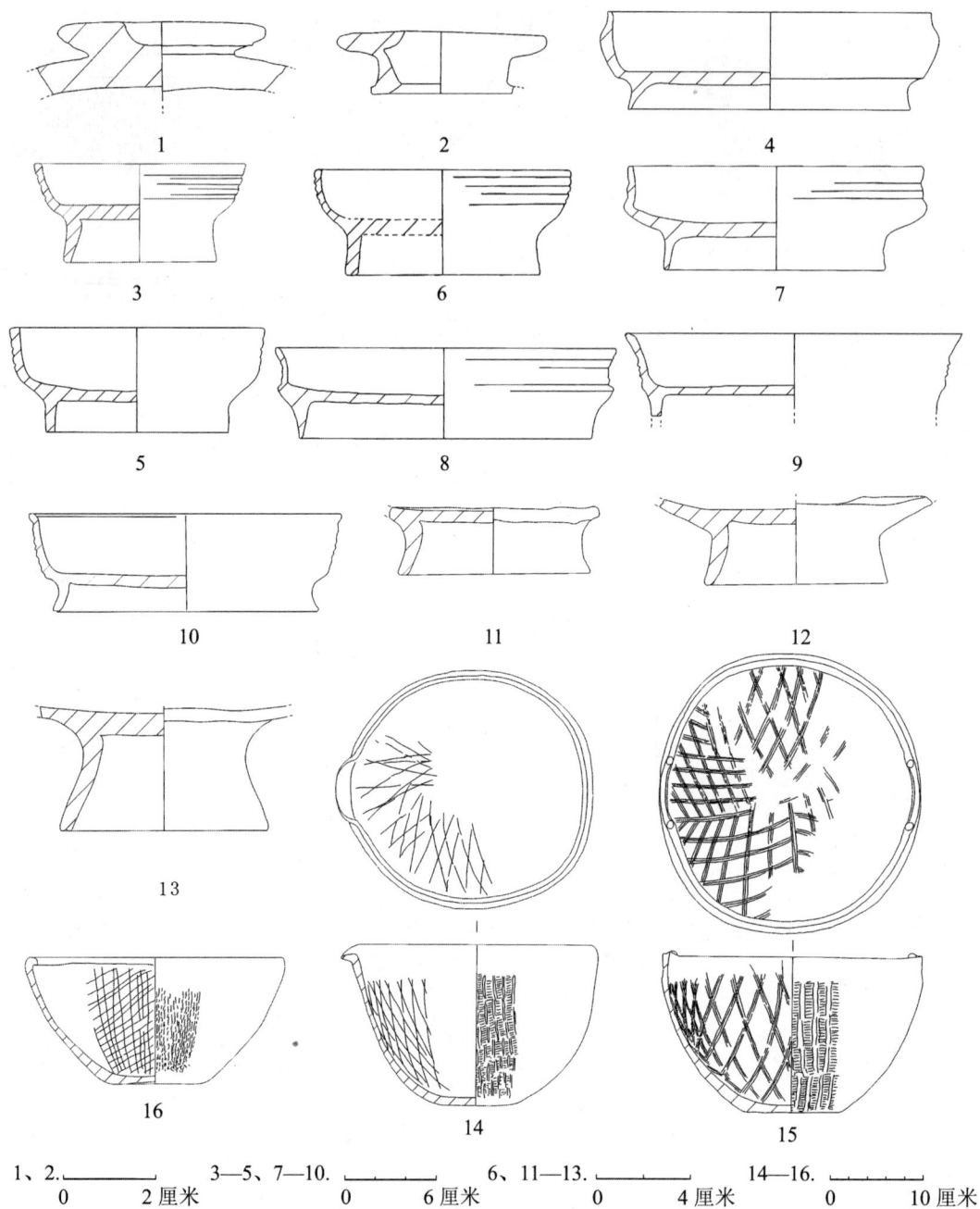

1、2. _____ 3—5、7—10. _____ 6、11—13. _____ 14—16. _____
0   2厘米   0   6厘米   0   4厘米   0   10厘米

图二十九　松子头遗址出土器物(九)

1、2. 泥质陶盖钮(T201⑧:30、T103⑧:3)　3. A型泥质陶圈足盘(T109⑦:1)　4—6. B型泥质陶圈足盘(T201⑧:3、T302④:2、T201⑧:5)　7. C型泥质陶圈足盘(T107③:2)　8—10. D型泥质陶圈足盘(T107③:1、T201⑤:1、T201⑦:3)　11—13. 泥质陶圈足(T201⑧:20、T201⑤:32、T303⑤:10)　14、15. A型泥质陶刻槽盆(T106⑥:2、T107⑨:10)　16. B型泥质陶刻槽盆(T109④:1)

圈足盘　共11件,分为4型。

A型,1件。标本T109⑦:1,泥质红陶,黑皮。唇部残,浅盘,折壁,平底,矮圈足,圈足为

228

方唇。素面。口径21.4、底径18.6、残高6.1厘米(图二十九,3)。

B型,3件。标本T201⑧:3,泥质红陶。方唇,敞口。盘壁稍弧下收,平底,高圈足外撇,盘壁外饰三周凹弦纹。口径13.8、底径10、高6.2厘米(图二十九,4)。标本T302④:2,泥质灰陶。圆唇,直口,浅盘,盘壁下部弧形下收至底,圈足稍高外侈,盘壁外饰5周凹弦纹。口径16.8、底径12.7、高6.6厘米(图二十九,5)。标本T201⑧:5,泥质红陶。方唇,口微侈,腹上部斜直,下部弧形,下收至底,底下有圈足。盘壁饰凹弦纹。口径12.9、残高4.4厘米(图二十九,6)。

C型,1件。标本T107③:2,泥质红陶,灰黑皮。圆唇,口微侈,盘壁下部圆折下收至底,平底,圈足,稍外撇。壁外有两道凹弦纹。口径19.2、底径14.4、高6.6厘米(图二十九,7)。

D型,3件。标本T107③:1,泥质灰陶。圆唇,侈口。浅盘,高圈足微侈,壁底部有一周凸棱。壁外有两周凹弦纹。口径22.2、底径19.4、残高5.7厘米(图二十九,8)。标本T201⑤:1,泥质灰陶。尖圆唇,敞口。盘壁外侈,平底,圈足稍外撇。腹壁外饰三周凸弦纹。口径22.2、残高5.2厘米(图二十九,9)。标本T201⑦:3,泥质灰陶,黑皮。圆唇,敞口,深盘,壁弧下收,平底,圆足外撇,外壁饰数周凹弦纹。口径20.2、底径17.2、高6.1厘米(图二十九,10)。

圈足,3件。标本T201⑧:20,泥质灰陶。稍矮,方唇,柄底斜弧下张,盘内底平。素面。底径8.4、残高2.8厘米(图二十九,11)。标本T201⑤:32,泥质灰陶。圆唇,圈足微外撇,盘底平。素面。底径7.8、残高3.6厘米(图二十九,12)。标本T303⑤:10,泥质灰陶。稍矮,方唇,柄底斜弧下张,盘内底平。素面。底径9、残高5.2厘米(图二十九,13)。

刻槽盆　共6件,分为二型。

A型,2件。标本T106⑥:2,泥质红陶。方唇,口微敛,口有一圆簸箕形流,圆鼓腹,腹弧形下收至底,平底。腹内部饰单线刻划纹,呈菱形交叉辐射状,腹外部饰梯格纹。口径24.2、底径8、高16.8厘米(图二十九,14)。标本T107⑨:10,泥质红陶。方唇,口微敛,口沿有一对称外撇形流,流两端各有一圆点,圆鼓腹,腹弧形下收至底,平底。腹内部饰三线刻划纹,呈菱形交叉辐射状,腹外部饰梯格纹。口径28.3、底径10.8、高16.8厘米(图二十九,15)。

B型,4件。标本T109④:1,泥质红陶。圆唇,沿内勾,腹部略弧形下收至底,平底。腹内部饰单线刻划纹,呈菱形竖向交叉辐射状,腹外部饰绳纹。口径28.4、底径10、高13.2厘米(图二十九,16)。标本T107⑨:29,泥质灰陶。方唇,唇面略向内倾斜,口微敛,腹略鼓,弧形下收。腹内部饰单线刻划纹,呈菱形交叉状,腹外部饰折线纹。口径19.2、残高5.8厘米(图三十,1)。标本T107⑨:17,夹砂红陶。尖唇,母口,口沿外有一周折痕,沿内有一周折痕,口微敛,腹略鼓,弧形下收。腹内部饰三线刻划纹,呈菱形交叉状,腹外部饰梯格纹。口径23、残高10.3厘米(图三十,2)。标本T107⑨:12,泥质红陶。尖唇,沿内勾,沿内有一折痕,腹斜直下收。腹内部饰刻划纹,呈菱形交叉状,腹外部饰细绳纹。口径22、残高8厘米(图三十,3)。

豆　共23件,根据型式不同分为4型。

A型,1件。标本T201⑦:1,泥质灰陶。方唇,敞口,浅盘,盘壁弧线下收,柄中空,柄身有数周凸弦纹。口径20、底径12.6、高16.8厘米(图三十,4)。

B型,7件。分二式。

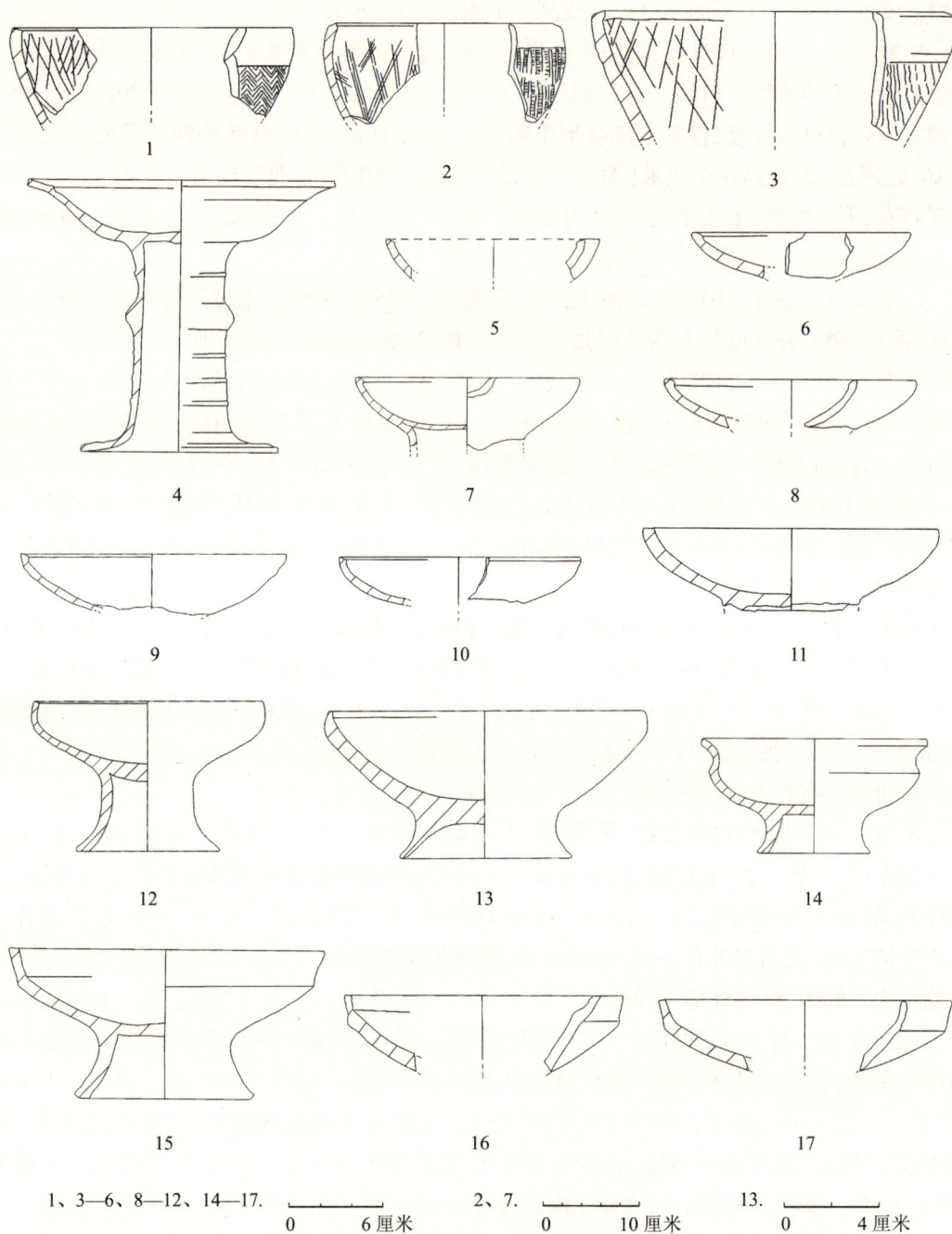

图三十 松子头遗址出土器物（十）

1—3. B 型泥质陶刻槽盆（T107⑨:29、T107⑨:17、T107⑨:12） 4. A 型泥质陶豆（T201⑦:1）
5—10. B 型 I 式泥质陶豆（T201⑦:46、T201⑦:52、T201⑧:34、T201⑧:15、T303④:4、T303④:11）
11. B 型 II 式泥质陶豆（T201⑧:12） 12、13. C 型 I 式泥质陶豆（T107⑦:2、T110②:1）
14. D 型 I 式泥质陶豆（T201②:1） 15—17. D 型 II 式泥质陶豆（T303④:1、T109⑥:18、T109⑥:19）

I 式，6 件。标本 T201⑦:46，泥质灰陶。斜方唇稍内突，弧腹。素面。底径 24、残高 2.4 厘米（图三十,5）。标本 T201⑦:52，泥质灰陶。圆唇，弧腹。素面。底径 14、残高 2.8

230

厘米(图三十,6)。标本 T201⑧:34,泥质灰陶。方圆唇内勾,敞口,盘壁斜弧下收至底,圜底。素面。口径 24、残高 7.5 厘米(图三十,7)。标本 T201⑧:15,泥质灰陶。方唇内勾,敞口,盘壁斜弧下收。素面。口径 16、残高 3 厘米(图三十,8)。标本 T303④:4,泥质灰陶。斜方唇略内勾,敞口,盘壁弧形下收。素面。口径 17、残高 3.8 厘米(图三十,9)。标本 T303④:11,泥质灰陶。斜方唇略内勾,敞口,盘壁弧形下收。素面。口径 16、残高 2.9 厘米(图三十,10)。

Ⅱ式,1 件。标本 T201⑧:12,夹砂红陶。方唇,敞口,盘壁斜弧下收至底,圜底。素面。口径 19、残高 5.1 厘米(图三十,11)。

C 型,2 件。标本 T107⑦:2,泥质红陶,黑皮。方唇,口微侈,豆盘弧形下收,豆盘内底下凹,豆柄稍粗,圈足外撇。素面。口径 14.6、底径 9.2、高 9.2 厘米(图三十,12)。标本 T110②:1,泥质灰陶。圆唇,敞口,盘壁弧形下收至底,外底平,内底微凹,圈足外撇。素面。口径 13.3、底径 7.3、高 6 厘米(图三十,13)。

D 型,6 件。分二式。

Ⅰ式,1 件。标本 T201②:1,泥质灰陶。敞口,方唇,圆折沿,折腰稍浅,圈足稍高,足跟外撇。素面。口径 14.4、底径 7.2、高 7.1 厘米(图三十,14)。

Ⅱ式,5 件。标本 T303④:1,泥质红陶,灰皮。方唇,侈口,折壁,上壁斜直上伸,下壁斜直下收,内底内凹,高圈足外侈。素面。口径 19.6、底径 11、高 9 厘米(图三十,15)。标本 T109⑥:18,泥质灰陶。方唇,口敞,折壁,壁下部弧形下收。素面。口径 20、残高 4.6 厘米(图三十,16)。标本 T109⑥:19,泥质灰陶。方唇,口微敞,折壁,内外壁折线明显,盘壁略厚,壁下部弧形下收。素面。口径 20、残高 4.4 厘米(图三十,17)。标本 T303④:13,泥质灰陶,黑皮。方唇,敞口,盘上壁折,下壁弧形下收。素面。口径 16、残高 2.9 厘米(图三十一,1)。标本 T201⑦:26,泥质灰陶。浅盘,方唇,上壁折,口微敞,下壁弧形下收,豆柄残。素面。口径 15.8、残高 5.1 厘米(图三十一,2)。

豆座,7 件。标本 T107⑨:13,夹砂红陶。上部残,豆座呈喇叭状,圆唇,沿外撇。素面。圈足径 7.2、残高 2.5 厘米(图三十一,3)。标本 T103⑦:7,泥质红陶。喇叭状,下口沿为方沿,平沿,沿面外有一周凹弦纹。底径 12.4、残高 6 厘米(图三十一,4)。标本 T201⑤:33,泥质灰陶。圆唇略外突,圈足外撇。素面。底径 14、残高 5.1 厘米(图三十一,5)。标本 T201⑦:18,泥质灰陶。较矮,方唇稍外突,柄底斜直下张。素面。底径 7.7、残高 3.5 厘米(图三十一,6)。标本 T201⑧:16,泥质灰陶。稍矮,方唇稍外突,柄底斜弧下张。素面。底径 12.2、残高 6.9 厘米(图三十一,7)。标本 T201⑧:31,泥质灰陶。较矮,圆唇,柄底斜弧下张。素面。底径 5.5、残高 2.5 厘米(图三十一,8)。标本 T201⑧:36,泥质灰陶。较高,圆唇,柄底斜弧下张。豆座外壁饰数周凹弦纹。底径 10.4、残高 6.3 厘米(图三十一,9)。

杯 3 件。根据器形不同分二型。

A 型,2 件。标本 T201⑧:6,夹砂红陶。圆唇,侈口,折沿,鼓腹,上腹壁斜直下张,下腹壁圆弧下收,平底,矮圈足,外侈。素面。口径 9.8、底径 8.4、高 9.7 厘米(图三十一,10)。标本 T301③:1,泥质红陶黑皮。腹稍鼓,平底,圈足。底部有两周凹弦纹。底径 6.1、残高 6.2 厘米(图三十一,11)。

B 型, 1 件。标本 T304⑤:1, 泥质红陶。方唇, 侈口, 束颈, 折肩, 折腹, 有 4 道折痕, 腹下部外张, 折腹下收至底, 底微凹。素面。口径 7.6、底径 6.4、高 11 厘米(图三十一, 12)。

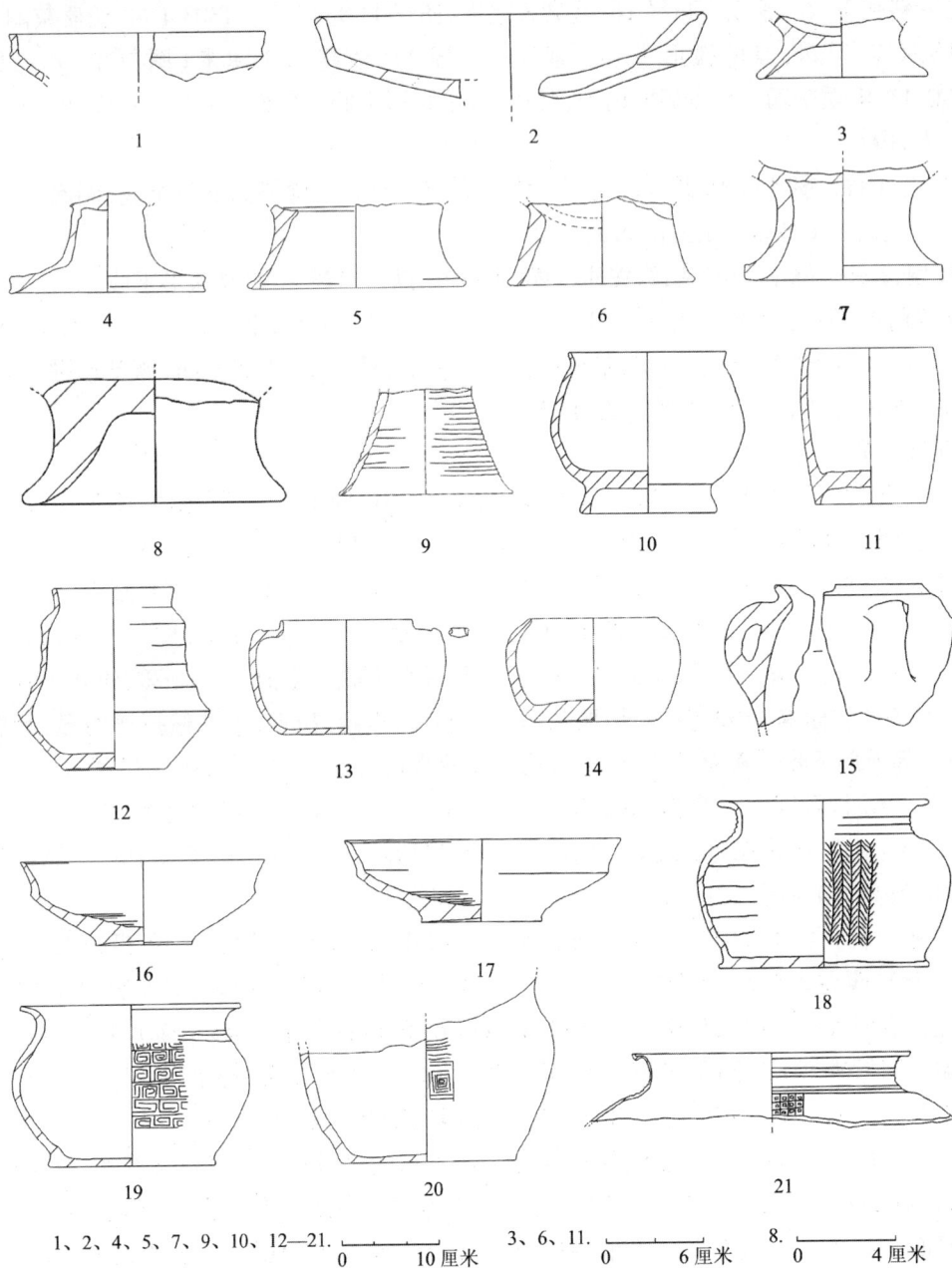

1、2、4、5、7、9、10、12—21._____ 3、6、11._____ 8._____
0   10 厘米   0   6 厘米   0   4 厘米

图三十一 松子头遗址出土器物(十一)

1、2. D 型 II 式泥质陶豆(T303④:13、T201⑦:26) 3—9. 泥质陶豆座(T107⑨:13、T103⑦:7、T201⑤:33、T201⑦:18、T201⑧:16、T201⑧:31、T201⑧:36) 10、11. A 型陶杯(T201⑧:6、T301③:1) 12. B 型陶杯(T304⑤:1) 13、14. A 型小罐(T201⑦:2、T107⑥:1) 15. B 型小罐(T107⑦:15) 16、17. 泥质陶碗(T101③:1、T109⑥:6) 18—20. 硬陶瓴(T107⑦:1、T201⑧:2、T303③:13) 21. A 型硬陶罐(T303④:16)

小罐 3件。分二型。

A型,2件。标本T201⑦:2,泥质灰陶。圆唇,短直口,平肩,弧腹下收,平底,肩上有二个对称錾。素面。口径8.4、底径8.4、高6.9厘米(图三十一,13)。标本T107⑥:1,泥质灰陶。圆唇,敛口,圆肩,弧腹,下收至底,底微凹。素面。口径8.2、底径7.6、高6.3厘米(图三十一,14)。

B型,1件。标本T107⑦:15,夹砂红陶。圆唇,圆折沿,沿略弧外侈,圆鼓腹,腹部有一桥形耳。素面。口径12、残高8.6厘米(图三十一,15)。

硬陶碗 共2件。标本T101③:1,方唇,侈口,折腹,底微凹。素面。口径15.2、底径6、高5.1厘米(图三十一,16)。标本T109⑥:6,尖唇,敞口,折腹,外底微凹,内底有数周凸棱。素面。口径17、底径7.4、高5厘米(图三十一,17)。

印纹硬陶瓿 共3件。标本T107⑦:1,口沿部残,高领,束颈,圆溜肩,圆鼓腹弧形下收至底,底边沿略平伸呈圆唇平沿,平底。领部饰数周凹弦纹,腹部饰叶脉纹。腹径15.6、底径13、高10厘米(图三十一,18)。标本T201⑧:2,方唇,卷沿,敞口,束颈,圆溜肩,鼓腹,腹下部弧形下收,平底,底部边沿略平伸。腹部饰云雷纹。口径13.8、底径10.6、高9.8厘米(图三十一,19)。标本T303③:13,束颈,腹微鼓,最大径在腹上部,腹下部弧形下收至底,平底微凹。腹部饰云雷纹。底径10.8、高11厘米(图三十一,20)。

印纹硬陶罐 共4件,根据器形不同分为三型。

A型,2件。标本T303④:16,斜方唇,束颈,宽沿,高领,沿斜弧外卷,内外均卷沿,圆溜肩。领外饰数周凹弦纹,肩部饰回纹。口径18、残高4.6厘米(图三十一,21)。标本T303⑤:9,斜方唇,束颈,宽沿,高领,沿斜弧外卷,内外均卷沿,圆溜肩。领外饰数周凹弦纹,肩部饰折线纹加回纹。残高5.9厘米(图三十二,1)。

B型,1件。标本T103⑦:5,尖圆唇,圆折沿,口微敞,沿外略斜直,圆溜肩近平。肩部饰填线三角纹组合成的席纹。残高5.2厘米(图三十二,2)。

C型,1件。标本T103⑦:14,方唇,内外方折沿,沿略斜弧形外侈,侈度不大,沿面稍窄,肩略弧形向下,腹圆鼓。肩部饰席纹,腹部饰方格纹。残高8.6厘米(图三十二,3)。

纺轮 7件。分二型。

A型,3件。标本T109⑥:2,泥质灰陶。算珠形,中间有一穿孔。表面饰满数周凹弦纹。珠直径3.7、厚2.3、孔直径0.5厘米(图三十二,4)。标本T109⑥:3,泥质灰陶。算珠形,中间有一穿孔。表面饰满数周凹弦纹。珠直径3.5、厚2.2、孔直径0.5厘米(图三十二,5)。标本T303⑥:1,泥质灰陶。算珠形,中间有一对钻孔,未钻透。素面。直径1.65、孔径0.4、最厚处1.5厘米(图三十二,6)。

B型,4件。标本T107⑦:7,夹砂红陶。圆饼状,中间一穿孔,一半残,边沿为方沿。直径5.6、孔径0.65厘米(图三十二,7)。标本T301D1:2,泥质灰陶。扁圆形,一面弧,一面微凹,中间有一穿孔,边沿为圆唇。直径4.5、孔径0.6、最厚处0.5厘米(图三十二,8)。标本T101⑦:6,泥质灰陶。扁圆形,中间有一圆孔。直径3.9、厚1.2、孔直径0.7厘米(图三十二,9)。标本T101⑦:5,泥质灰陶。算盘珠形,中间有一圆孔。直径3.8、孔直径0.5厘米(图三十二,10)。

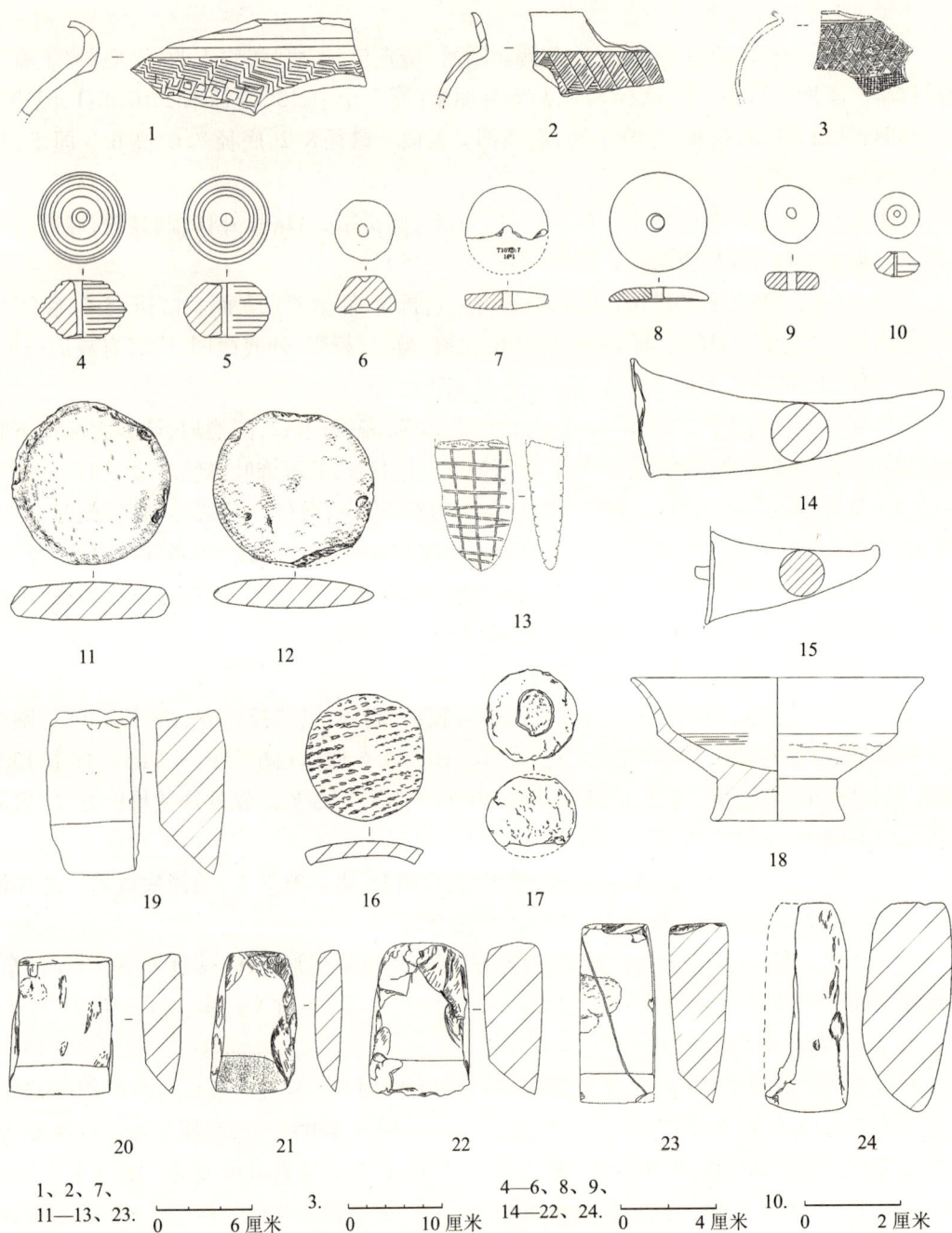

图三十二　松子头遗址出土器物（十二）

1. A 型硬陶罐（T303⑤:9）　2. B 型硬陶罐（T103⑦:5）　3. C 型硬陶罐（T103⑦:14）
4—6. A 型纺轮（T109⑥:2、T109⑥:3、T303⑥:1）　7—10. B 型纺轮（T107⑦:7、T301D1:2、T101
⑦:6、T101⑦:5）　11、12. 陶饼（T107⑨:6、T107⑦:8）　13. 陶瓶（T104③:2）　14、15. 羊角把
（T107⑦:10、T105⑥:1）　16. 磨圆陶片（T109⑤:3）　17. 陶球（T110④:3）　18. 原始瓷豆（T201
⑤:2）　19—24. A 型石锛（T102⑥:2、T107⑨:6、T201⑧:7、T107⑨:7、T104③:1、T104⑥:1）

陶饼　2件。标本T107⑨:6,夹砂红陶。圆饼形,两面微弧。直径10.4、最厚处2.35厘米(图三十二,11)。标本T107⑦:8,夹砂红陶。圆饼形,两面微弧,边沿为尖圆唇。直径10.1、最厚处1.85厘米(图三十二,12)。

陶瓶　1件。标本T104③:2,夹砂红陶。椭圆饼形,两面微弧,边沿为圆唇。两面有梯格形刻划纹。最厚处2.35厘米(图三十二,13)。

羊角把　2件。标本T107⑦:10,泥质灰陶。羊角状,略弯。素面。长13.1、中间直径2.35厘米(图三十二,14)。标本T105⑥:1,夹砂红陶。羊角状,略弯,一端有一榫。素面。长7.8、中间直径2.1厘米(图三十二,15)。

磨圆陶片　1件。标本T109⑤:3,夹砂红陶。圆形,陶片原型为弧面,边沿被磨圆,弧面上饰细绳纹。直径5.1、厚0.6厘米(图三十二,16)。

陶球　1件。标本T110④:3,泥质灰陶。土黄色。近圆形。直径3.8厘米(图三十二,17)。

(二)原始瓷器

豆　共1件。标本T201⑤:2,红褐胎,釉层脱落。圆唇,敞口,折腹,内底内凹,短圈足外侈。素面。口径12.4、底径5.7、高5.8厘米(图三十二,18)。

(三)石器

石锛　共19件。根据型式不同分为三型。

A型,双面弧背,8件。标本T102⑥:2,页岩,灰色,长方形柱体,单面直刃。长6.7、宽4、最厚处2.9厘米(图三十二,19)。标本T107⑨:6,沉积岩,浅灰色。长方形扁柱体,完整,两面弧,单面微弧刃。长5.65、宽3.6、最厚处1.35厘米(图三十二,20)。标本T201⑧:7,沉积岩,青灰色。长方形扁柱体,两面弧背,单面弧刃,通体磨光。长5.7、宽3.6、最厚处1.6厘米(图三十二,21)。标本T107⑨:7,灰岩,白色。长方形扁柱体,顶部及侧部残,单面直刃,通体磨光。残长6.3、残宽4.4、最厚处2.5厘米(图三十二,22)。标本T104③:1,页岩,青灰色。长方形柱体,单面直刃,表面磨光。长10.8、宽4.7、最厚处3.7厘米(图三十二,23)。标本T104⑥:1,石英砂岩,深灰色。长方形柱体,残一半,单面弧刃,稍钝,通体磨光。长8.5、宽3.5、最厚处3.6厘米(图三十二,24)。标本T101⑦:2,灰岩,深灰色。长方形柱体,刃部残。残长6.8、宽4.3、厚2.3厘米(图三十三,1)。标本T104⑦:4,砂岩,白色。长方形柱体,单面直刃,通体磨光,刃部及顶部残。残长5、宽4.5、最厚处2.3厘米(图三十三,2)。

B型,一面直背,一面弧,10件。标本T201⑦:10,沉积岩,青灰色。长方形柱体,一面直背,一面弧,单面直刃,刃部残,通体磨光。长6.1、宽3.3、最厚处2.5厘米(图三十三,3)。标本T301D1:4,沉积岩,青灰色。长方形柱体,一面直背,一面弧,单面微弧刃,通体磨光。长7.5、宽3.1、最厚处3厘米(图三十三,4)。标本T301D1:3,沉积岩,青灰色。长方形柱体,一面直背,一面弧,单面弧刃,通体磨光。长7.4、宽3.8、最厚处3.2厘米(图三十三,5)。标本T110⑪:1,沉积岩,浅灰色。长方形扁柱体,刃部残,一面直背,一面弧,通体磨光。残长5.2、宽2.65、最厚处1.55厘米(图三十三,6)。标本T105⑦:1,沉积岩,灰白色。长方形扁柱体,一面直背,一面弧,单面直刃。长5.6、宽3.5、最厚处1.8厘米(图三十三,7)。标本

T110④:2,沉积岩,灰白色。长方形扁柱体,完整,一面直背,一面弧,单面直刃,通体磨光。长4.2、宽2.85、最厚处1.05厘米(图三十三,8)。标本 T302③:2,灰岩,灰白色。长方形柱体,顶部及刃部残,单面直刃,背部有一凹槽,通体磨光。残长5.2、宽4.2、最厚处1.85厘米(图三十三,9)。标本 T301D1:7,灰岩,灰白色。长方形扁柱体,一面直背,一面弧,单面直刃。

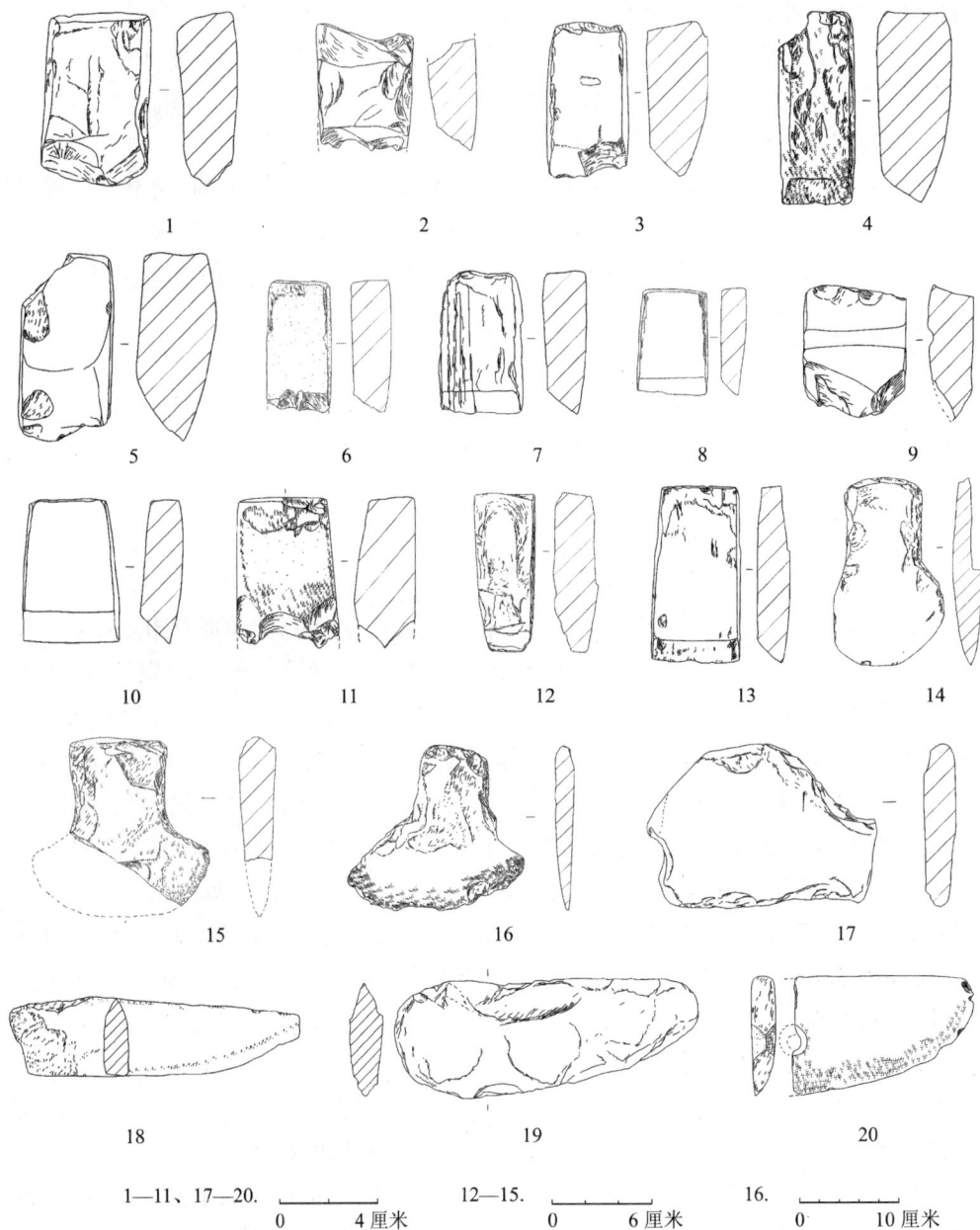

图三十三 松子头遗址出土器物(十三)

1、2. A 型石锛(T101⑦:2、T101⑦:4)　3—12. B 型石锛(T201⑦:10、T301D1:4、T301D1:3、T110
⑪:1、T105⑦:1、T110④:2、T302③:2、T301D1:7、T104⑦:7、T104⑦:3)　13. C 型石锛(T107④:2)
14. A 型有段石锛(T107⑨:4)　15—17. B 型有段石锛(T105②:1、T110⑭:3、T107⑦:9)
18. A 型石刀(T107⑦:3)　19. B 型石刀(T107⑨:9)　20. C 型石刀(T107⑦:14)

长5.65、宽4、最厚处1.6厘米。(图三十三,10)。标本T104⑦:7,灰岩,青灰色。长方形柱体,刃部残,通体磨光。残长5.9、宽4.2、最厚处2.5厘米(图三十三,11)。标本T104⑦:3,页岩,灰白色。长方形柱体,刃部未被加工成型。长9.5、宽3.8、最厚处2.5厘米(图三十三,12)。

C型,有段石锛,1件。标本T107④:2,沉积岩,青灰色。完整,长方形扁柱体,两面微弧,单面弧刃,一端有段。长10.4、宽5.4、厚2厘米(图三十三,13)。

石铲 3件,可分二型。

A型,1件。标本T107⑨:4,灰岩,深灰色表面有白色颗粒。完整,柄部为圆角长方形柱体,铲头部分近圆形,两面弧刃。长11.1、铲头部宽6.7、最厚处1.75厘米(图三十三,14)。

B型,2件。标本T105②:1,灰岩,深灰色表面有白色颗粒。完整,柄部为长方形柱体,铲头部分残,两面弧刃。长10、最厚处1.75厘米(图三十三,15)。标本T110⑭:3,石英砂岩,深灰色表面有白色颗粒。完整,柄部为长方形柱体,头部弧边,两面弧刃,通体磨光。长16.4、宽18、最厚处0.95厘米(图三十三,16)。标本T107⑦:9,砂岩,深灰色表面有白色颗粒。完整,柄部为长方形柱体,铲头近圆形,未开刃。长9.3、宽6.4、最厚处1.3厘米(图三十三,17)。

石刀 6件,根据刃、背部分为三型。

A型,3件。标本T107⑦:3,石英砂岩,褐色。弧背,双面弧刃。长11.8、最厚1厘米(图三十三,18)。

B型,1件。标本T107⑨:9,石英砂岩,深灰色表面有白色颗粒。弧背,直刃,刃部未加工成型,较钝。长12.3、最厚1.35厘米(图三十三,19)。

C型,2件。标本T107⑦:14,石英砂岩,红褐色。刀背直,刃部弧,单面弧刃,中间有一对钻穿孔。通体磨光。残长7.35、最厚1厘米(图三十三,20)。标本T304⑤:12,石英砂岩,深灰色。刀背弧,刃部直,两面刃,通体磨光。残长5.6、残宽4、最厚处0.65厘米(图三十四,1)。

石镰 1件。标本T107⑦:13,石英砂岩,深灰色表面有白色颗粒。弧背,弧刃,刃部为锯齿状,略钝,通体磨光。残长7.25、最厚0.75厘米(图三十四,2)。

石斧 1件。标本T109⑤:1,灰岩,深灰色。长方形扁柱体,双面刃,刃部一面残,通体磨光。残长8.35、宽4、最厚处2.3厘米(图三十四,3)。

石纺轮 1件。标本T105⑥:2,灰岩,红褐色。圆饼状,中间一对钻穿孔,边沿为方沿,通体磨光。直径4.9、孔径0.85厘米(图三十四,4)。

石镞 4件,根据器形不同分为二型。

A型,3件。标本T304⑤:9,灰岩,青灰色。弧边三角形,两侧边双面直刃,较锐利,通体磨光。残长5.2、残宽2.8、最厚处0.35厘米(图三十四,5)。标本T104⑦:2,石英砂岩,深灰色。弧边三角形,两边刃,较锋利。长4.8、宽3.5、最厚处0.4厘米(图三十四,6)。标本T201⑦:7,灰岩,青灰色。弧边三角形,两弧边开直刃,通体磨光。残长2.3、宽1.9、最厚处0.35厘米(图三十四,7)。

B型,1件。标本T304⑤:10,灰岩,青灰色。有铤,两侧边双面直刃,较锐利,通体磨光。残长6.4、残宽2.1、最厚处0.52厘米(图三十四,8)。

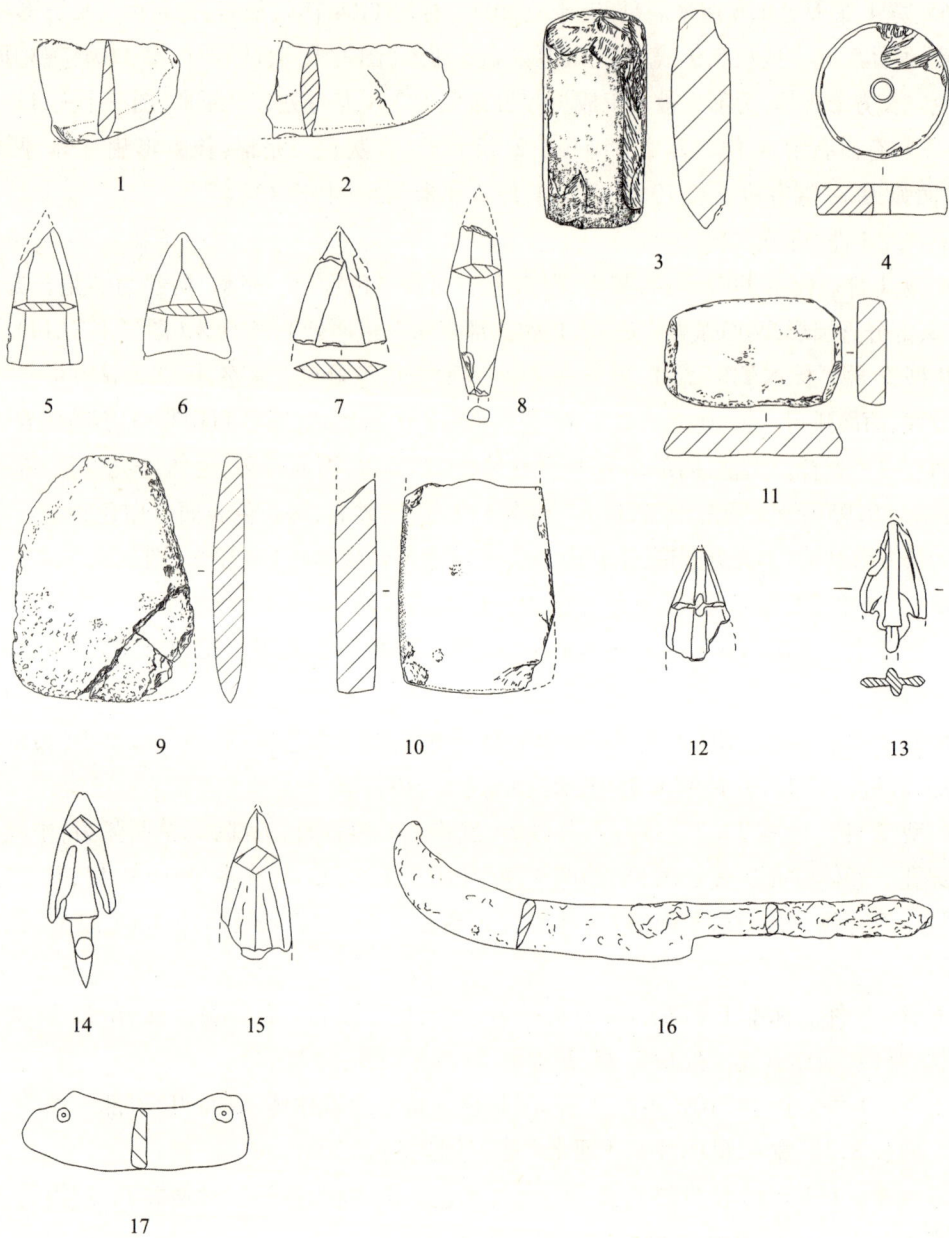

1—6、8、10、11、16.　　0　　4厘米　　7、12—15、17.　　0　　2厘米　　9.　　0　　10厘米

图三十四　松子头遗址出土器物（十四）

1. C型石刀（T304⑤:12）　2. 石镰（T107⑦:13）　3. 石斧（T109⑤:1）　4. 纺轮（T105⑥:2）
5—7. A型石镞（T304⑤:9、T104⑦:2、T201⑦:7）　8. B型石镞（T304⑤:10）　9. 石钺（T102⑧:3）
10、11. 砺石（T109②:1、T109②:2）　12—15. 铜镞（T101⑦:7、T107⑧:1、T107④:1、T110③:1）
16. 铜削（T110④:1）　17. 玉璜（T202⑥:2）

石钺　1件。标本T102⑧:3,石英砂岩,灰色,近圆角梯形,饼状,一面平,一面略弧,双面弧刃,表面磨光。长13.9、宽10.6、最厚处1.8厘米（图三十四,9）。

砺石 2件。标本T109②:1,砂岩,青灰色。长方形扁柱体,通体磨光。残长8.1、残宽6.1、最厚处1.6厘米(图三十四,10)。标本T109②:2,砂岩,青黄灰色。长方形扁柱体。残长6.95、残宽4.1、最厚处1.2厘米(图三十四,11)。

(四)青铜器

铜镞 4件。标本T101⑦:7,有血槽,翼部残,两边开刃,中间凸脊。残长2.1、残宽1.2厘米(图三十四,12)。标本T107⑧:1,铤部残,有两侧翼,有血槽,侧翼直刃。残长2.5厘米(图三十四,13)。标本T107④:1,完整,有铤,有两侧翼,有血槽,侧翼直刃。长3.7、圆铤长1.3、铤直径0.3厘米(图三十四,14)。标本T110③:1,铤部残,有两侧翼,有血槽,侧翼直刃。残长2.85厘米(图三十四,15)。

铜削 1件。标本T110④:1,柄为圆角长方形,刃部弯曲,弧背弧刃,双面直刃。通长21、柄部长9.3、宽1.4、刃部宽2厘米(图三十四,16)。

(五)玉器

玉璜 1件。标本T202⑥:2,白色,质硬,呈扁长条形,两端各有一个对钻孔。长4.4、宽1.3、厚0.2~0.3厘米(图三十四,17)。

四、结 语

松子头遗址出土遗物种类有陶器、原始瓷器、石器、玉器、小件铜器等,这些出土遗物同以往发掘的宁镇地区湖熟遗址一样,其中陶器分为夹砂红陶、泥质红陶、泥质灰陶、印纹硬陶,其中以夹砂红陶为主,泥质红陶次之,有一定数量的泥质灰陶和印纹硬陶,在不同的文化层堆积中陶系所占比重也有不同的变化。陶片多比较碎,但是器形还基本可以辨认,陶器多为轮制,部分为手制,陶器器形主要有鬲、甗、罐、豆、刻槽盆、钵、杯、盂、陶饼、陶拍、纺轮、器盖等。从镂孔豆柄看出土遗物偶见崧泽文化成分,素面鬲、刻槽盆、圈足盘等有中原、山东稍早段文化因素。从总体上讲,该遗址出土的遗物与宁镇地区其他湖熟文化的特征一致。陶器纹饰种类比较丰富,主要见有绳纹、回纹、方格纹、折线纹、梯格纹、变体梯格纹、席纹、叶脉纹、弦纹、云雷纹、重回字填线纹、菱形填线纹、米字纹、套菱纹、篮纹、划纹、附加堆纹、戳印圆圈纹、指窝纹等,其中较早的地层堆积中出现梯格纹的比例偏高。从以上陶器特征推测松子头遗址的时代应该为商代晚期至西周时期。

松子头遗址的古人类更普遍地使用石锛、石铲和石镰。青铜类生产工具刀、镞的发现,另还发现有很多铜质锈蚀痕迹及青铜块。松子头遗址所表现的湖熟文化所见的青铜镞器形较小,刃部锋利且有翼,出于武装力量或者战争的可能性较小,出于狩猎需要的可能性较大。石器有砂质灰岩的单孔石刀、有段石锛与薛家岗均有类似之处,石器基本上是通体磨光,极少打制,有石斧、石锛、石铲、石刀等砍伐器,是用于砍伐农耕的生产工具,说明这些遗址居住的先民们是过着以农耕为主的经济生活,而且青铜器已经使用于手工业劳动和农业劳动。生产工具的进步反映了当时的农业生产和手工业生产都有了较高的发展。

执笔:司红伟 居法荣

附表一　松子头遗址灰坑登记表

编号	位置	开口层位	形状	尺寸（厘米）
H1	T102 北部	①下	圆角长方形	170×90－30
H2	T101 西部	①下	半圆形	180×52－25
H3	T104 西部	①	圆形	124×40－30
H4	T104 西部	①下	不规则圆形	220×150－50
H5	T102 南部	①下	圆角长方形	104×94－30
H6	T102 南部	①下	长椭圆形	70×40－30
H7	T304 北侧	②下	袋状	80×38－34
H8	T102 东部	①下	不规则长方形	120×76－36
H10	T101 北部	①下	圆角长方形	170×120－44
H11	T104 北部	⑨下	近圆形	300×75－50
H12	T101 西部	①下	圆角长方形	170×80－60
H13	T101 南部	①下	圆角长方形	114×68－54
H14	T103 西部	①下	圆角长方形	204×84－20
H15	T104 中部偏西	②下	近圆形	60×64－32
H16	T201 东部	②下	圆形	100×80－60
H17	T202 东部	④下	椭圆形	220×80－50
H18	T202 西部	②下	椭圆形	100×45－10
H19	T302 东壁	②下	圆形	48×26－23
H22	T303 南侧	②下	袋状	30×16－43
H23	T106 西南角	①	圆形	100×40－32
H24	T303 南侧	②下	袋状	30×46－23
H25	T304 北侧	②下	袋状	200×32－90
H28	T110 南壁	⑧下	圆形	（52~60）×（12~16）－50
H31	T110 西北角	①下	长方形	114×50－38
H32	T110 东北角	①下	椭圆形	（120~170）×60－42

附录二　松子头遗址房址柱洞登记表

房址编号	柱洞编号	直径（厘米）	深度（厘米）
F1	D1	24	21
	D2	22	19
	D3	29	26
	D4	25	21

房址编号	柱洞编号	直径（厘米）	深度（厘米）
F1	D5	25	20
	D6	36	28
	D7	55	30
	D8	40	29
	D9	27	22
F2	D1	42	39
	D2	40	32
	D3	53	45
	D4	32	28
	D5	62	49
F3	D1	19	18
	D2	22	17
	D3	20	18
	D4	20	18
	D5	19	16
	D6	21	18
	D7	20	17
	D8	33	22
	D9	19	16
	D10	23	19
	D11	47	38
	D12	32	27
	D13	32	26
	D14	27	22
	D15	28	23
F4	D1	34	28
	D2	31	25
	D3	21	19
	D4	20	18
	D5	35	26
	D6	36	27
	D7	22	19

房址编号	柱洞编号	直径（厘米）	深度（厘米）
F4	D8	20	17
	D9	30	23
	D10	18	16
	D11	18	13
	D12	19	15
	D13	48	30
	D14	21	19
	D15	66	50
	D16	20	11
	D17	24	18
	D18	28	19
	D19	20	16
	D20	25	20
	D21	20	17
	D22	19	13
F5	D1	28	25
	D2	23	19
	D3	24	20
	D4	34	30
	D5	18	17
	D6	21	19
	D7	15	15
	D8	20	20
F6	D1	27	25
	D2	34	30
	D3	24	20
	D4	24	23
	D5	25	21
	D6	28	24
	D7	24	20
	D8	40	30
	D9	26	20

续表

房址编号	柱洞编号	直径（厘米）	深度（厘米）
F6	D10	39	30
	D11	22	19
	D12	28	20
	D13	20	16
	D14	66	50
	D15	61	50
	D16	43	30
	D17	32	25

镇江东神墩遗址发掘报告

东神墩遗址位于丁岗镇留村小留自然村东约 300 米,大留村东北约 300 米处,西距葛丹公路约 600 米(图一)。整体为台地,高出地表约 3.5 米。顶部椭圆形,南北长约 90、东西宽约 70 米,中部稍微突出。墩南有一窑,在南侧部分取土。周边为田地,西南、西北角底各有一池塘。2010 年,镇江博物馆对该遗址进行发掘,共布 10 × 10 平方米探方 4 个,分别为 T1—T4。发掘面积共 400 平方米。

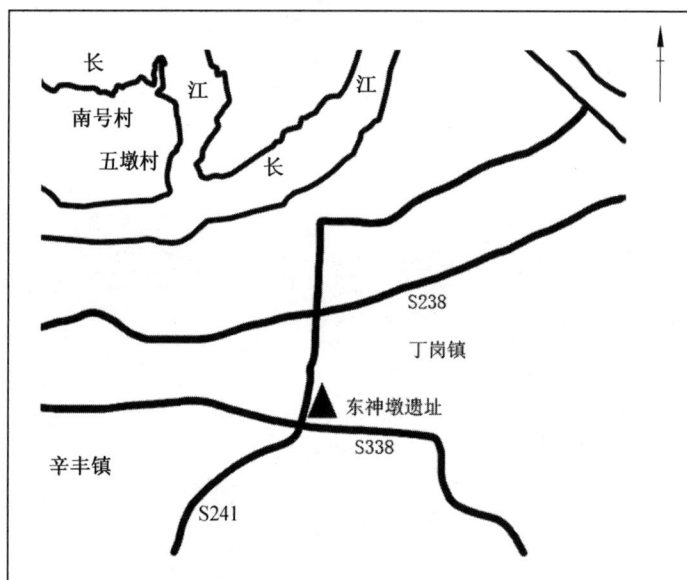

图一 东神墩遗址位置图

一、地层堆积

由于东神墩遗址的 T1、T2 及 T3、T4 分别处于三个区域,只有 T3 和 T4 两个探方相连(图二),所以本文分别介绍 T1 北壁、T2 东壁、T3 和 T4 的东壁的地层堆积情况。

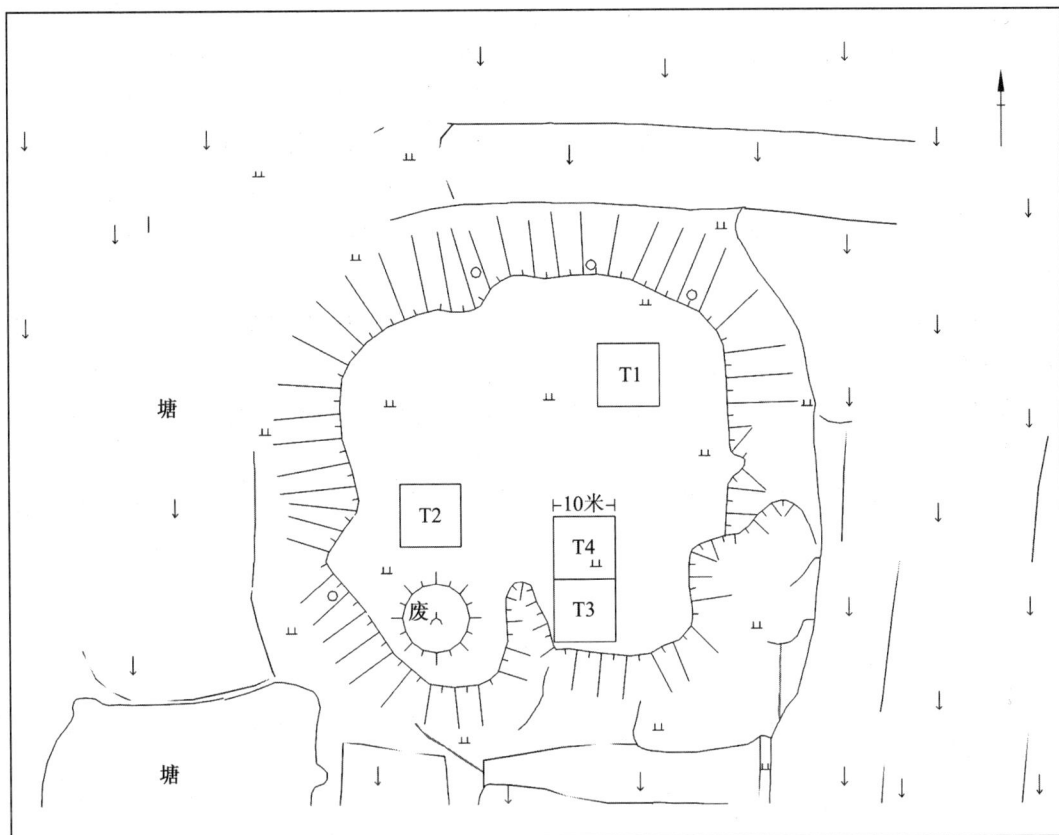

图二　东神墩遗址发掘布方图

1. T1北壁

第①层：厚0～1米。土质较硬，色黄褐，土质结构较紧密，局部土质较松散，耕土层。

第②层：厚0～0.25、深0～0.6米。质较硬，色深灰，局部黄褐，内含少量草木灰、烧土块、泥质红陶片及夹砂陶片，该层主要分布于探方西半部，层面西高东低，斜向分布于探方内，东半部被破坏。

第③层：厚0～0.35、深0～0.6米。质硬，色深灰，内含硬质红陶、原始瓷、夹砂陶残片，纹饰有菱形填线纹。

第④层：厚0～0.45、深0.25～0.8米。质软，色深灰，局部黄褐，内含烧土块、木炭，陶片有夹砂陶片、硬陶片等，纹饰有小方格纹、细线纹、三角填线纹、回形纹，可辨器形有鬲、鼎、罐等。该层斜向堆积，局部有较薄黄土淤层，土质细腻。

第⑤层：厚0.05～0.45、深0.85～1.2米。质较硬，色浅灰及深灰，局部土色泛浅绿，绝大部分为淤积层和草木灰层。

第⑥层：厚0.2～0.6、深1.1～1.35米。质较硬，色青灰，局部深灰，内含草木灰、炭屑、红陶及灰陶片、硬质红陶片与原始瓷片，纹饰有小方格纹、回形纹，层内小层状堆积，层内有较薄淤积土层，土色由深灰到浅灰，其内有泥质红陶片、夹细砂陶片，纹饰有网格纹，可辨器形有罐、鬲、盆等。本层向下仅发掘北侧2米。

第⑦层：厚0~0.45、深1.3~1.9米。质较硬，色红褐，局部有夹浅绿灰层，主要分布于探方北边，为东高西低的斜状堆积，内含陶片，可辨器形有鬲、罐等。

第⑧层：厚0.13~0.4、深1.7~2.3米。土质较硬，色灰褐，局部黄褐，内含草木灰、炭屑及零星陶片。

第⑨层：厚0~0.35、深1.7~2.55米。质较硬，色红褐，内含少量陶片，该层西边叠压于F6房基夯土的斜面之上。

第⑩层：厚0~0.42、深1.8~2.85米。质较硬，色红褐，内含少量陶片，该层西边叠压于F6房基夯土的斜面之上，东侧较厚，西侧较薄。

第⑪层：厚0.13~0.55、深2.4~2.9米。质较硬，色青灰，内含烧土块、灰烬、草木灰及少量陶片。

第⑫层：厚0.1~0.25、深2.95~3.55米。质较硬，色浅黄褐，内含水锈土，局部出现浅黄土。

下为生土（图三）。

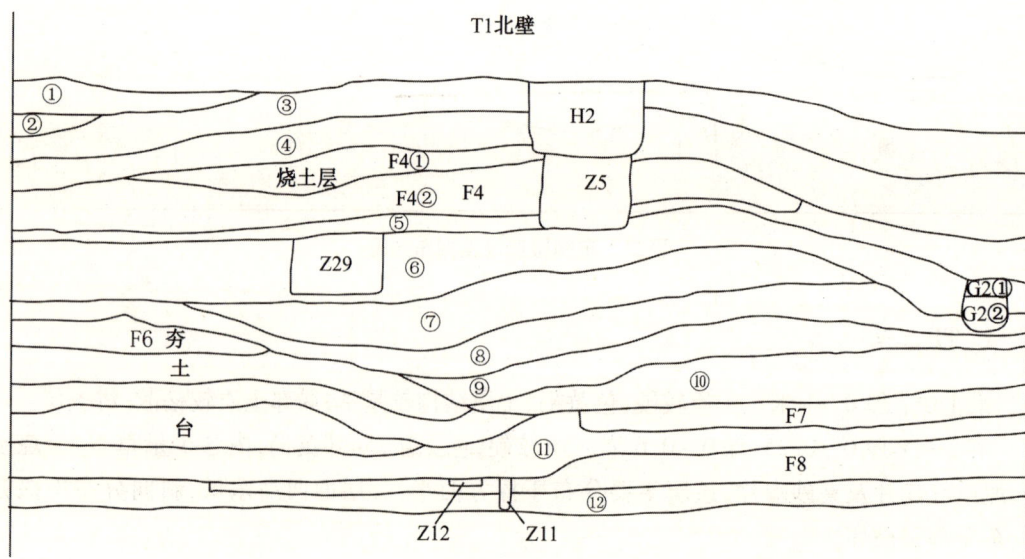

图三　T1北壁

2. T2东壁

第①层：厚0~0.74米。土质疏松，黄褐色，包含有烧土块、砖块等。

第②层：厚0~0.66、深0.08~0.74米。较疏松，颗粒较粗，黄褐色，含有红烧土块、陶片等。陶片以泥质红陶为主，其次为黑皮泥质灰陶及原始瓷等。多为素面，纹饰有菱形填线纹、席纹、回纹、梯格纹等。可辨器形有鬲、圈足盘、豆等。

第③层：厚0~0.48、深0.02~1.2米。较硬，颗粒较粗，黄褐色，含有少量红烧土、陶片等。陶片以泥质红陶为主，其次为黑皮泥质灰陶、夹砂红陶、印纹硬陶。多为素面，纹饰有席纹、梯格纹等。可辨器形有鬲、罐等。

第④层:厚0~0.25、深0.45~1.2米。较疏松,颗粒较粗,灰褐色,含有大量炭粒及少量红烧土粒、陶片等。陶片以泥质红陶为主,其次为黑皮泥质灰陶、夹砂红陶、印纹硬陶等。多为素面,纹饰有席纹、梯格纹等。可辨器形有鬲、罐、圈足盘。

第⑤层:厚0~0.55、深0.6~1.4米。较硬,灰褐色,稍发白,含有陶片、少量红烧土粒、炭粒等。可辨器形有鬲、罐、圈足盘等。

第⑥层:厚0~0.45、深0.77~1.3米。疏松,灰黑色,含有陶片、红烧土粒、炭粒等。陶片以泥质红陶为主,其次为黑皮泥质灰陶、夹砂红陶、印纹硬陶。多为素面,纹饰有回纹、梯格纹等。可辨器形有鬲、罐、圈足盘等。

第⑦层:厚0~0.35、深0~1.55米。较硬,颗粒较细,黄褐色,含有大量红烧土块、粒,陶片,炭粒等。

第⑧层:厚0.08~0.95、深0.92~1.65米。松软,颗粒稍细,青黄灰色,含有陶片、红烧土粒、炭粒等。陶片以夹砂红陶为主,其次为黑皮泥质灰陶、泥质红陶等。多为素面,纹饰有凹弦纹、方格纹、绳纹等。可辨器形有鬲、罐、圈足盘等。

第⑨层:厚0~1、深0.1~1.15米。较硬,颗粒稍粗,黄褐色,含有陶片、红烧土粒、炭粒、铁锈色土粒等。陶片以夹砂红陶为主,其次为泥质灰陶、泥质红陶等。多为素面,纹饰有凹弦纹、方格纹、绳纹等。可辨器形有鬲、罐、圈足盘等。

第⑩层:厚0.05~0.48、深1.05~2.3米。松软,颗粒稍粗,灰黑色,含有陶片、红烧土粒、炭粒、石块等。陶片以夹砂红陶为主,其次为泥质灰陶、泥质红陶等。多为素面,纹饰有云雷纹、方格纹、绳纹等。可辨器形有鬲、罐、圈足盘等。

第⑪层:厚0~0.37、深1.02~2.45米。较硬,颗粒稍细,黄褐色,含有陶片、红烧土粒、炭粒等。陶片以夹砂红陶为主,其次为泥质灰陶、泥质红陶等。多为素面,纹饰有云雷纹、方格纹、绳纹等。可辨器形有鬲、罐、圈足盘等。

第⑫层:厚0~0.3、深1.25~2.55米。较硬,颗粒稍细,黄褐色,含有陶片、红烧土粒、炭粒、石块等。陶片以夹砂红陶为主,其次为泥质灰陶、泥质红陶等。多为素面,纹饰有云雷纹、方格纹、绳纹等。可辨器形有鬲、罐、圈足盘等。

第⑬层:厚0.08~0.7、深1.52~2.75米。较硬,颗粒稍细,灰褐色,含有陶片、红烧土粒、炭粒、石块等。陶片以夹砂红陶为主,其次为泥质灰陶、泥质红陶等。多为素面,纹饰有云雷纹、方格纹、绳纹等。可辨器形有鬲、罐、圈足盘等。

第⑭层:厚0~0.5、深1.88~3.1米。较硬,颗粒稍细,黄褐色,含有陶片、红烧土粒、炭粒、石块等。陶片以夹砂红陶为主,其次为泥质灰陶、泥质红陶等。多为素面,纹饰有云雷纹、方格纹、绳纹等。可辨器形有鬲、罐、圈足盘等。

第⑮层:厚0~0.78、深2.48~3.18米。松软,颗粒稍细,青灰黄色,含有陶片、红烧土粒、炭粒、石块等。陶片以夹砂红陶为主,其次为泥质灰陶、泥质红陶等。多为素面,纹饰有云雷纹、方格纹、绳纹等。可辨器形有鬲、罐、圈足盘等。

第⑯层:厚0~0.62、深2.32~3.30米。较硬,颗粒稍粗,黄褐色,含有陶片、烧土粒、炭粒、石块等。陶片以夹砂红陶为主,其次为泥质灰陶、泥质红陶等。多为素面,纹饰有云雷纹、方格纹、绳纹等。可辨器形有鬲、罐、圈足盘等。

第⑰层：厚0～0.3、深2.63～3.72米。较松软，灰白色，颗粒较细，较纯净。淤积层。

下为生土(图四)。

T2东壁

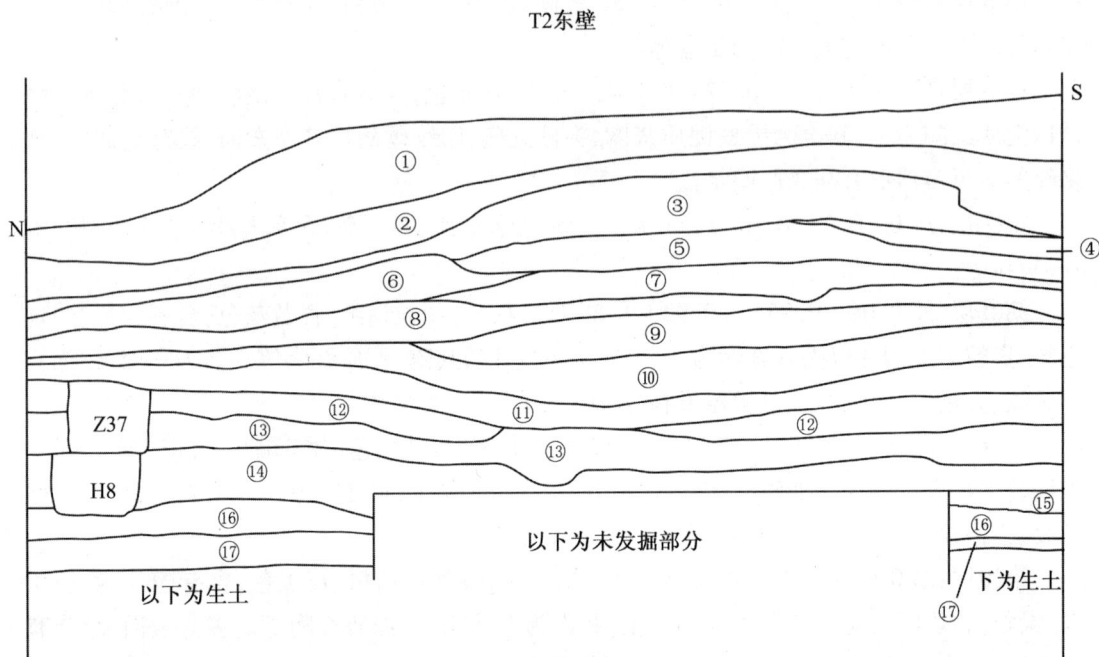

图四　T2东壁

3．T3、T4东壁

第①层：厚0～0.83米。为灰褐色块状黏土，结构紧密而细腻，含有少量陶片和较多红烧土块或红烧颗粒，少量石块、木炭点等，陶片主要为硬陶片，少量夹砂陶、泥质陶片及原始瓷片。

第②层：厚0～1.1、深0～0.83米。黄褐色黏性土，结构致密而坚硬，包含物较少，含极少量陶片、石块、烧土及炭粒。出土物以硬陶片为主，另有少量夹砂、泥质陶片和原始瓷片。

第③层：厚0～1.1、深0～1.15米，为灰黑色土，结构疏松，包含有少量陶片、瓷片、石块和大量红烧土颗粒、炭粒等，出土少量陶瓷残片，硬陶比例大于夹砂、泥质陶片。

第④层：厚0～0.1、深0～0.7米，青灰色，黏土，结构细腻且致密，包含少量陶片、石块、木炭、烧土粒，其下为薄层暗黄色或灰黄色黏土间隔层，该间隔层一并并入第④层，间隔层较纯净，仅分布探方靠中部第④层下；少量陶片。

第⑤层：厚0～0.23、深0～1.3米。深灰色灰质土，结构疏松，包含少量陶瓷片、大量木炭烧土颗粒和少量石块等。出土陶片较多，其中夹砂、泥质陶片比例接近于硬陶，可辨器形有鬲、豆、罐、盆等。

第⑥层：厚0~0.4、深0~1.1米，暗黄色到浅灰色黏性土，结构较为致密，包含少量陶瓷片、木炭粒、烧土粒和石块等，出土陶片中夹砂、泥质陶片比例明显大于硬陶，且出土少量原始瓷片。

第⑦层：厚0~0.5、深0~1.6米，该层不连续分布，深灰色灰质土，结构疏松，包含有较多陶片和石块、原始瓷片、木炭、烧土颗粒等。夹砂陶比例最大，其次为泥质陶、硬陶、原始瓷片。器形可辨有豆、罐、鬲、盆等。

第⑧层：厚0~0.35、深0~1.85米，暗黄色黏土，结构较为致密，包含有少量陶片、石块和木炭烧土颗粒。陶片中夹砂陶最多，其次为泥质陶、硬陶和原始瓷，可辨器形有鬲、盆、豆、罐等。

第⑨层：厚0~0.45、深0~2.05米，为浅灰色灰质土，结构疏松，包含极少量陶片、石块、烧土点或块，少量木炭和木灰，陶片以夹砂、泥质陶片为主，另有少量硬陶片和极少量瓷片。

第⑩层：厚0.2~0.7、深0~2.1米，深灰色灰质土，结构疏松，包含少量陶片、烧土粒、木炭粒，出土物中硬陶比例较小，未发现原始瓷片，可辨器形有鬲、罐、豆等。

第⑪层：厚0~0.5、深0.4~1.8米，青灰色黏土，结构致密而细腻，含水量较大而酥软，包含少量陶片、石块、骨头、烧土、木炭粒等。出土陶片中以夹砂陶为最多，其次为泥质陶和硬陶，可辨器形有豆、罐、鬲、甗、盆等。

第⑫层：厚0.25~0.55、深0.75~2米。浅灰色灰质土，结构疏松多孔，包含有少量陶片、石块、烧土、木炭点，其层面为一层暗黄色黏土层，结构致密，包含物较少。出土陶片中以夹砂陶片最多，其次为少量的泥质陶和印纹硬陶，开始出现少量的绳纹陶片，器形有鬲、豆、甗、罐等。本层向下开始仅在探北壁内2米，东壁向内1米进行发掘。

第⑬层：厚0.2~0.9、深1.05~2.3米。黄褐色含褐斑的黏土，夹较多青色淤土层，黏土结构致密，呈块状，较坚硬，包含少量陶片、石块、烧土、木炭颗粒。出土陶片以夹砂陶为主，另有少量泥质陶和硬陶，未见原始瓷片。器形主要为鬲、豆、罐等。

第⑭层：厚0.15~1.3、深1.35~3米，基本呈水平堆积，在T3东南角该层堆积最厚。浅灰色黏性土，含有较多水锈，含水量大，结构致密而软，仅包含少量陶片、烧土、炭粒、石块等。出土陶片较少，以夹砂陶为主，另有少量泥质陶和硬陶，未发现原始瓷片。器形有鬲、罐等。

第⑮层：厚0~0.25、深3.1~3.35米，仅分布于T3内。青灰色淤土，结构致密且土质细腻，含水量大，较松软，包含少量陶片、烧土块、木炭粒、石块等。

下为生土（图五）。

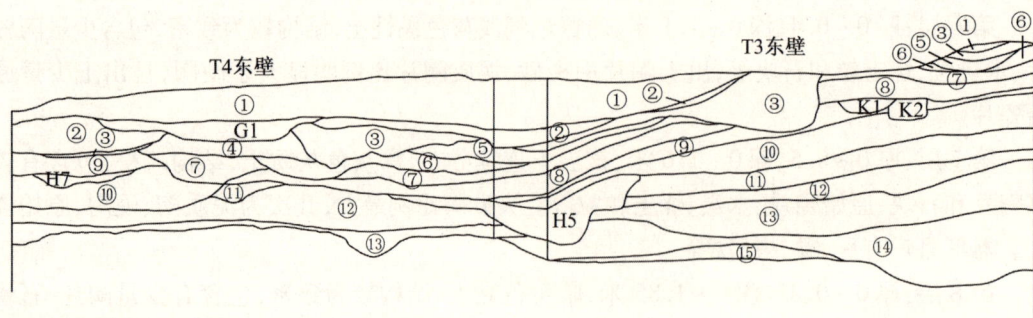

图五 T3、T4 东壁剖面图

二、遗 迹

东神墩遗址文化层堆积较厚,内涵丰富。共发掘灰坑8个、墓葬1座、房址11座、灰沟2条等遗迹。

(一)灰坑

H1 位于T1东部,向东伸入探方东壁,开口于第②层下,打破第③、④、⑤层。平面为圆形,袋状,口小底大,口径约1、底径约1.73、深约1.25米。填土土质细腻,内含黄褐色土块、烧土块、木炭屑,土质较松软,并含红陶及灰陶片(图六)。

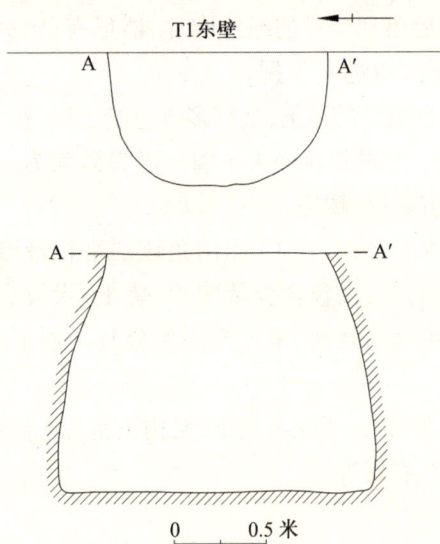

图六 H1 平、剖面图

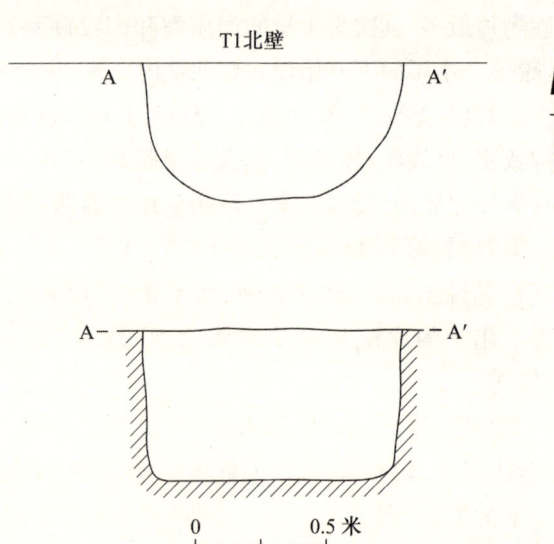

图七 H2 平、剖面图

H2 位于T1北部,向北伸入探方北壁,由于窑厂取土破坏,开口层位不明。平面呈圆形,口大底小,口径约1、底径约0.88、深约0.55米。壁微斜,平底。坑填土红褐色,内含烧土、灰土块,土质较硬(图七)。

H3 横跨T3、T4两个探方,开口于第⑧层下,打破第⑨—⑭层。向西伸入探方壁。

平面略呈圆形,弧底坑口距地表 0.95 ~ 1.5 米,发掘部分长 3.2、宽 2.65、深 1.4 米。灰坑上部填土为灰褐色土块,结构疏松,含水量较大,较酥软,包含有较多陶片及少量石块、烧土块、木炭;下层堆积呈暗黄色,黏土,结构较致密、坚硬,包含极少量陶片、石块、烧土、木炭(图八)。

H4 位于 T1 中东部,开口于第②层下,打破第③、④、⑤层。距地表深约 0.55 米。平面呈圆形,口小底大,南北口径 1.32、东西口径 1.26、底径约 2、深约 0.9 米,为一袋状灰坑。填土基本一致,土质松软细腻,土色灰褐,内含红褐土块、灰土块、草木灰及陶片、青砖残块(图九)。

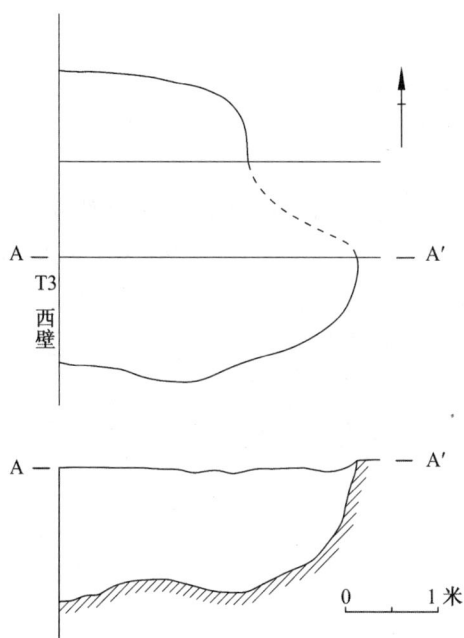

图八 **H3 平、剖面图**

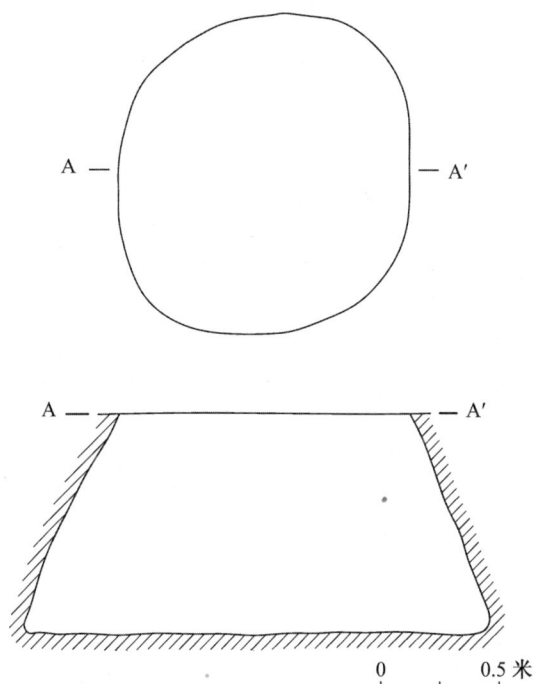

图九 **H4 平、剖面图**

H5 横跨 T3、T4 两个探方,伸入探方东壁、北壁,开口于第⑩层下,打破第⑪—⑭层,平面形状不规则,弧壁,南壁较陡直。坑口距地表 1.7 ~ 2.4 米,长 3.89、宽 4.83、深 1.3 米。填土为青灰色黏性淤土,结构较细密,含水量较大,较松软,包含少量陶片、石块、木炭,坑底为一层深灰色淤泥(图十)。

H6 位于 T2 东部,开口于第⑬层下,打破第⑭层。平面近椭圆形,长径 0.66、短径 0.42 米。壁稍斜直下收,底近平,底壁未见加工痕迹。填土黄褐色,土质疏松,颗粒较粗,含水分较多,未出遗物(图十一)。

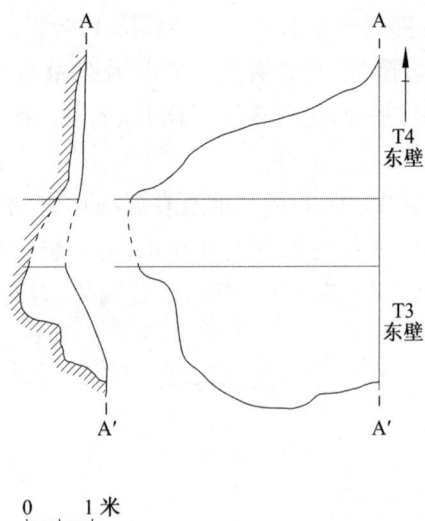

图十　H5 平、剖面图

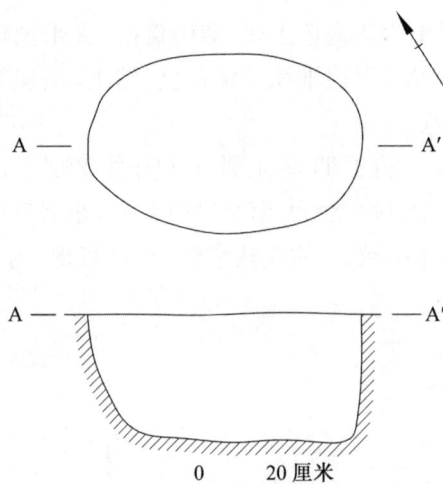

图十一　H6 平、剖面图

H7　位于 T4 东北部,向东伸入探方壁。开口于第⑨层下,打破第⑩层。发掘部分灰坑平面呈圜形,距地表 1.2～1.4、口南北长 1.2～1.4、东西宽 0.1～0.68、深 0.26～0.28 米,弧壁,寰底。填土湿软,黏性大,疏松,土色青灰,含细沙、大量炭屑痕迹及零星烧土颗粒,属一次性堆积。灰坑出土遗物较少,有黑皮陶、硬陶残片,器形有圈足器、罐、鬲等(图十二)。

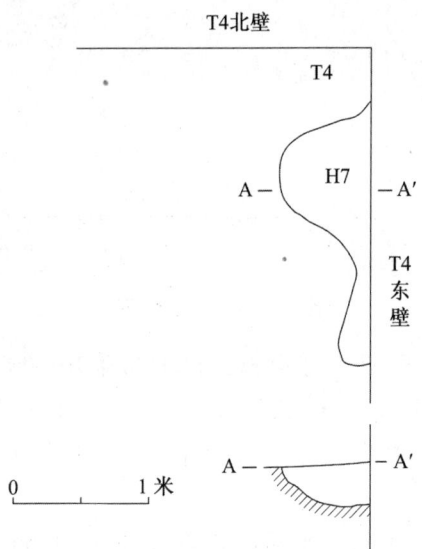

图十二　H7 平、剖面图

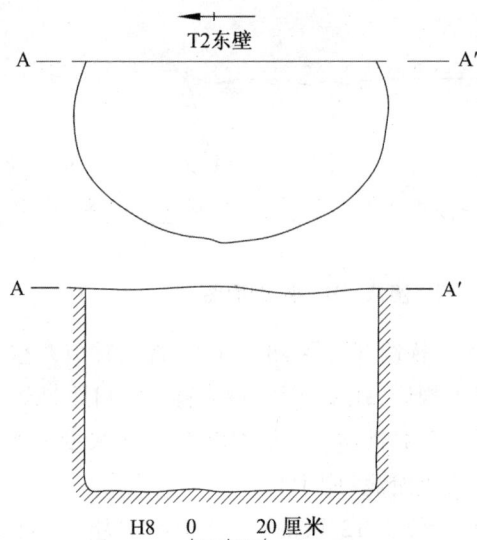

图十三　H8 平、剖面图

H8　位于 T2 东部台阶下,开口于第⑬层下,打破第⑭层,口距地表 1.9 米。平面近圆形,直壁,平底,发掘部分最宽为 0.85、深 0.54 米。填土土色为灰褐色,土质较硬,含较多烧土块(图十三)。

（二）房屋

F3 位于 T1 西南，开口于第④层下，打破第⑤层。平面呈方形，东西残长 6.3、南北残宽 4~4.8 米。发现有 4 个呈近似正方形分布的柱洞，其西边发现有斜向的踩踏面，两侧发现有火烧面，南边残长 0.4、厚 0.03~0.05、残高 0.1~0.15 米，北边同样的火烧面，残长 0.55、厚 0.05 米，其余地方已脱落，中间有踩踏面，踩踏面厚 0.03~0.04 米，门道上窄下宽，平面呈喇叭形，两侧残长 1.2~1.4、门道上宽约 0.75、下宽 1.53 米，部分已进入西壁（图十四）。

柱洞编号 Z8、Z9、Z11、Z12；Z8 柱础旁发现有长 0.7、宽 0.5 米的烧土堆积范围，其厚 0.1~0.13 米，在柱础暴露于地面部分，即夯土沿柱洞外围，发现有柱基壁面经火烧后，再加围帘状木棍竖立在已夯的柱基内，然后再垫土夯实加高，Z9、Z11 柱基内发现有相同痕迹。柱洞壁面粘附有使用过木棍或竹棍的密集痕迹，木棍大小均匀，残高 0.14~0.16、直径 0.01~0.015 米；在 Z12 开挖的柱基内有烧过的硬结面，厚约 0.05、较薄处 0.03 米，烧结弧长 0.4 米，柱基东边火烧面长 0.18、厚 0.05 米。柱洞均为圆形，直径 0.9~0.96 米，柱洞内均从底部向上填土夯实。Z8 直径 0.96、深 0.56 米，Z9 直径 0.9、深 0.7 米，Z11 直径 0.9、深 1.1 米，底为锅底状，Z12 直径 0.88、深 0.9 米。4 个柱洞均为直壁，柱洞壁面与房基垫夯层土质区别较大，柱洞内夯土均为纯净的红褐土逐层加夯至基面，Z11 残存部分略高于 F3 的使用面。

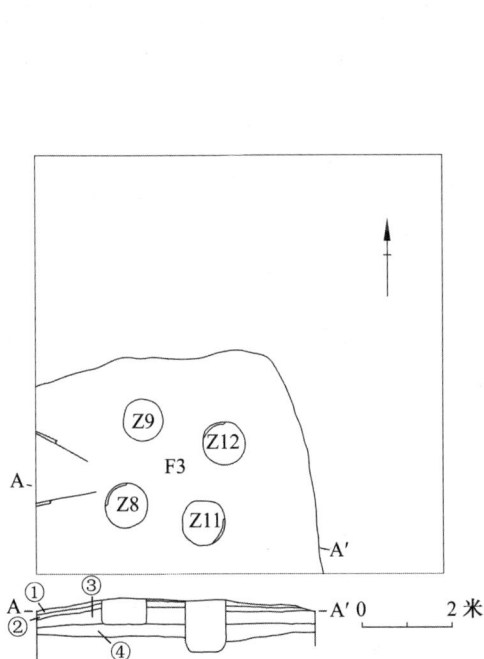

图十四　F3 平、剖面图

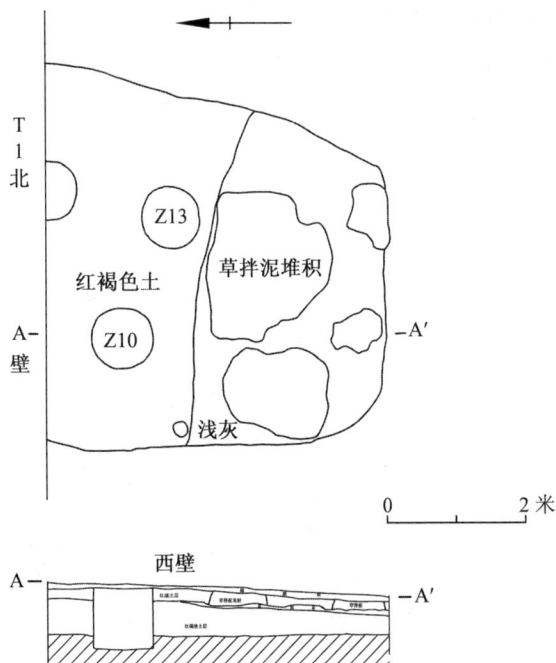

图十五　F4 平、剖面图

F3 分为 4 层：

F3①层：浅灰褐色土层，厚 0.1 米左右，为当时在基础完后的活动形成。

F3②层：烧土层，厚 0~0.14 米，内含烧土块、灰土块，结构较紧密，分布于房基面上。

F3③层:垫夯层,厚0.18~0.34米,内含烧土、炭屑,土色浅红褐色。

F3④层:垫层,厚0.14~0.36米,含物同F3③层,其下为灰土,未发掘。

F4　位于T1北部。开口于第④层下,打破第⑤层。东西残长4.97、南北残宽5.23米。F4是先进行夯筑基础,然后挖柱洞,再夯柱基,在Z10、Z13南边发现上部有房子废弃后的草拌泥成片堆积,并发现上部有红烧土块,其堆积下有坡形地面,地面残长3.26、地面厚0~0.8米,局部破坏,残宽2.9米。房基向北伸入探方北壁(图十五)。

房子内有柱洞2个:Z10直径0.85、深0.84米,Z13直径0.82~0.86、深0.7米,均填红褐色土夯打。在Z10北边火烧面残长2、宽0.55米,Z10南边有长1.8、宽1.5米火烧面,从火烧痕迹看为垫土后经夯打后烧烤。

房基进行解剖性发掘后,发现F4分为4层:

F4①层:厚0.04~0.1米,为踩踏形成。

F4②层:房子废弃后草拌泥及烧土堆积层,厚0.08~0.2米。

F4③层:踩踏面0~0.08米,为房子未废前的踩踏面。

F4④层:夯土层,厚0.26~0.5米,为基础垫土后加夯形成。

F5　位于T1中部。开口于第⑥层下,打破第⑦、⑩层。由于早期破坏,仅残存基础部分,南北残长5.2、东西残宽4.5米;为一高台建筑的一部分,柱基面呈正方形分布于残房基上。柱洞编号为Z20—Z23,Z20直径0.75、深0.6米。Z21直径0.7、深0.9米。Z22直径0.65、深0.38米,Z23直径0.65、深0.3米。在该柱面以外发现有红黏土面,内含红烧土颗粒、炭屑,4个柱洞内均填纯红黏土再进行夯实,在Z21西边距该柱洞1.2米处发现一小柱洞,开口于第⑥层下,打破灰土层,直径0.3、深0.24米(图十六)。

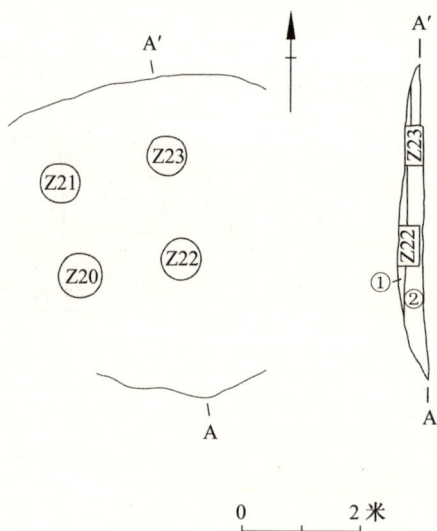

图十六　F5平、剖面图

我们沿 F5 之 Z22、Z23 向下解剖,发现 F5 可分为 2 层:

F5①层:厚 0~0.15 米,土色浅黄褐及红褐色,中间高两边低,土质较硬;F5②层:土质较硬,土色红褐,层厚 0~0.34 米。F5①、②层均略经夯打,形成高台后再挖柱洞,夯层内未发现陶片及包含物。

F6 位于 T1 西北部,开口于第⑥层下,残长 4.7、宽 4.5 米左右,为一组高台建筑基址。在房基面上发现有正方形布局的柱洞 4 个,分别编号 Z31—Z34。Z31 直径 0.65、深 0.4 米,Z32 直径 0.7、深 0.5 米,Z33 直径 0.65、深 0.4 米,Z34 直径 0.65、深 0.4 米。柱洞内均填红褐土与灰土,内含炭屑,再加夯打。柱洞底部为灰土。F6 基础夯土台高 1.05~1.4、夯土台面残宽 2.25~4.2、底面长 4.7 米,由于早期破坏台面东侧为斜坡状(图十七)。

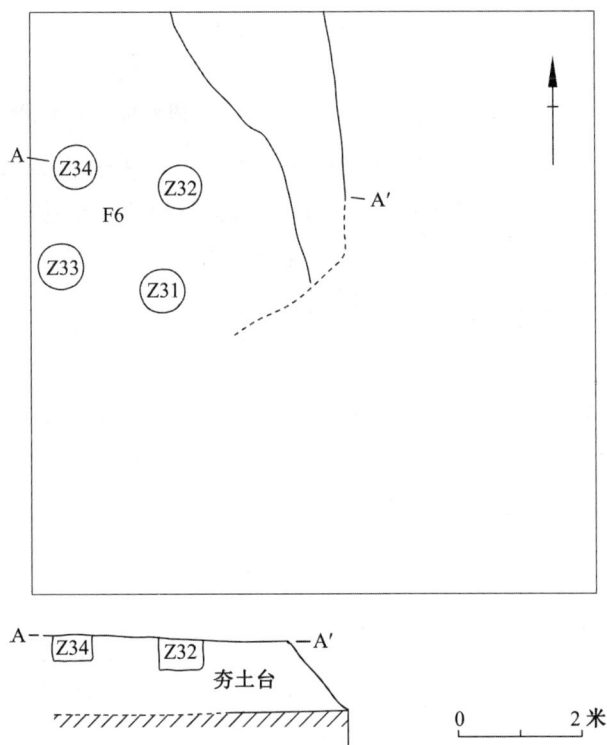

图十七 F6 平、剖面图

F7 位于 T1 北侧,开口于第⑩层下,柱础打破第⑪层。由于发掘面积较小,房子形状不详。房子地面厚 0.15~0.3 米。该房屋残长 3.95 米,由于早期破坏,地面呈东高、西低,柱洞共 2 排,呈东西向,柱洞较密集,现发掘宽为 2 米,其上堆积有草拌泥块、灰土,清理后发现有加工过的地面,柱洞出现在地面上,在 Z4 下发现有长 0.55、宽 0.35~0.4、厚 0.1~0.2 米的础石 1 块。柱洞 13 个(图十八)。

F8 位于 T1 北侧,开口于第⑪层下,打破第⑫层。残长 7.25 米,发掘区域宽约 2 米。F8 为一座长方形分间房子,柱洞东西走向,与南向的呈直角,房子南边被叠压于 T1 未发掘部分。F8 内堆积较厚的灰土,内含炭屑、草木灰、草拌泥 1 块,土质松软,土色灰褐,在清理完房子废弃层后,发掘柱洞内填土。填土为浅灰五花土,土质松软。发现柱洞 12 个(图十九)。

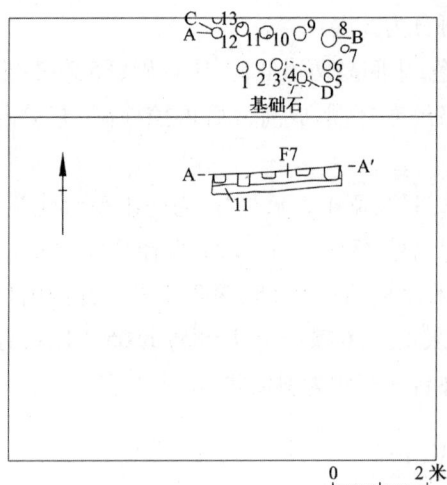

图十八　F7 平、剖面图　　　　　　图十九　F8 平、剖面图

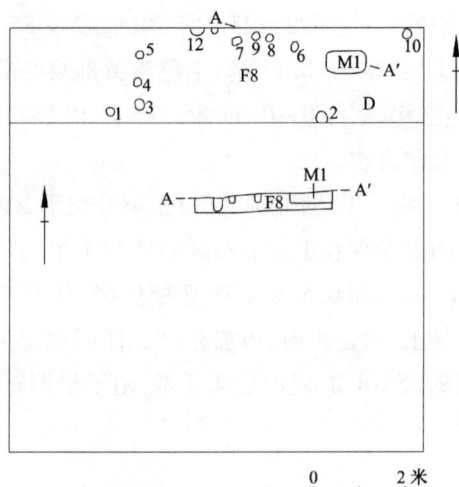

F9　　位于 T3 南部,开口于第⑧层下,因 F9 早年活动面已破坏,形状范围不清。该房屋为垫土台基式地面建筑,即先用黄土垫起较高的房基,再夯筑圆形柱础。仅残留 3 个圆形柱础,编号 Z14—Z16;Z14 直径 1.3 米,Z15、Z16 直径均为 0.7 米。填土为黄褐色结构致密的粘质夯土,含极少量陶片、木炭、烧土等(图二十)。

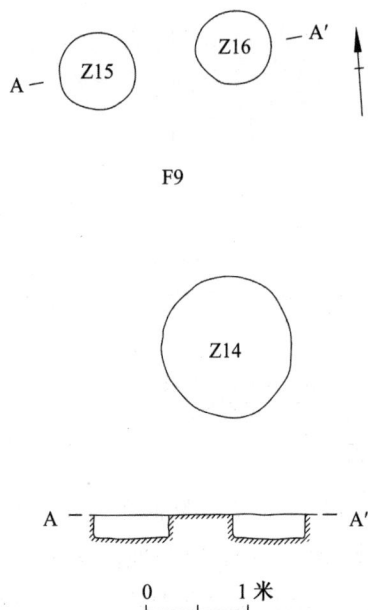

图二十　F9 平、剖面图　　　　　　图二十一　F10 平、剖面图

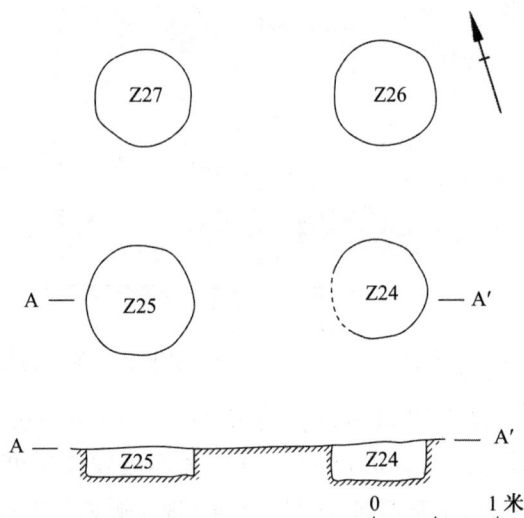

F10　　位于 T3 南部,开口于第⑩层下,打破第⑪层。因 F10 活动面已破坏,形状范围不清。该房屋为垫土台基式地面建筑,即先用黄土垫起较高的房基,再夯筑圆形柱础。仅残留 4 个圆形柱础,编号 Z24—Z27;Z24 直径 0.82、Z25 直径 0.84、Z26 直径 0.84、Z27 直径 0.82 米,填土均为黄褐色结构致密的黏质夯土,含极少量陶片、石块、木炭、烧土等(图

二十一)。

F11　位于 T3 南部偏西处。开口于第⑫层下,打破第⑬层。因 F11 早年活动面已破坏,形状范围不清。F11 为垫土台基式地面建筑,即先用黄土垫起较高的房基,再夯筑圆形柱础,仅残留 4 个圆形柱础,编号 Z49—Z52;其直径均在 0.7 米左右,填土为黄褐色结构致密的黏质夯土,包含极少量的陶片、石块、烧土、木炭等(图二十二)。

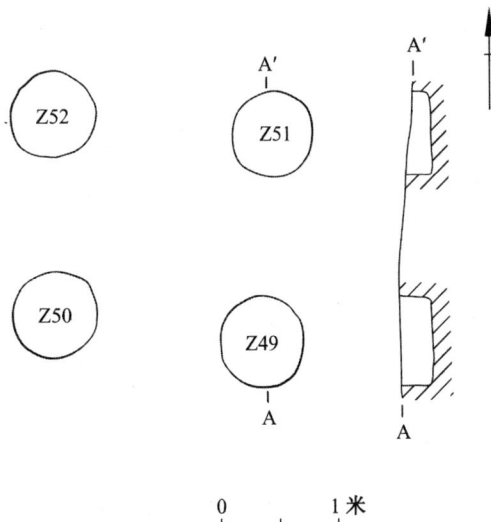

图二十二　F11 平、剖面图

(三)墓葬

M1　位于 T1 东北,开口于第⑪层下,打破第⑫层,打破 F8。平面呈圆角长方形,竖穴土坑,东西长 0.9、南北宽 0.36 ~ 0.43 米,墓口距地表 2.52、墓深 0.2 米。仰身直肢葬,头朝东,葬具无,发现头骨、脊椎骨、2 段肢骨,其余腐朽不清,牙齿残存 4 颗(图二十三)。

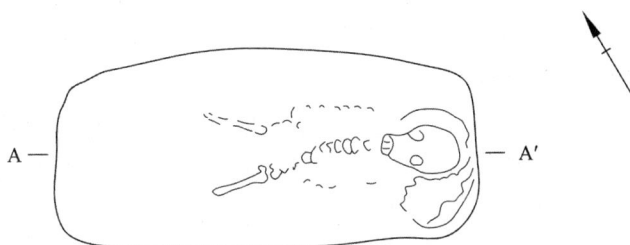

(四)灰沟

G1　位于 T4 中部,开口于第①层下,打破第② ~ ④层。G1 平面不规则带状,东西走向,两侧分别延伸至探方外。沟口宽底窄,口宽 1.2 ~ 1.6 米,壁倾斜呈坡状,沟底东西向较平坦,东部略高,沟口南高北低,口距地表 0.1 ~ 0.6、底距地表 0.7 ~ 1 米(图二十四)。

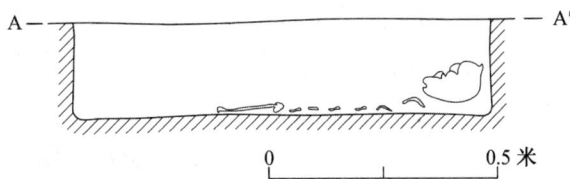

图二十三　M1 平、剖面图

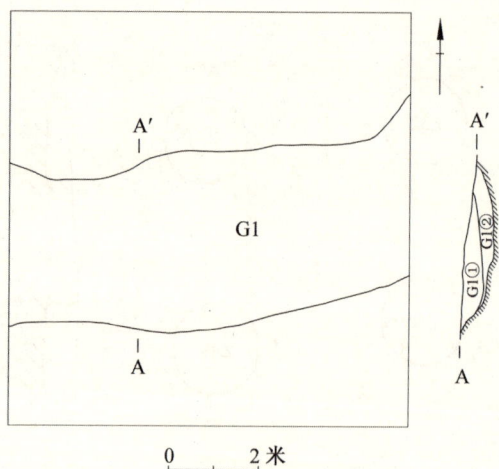

图二十四　G1平、剖面图

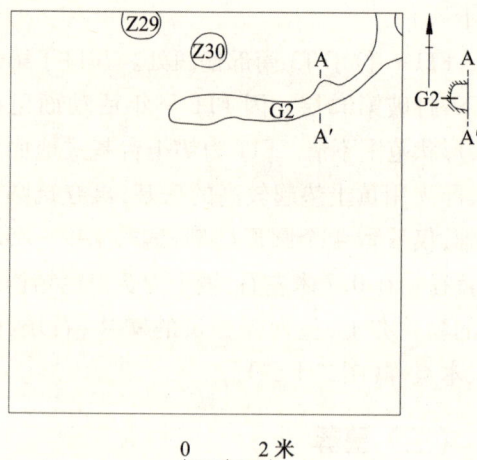

图二十五　G2平、剖面图

沟内堆积分为2层,G1①层厚0～0.45米,土质较坚硬、致密,土色青灰,因地势较低,发掘清理时呈现红褐色和灰白色水纹,南部较深,北部较浅,含烧土块及颗粒、草木灰痕迹,出土遗物较多,其中以红色硬陶较多,以席纹和梯格纹为主,有少量附加堆纹,其次为灰陶、原始瓷、红夹砂陶等,器形有鼎、鬲、豆、罐、盘等。

G1②层厚0～0.35米,堆积为南部较浅、北部较深,层面中部低洼,南北底部剖面低洼,近似"U"形,该层土质较坚硬、土色青绿,夹杂大量褐斑水锈、烧土颗粒等。出土遗物较少,以席纹为主,有少量梯格纹、回纹的印纹硬陶,少量黑皮陶、夹砂红陶、灰陶,器形有罐、豆、鬲、鼎等。

G2　位于T1东北。开口于第⑤层下,打破第⑥—⑧层。平面呈长条形,中部略窄、西端略宽,向东延伸至探方东壁。G2为西南向东北走向,西南较高,沟底呈斜坡状,沟壁较直(图二十五)。

沟内堆积分为2层,第①层为淤积层,层厚0.15、层面距地表1.3米。

第②层为五花填土,土质较硬,土色灰褐,内含炭屑、红陶片,可辨器形有陶鬲及罐残片。

三、遗　物

出土遗物主要为陶器,夹砂陶较多,泥质陶次之,另有少部分硬陶器及原始瓷,还有少量铜器及石器。

(一)陶器

完整器物较多,陶器器形主要有鬲、鼎、豆、钵、甗、罐、盘、盆等,器表以素面为主,纹饰主要有绳纹、方格纹、各种几何填线纹、叶脉纹等(图二十六)。

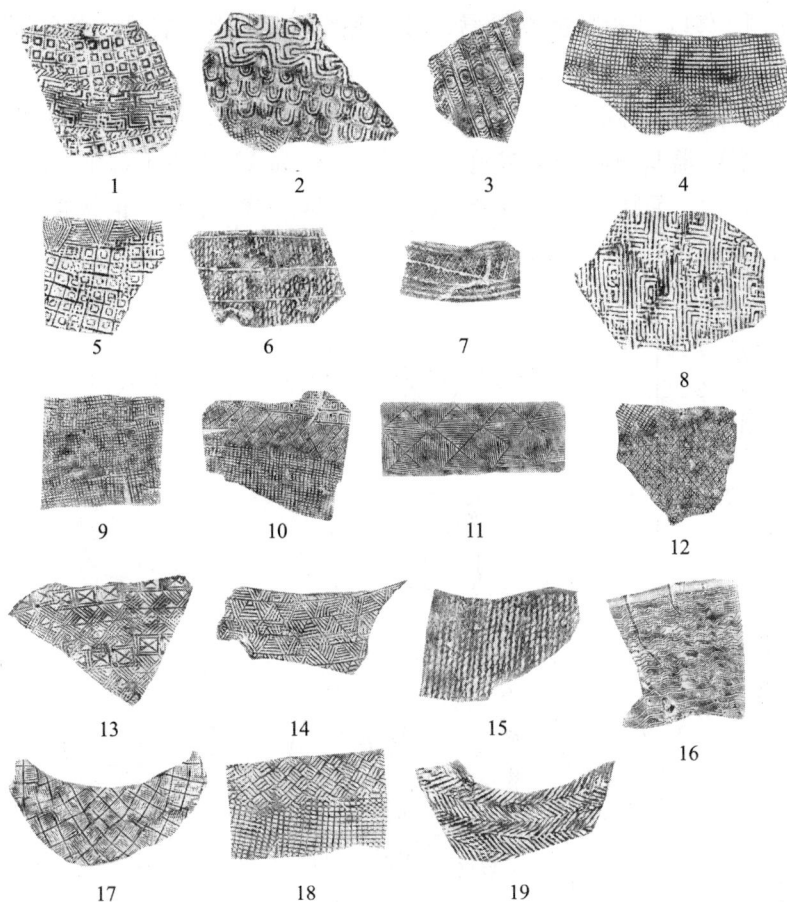

图二十六　拓片

1. 方格纹＋变体鸟纹（F4:20）　2. 垂鳞纹（G1①:18）　3. 重弧纹（T1③:37）　4. 方格纹（T1③:38）
5. 回纹＋填线菱形纹（T2①:5）　6. 间断绳纹（G1③:26）　7. 刻划方格纹＋蓝纹（T3①:8）
8. 雷纹（T2①:3）　9. 方格纹＋雷纹（H3:5）　10. 雷纹＋菱形填线纹＋方格纹（T3⑦:34）
11. 菱形填线纹（G1①:22）　12. 米字纹＋方格纹（T3①:29）　13. 三角填线纹（T1④:33）
14. 三角填线纹（T1④:29）　15. 绳纹（G1④:17）　16. 水波纹（G1①:5）　17. 方格填线纹（T3⑤:22）
18. 席纹＋方格纹（T3⑦:17）　19. 叶脉纹（T2⑩:18）

夹砂陶

鬲　数量较多。大多为夹砂红陶，少部分为夹砂灰陶。

素面鬲，根据裆部不同，可分二型。

A型，弧裆，5件。标本T3⑧:4，夹砂红陶。手制。侈口，折沿，方圆唇，微弧腹，弧裆，下承三锥状袋足。器身可见烟炱痕迹，素面。口径16、高18.4厘米（图二十七，1）。标本T3⑦:19，夹砂红陶。手制。侈口，折沿，圆唇，弧裆，下承三锥状袋足。器身可见烟炱痕，素面。口径18.4、高20.2厘米（图二十七，2）。标本T3⑦:7，夹细砂红陶。手制。侈口，斜折沿，圆唇，弧腹，乳状袋足，弧裆。通体素面，有刮削痕。口径16.4、高16.8厘米（图二十七，3）。标本H3:7，夹细砂红陶。手制。侈口，斜折沿，圆唇，束颈，弧腹，弧裆，乳状袋足。器表多削刮痕，并粘有烟渍，内壁多水垢，足端较尖。口径10、腹径11.4、高12.7厘米（图二十七，4）。标本T3⑫:3，夹砂红陶。手制。侈口,折沿微卷,尖圆唇,弧腹,弧裆,下承三锥状袋足。素面,器身可见烟炱痕迹。口径9.4、高11.4厘米(图二十七,5)。

B型,矮弧裆,2件。标本T3⑤:2,夹砂红陶,手制。侈口,折沿,圆唇,弧腹,弧裆,下承三乳状袋足。素面,器身可见烟炱痕迹。口径11.8、高13.2厘米(图二十七,6)。标本T3⑥:1,夹细砂红陶。手制。侈口,折沿,圆唇,微弧腹,弧裆,下承三锥状袋足。素面,器身可见烟炱痕迹。口径14.2、高13.2厘米(图二十七,7)。

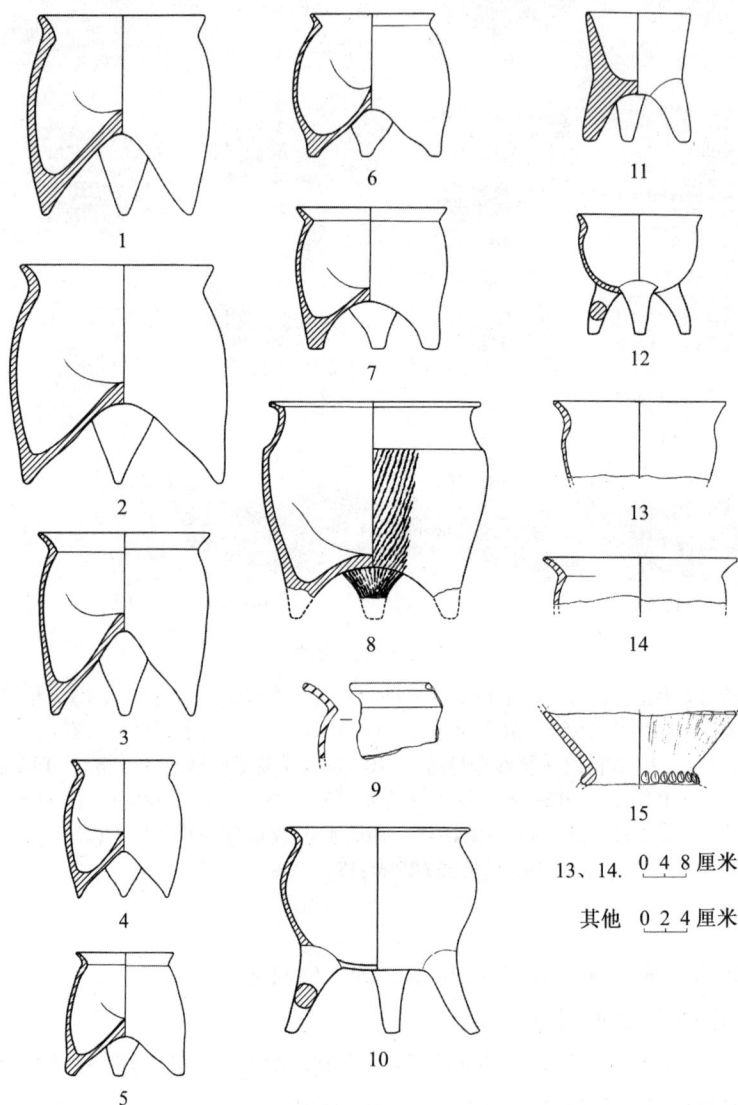

图二十七 陶鬲、鼎、甗

1. T3⑧:4 2. T3⑦:19 3. T3⑦:7 4. H3:7 5. T3⑫:3 6. T3⑤:2 7. T3⑥:1 8. T3②:1
9. H4:1 10. T2⑩:5 11. T3⑨:4 12. T3⑩:4 13. H3:8 14. T1⑦:1 15. T2⑬:1

绳纹鬲,1件。标本T3②:1,夹砂红陶。手制。敞口,斜折沿,方唇,沿面微凹,束颈,斜弧腹,联裆,锥状袋足,足尖实心,尖部残。颈部以下饰中粗绳纹,颈部绳纹抹光,内外壁均有烧渍。口径20、腹径21.4、高18厘米(图二十七,8)。

形制不明鬲,1件。标本H4:1,夹砂红陶。残。圆唇,侈口,束颈,弧腹。残留口径5.3、残高3.1厘米(图二十七,9)。

鼎　3件。标本T2⑩:5,夹砂红陶。侈口,卷沿,尖圆唇,球形腹,圜底,下承三锥形足。素面,器身可见烟炱痕迹。口径17.5、高19厘米(图二十七,10)。标本T3⑨:4,夹细砂红陶。手制。直口,圆唇,直腹,圜底,下承三锥形足。素面,器身外见有烟炱痕迹。口径9.8、底径11.9厘米(图二十七,11)。标本T3⑩:4,夹砂红陶。侈口,折沿,尖圆唇,弧鼓腹,圜底,下承三柱形足,足外撇。素面,器身可见烟炱痕迹。口径12、高11厘米(图二十七,12)。

甑　3件。标本H3:8,残,尖唇,敞口,束颈,弧腹,下腹斜内收,其余部分残。口径32、残高14厘米(图二十七,13)。标本T1⑦:1,残,尖圆唇,敞口,弧腹,其余部分残。口径36、残高8.6厘米(图二十七,14)。标本T2⑬:1,残,仅剩甑腰部分,下腹斜直内收,腰箍上有数个捺窝。残高6.6厘米(图二十七,15)。

鬲足　根据足尖形状不同,可分为二型。

A型,柱状足尖。标本T2⑩:6,夹砂红陶,上承锥状袋足,残高13.4厘米(图二十八,1)。标本T3⑨:5,夹砂红陶,上承乳状袋足。残高8.7厘米(图二十八,2)。标本T3⑫:7,夹砂红陶,上承乳状袋足。残高20厘米(图二十八,3)。

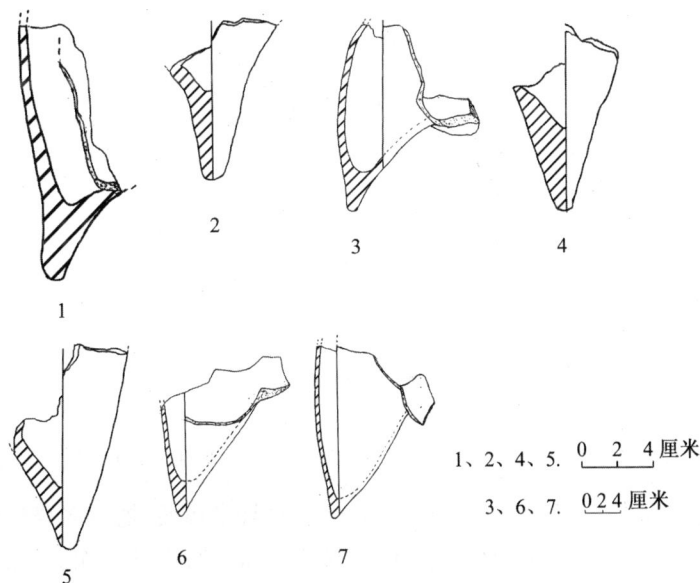

图二十八　鬲足

1. T2⑩:6　2. T3⑨:5　3. T3⑫:7　4. F7:3　5. T4⑦:5　6. T4⑤:10　7. T3⑦:20

B型,锥状足尖。标本F7:3,夹砂红陶,上承锥状袋足。残高9.9厘米(图二十八,4)。标本T4⑦:5,夹砂红陶,上承锥状袋足。残高11.1厘米(图二十八,5)。标本T4⑤:10,夹砂红陶,上承乳状袋足。残高17厘米(图二十八,6)。标本T3⑦:20,夹砂红陶,上承锥状袋足。残高18.4厘米(图二十八,7)。

鼎足　根据鼎足形状,可分为4型。

A型,牛角形。标本T2②:1,夹砂红陶,截面为椭圆形。高7.2、截面长径2.6、短径1.8厘米(图二十九,1)。标本T2⑥:9,夹砂红陶,截面为椭圆形。高6.1、截面长径2.5、短径1.9厘米(图二十九,2)。

B型,兽足形。标本T1⑥:6,夹砂红陶,截面为椭圆形。高6、截面长径2.6、短径2厘米(图二十九,3)。

C型,圆锥形。标本T1③:5,夹砂红陶,截面为圆角方形。残高8.4厘米(图二十九,4)。标本T1③:6,夹砂红陶,截面为圆形。高10.2、截面直径约1厘米(图二十九,5)。标本G1②:1,夹砂红陶,截面为圆形。残高10.2、截面直径约3厘米(图二十九,6)。

D型,鱼鳍形。标本G1④:1,平面约为三角形,剖面弯折长条形,上有数道凹槽。残高8.6、厚约0.5厘米(图二十九,7)。

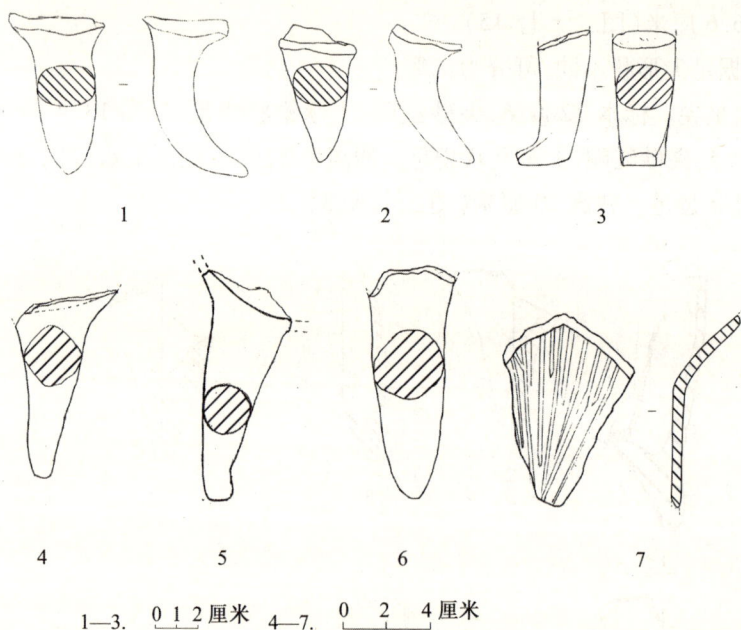

1—3. 0 1 2 厘米　4—7. 0 2 4 厘米

图二十九　鼎足

1. T2②:1　2. T2⑥:9　3. T1⑥:6　4. T1③:5　5. T1③:6　6. G1②:1　7. G1④:1

陶饼　6件。标本F7:2,夹砂褐陶,手制。近圆形,半边残,器表多烧烤痕,其用途推测为甗箅。直径11.4、厚1.7厘米(图三十,1)。标本T3⑫:2,夹砂红陶,手制。近圆形,表面粗糙,可见烟炱痕迹。直径11、厚2.2厘米(图三十,2)。标本T1⑥:2,夹细砂褐陶,手制。圆饼状,仅残存约1/4,器身多穿孔,并有烧烤痕迹,其用途推测为甗箅。直径约13、厚1.8厘米(图三十,3)。标本T2⑩:1,夹砂红陶,因受热不均,大多呈黑色,手制。圆形,饼形。直径13.5、厚1.7厘米(图三十,4)。标本T3⑨:3,夹砂红陶,手制。近圆形,表面粗糙,可见烟炱痕迹。直径14.1、厚1.8厘米(图三十,5)。标本T3⑩:1,夹细砂红陶。近圆形,边变薄,表面粗糙,有一面可见烟炱痕迹。直径9.85、厚1.25厘米(图三十,6)。

杯　3件。标本T1③:1,夹砂红陶,手制。直口,方唇,直腹,平底。外微有烧痕。口径

8.6、底径 8、高 3.4 厘米(图三十,7)。标本 T1⑥:5,夹砂红陶,手制。直口,圆唇,直腹微弧,平底。素面,器身内外有手捏、刮制的痕迹,器身可见烟炱痕迹。口径 4.5、底径 3、高 3.1 厘米(图三十,8)。标本 T3 ⑪:2,夹细砂红陶,手制。口微敞,圆唇,弧腹,平底,腹上部设有对称穿孔。素面,器身外可见烟炱痕迹。口径 10、底径 5.2、高 6.5 厘米(图三十,9)。

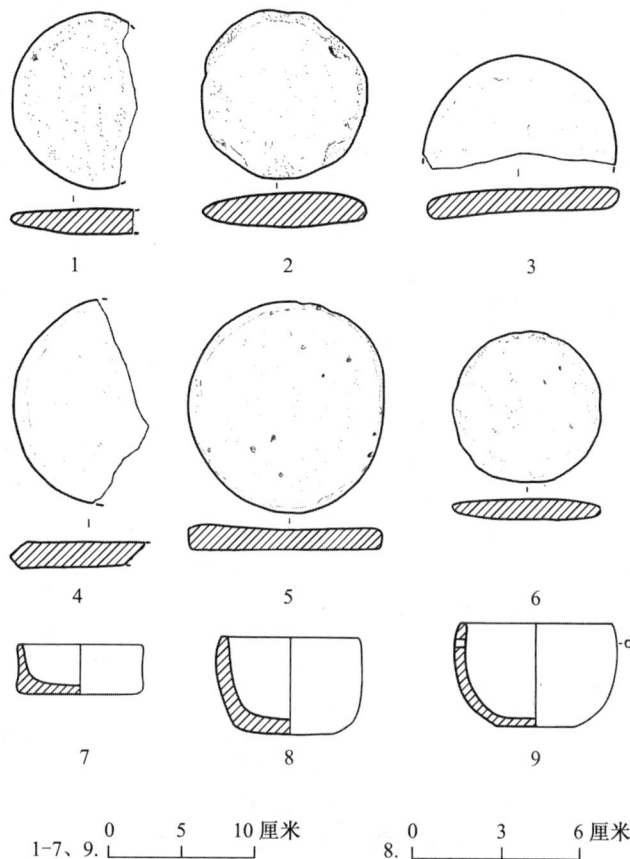

图三十　陶饼、杯

1. F7:2　2. T3⑫:2　3. T1⑥:2　4. T2⑩:1　5. T3⑨:3　6. T3⑩:1　7. T1③:1　8. T1⑥:5
9. T3⑪ :2

泥质陶

罐　6 件。根据腹部的不同可分为二型。

A 型,扁鼓腹,5 件。根据底的不同分为两亚型。

Aa 型,平底,4 件。标本 T4⑤:4,泥质灰陶,外有黑衣,轮制。侈口,窄卷沿,尖圆唇,弧肩,扁鼓腹,平底。肩部饰有弦纹数周。口径 14、底径 12、高 9 厘米(图三十一,1)。标本 T3⑥:5,泥质灰陶,轮制。侈口,圆唇,短直领,弧肩,微有折棱,扁鼓腹,平底。肩部饰一对横向半圆形耳。口径 7.3、底径 6.4、高 5 厘米(图三十一,2)。标本 T3⑧:8,泥质灰陶,轮制。口微侈,小圆唇,低领,弧肩,扁鼓腹,平底内凹。肩外附两个装饰性铲状耳,肩饰 3 道弦纹。口径 13.2、底径 15.6、高 14.6 厘米(图三十一,3)。标本 H3:1,泥质灰陶,外有黑衣,轮制。侈口,圆唇,束颈,斜肩,扁鼓腹,平底。口径 15、底径 13、高 9 厘米(图三十一,4)。

Ab 型，圈足，1 件。标本 T4③:3，泥质灰陶。侈口，尖圆唇，弧肩，扁鼓腹，圈足，平底。肩部饰弦纹，堆贴一对羊角形附加堆纹。口径 14、底径 12.6、高 7.4 厘米（图三十一，5）。

B 型，鼓腹，1 件。标本 T2⑥:9，泥质红陶，尖圆唇，敞口，鼓腹，底残。侧面饰有横向长条形耳。口径 12、残高 7.1 厘米（图三十一，6）。

尊　1 件。标本 T2⑮:1，泥质黑陶，尖圆唇，敞口，束颈，鼓腹，底残。口径 28、残高 14 厘米（图三十一，7）。

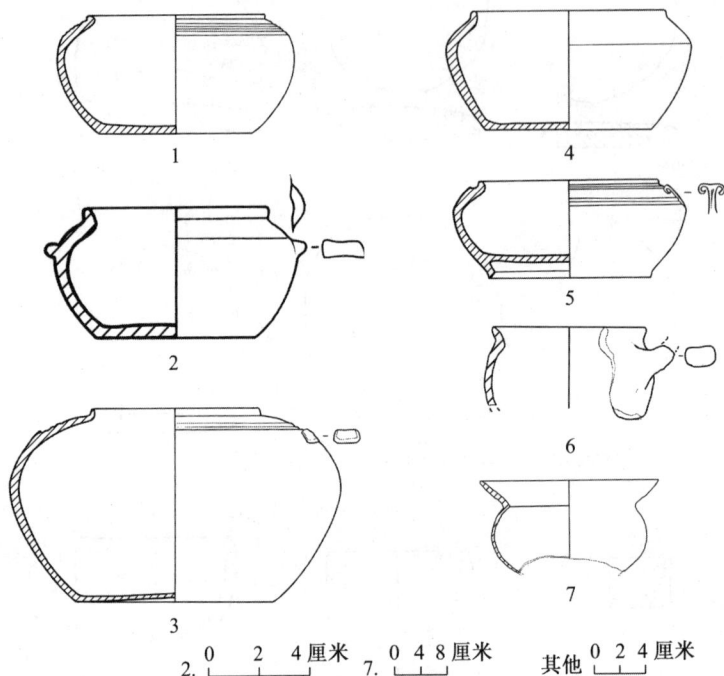

图三十一　罐、尊

1. T4⑤:4　2. T3⑥:5　3. T3⑧:8　4. H3:1　5. T4③:3　6. T2⑥:9　7. T2⑮:1

盆　7 件。根据口沿的不同可分为二型。

A 型，侈口（敞口），6 件。标本 T2⑥:4，泥质灰陶，轮制。侈口，卷沿，尖圆唇，斜肩，弧腹，平底。肩部施有弦纹数周，器内外皆有轮制痕迹，较浅。口径 28.4、底径 16.2、高 10 厘米（图三十二，1）。标本 T3⑦:18，泥质灰陶，外有黑衣，轮制。敞口，方唇，折腹，上腹内凹，中、下腹斜弧收，平底。素面。口径 36、底径 22.4、高 9 厘米（图三十二，2）。标本 T4⑦:3，泥质灰陶，轮制。侈口，卷沿，圆唇，束颈，折肩，斜弧腹，平底内凹，沿面饰两道弦纹，肩部饰数道弦纹。口径 27.2、底径 19.2、高 13 厘米（图三十二，3）。标本 T3⑫:5，泥质红陶，外有黑衣，轮制。侈口，沿微卷，方圆唇，束颈，斜弧腹，平底。口径 25.2、底径 11.4、高 11.2 厘米（图三十二，4）。标本 T3⑥:9，黑皮陶，轮制。敛口，方唇，弧腹，平底，中部残，口外附两个装饰泥条盘制的方形桥状耳，口外饰两道弦纹。口径 24.5、底径 21.6、高 8.1 厘米（图三十二，5）。标本 T3⑦:16，泥质灰陶，轮制。口微侈，方唇，折腹，上腹内凹，下腹弧收，平底。沿面有弦纹数周，素面。口径 28.1～31.6、底径 17.7、高 9.6～11.1 厘米（图三十二，6）。

B 型，直口，1 件。标本 T4⑧:2，泥质灰陶，手制。直口，方唇，肩略折，弧直腹，平底。口径28.6、底径14.8、高9.8厘米(图三十二,7)。

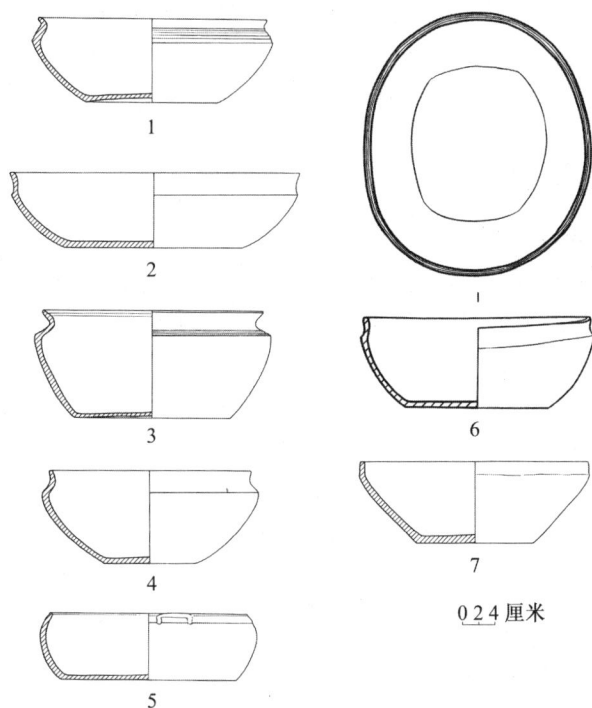

图三十二　盆

1. T2⑥:4 2. T3⑦:18 3. T4⑦:3 4. T3⑫:5 5. T3⑥:9 6. T3⑦:16 7. T4⑧:2

钵　根据腹部的不同可分为二型。

A型,鼓腹,6件。标本T2⑤:1,泥质灰陶,外有黑衣,手制。尖圆唇,敛口,圆鼓腹,平底,上腹施有弦纹数周,器内底有手捏制、指捺痕迹。口径12.5、底径10.5、高6.3厘米(图三十三,1)。标本T2⑥:3,泥质灰陶,手制,泥条盘筑。方圆唇,敛口,溜肩,弧腹,平底,肩部饰弦纹数周,最大径位于腹中部,器内壁有泥条盘筑的痕迹。口径13、底径11、高5.8厘米(图三十三,2)。标本T4⑤:7,泥质灰陶,黑皮,泥条盘筑,口捏制,底另接。尖圆唇,敛口,圆鼓腹,平底,器内口见手捏制的指纹,器内有指抹痕,外壁见有篦刮痕。口径10.8、底径9.3、高7.4厘米(图三十三,3)。标本T3⑦:3,泥质灰陶,轮制。敛口,圆唇,圆腹,平底,内部底略凸,内壁有手工制作痕迹,器表有轮制痕迹。口径11、底径9、高6.8厘米(图三十三,4)。标本T3⑧:1,泥质灰陶,外有黑衣,轮制。圆唇,敛口,弧鼓腹,平底,素面。口径15.4、底径12.6、高8.4厘米(图三十三,5)。标本T3⑦:2,黑衣红陶,轮制。敛口,尖圆唇,圆腹,底部微上凹,内部底稍凸,口部有轮制痕迹。口径15.6、底径12.4、高7.4厘米(图三十三,6)。

B型,弧腹,6件。标本H3:3,泥质灰陶,外有黑衣,轮制。尖圆唇,敛口,弧腹,平底,上腹部饰弦纹数周。口径28、底径19.2、高8.8厘米(图三十三,7)。标本T4⑦:2,泥质灰陶,外有黑衣,轮制。方唇,敛口,折肩,弧腹,平底,唇上和折肩上部各饰凹槽二周。口径25、底径18、高8.4厘米(图三十三,8)。标本T4⑦:4,泥质灰陶,手制。圆唇,敛口,肩、腹交接处折,平底,肩上部饰凹弦纹二周。口径9.2、底径6、高5.1厘米(图三十三,9)。标本T3⑫:4,

灰黄胎黑衣。方圆唇，敛口，上腹圆鼓，下腹弧收，最大径位于腹上部，平底。口径19、底径12.4、高6.7厘米（图三十三，10）。标本T2⑩：4，泥质灰陶，外有黑衣。尖唇，敛口，肩、腹交接处折，弧腹，平底，肩部饰凹弦纹数周。口径18、底径8.8、高7.7厘米（图三十三，11）。标本T3⑭：1，夹砂红陶，圆唇，敛口，上腹圆鼓，下腹弧收，最大径位于腹上部，底残。口径20、高9.7厘米（图三十三，12）。

圈足盘　3件。标本T1③：2，泥质灰陶，有黑衣，手制。圆唇，敞口，折弧腹，上腹较弧，下腹斜折收，圈足，平底，器身内外都有手捏、刮制的痕迹。口径15.6、底径10.8、高5.5厘米（图三十三，13）。标本T2⑧：2，泥质灰陶，有黑衣，手制。圆唇，敞口，折腹，上腹斜折，下腹弧收，喇叭状圈足外撇，平底，底略往上抬，浅盘，腹部饰弦纹数周。口径18、底径14、高7厘米（图三十三，14）。标本T1⑤：1，泥质灰陶，有黑衣，尖唇，敞口，上腹斜直，下腹弧收，高圈足略外撇，底残。腹部饰弦纹数周。口径21.2、底径16.8、高6.2厘米（图三十三，15）。

豆　根据口沿不同可分为三型。

A型，敛口，4件。标本T4③：8，泥质红陶，外有黑衣，轮制。圆唇，敛口，折弧腹，喇叭状圈足外撇。口径8.5、底径6.3、高6.5厘米（图三十四，1）。标本T3⑪：1，泥质灰陶，有黑衣，轮制。方圆唇，口微敛，折腹，喇叭状圈足外撇，素面。口径11.6、底径6.6、高5.6厘米（图三十四，2）。标本T3⑪：6，泥质灰陶，有黑衣，轮制。尖圆唇，侈口，折沿，束颈，溜肩，斜弧腹，喇叭状圈足外撇，肩部饰有弦纹数周。口径21.6、底径12.5、高9.6厘米（图三十四，3）。

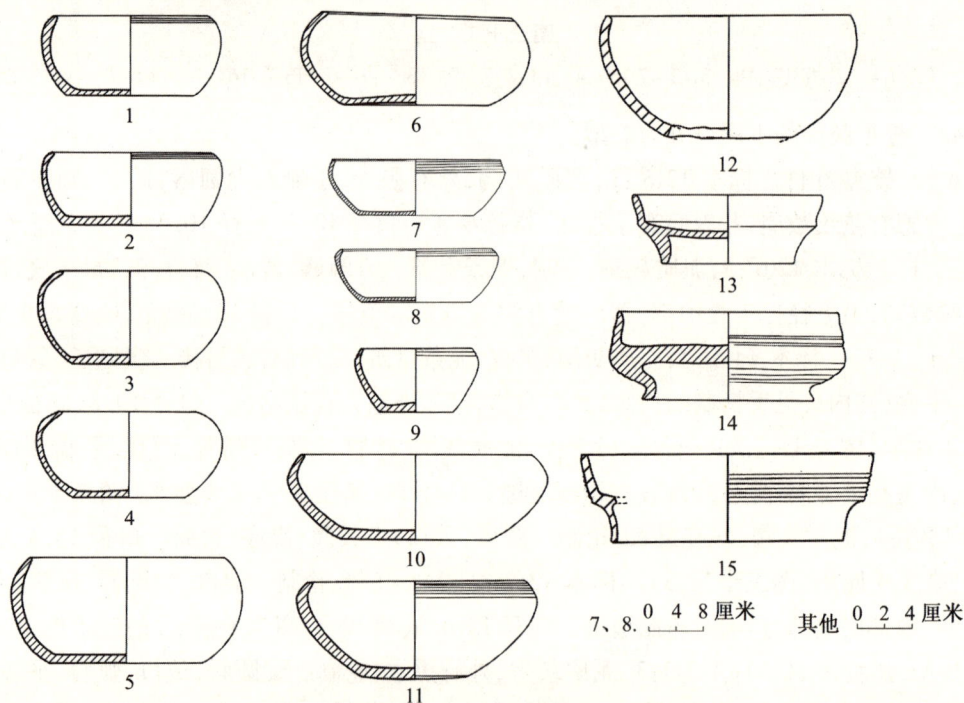

图三十三　钵和圈足盘

1. T2⑤:1　2. T2⑥:3　3. T4⑤:7　4. T3⑦:3　5. T3⑧:1　6. T3⑦:2　7. H3:3　8. T4⑦:2
9. T4⑦:4　10. T3⑫:4　11. T2⑩:4　12. T3⑭:1　13. T1③:2　14. T2⑧:2　15. T1⑤:1

标本T4⑪:1,泥质红陶,外有黑衣,轮制。口残,弧腹,喇叭状圈足外撇。口径12.1、底径7.2、高5.8厘米(图三十四,4)。

B型,敞口,弧腹,10件。标本T2③:1,泥质红陶,外有黑衣,手制。斜方唇,敞口,弧腹喇叭形圈足,唇上饰凹弦纹三周。口径18.6、底径10.2、高6.2厘米(图三十四,5)。标本T3⑤:4,泥质褐陶,轮制。口微敛,窄平沿,三棱状尖唇,沿面内外两侧起凸棱,沿下微收,斜弧腹,矮圈足,足底微外撇,足端方唇,内底弧。口径18、底径10、高6.4厘米(图三十四,6)。标本T3⑤:5,黑皮陶,轮制。敞口,方唇,沿外微收,斜弧腹,矮圈足,足底稍外撇,足端较方,唇面饰二道弦纹,内底弧圆。口径18、底径9.6、高5.5厘米(图三十四,7)。标本T4③:5,黑皮陶,手制。方唇,敞口,弧腹,喇叭状圈足外撇。口径11.2、底径7.1、高5厘米(图三十四,8)。标本T4③:7,泥质红胎,外施黑衣,手制。尖唇,敞口,折沿,弧腹,底近平,喇叭形圈足。口径16.2、底径10、高6.8厘米(图三十四,9)。标本T3⑥:7,泥质红陶,外有黑衣,轮

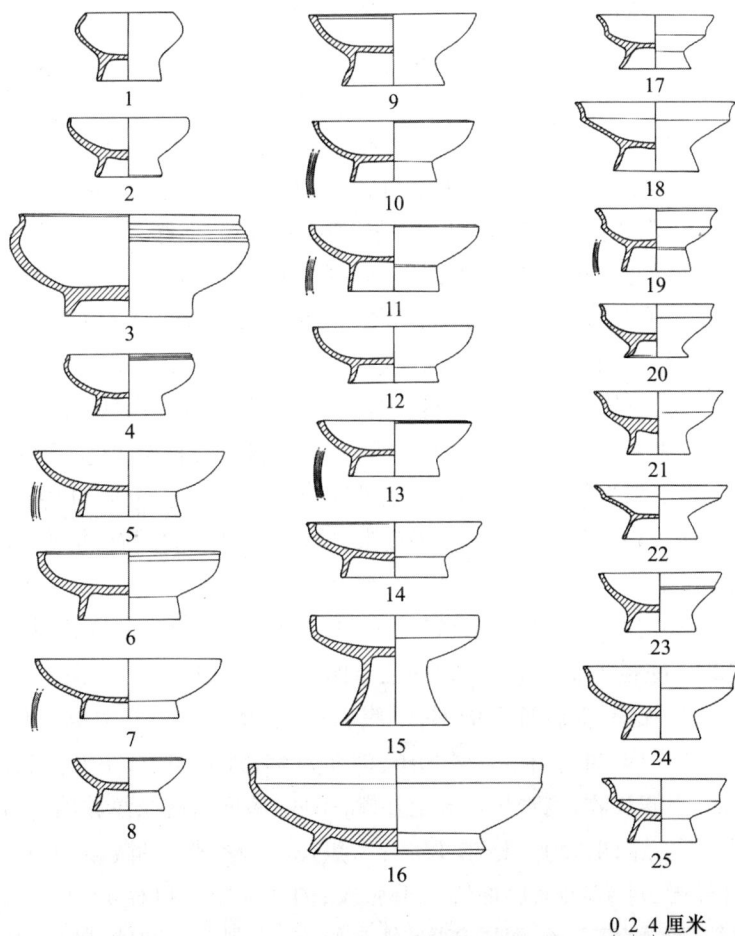

图三十四　豆(一)

1. T4③:8　2. T3⑪:1　3. T3⑪:6　4. T4⑪:1　5. T2③:1　6. T3⑤:4　7. T3⑤:5　8. T4③:5
9. T4③:7　10. T3⑥:7　11. T3⑤:6　12. T3⑥:3　13. T4⑥:1　14. T3⑧:2　15. T3⑫:1
16. T4⑧:3　17. T1④:1　18. T1④:5　19. T4③:9　20. T3⑤:1　21. T3⑤:3　22. T3⑤:7
23. T3⑥:2　24. T3⑥:4　25. T4⑤:6

制。尖圆唇,敞口,弧腹,喇叭状圈足外撇,口沿处饰有弦纹数周。口径15.4、底径8.3、高5.8厘米(图三十四,10)。标本T3⑤:6,泥质灰陶,轮制。直口,方唇,折腹,盘下斜弧收,矮圈足微斜,唇面饰三道弦纹,内底弧。口径16.4、底径8.8、高6.3厘米(图三十四,11)。标本T3⑥:3,泥质红陶,外有黑衣,轮制。方圆唇,敞口,弧腹,喇叭状圈足外撇,口沿处饰有弦纹数周。口径15.6、底径8.8、高5.4厘米(图三十四,12)。标本T4⑥:1,泥质灰陶,外有黑衣,手制。方圆唇,敞口,弧腹,喇叭状圈足外撇,唇面饰有弦纹数周,平底。口径15、底径8.9、高5.3厘米(图三十四,13)。标本T3⑧:2,泥质灰陶,外有黑衣,轮制。尖圆唇,敞口,斜弧腹,喇叭状圈足外撇,素面。口径17、底径10.4、高5.2厘米(图三十四,14)。

C型,侈口(直口),折腹。根据足部的不同可分为三亚型。

Ca型,高圈足,1件。标本T3⑫:1,泥质红陶,外有黑衣,轮制。方唇,口微敞,折腹,上腹近直,下腹斜弧收,高喇叭状圈足外撇。口径16.4、底径10.5、高10.4厘米(图三十四,15)。

Cb型,矮圈足,1件。标本T4⑧:3,泥质灰陶,手制。方唇,直口,折腹,上腹内凹,下腹弧收,喇叭状圈足外撇。口径28.6、底径17.2、高8.6厘米(图三十四,16)。

Cc型,圈足,33件。标本T1④:1,泥质灰陶,轮制。侈口,小圆唇,折腹,矮圈足,足底外撇,足端较方,盘下斜收,内底弧有修刮痕。口径11.6、底径7、高5.1厘米(图三十四,17)。标本T1④:5,泥质灰陶,外有黑衣,轮制。尖唇,敞口,折腹,上腹近下内凹,下腹斜收,喇叭状圈足外撇,口沿处饰有弦纹二周。口径16、底径8.4、高6.6厘米(图三十四,18)。标本T4③:9,泥质灰陶,外有黑衣,手制。方圆唇,敞口,折腹,上腹近下即内凹,下腹弧收,喇叭状圈足外撇,唇面饰弦纹三周,器内底见指捺痕迹。口径12.2、底径6.8、高6厘米(图三十四,19)。标本T3⑤:1,泥质灰陶,轮制。圆唇,敞口,折腹,上腹近下内凹,下腹斜弧收,喇叭状圈足外撇。口径11.3、底径6.3、高5.1厘米(图三十四,20)。标本T3⑤:3,泥质灰陶,轮制。侈口,圆唇,折腹,盘下斜弧收,下接圈足,足底外撇,足端方唇,内底弧。口径12.8、底径6.2、高6厘米(图三十四,21)。标本T3⑤:7,黑皮陶,轮制。侈口,尖圆唇,折腹,有圈足,口部有较明显的轮制痕迹,上部器内凹。口径13.2、底径7.3、高5.2厘米(图三十四,22)。标本T3⑥:2,泥质红陶,外有黑衣,轮制。方圆唇,敞口,折腹弧收,喇叭状圈足外撇,口沿处有凹槽一周。口径12.1、底径7、高5.6厘米(图三十四,23)。标本T3⑥:4,泥质灰陶,外有黑衣,轮制。圆唇,敞口,折弧腹,上腹近下内凹,下腹斜弧收,喇叭状圈足外撇。口径15.3、底径7.8、高7厘米(图三十四,24)。标本T4⑤:6,泥质灰陶,外有黑衣,手制。尖圆唇,敞口,折腹,上腹近下内凹,下腹弧收,喇叭状矮圈足外撇,平底,唇面施有弦纹数周。口径12.2、底径6.7、高6.1厘米(图三十四,25)。标本T3⑦:1,黑皮陶,轮制。口微侈,方唇,折腹,盘下斜收,矮圈足,下部外撇,足端较圆,唇面饰二道弦纹,内底弧状。口径17、底径7.9、高6.3厘米(图三十五,1)。标本T3⑦:6,泥质灰陶,外有黑衣,轮制。方圆唇,敞口,折弧腹,上腹近下内凹,下腹斜弧收,喇叭状圈足外撇。口径16.9、底径8、高6.6厘米(图三十五,2)。标本T3⑦:8,泥质灰陶,轮制。敞口,方唇,唇沿下微束,下腹斜折收,下接喇叭状矮圈足,内底锅底状,有"乂"状刻划标记,唇面饰二道弦纹。口径13.7、底径6.8、高5.6厘米(图三十五,3)。标本T3⑦:10,泥质灰陶,轮制。侈口,折腹,盘下斜弧收,矮圈足,下部微外撇,足端较方，唇面有凹槽，内弧底。口径13.9、底径7.3、高5.4厘米(图三十五,4)。标本T3⑦:11,泥质灰陶，轮制。侈口,小圆唇,沿下急收,折腹,盘下斜收,下接矮圈足,足底外撇,足端圆唇,沿上饰两道弦纹,内底圆弧底,底心较平。口径12.6、底径7.5、高6.3厘米(图三十五,5)。标本T3⑦:12,泥质灰陶,轮制。侈口,小圆唇,折腹,盘下斜弧收,矮圈足外撇,足端厚而圆,内底圆弧,沿面三道凹弦纹。口径13、底径7.5、高6.2厘米(图三十五,6)。标本T3⑦:13,泥质褐陶,轮制。侈口,圆唇,折腹,盘下斜收,矮圈足,较斜直,足端较方,内底弧圆。口径12.6、底径7.2、高6.3厘米(图三十五,7)。标本T3⑦:14,泥质灰陶,轮制。敞口,方唇,折腹,盘下斜收,矮圈足,足底外斜,足端较方,盘下和足外有削刮痕,内底弧圆。口径15.4、底径8.6、高6.8厘米(图三十五,8)。标本T3⑦:15,泥质红褐陶,轮制。侈口,方唇,折腹,腹下急收,下接矮圈足,较斜直,足端较方,唇面饰二道弦纹。口径16、底径8.2、高6.4厘米(图三十五,9)。标本T3⑧:3,泥质红陶,外有黑衣,轮制。圆唇,敞口,折弧腹,上腹近中内凹,

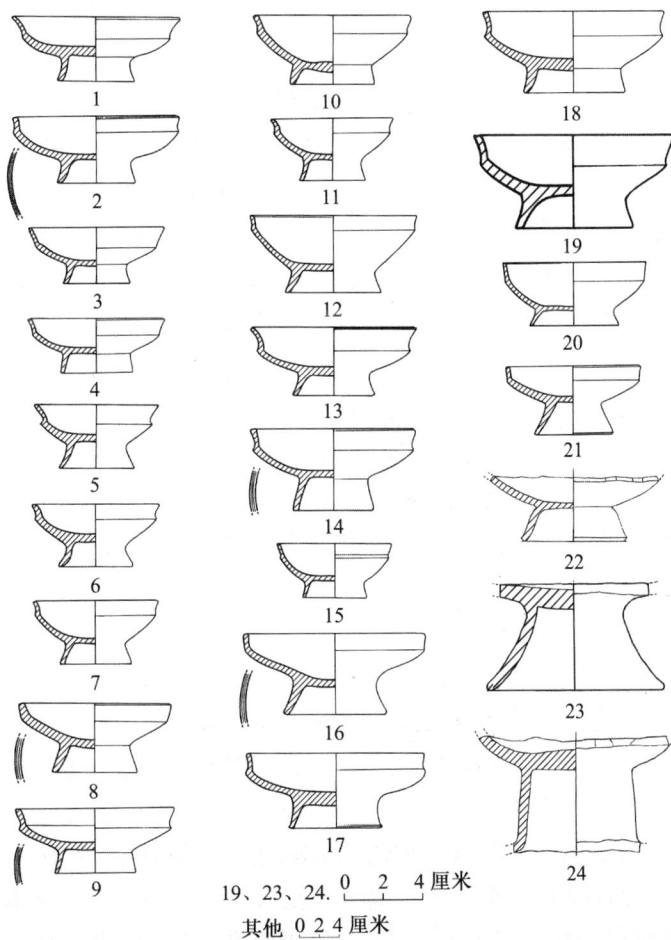

图三十五　豆(二)

1. T3⑦:1　2. T3⑦:6　3. T3⑦:8　4. T3⑦:10　5. T3⑦:11　6. T3⑦:12　7. T3⑦:13
8. T3⑦:14　9. T3⑦:15　10. T3⑧:3　11. T3⑧:5　12. T3⑧:6　13. T3⑧:7　14. H3:2
15. T4⑥:2　16. T2⑩:2　17. T2⑩:3　18. T3⑩:2　19. T3⑩:3　20. T3⑪:3　21. T3⑪:5
22. H5:1　23. H5:2　24. F6:1

中、下腹斜弧收,喇叭状圈足外撇。口径16、底径8.6、高6.8厘米(图三十五,10)。标本T3⑧:5,泥质灰陶,外有黑衣,轮制。尖圆唇,敞口,折腹,上腹近中内凹,下腹斜弧收,喇叭状圈足外撇,素面。口径12.4、底径6.7、高6.1厘米(图三十五,11)。标本T3⑧:6,泥质灰陶,加有黑衣,轮制。方圆唇,敞口,折腹,上腹近下内凹,下腹斜弧收,喇叭状圈足外撇,豆处饰有弦纹数周。口径16.6、底径9.6、高7.7厘米(图三十五,12)。标本T3⑧:7,泥质灰陶,外有黑衣,轮制。圆唇,敞口,折弧腹,上腹近下内凹,下腹斜弧收,喇叭状圈足外撇,唇面饰有弦纹两周。口径16.6、底径8.3、高6.8厘米(图三十五,13)。标本H3:2,泥质灰陶,外有黑衣,轮制。方唇,口微敞,折腹,上腹近下内凹,下腹斜弧收,喇叭状圈外撇,口沿处有凹槽两周。口径16.6、底径8.2、高8厘米(图三十五,14)。标本T4⑥:2,泥质灰陶,外有黑衣,手制。方唇,敞口,折腹,上腹下部内凹,下腹弧收,喇叭状圈足外撇。口径11.6、底径6.5、高5.4厘米(图三十五,15)。标本T2⑩:2,泥质灰陶,手制。方唇,直口,折腹,上腹直,下腹弧收,喇叭状圈足,唇部饰凹弦纹两周。口径18.4、底径10.4、高8厘米(图三十五,16)。标本T2⑩:3,泥质灰陶,外有黑衣,手制、轮制。方圆唇,侈口近直,折腹,上腹较直近下内凹,下腹弧收,喇叭状圈足外撇,器内底处有轮制痕迹和手捏指捺痕迹。口径17.8、底径9.4、高7.4厘米(图三十五,17)。标本T3⑩:2,黑皮陶,轮制。侈口,圆唇,折腹,盘下斜弧收,矮圈足,足底外撇,足端较方,内底弧状。口径18.4、底径10.4、高8厘米(图三十五,18)。标本T3⑩:3,泥质灰陶,轮制。方圆唇,敞口,口沿处有凹槽两周,折腹,上腹近下内凹,下腹斜收,喇叭状圈足外撇,素面。口径10.2、底径6、高4.6厘米(图三十五,19)。标本T3⑪:3,泥质红陶,轮制。尖圆唇,敞口,口沿有一凹槽,折腹,上腹近直,下腹斜弧收,喇叭状圈足外撇。口径14.6、底径9.1、高6.3厘米(图三十五,20)。标本T3⑪:5,泥质灰陶,轮制。方唇,敞口,折腹,上腹微内凹,下腹斜弧收,喇叭状圈足外撇,素面。口径13.8、底径8.1、高6.8厘米(图三十五,21)。标本H5:1,残,泥质灰陶,下腹斜弧收,喇叭状圈足外撇,素面。口径13.8、底径8.1、高6.8厘米(图三十五,22)。标本H5:2,残,黑皮陶豆圈足,喇叭状圈足外撇。底径8.8、残高5.1厘米(图三十五,23)。标本F6:1,残,黑皮陶豆柄,下腹斜弧收,豆柄上部略外撇,下部残。残高5.7厘米(图三十五,24)。

杯 3件。标本T1③:4,泥质红陶,手制。敛口,圆唇,球形腹,圜底。胎较厚,素面。口径3.4、高3.2厘米(图三十六,1)。标本T3②:2,泥质褐陶,黑皮,轮制。敞口,圆唇,斜弧腹,平底微内凹,内底圆弧。口径6.4、底径3.6、高2.8厘米(图三十六,2)。标本T3⑥:6,泥质灰陶,泥条盘筑。敛口,圆唇,鼓腹,平底。口径6.4、底径4.9、高6厘米(图三十六,3)。

纺轮 5件。可分为二型。

A型,算珠形,4件。标本T1④:6,泥质灰黄陶,手制。算珠状,中有一圆形穿孔。上有弦纹数周。上、下台面直径1.8、腹径3.7、高2.6厘米(图三十六,4)。标本T3⑨:2,泥质灰陶,外有黑皮,火候较高,轮制。算珠形,中有一圆形穿孔,满饰弦纹。直径3.9、厚2.85、孔径0.5厘米(图三十六,5)。标本T4⑥:3,泥质红陶,有黑衣,轮制。算珠形,中有一圆形穿孔,器身外有弦纹数周。上、下台面直径1.4、腹径3.8、高2.8厘米(图三十六,6)。标本T4⑧:1,泥质灰陶。算珠状,中有一圆形穿孔,饰弦纹数周。直径3.3、高2、孔径0.5厘米(图三十六,7)。

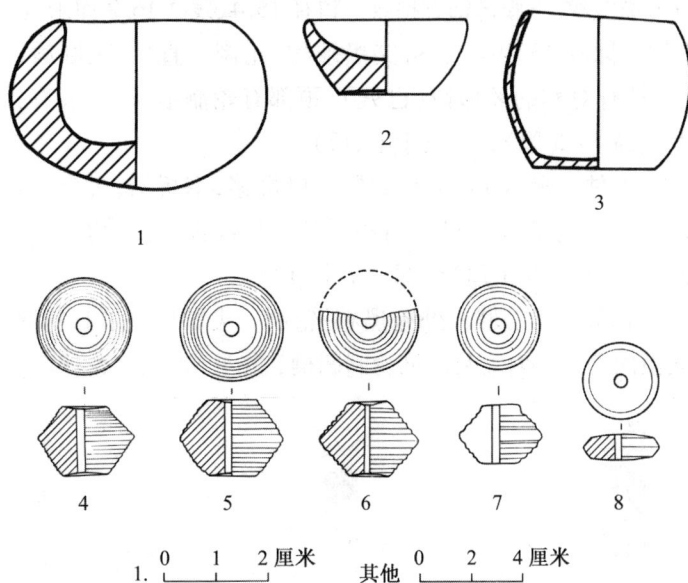

图三十六　杯、纺轮

1. T1③:4　2. T3②:2　3. T3⑥:6　4. T1④:6　5. T3⑨:2　6. T4⑥:3　7. T4⑧:1　8. F6:3

B 型,扁算珠形,1 件。标本 F6:3,泥质红陶,轮制。扁算珠形,中有一圆形穿孔。素面,器身较光滑。直径 3.85、厚 1、孔径 0.5 厘米(图三十六,8)。

硬陶

坛　1 件。标本 G1①:3,灰褐色胎,泥条盘筑。敞口,卷沿近平,尖唇,束颈,溜肩,深鼓腹,平底微内凹。器外饰回纹。口径 21.4、底径 23.4、高 46.8 厘米(图三十七,1)。

罐　11 件。根据口沿的不同分为二型。

A 型,侈口,10 件。标本 T3⑦:17,红硬陶。侈口,折沿,尖圆唇,束颈,溜肩,鼓腹,圈底内凹。肩部饰席纹,腹、底部满饰方格纹,器内壁留有手捏、刮制的痕迹。口径 22.8、底径 10.2、高 17.8 厘米(图三十七,2)。标本 H3:5,侈口,折沿,尖圆唇,束颈,溜肩,弧腹,圈底内凹。肩部及外底部满饰方格纹和云雷纹,器内壁留有手捏、刮制的痕迹。口径 31.4、底径 14.6、高 22 厘米(图三十七,3)。标本 T4⑤:9,红硬陶,泥条盘筑,手制。侈口,折沿,方唇,束颈,弧肩,鼓腹,圈底内凹。颈部饰有弦纹一周,肩部、上中腹部满饰席纹,下腹部饰方格纹。口径 29.8、底径 14、高 23 厘米(图三十七,4)。标本 H3:6,红硬陶。侈口,折沿,方圆唇,束颈,圆肩,鼓腹,圈底内凹。器外部饰云雷纹和方格纹,器内壁有手捏、刮制的痕迹。口径 32.4、底径 14.4、高 19.6 厘米(图三十七,5)。标本 T3⑫:6,红硬陶,轮制。敞口,折沿,方唇,束颈,圆肩,鼓腹,圈底内凹。肩饰云雷纹,下腹及底部饰较粗网格纹。口径 29.2、腹径 34、高 21 厘米(图三十七,6)。标本 T4⑧:4,残。红硬陶,侈口,束颈,圆肩,鼓腹。饰回纹及麦穗纹。残高 11.2 厘米(图三十七,7)。标本 F6:2,残。侈口,束颈,鼓腹。颈部饰有数道弦纹,腹部饰雷纹。口径 12、残高 6.6 厘米(图三十七,8)。标本 T2⑥:10,残。侈口,束颈,圆肩,鼓腹。口径 16.4、残高 8.2 厘米(图三十七,9)。标本 T1③:7,残。下腹斜内收,平底略内凹。底径 9、残高 10 厘米(图三十七,10)。标本 H3:9,残。侈口,方唇,圆肩,鼓腹,底残。

肩部及上腹部饰菱形填线纹,下腹部饰方格纹。口径16.4、残高16.2厘米(图三十七,11)。

B型,直口,1件。标本T3⑥:8,黄褐夹黑硬陶,轮制。直口,尖圆唇,弧颈,圆肩,球形腹,圜底内凹。上腹部有对称的环形钮(已残),颈部有轮制痕迹,器表有拍印的中粗绳纹。口径10.4、底径9.3、高14.5厘米(图三十七,12)。

瓿 1件。弧肩,1件。标本T4⑤:5,轮制。口微侈,窄折沿,尖唇,斜直颈,弧肩,扁鼓腹,假圈足,平底略内凹。肩部设一对竖向桥形耳。颈部饰弦纹,肩、腹部饰折线纹。口径9.8、腹径16.8、底径11.2、高9.1厘米(图三十七,13)。

碗 2件。标本T4③:2,红硬陶,外施黑衣,轮制。尖圆唇,敞口,折腹,上腹内凹,下腹弧收,假圈足,平底微内凹。器内腹及底见轮制凹槽,外见指抹痕,底有片切割形成的平行线

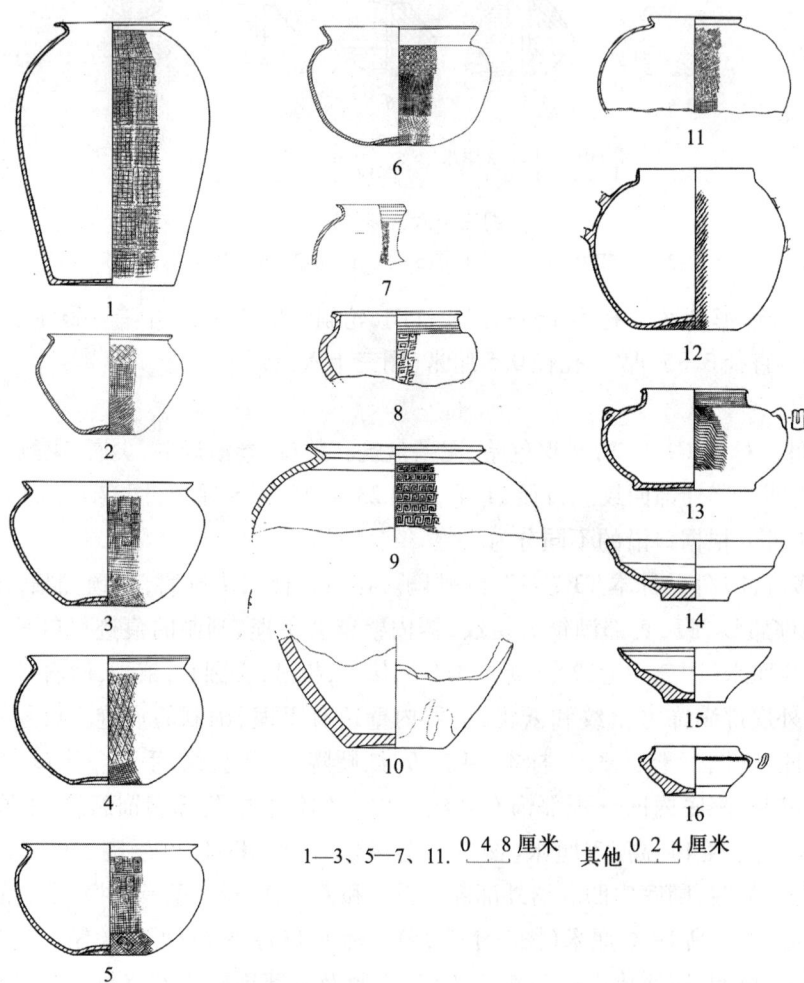

图三十七 硬陶

1. G1①:3 2. T3⑦:17 3. H3:5 4. T4⑤:9 5. H3:6 6. T3⑫:6 7. T4⑧:48. F6:2 9. T2⑥:10 10. T1③:7 11. H3:9 12. T3⑥:8 13. T4⑤:5 14. T4③:2 15. T4⑥:4 16. T4⑤:1

痕。口径16.2、底径6.1、高5.4厘米(图三十七,14)。标本T4⑥:4,灰色硬陶,轮制。尖唇,敞口,折腹,上腹内凹,下腹内凹,下腹弧收至底,小平底。器内见轮制旋痕、指抹痕,底有片切割形成的平行线痕。口径13.8、底径5.6、高4.9厘米(图三十七,15)。

孟 1件。标本T4⑤:1,硬陶,泥条盘筑,轮制。尖圆唇,侈口,溜肩,上腹圆鼓,下腹弧收,假圈足,底微凹,最大径位于腹部,肩部贴塑对称两只泥条状耳,肩部饰水波纹,器外身近圈足处有螺旋痕迹。口径7.7、底径5.6、高4.4厘米(图三十七,16)。

(二)原始瓷器

豆 根据足部的不同可分为二型。

A型,圈足,6件。标本T1③:3,灰白胎,施青绿釉,轮制。尖圆唇,敞口,折腹,上腹近下内凹,下腹斜弧收,喇叭状圈足外撇,豆盘内壁折腹处有弦纹数周,素面。口径13.2、底径5.7、高5.5厘米(图三十八,1)。标本T4②:2,灰胎,施黄绿色釉,轮制。尖圆唇,敞口,折腹,上腹略内凹,下腹弧腹至底,喇叭状小圈足。器内腹近底部有纤细凹槽数周。口径14、底径5.4、高7.1厘米(图三十八,2)。标本T4⑤:8,灰胎施黄绿色釉,轮制,底另接。尖圆唇,敞口,折腹,上腹内凹,下腹近平,喇叭状圈足外撇。器内底近腹部饰凹弦纹数周,内底残留一附着物,器身变形。口径11、底径5.4、高5.2厘米(图三十八,3)。标本T3⑦:4,灰白胎,施青褐色釉,釉大部已脱落,轮制。圆唇,敞口,斜弧腹,下腹处有一凹棱,假矮圈足,豆盘内壁折腹处饰有弦纹数周,素面。口径11.3、底径4.6、高5.2厘米(图三十八,4)。标本T3⑦:9,灰胎,施青绿釉,釉脱甚,轮制,底另接。尖唇,弧腹下部略内凹,底下设喇叭状圈足,圈足外撇,器内腹底见轮制凹槽。口径9.9、底径6.1、高4.7厘米(图三十八,5)。标本T3⑨:1,灰白胎,施青褐色,釉大部已脱落,轮制。尖圆唇,敞口,折腹,上腹近下内凹,下腹斜弧收,喇叭状圈足外撇,豆盘内壁折腹处有弦纹数周,素面。口径12.8、底径5.8、高6厘米(图三十八,6)。

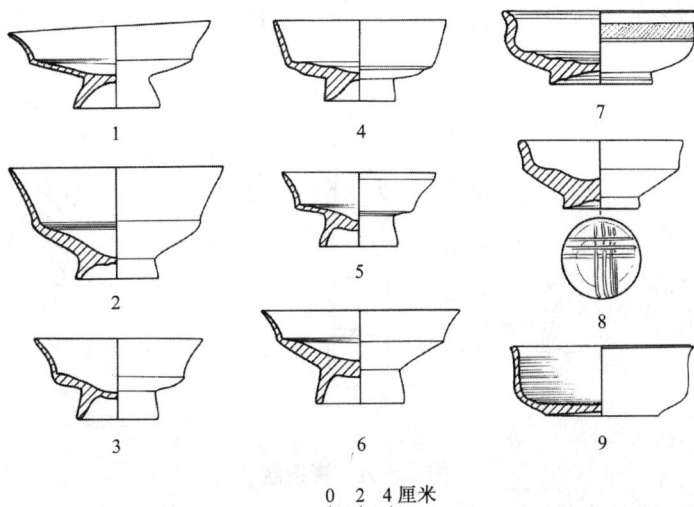

图三十八 原始瓷

1. T1③:3 2. T4②:2 3. T4⑤:8 4. T3⑦:4 5. T3⑦:9 6. T3⑨:1 7. T4②:1 8. T4⑤:2 9. T3③:1

B型,矮圈足,2件。标本T4②:1,黄白胎,施青褐色釉,轮制。圆唇,敞口,折弧腹,上腹处饰有戳点纹和弦纹数周,假矮圈足,底内凹,器内壁有螺旋痕迹。口径13、底径6.9、高4.7厘米(图三十八,7)。标本T4⑤:2,黄白胎,施青绿釉,轮制。圆唇,敞口,折腹,上腹近直内凹,下腹弧收,假矮圈足,器内壁有螺旋痕迹,圈足底部有交叉平行线刻画符号。口径11、底径5.2、高4.4厘米(图三十八,8)。

碗 1件。标本T3③:1,折沿,口稍向外突,口略外翻,直肩,腹稍外鼓,底部微上凹,器底及内壁有轮制痕迹。口径12.2、底径7.4、高4.5厘米(图三十八,9)。

(三)铜器

铜镞 根据有无翼,可分为二型。

A型,无翼。柳叶形铜镞,3件。标本T1⑥:3-3,截面呈菱形,镞尖及铤部残缺。残长3.2厘米(图三十九,1)。标本T1⑥:3-2,截面呈菱形,铤部残缺。残长3.4厘米(图三十九,2)。标本T1⑥:3-4,截面呈菱形,铤部残缺。残长3.4厘米(图三十九,3)。

B型,有翼。3件。标本T1⑥:3-1,脊截面为菱形,菱形铤,镞尖及翼尾残。残长3厘米(图三十九,4)。标本F7:1,脊截面为菱形,菱形铤,铤及翼尾残。残长3.2厘米(图三十九,5)。标本T1⑥:4,脊截面为菱形,菱形铤,镞尖及翼尾残。残长3.4厘米(图三十九,6)。

铜刀 2件。标本T1⑥:3-5,残,仅剩柄部,长条形柄首。残长3.9厘米(图三十九,7)。标本T3⑥:10,残,仅剩刀身,尖背,直刃。残长6.7厘米(图三十九,8)。

铜锛 1件。标本G1①:1,长条形,中空,截面为环状,根部有数道凸棱。长9.4、宽4.1厘米(图三十九,9)。

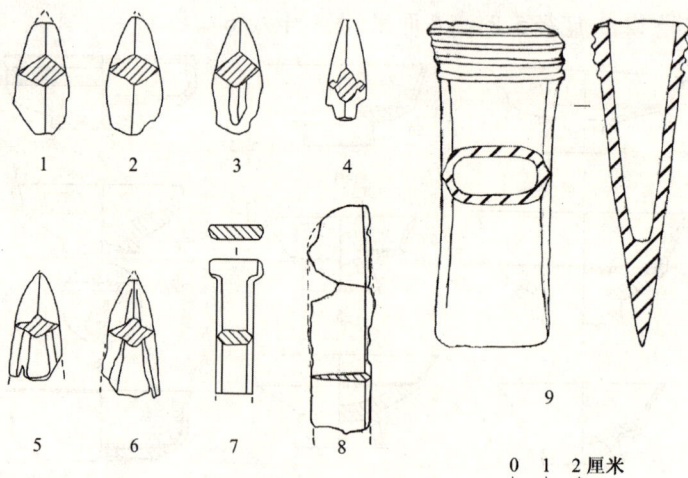

图三十九 青铜器

1. T1⑥:3-3 2. T1⑥:3-2 3. T1⑥:3-4 4. T1⑥:3-1 5. F7:1 6. T1⑥:4
7. T1⑥:3-5 8. T3⑥:10 9. G1①:1

（四）石器

锛 1件。标本T4⑦:1，灰色砂岩，磨制。长条形，截面呈等腰梯形，四面均磨，下部残断。长9.3、宽4.8、高1.8厘米（图四十，1）。

斜柄器 1件。标本T1⑥:1，分为手柄部及刃部，平面大致为倒"T"形，两面磨制较平整，双面弧刃。手柄部横截面约为椭圆形。刃部两侧残。长12.3、最宽处7.3、厚1.7厘米（图四十，2）。

钺 1件。标本T1④:4，顶部略残，弧边，刃部平面弧状，双面弧刃。两面对钻一孔。长14.4、宽13.6、厚1.7厘米（图四十，3）。

石镞 1件。标本T3⑪:4，柳叶形，截面为菱形，铤部约为椭圆形。长8、宽2.2、厚1厘米（图四十，4）。

石犁 1件。标本T3⑪:7，残，平面形状为不规则倒梯形，正面弧状，背面平整，上下各有一孔，上孔下方还有一道凹槽。长7.3、宽7.9、厚0.8厘米（图四十，5）。

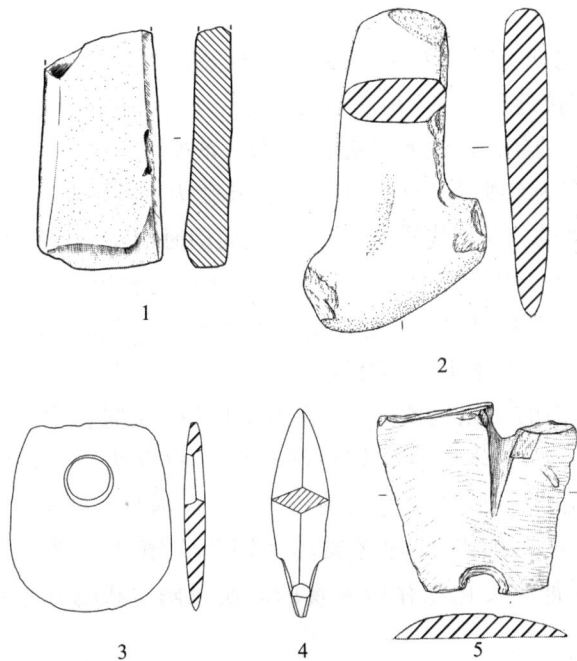

3.￼0 2 4厘米　其他￼0 1 2厘米

图四十　石器
1. T4⑦:1　2. T1⑥:1　3. T1④:4　4. T3⑪:4　5. T3⑪:7

四、结　语

由于东神墩遗址的T1、T2及T3、T4分别处于三个区域，只有T3和T4两个探方相连，除了T3和T4外，三个区域的地层并未统一，另外，T1和T2两个探方内的遗物数量较少，这给我们判断这两个探方各地层的相对年代造成了很大的麻烦,鉴于此,本文将不再统一所有的地层,主要以 T3 和 T4 的地层内出土的遗物为主要参考标准来判断东神墩遗址的相对年代。

根据地层堆积及器物形态的特点,可将东神墩遗址商周时期遗存分为三期:

T3⑪:5 陶豆与团山 T305(4):14 豆形态近似,根据张敏先生的分析,团山遗址 T305(4)的年代可能为西周中期①。此为东神墩遗址第一期遗存。

T3⑩:2 陶豆与团山遗址 T505(2A):7 豆形态近似,T3⑧:4 素面鬲与团山遗址 H5(1):13 鬲形制酷似,T3⑦:7 素面鬲与团山 H5(1):31 鬲形制非常相近,T3⑤:7 陶豆与团山遗址 H5(3):56 陶豆形态酷似,T1⑤:1 圈足盘与团山遗址 H5(1):33 圈足盘形态近似。团山遗址 T505(2A) 和 H5 的年代可能为西周晚期至春秋早期。②那么 T3⑤~T3⑩、T1⑤的年代可能为西周晚期至春秋早期。T2⑩:5 鼎与鹅毛岗 D2M3:4 鼎形态近似,根据分析,鹅毛岗 D2M3 的年代可能为西周晚期③,那么,T2⑩可能相对年代也是西周晚期。T3⑤~T3⑩、T1⑤、T2⑩为东神墩第二期遗存,年代为西周晚期至春秋早期。

T3③:1 原始瓷豆与鹅毛岗 D2Q1:2 原始瓷豆形态基本一致,T4②:2 原始瓷豆与鹅毛岗 D2M9:4 原始瓷豆形态接近,G1①:3 硬陶罐与鹅毛岗 D2M10:6 硬陶罐形制很接近,鹅毛岗 D2Q1 和 D2M9、D2M10 的年代可能为春秋中期,那么东神墩 T3③、T4②、G1①的年代可能也在这个阶段。这些遗存为东神墩遗址第三期遗存,年代为春秋中期。

从东神墩遗址所处的相对年代看,东神墩遗址商周时期文化遗存的相对年代处于西周以后,应为吴文化。由于未对遗址进行全部发掘,还不能对整个遗址的情况做全面了解,尽管只发掘了该遗址的一小部分区域,但也发现了非常丰富的遗迹现象,出土了如此之多的遗物,东神墩遗址应为当时一个很重要的聚落。

从东神墩遗址遗物的文化因素看,器物多素面,绳纹器物少见;鬲、豆等器物的形制也皆为本地特色遗物,文化形制比较单纯。但东神墩遗址也出土了少量的泥质黑陶器物,这种陶系的器物不是吴文化的典型器物,根据目前的认识,商时期的湖熟文化受到了环太湖地区的影响④,这种泥质黑陶即为宁镇地区受环太湖影响而产生的器物,那么,东神墩遗址吴文化遗存所发现的泥质黑陶也极有可能为湖熟文化所受影响之延续。

东神墩遗址的发掘,为我们研究吴文化的内涵又提供了非常丰富的资料。

执笔:许鹏飞　王春燕　何汉生

① 张敏:《宁镇地区青铜文化研究》,《长江流域青铜文化研究》,科学出版社,2002 年。
② 张敏:《宁镇地区青铜文化研究》,《长江流域青铜文化研究》,科学出版社,2002 年。
③ 镇江博物馆:《句容鹅毛岗土墩墓发掘报告》,江苏大学出版社,2013 年。
④ 镇江博物馆:《江苏镇江马迹山遗址第二次发掘简报》,《东南文化》,2015 年第 1 期。

后 记

　　长江下游地区地势低下，水网纵横，人们常选择一些较高的土墩做居住地。由于长期居住，土墩上形成了较厚的文化堆积。这种遗址的外形似台形，一般高出地表数米，被称为台形遗址。镇江是台形遗址的主要分布区域之一，境内有台形遗址近200处。这些台形遗址也是镇江地区新石器至商周时期人类生活的主要遗存。

　　镇江博物馆一直把台形遗址的发掘和研究作为重要的学术方向。近年来，为配合基本建设，我们发掘了马迹山、龙脉团山、松子头、东神墩、丹阳凤凰山等5处台形遗址，取得了较为丰富的第一手资料。此次将这批资料整理成5篇正式的考古发掘报告，汇编成册，集中公布，作为我馆《印记与重塑——镇江博物馆考古报告》系列丛书的第四本出版，旨在抛砖引玉，以期能为台形遗址的发掘和地域文化的研究提供些许借鉴和参考。

　　本书的出版是在江苏省文物局、镇江市文化广电新闻出版局（文物局）领导的关心和支持下完成的，省、市局的领导对镇江的考古工作非常重视，希望镇江博物馆进一步重视科学研究和考古成果的转化，将发掘报告尽快整理出版。这本报告集汇聚了多人的心血和智慧，是集体努力的成果。江苏大学出版社的吴小娟编辑为本书的顺利出版做了大量的工作。在此，一并致以诚挚的感谢。

　　由于编者才疏学浅，不当之处在所难免，恳请专家学者不吝赐教、批评指正。

镇江博物馆馆长　杨正宏

2015 年 12 月 18 日

1. T1519—1621 工作照

2. T1816—T1819 总照片

1. 龙脉团山遗址西南角断面调查

2. 东一列、东二列探孔土样照片

3. K3541 土样照片(1)

4. K3541 土样照片(2)

5. K3749 土样水洗后包含物照片

1. T1520H28

2. T1816H8

3. T1519F2

4. T1519M

5. 石斧（T1816⑥：2）

6. 石钺（T1621⑬：1）

1. 石锛(T1819⑮:1)

2. B 型石锛(T1818⑭:1)

3. 玉管(T1④:1)

4. 石璜(T1520⑥:1)

5. 镞(T1818⑥:2)

1. B 型陶瓶(T1819③∶1)

2. B 型纺轮(T1816H8①∶1)

3. B 型陶饼(T1818⑧∶1)

4. B 型纺轮(T1816H8①∶1)

5. A 型鬲(T1816H8②∶71)

6. B 型鬲(T1816⑯∶17)

7. Bb 型Ⅲ式鬲(T1816⑫∶73)

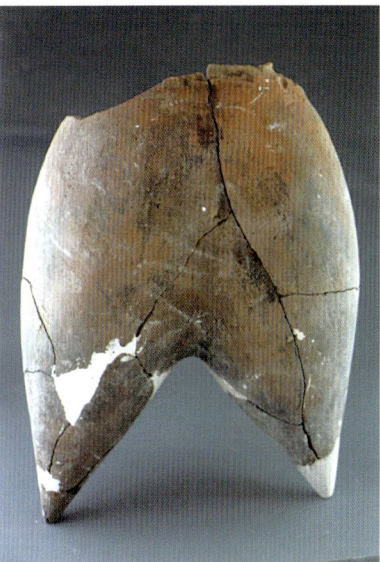

8. 瓢腰(T1816⑫∶71)

1. A 型盆(T1817⑨：8)

2. A 型圈足盘(T1620⑤：68)

3. C 型盂(T1817④：1)

4. B 型豆(T1519④：5)

5. 钵(T1816⑯：1)

6. A 型盂(T1816⑨：2)

1. F1 全景

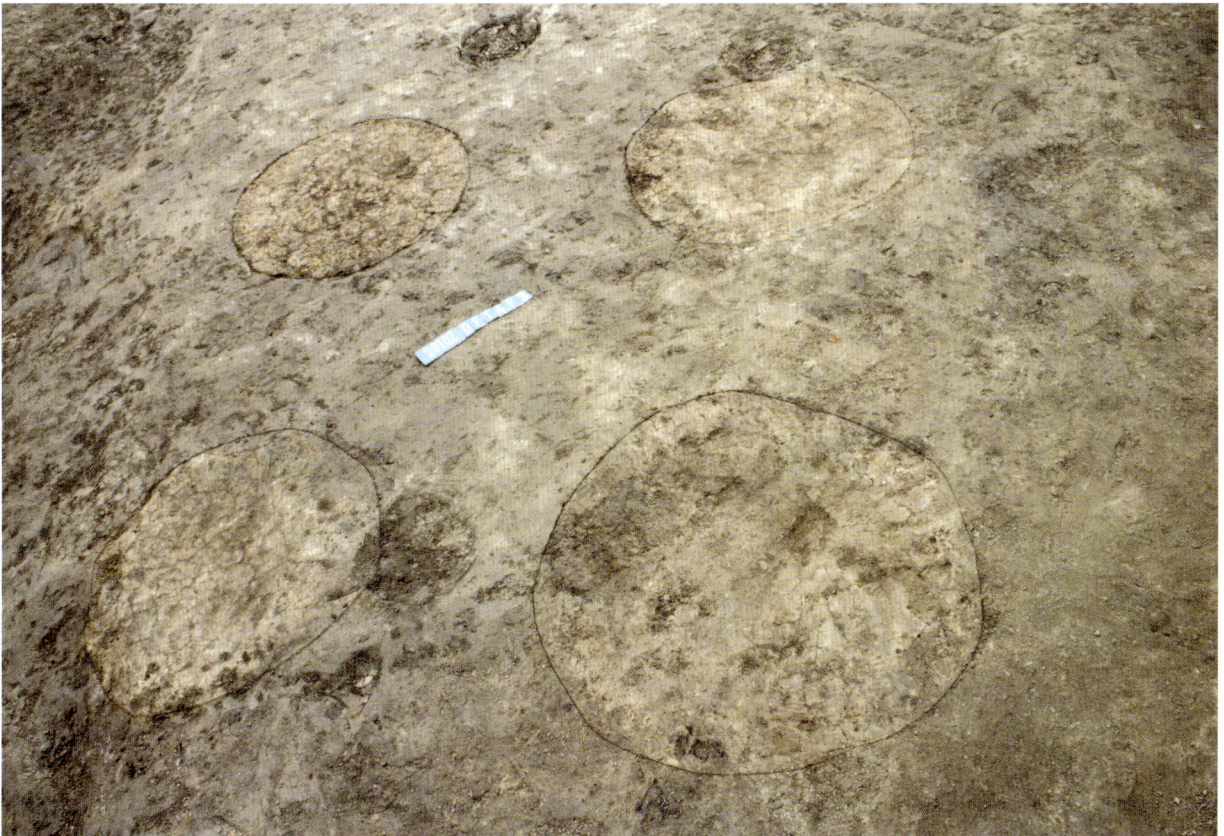

2. F3 全景

1. 豆(T4②：6)

2. 豆(T5④：20)

3. 豆(T5④：10)

4. 豆(T5④：3)

5. 豆(T5④：6)

6. 豆(T5⑥：5)

1. 钵（G1⑤：5）

2. 钵（T6④：4）

3. 鬲（G1⑦：4）

4. 鬲（G1⑥：2）

5. 圈足盘（T5④：39）

6. 圈足盘（T4③：1）

1. 圈足盘(G1⑥：4)

2. 盆(G1⑤：2)

3. 盆(T2⑤：1)

4. 罐(G1⑤：61)

5. 罐(T6⑥：1)

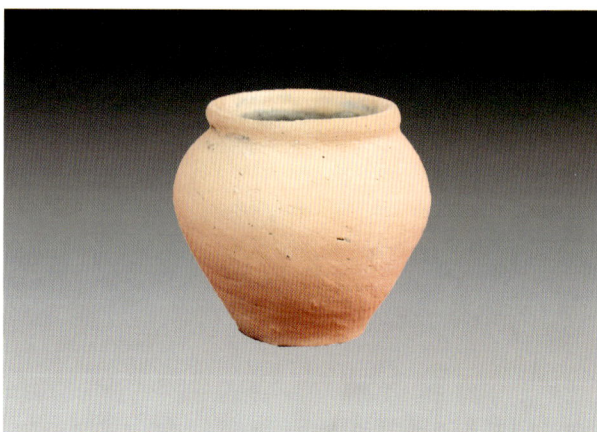

6. 罐(T5③：3)

1. 未发掘前地表情况　（东南—西北）

2. 工地全貌(北—南)

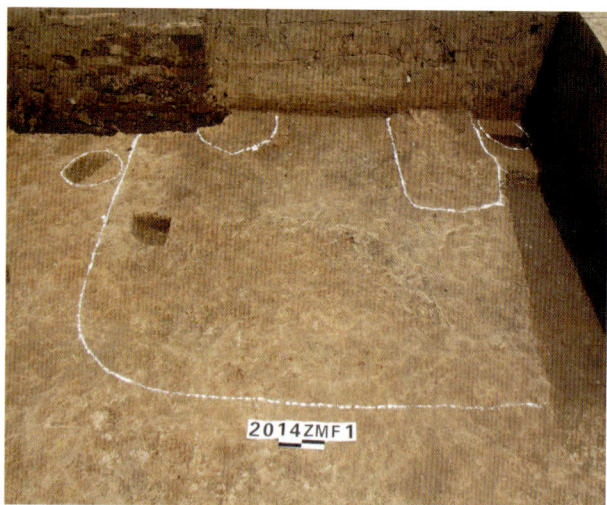

1. F1 清理情况(西—东)

2. F2 清理情况(北—南)

3. F3 清理情况(北—南)

4. F4 清理情况(南—北)

1. F5 清理情况(西—东)

2. F6 清理情况(北—南)

3. F7 清理情况(东—西)

4. F8 清理情况(南—北)

1. F9 清理情况（南—北）

2. F10 清理情况（南—北）

3. F11 清理情况（北—南）

4. F12 清理情况（南—北）

1. F13 清理情况（南—北）

2. H1 清理情况（南—北）

3. H2 清理情况（东—西）

4. H3 清理情况（东—西）

1. H5 清理情况(南—北)

2. H11 清理情况(南—北)

3. H29 清理情况(西—东)

4. H31 清理情况(北—南)

1.H44 清理情况(南—北)

2.H47 清理情况(西—东)

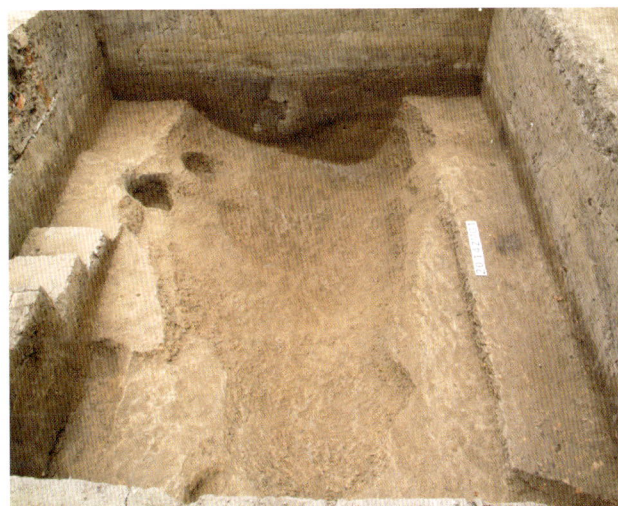

3.G1 清理情况(南—北)

4.G2 清理情况(东—西)

1. G3 清理情况（北—南）

2. M1 清理情况（北—南）

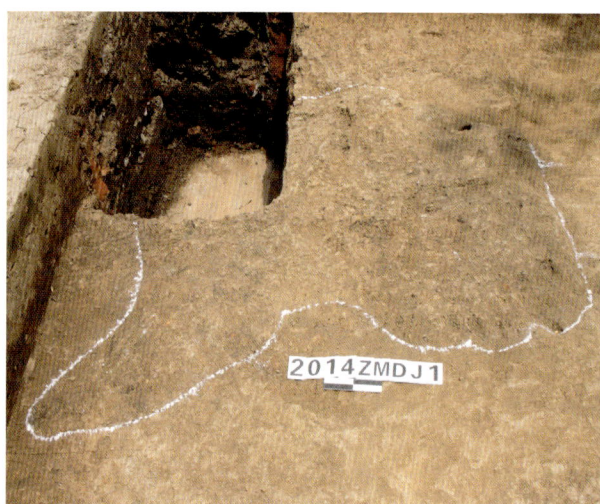

3. TD1 清理情况（南—北）

4. TD2 清理情况（西—东）

1. 甲类 C 型陶罐(H15：2)

2. 甲类 D 型陶罐(H47：10)

3. 乙类 A 型陶罐(ⅡT0201⑥：1)

4. 乙类 B 型陶罐(ⅠT0202⑥：2)

5. B 型豆盘(ⅡT0101⑥：20)

6. A 型豆盘(ⅡT0301②A：1)

1. A 型豆柄(ⅠT0201⑥：1)

2. A 型豆柄(ⅠT0202⑥：1)

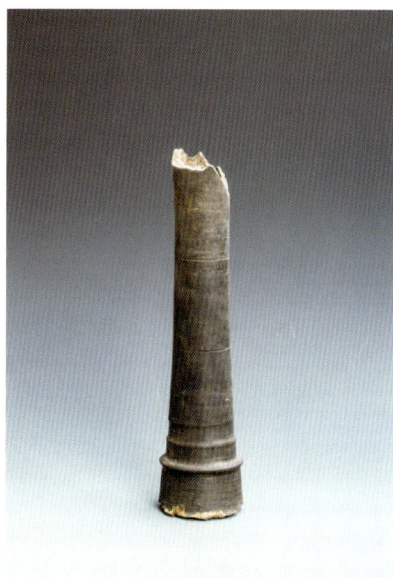

3. A 型豆柄(H47：1)

4. C 型豆柄(ⅡT0201⑤：2)

5. A 型圈足盘(ⅡT0201⑤：4)

6. D 型圈足盘(ⅡT0103⑦：1)

1. A 型三足盘(Ⅱ T0101⑥：22)

2. 甲类 A 型Ⅱ式器盖(Ⅱ T0101⑥：2)

3. 甲类 B 型Ⅰ式器盖(Ⅱ T0101⑥：10)

4. 甲类 B 型Ⅱ式器盖(H31：1)

5. 甲类 C 型器盖(Ⅱ T0303⑥：1)

1. 乙类 B 型器盖(ⅠT0301⑤：1)

2. A 型钵(H47：3)

3. B 型钵(H15：1)

4. C 型钵(ⅡT0103⑦：2)

5. D 型钵(H47：9)

6. E 型钵(H44：1)

1. A 型杯(H47：5)

2. B 型杯(ⅠT0202⑥：3)

3. C 型杯(ⅠT0303⑥：1)

4. C 型杯(ⅡT0302④B：1)

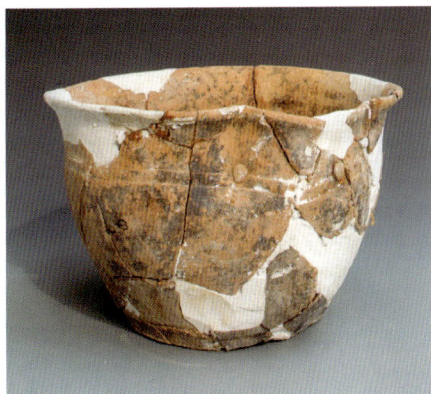
5. 刻槽盆(ⅡT0101⑥：8)

6. 簋(ⅠT0303②：1)

1. 玉凿（ⅠT0303⑥：4）

2. A 型 Ⅰ 式铜镞（ⅠT0202⑤：4）

3. B 型 Ⅱ 式石锛（ⅡT0201④：1）

4. B 型 Ⅰ 式石凿（ⅡT0202⑤：12）

5. A 型石刀（ⅡT0302⑤：3）

6. B 型石刀（H15：5）

1. B 型石铲(H47：7)

2. 石犁(ⅠT0103⑥：2)

3. A 型石钺(ⅡT0102⑥：2)

4. A 型Ⅰ式石镞(ⅡT0201⑥：3)

5. B 型石镞(ⅡT0303⑥：3)

6. C 型Ⅰ式石镞(ⅡT0301⑤：13)

1. 松子头遗址远景(南—北)

2. 松子头遗址 107 东壁剖面

1. 松子头遗址 H14

2. 松子头遗址 H15

3. 松子头遗址 F2(南—北)

4. 松子头遗址 F3、F4(东—西)

1. 松子头遗址 F5(东—西)

2. 松子头遗址 F6(东—西)

3. 松子头遗址 F7(西—东)

4. 松子头遗址红烧土堆积遗迹

1. 松子头遗址 Z2

2. 松子头遗址 Z3(西—东)

3. 松子头遗址 Z1

4. 松子头遗址 Z4(南—北)

5. 松子头遗址 Y1(西—东)

1. A 型陶鬲(T109⑦：2)

2. B 型陶鬲(T107⑨：1)

3. B 型陶鬲(T105⑥：3)

4. B 型 I 式罐(T103④：1)

5. B 型 Ⅳ 式罐(T103⑦：16)

6. 盏(T201⑧：4)

1. A 型钵(T102③：1)

2. C 型钵(T201⑤：3)

3. A 型器盖(T105⑦：3)

4. B 型盆(T303④：2)

5. B 型圈足盘(T201⑧：5)

6. D 型圈足盘(T201⑦：3)

1. A 型刻槽盆(T106⑥：2)

2. A 型豆(T201⑦：1)

3. C 型豆(T107⑦：2)

4. D 型Ⅰ式豆(T201②：1)

5. D 型Ⅱ式豆(T303④：1)

6. A 型杯(T201⑧：6)

1. A 型杯(T301③：1)

2. B 型杯(T304⑤：1)

3. A 型小罐(T201⑦：2)

4. 印纹硬陶瓿(T107⑦：1)

5. 印纹硬陶瓿(T201⑧：2)

6. 原始瓷豆(T201⑤：2)

东神墩遗址

工地全景

1. H3

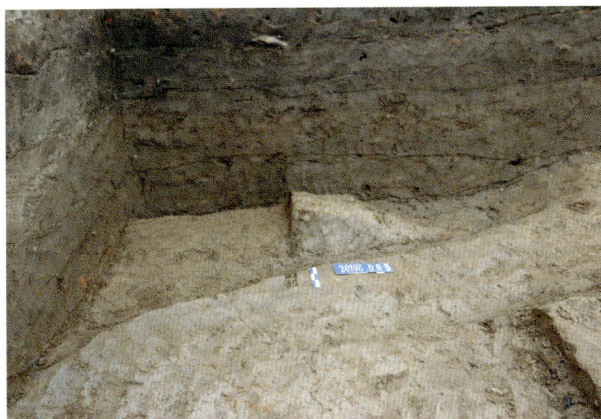

2. H5

3. H7

4. H8

5. F4

6. F5

1. F6

2. F7

3. F8

1. 豆(T3⑤：1)

2. 豆(T3⑤：6)

3. 豆(T3⑧：6)

4. 豆(T3⑩：2)

5. 豆(T3⑩：3)

6. 豆(T3⑪：1)

1. 豆(T1④：1)

2. 豆(T4①：8)

3. 豆(T4③：1)

4. 豆(T2③：1)

5. 豆(T3②：1)

6. 盆(T3②：5)

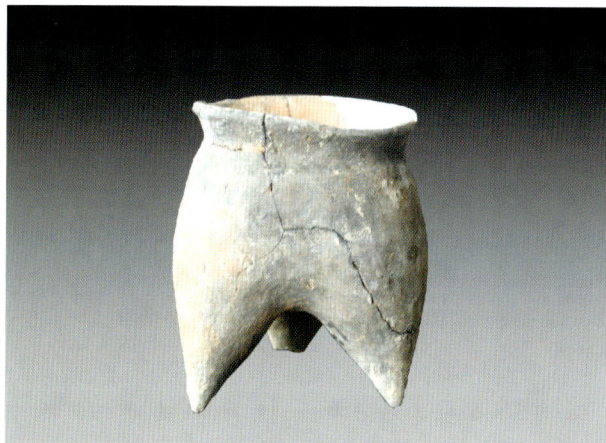

1. 鬲(H3：7)

2. 鬲(T3②：1)

3. 鬲(T3⑧：4)

4. 罐(T3⑥：5)

5. 罐(T4⑤：5)

6. 罐(T4⑤：9)

1. 硬陶罐(G1①：3)

2. 硬陶罐(H3：5)

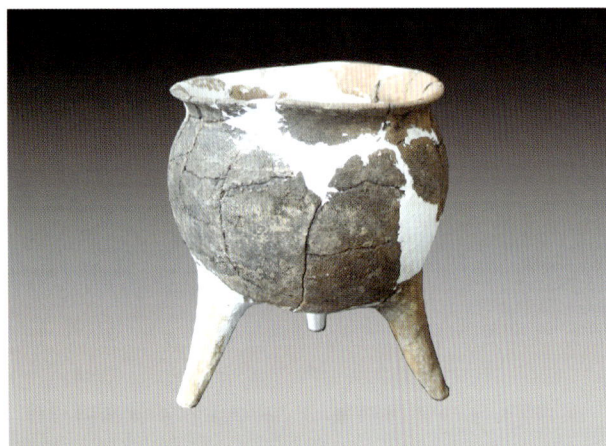

3. 鼎(T2⑩：5)

4. 石钺(T1④：4)

5. 石镞(T3⑪：4)

6. 斜柄器(T1⑥：1)